SOSTENIBILIDAD EN EL DERECHO

LOS OBJETIVOS DEL DESARROLLO SOSTENIBLE (ODS) EN LA DOCENCIA, LA INVESTIGACIÓN Y EL MUNDO PROFESIONAL

SOSTENIBILIDAD EN EL DERECHO

LOS OBJETIVOS DEL DESARROLLO SOSTENIBLE (ODS) EN LA DOCENCIA, LA INVESTIGACIÓN Y EL MUNDO PROFESIONAL

Director

Albert Ruda González

Coordinador

Albert Lladó Martínez

COLEX 2024

EUROPEAN
LAW
INSTITUTE

Calle Costa Rica, número 5, 3.º B (local comercial)
A Coruña, C.P. 15004
info@colex.es
www.colex.es

I.S.B.N.: 978-84-1194-321-5
Depósito legal: C 275-2024

SUMARIO

INTRODUCCIÓN

Albert Ruda González

(Pág. 17)

BIENVENIDA

Josep Calbó Angrill

(Pág. 21)

SOSTENIBILIDAD, EMPRESA, JUSTICIA, APORTACIONES PARA UN ENFOQUE INNOVADOR DEL APRENDIZAJE Y LA DOCENCIA

Elena F. Pérez Carrillo

(Pág. 25)

EL «ODS 16» Y LA «NECESIDAD» DE ALEGACIÓN Y PRUEBA DEL DERECHO EXTRANJERO EN EL ACTUAL PROCESO CIVIL CON ELEMENTO EXTRANJERO EN ESPAÑA

Alfonso Ortega Giménez

(Pág. 51)

LA INFLUENCIA DE LOS ODS EN EL DERECHO INTERNACIONAL PRIVADO: UNA MIRADA DESDE LA DOCENCIA

Ana Fernández Pérez

(Pág. 65)

DOCENCIA UNIVERSITARIA, DERECHO Y COMPLIANCE: IMPULSORES DE SOSTENIBILIDAD

Benoît Saïdi

LA SOSTENIBILIDAD, EL DESARROLLO SOSTENIBLE Y LOS OBJETIVOS DE DESARROLLO SOSTENIBLE (ODS) EN LA DOCENCIA DEL DERECHO DEL TRABAJO Y DE LA SEGURIDAD SOCIAL: LIMITACIONES Y PROPUESTAS DOCENTES APLICATIVAS DESDE SUS 3 PILARES (ECONÓMICO, SOCIAL Y AMBIENTAL)

Oriol Cremades Chueca

UNA EXPERIENCIA DE APRENDIZAJE BASADA EN EL ODS 8 (TRABAJO DECENTE Y CRECIMIENTO ECONÓMICO) EN LA ASIGNATURA DE INTRODUCCIÓN AL DERECHO

Rebeca Herrero Morant

(Pág. 127)

LA DOCENCIA DEL DERECHO URBANÍSTICO PARA LA CONTRIBUCIÓN A UNA CIUDAD SOSTENIBLE

Albert Lladó Martínez

(Pág. 141)

LOS ODS EN LA DOCENCIA DEL GRADO DE CIENCIA POLÍTICA Y DE LA ADMINISTRACIÓN: EXPERIENCIAS Y APRENDIZAJES DE UN CASO PRÁCTICO EN LA UDG

Kumba Sakoli Sakoli y Macià Serra Serra

REPENSANDO LA PROPIEDAD EN LAS AULAS DE DERECHO CONSTITUCIONAL. PERSPECTIVAS Y DESAFÍOS DE SU FUNCIÓN ECOSOCIAL EN TIEMPOS DE EMERGENCIA CLIMÁTICA

Clara Esteve Jordà

UNA BREVE APROXIMACIÓN A LA CONTRIBUCIÓN DE LAS RELIGIONES ORIENTALES A LA SOSTENIBILIDAD

María Jesús Gutiérrez del Moral

(Pág. 201)

LA APLICACIÓN DE METODOLOGÍAS ACTIVAS (APS Y ABR) EN LAS ASIGNATURAS DE TFG Y PRÁCTICAS CURRICULARES DEL GRADO DE DERECHO EN EL MARCO DEL ODS 11 (CIUDADES Y COMUNIDADES SOSTENIBLES)

Judith Gifreu Font

(Pág. 219)

EL EMPRESARIO SOSTENIBLE EN EL PROGRAMA DE DERECHO MERCANTIL

Paola Rodas Paredes

(Pág. 245)

REFORZAR LA JUSTICIA SOCIAL EN LAS COMUNIDADES LOCALES SUDAFRICANAS: UNA TRANSICIÓN ALIMENTARIA JUSTA, ESTRATEGIAS Y OBSTÁCULOS

Alois Aldridge Mugadza

(Pág. 163)

SOSTENIBILIDAD EN LA LITIGACIÓN CLIMÁTICA. EN PARTICULAR, EL PROBLEMA DE LA CAUSALIDAD

Albert Ruda González

***DUE DILIGENCE ED EMISSION TRADING SYSTEM:* VINCITORI E VINTI, MA A QUALI CONDIZIONI?**

Milena Marinai

VACACIONES RESPONSABLES EN EL CAMPING *LA BALLENA ALEGRE*

Àlex Trias

(Pág. 359)

***KAVE HOME:* SOSTENIBILIDAD Y RESPONSABILIDAD EN EL DISEÑO DE MOBILIARIO**

Alba Obiols Sales

(Pág. 367)

LA DEPURADORA Y POTABILIZADORA EN STEAM. ACTIVIDAD: EL AGUA, UN BIEN ESCASO

Inmaculada Benito Nieto y Cristina Verdaguer i Vidal

(Pág. 373)

LOS ODS EN EL DERECHO (A MODO DE EPÍLOGO)

Albert Ruda González

(Pág. 387)

INTRODUCCIÓN

Albert Ruda González
Profesor agregado de Derecho civil.
Facultad de Derecho, Universitat de Girona

El libro que el lector tiene en sus manos contiene una reelaboración de los trabajos presentados en la Jornada sobre la sostenibilidad en la docencia del Derecho, celebrada en la Facultad de Derecho de la Universitat de Girona el día 25 de junio de 2023 bajo los auspicios de la propia Facultad, con el apoyo de su Vicerrectorado de Docencia y Planificación Académica (Proyecto de Mejora Docente «UdG Siglo XXI») y el Consejo Social de la UdG.

La jornada estuvo dirigida por quien esto escribe en su condición de Decano de la citada Facultad y coordinada por el Dr. Albert Lladó Martínez (Centro de Innovación y Gestión de las Administraciones Públicas, CIGAP, de la UdG), a quien agradezco desde ya su colaboración. El evento también tuvo el respaldo del European Law Institute Spanish Hub, coordinado por un servidor como uno de sus dos «Chairs», el Instituto de Ciencias de la Educación (ICE) Josep Pallach, y el ya referido CIGAP.

La sostenibilidad en general, y los Objetivos del Desarrollo Sostenible (ODS) en particular, nos invitan a replantear la manera en que enseñamos el Derecho en nuestras aulas. No solo hay que revisar y repensar cómo lo enseñamos, sino también qué enseñamos: ¿son las instituciones jurídicas tradicionales, de tipo civil, mercantil, etc., como la propiedad, el contrato y demás, sostenibles? ¿Cómo afectan los ODS a los «contenidos» que impartimos? El cambio climático, la contaminación ambiental y la guerra nos sitúan en un contexto de grave crisis. ¿Es nuestra docencia en sí misma sostenible? ¿Lo son nuestros programas, los planteamientos docentes, los horarios, nuestras instituciones educativas? La incorporación de nuevas tecnologías en la docencia, ¿nos encamina hacia la sostenibilidad o más bien nos aleja de ella? ¿Cómo incorporamos los ODS a nuestra labor docente? ¿Qué implicaciones tienen para la investigación y cómo conecta ello con lo que enseñamos? ¿Cuál es el impacto de la sostenibilidad sobre la gestión de esa docencia?

Estas son algunas de las cuestiones que dieron pie a las Jornadas antes mencionadas y que se examinan en buena medida en este volumen. Las jornadas se plantearon de buen principio con un carácter abierto y multidisciplinar, de modo que tuvieron cabida en ella también aportaciones del sector empresarial y de los estudios de bachillerato, como ejemplos de buenas prácticas, en el primer caso, y de experiencias docentes punteras, en el segundo. El grueso de los estudios son aproximaciones en clave docente o de investigación, en la que los respectivos autores se plantean el impacto o influencia de un determinado ODS, o un aspecto concreto de la docencia, sea en cuanto a su contenido, o el método con que se trabaja. Se incluyen, pues, también trabajos de tipo metodológico junto con otros sustantivos.

En el seno de las Jornadas, los allí asistentes constatamos algo obvio, como es que el desafío que los ODS nos plantean es múltiple, complejo y de hondo calado. A pesar de la cantidad de trabajos presentados, es evidente que la reflexión no se detiene —no se puede detener— ahí. Por ello, los participantes esperamos que pueda retomarse el análisis en ocasiones sucesivas, sea en Girona o en otros lugares. En ese sentido, un grupo de participantes se constituyó como red o grupo de trabajo, con el compromiso de proseguir el debate en lo sucesivo en nuevas jornadas y encuentros.

En 2019, poco antes de la pandemia, la Universitat de Girona se planteó, en el marco de la elaboración de su Plan Estratégico, escoger entre la llamada «suma de las inteligencias» —en una clara alusión al auge de la inteligencia artificial (IA)—, el desarrollo sostenible, o el talento emprendedor, como «singularidad estratégica» o «eje vertebrador» de la universidad. Con toda esa palabrería burocrática, de lo que se trataba era de escoger, de tan variopinto menú, una sola idea o leit motiv que guiase la actividad de la universidad en lo sucesivo y que la distinguiese del resto. El Claustro de la universidad —el mismo en el que, con poco tiempo de diferencia, se aprobó solemnemente una declaración institucional sobre la emergencia climática— apostó por la «suma de las inteligencias»; la sostenibilidad se convirtió así en una de las opciones perdedoras. Por fortuna, nuestro Excmo. y Magnífico Rector aclaró *in voce*, a raíz de una pregunta, que ello no significaba que se dejase de trabajar sobre desarrollo sostenible. Así pues, aspirar a convertirse en un faro de la IA es compatible con promover el estudio de los ODS. La Facultad de Derecho recoge el guante y aporta humildemente su granito de arena al estudio de los mismos. Con ello, pone a disposición de los lectores en general y del profesorado en particular una serie de estudios y experiencias, con la esperanza de que sean fuente de inspiración y ayuda para avanzar en el análisis de los ODS y su introducción en las aulas o en otros ámbitos.

La jornada contó con un comité científico que asesoró al equipo organizador y le asistió en la selección de los originales. Lo compusieron Irene Araguàs Galcerà (UB), Marco Aparicio Wilhelmi (UdG), Elena Boet Serra (UdG), Rosa M. Fernández Egea (UAM), Jesús Granados Sánchez (UdG), María Lubomira Kubica (U. Loyola Andalucía), Albert Lladó Martínez (UdG), Volker

Mauerhofer (Mittuniversitetet, Suecia), Esteban Pereira Fredes (Univ. Adolfo Ibáñez, Chile), Antoni Pigrau Solé (URV), Albert Ruda González (UdG), Macià Serra Serra (UdG), Joan Manuel Trayter Jiménez (UdG) y Anaïs Varo Barranco (UdG). A ellos también las gracias.

Aparte, el evento recibió el apoyo del ya referido European Law Institute Spanish Hub. Este centro o antena del ELI promueve el estudio del Derecho europeo en España y la presencia e influencia de ese mismo Derecho en Europa. Además de organizar su Encuentro Anual sobre Jurisprudencia Europea, en el que se agrupan alrededor de 150 especialistas en Derecho europeo de todas las disciplinas jurídicas (civil, constitucional, etc.), organiza otro tipo de actividades, como jornadas (entre ellas, las de Derecho digital o esta misma.

Como decano de la Facultad solo me queda desear que esta iniciativa tenga continuidad y mostrar el compromiso de este decanato en seguir impulsando jornadas de este tipo, además de agradecer a los ponentes y participantes por su asistencia y contribución a la misma, así como a la editorial Colex por su apoyo a la iniciativa.

BIENVENIDA

Josep Calbó Angrill
Vicerrector de proyectos estratégicos e internacionalización
Universitat de Girona

En nombre del Rector y en el mío propio, os doy la bienvenida a Girona, la ciudad, y a la Universitat de Girona, esta entidad que hoy acoge esta jornada sobre la sostenibilidad en la docencia del Derecho. La bienvenida es especialmente calurosa para todos aquellos que habéis venido de otros lugares de Cataluña y del estado español, así como a los que nos seguís en línea desde lugares diversos.

Me gustaría aprovechar la oportunidad que me habéis dado para decir unas palabras de presentación de la Universitat de Girona. Para la Universitat de Girona, la conexión con la ciudad y los territorios vecinos es fundamental. Efectivamente, la UdG moderna es una universidad relativamente joven, con poco más de 30 años de existencia, pero hay que saber que proviene de un antiguo colegio universitario arraigado en los siglos XV y XVI, y de la voluntad permanente de los gerundenses de disponer de instituciones de enseñanza superior en la ciudad. Fruto de esta voluntad, en 1991, el Parlamento de Cataluña aprobó la creación de la Universitat de Girona a partir de dos ejes principales: las humanidades, la educación, las ciencias y las ciencias sociales (incluyendo el Derecho), por un lado; y las ingenierías, por otra. Esta diversidad, que se ha multiplicado a lo largo de los años con otras áreas, entre ellas los estudios de turismo y los del ámbito de la salud (enfermería y medicina), ha hecho que la Universitat de Girona sea un centro multidisciplinar, integral, con una gran variedad de intereses y ámbitos de conocimiento. Por eso, gracias a esta mentalidad multidisciplinar, somos, como universidad, capaces de afrontar desde diferentes perspectivas los retos que tenemos por delante.

En otras palabras, la Universitat de Girona es una institución pública de enseñanza superior y de investigación, implicada en el progreso social mediante la creación, la transmisión, la difusión y la crítica de la ciencia, la tecnología, las artes y las humanidades, y también las ciencias sociales. Estamos arraigados en nuestro país, Cataluña, y nos proyectamos hacia el mundo, a partir de nuestra propia historia y lengua. La universidad cuenta con unos 15.000 estudiantes, incluidos más de 800 estudiantes de doctorado, y ofrece más de 40 grados y también más de 40 másteres, si incluimos aquellos interuniversitarios. La UdG está muy implicada en la actividad investigadora, produciendo más de 100 tesis doctorales y unos 1000 artículos indexados al año.

Hace cerca de cuatro años, la Universidad de Girona cerró un debate en torno a una visión estratégica que mira hacia el año 2030. La comunidad universitaria escogió «la suma de inteligencias» como singularización de la UdG. Este tema fue el resultado de reconocer que las tendencias del aprendizaje, la ciencia, la cultura y, en general, la evolución de la humanidad en los próximos años, vendrán determinadas por la combinación de inteligencia natural, la inteligencia artificial y la inteligencia colectiva. Nuestra visión, por tanto, prevé desarrollar un modelo de aprendizaje, investigación y transferencia de conocimiento, de compromiso social y de compromiso comunitario, basado en la construcción de puentes entre humanismo, sociedad, ciencia y tecnología.

La jornada que estamos inaugurando, sobre la sostenibilidad en la docencia del Derecho, encaja muy bien en esa visión. Por un lado, porque reflexiona sobre la docencia, sobre cómo enseñamos a nuestros alumnos, sobre qué y cómo aprenden nuestros estudiantes. Por otra parte, porque en esta reflexión se combina una disciplina más bien clásica, el Derecho, con un concepto más moderno (aunque ya tiene cerca de 50 años), el de la sostenibilidad, en particular la sostenibilidad ambiental. De la primera, del Derecho, no voy a decir demasiado, porque no es mi campo, pero es evidente que la normativa y legislación a todos los niveles, desde los acuerdos internacionales hasta las regulaciones locales, son fundamentales para transformar nuestra sociedad en una comunidad sostenible. Del segundo, la sostenibilidad, podría hablar un poco más, como investigador en temáticas relacionadas (como la contaminación atmosférica y el cambio climático) y profesor de un máster en Cambio ambiental y transición socioecológica. Pero tampoco quiero hacerlo mucho; en cualquier caso, creo que siempre es bueno recordar el sentido inicial de palabras que, cuando se convierten en tópicos, pierden un poco el sentido. La sostenibilidad, el desarrollo sostenible, es el contrapunto al crecimiento, en particular al crecimiento exponencial, ilimitado. La sostenibilidad implica las tres componentes conocidas: la económica, la ambiental, la social. Entiendo que vosotros, aquí, hoy, tendréis presente este concepto, su significado, para ver lo relevante que es para los estudiantes (futuros profesionales) del Derecho. En mi opinión, el concepto es muy relevante, y su conocimiento y comprensión, imprescindible. Como he dicho, el corpus normativo vinculado a aspectos de la sostenibilidad (y más aún si hacemos la extensión hacia los objetivos de desarrollo sostenible de la Agenda 2030) está en continuo crecimiento. Y es evidente también que varios aspectos de la actividad docente, desde la movilidad internacional hasta el uso de herramientas de inteligencia artificial, tienen también consecuencias sobre la sostenibilidad.

También me satisface esta jornada porque, además, encaja con algunos objetivos previstos en el Plan de Ambientalización de la UdG, aprobado hace menos de dos años por los órganos de gobierno, y también porque es el resultado de un proyecto de innovación docente liderado por la Facultad de Derecho y que ha dispuesto de financiación otorgada desde el Vicerrectorado de Docencia y Planificación Académica.

Así que, de nuevo, bienvenidos a esta ciudad, a esta universidad. Quiero dar las gracias especialmente a todos los asistentes, y también a las personas que han trabajado en la organización. Os deseo a todos una jornada bien productiva, que sea útil para todos vosotros. Espero que, después del encuentro, los que habéis venido de otros lugares, lejos de Girona, guardéis buenos recuerdos de esta ciudad, de la Universidad de Girona, y de todo lo que habréis compartido y debatido durante la jornada.

Muchas gracias.

SOSTENIBILIDAD, EMPRESA, JUSTICIA, APORTACIONES PARA UN ENFOQUE INNOVADOR DEL APRENDIZAJE Y LA DOCENCIA

Elena F. Pérez Carrillo
Profesora de Derecho Mercantil
Facultad de Derecho, Universidad de León

Resumen: En estas páginas se abordan aspectos concretos de la educación superior para la sostenibilidad, anclada en la responsabilidad social corporativa. Aprovechando una experiencia de innovación docente desarrollada en la Universidad de León, se repasan sucintamente las bases teóricas de la Responsabilidad Social Corporativa, la sostenibilidad, la formulación de ODS y, sobre todo, el papel de las Universidades en el logro de estos objetivos. Además, y en relación con el programa «Sostenibilidad, empresa, justicia, aportaciones para un enfoque innovador del aprendizaje y la docencia» se explican las líneas generales de su desarrollo y las lecciones aprendidas.

Palabras clave: Educación universitaria para la sostenibilidad, innovación docente, docencia de derecho, competencias para la sostenibilidad.

Abstract: *These pages address specific aspects of Higher Education for sustainability, anchored in corporate social responsibility. Taking advantage of a teaching innovation experience developed at the University of León, the theoretical bases of Corporate Social Responsibility, sustainability, the formulation of SDGs and, above all, the role of universities in achieving these goals are briefly reviewed. In addition, and in relation to the programme «Sustainability, business, justice, contributions to an innovative approach to learning and teaching», the general lines of its development and the lessons learned are explained.*

Keywords: *University education for sustainability, teaching innovation, law teaching, competences for sustainability.*

1. Introducción

La función del docente ocupado de la enseñanza de las disciplinas jurídicas consiste principal y tradicionalmente en explicar contenidos conforme a unos temarios, programas y metodologías reflejados en planes de estudio y en guías docentes. Tales contenidos, programas y metodologías no deben concebirse cual islotes aislados entre ellos respecto del contexto en el que se desarrollan. Por el contrario, constituyen unidades en constante contacto con su entorno y contexto.

Sostenibilidad, empresa, justicia, aportaciones para un enfoque innovador del aprendizaje y la docencia es, además del título de este capítulo, el nombre de una actividad de innovación docente del Grupo DerMerUle de la Universidad de León que coordino. Con esa actividad se acercan a los estudiantes y participantes distintas experiencias empresariales sostenibles, así como legislación y buenas prácticas. Y, se les involucra en el desarrollo de trabajos de equipo para alcanzar competencias que propician su formación teórica y práctica en materia de sostenibilidad.

Aprovechando la experiencia concreta de la actividad mencionada, se ponen en relación los contenidos y métodos de docencia jurídica, especialmente Derecho Mercantil con la consecución de objetivos de coherentes con la sostenibilidad por parte de los estudiantes, en su propia vida universitaria y profesional.

Se parte de la hipótesis de que, directa o indirectamente, entre los objetivos de la docencia universitaria está el de contribuir a que los estudiantes adquieran conocimientos y otros instrumentos para hacer frente a los problemas del mundo real: a los que ya se han manifestado y a los que están por venir. Tales problemas y situaciones de la realidad son a menudo complejos, multifacéticos y frecuentemente carecen de una delimitación clara que permita distinguir donde comienzan o terminan, o qué aspectos de la vida y realidad son totalmente ajenos a ellos. Solucionar problemas o alcanzar objetivos reales exige a menudo descubrir conexiones, paralelismos, pautas directas o inversas.

Cuando el jurista, como el resto de egresados de nuestras facultades e Instituciones de Educación Superior (IES), revive las capacidades adquiridas en la universidad, sus aplicaciones reales le exigen a menudo desbordar las fronteras de las distintas áreas temáticas configuradas en entornos académicos y teóricos[1]. Abordar problemas del mundo real supone mucho más que aplicar una o varias teorías estáticas e involucra procesos dinámicos, en los que la solución no se reduce a la consecución de un resultado

1 Phillipina RISOPOULOS-PICHLER, Fedor DAGHOFER, Gerald STEINER, «Competences for solving complex problems: a cross-sectional survey on higher education for sustainability learning and transdisciplinarity», *Sustainability*, Vol. 12 No. 15, p. 6016, (2020), doi: 10.3390/su12156016. (acceso 20.06.2023).

específico. Todo lo anterior aboga a favor de que las instituciones de enseñanza superior fomenten la excelencia académica con modos, medios e instrumentos que superan en mucho los contenidos clásicos de las materias que forman parte de los programas docentes tradicionales. Y, apunta a la conveniencia de que las IES implanten procesos transdisciplinarios contextualizados y exigentes en los que se integren equilibrada y dinámicamente distintas materias científicas, partes interesadas e intereses divergentes[2]. Ello no impide que, en la búsqueda de soluciones, las teorías y practicas más arraigadas en el estudio de alguna materia concreta (como serían, por ejemplo, la empresa o el mercado en la disciplina de Derecho Mercantil) se utilicen para proyectar las experiencias y lecciones aprendidas extrapolándolas a otros campos. Con todo, la traslación no puede realizarse de modo irreflexivo ni asistemático, a riesgo de que sus resultados vayan a ser irrelevantes o incluso engañosos.

Coherentemente con la urgencia de abordar problemas reales de sostenibilidad, los ODS están llamados a impregnar determinantemente el contenido y la orientación de las enseñanzas superiores[3] y, dentro de ellas, las jurídicas. En efecto, los retos que derivan del cambio climático, la emigración, la pérdida de biodiversidad o las pandemias no sólo obligan a investigar nuevos remedios y vacunas, sino también a diseñar nuevas vías de distribución y organización, a fomentar nuevas pautas y culturas de gobernanza en las organizaciones-incluidas tanto las empresas como las IES[4]. Los ODS, las consideraciones relativas a la responsabilidad social y a la sostenibilidad impactan con fuerza en la evolución del derecho mercantil contemporáneo.

---

2 Romana Scholz, «Interdisciplinarity: science for and with society in light of the university's role and functions», *Sustainability Science*, Vol. 15 No. 4, pp. 1033-1049, (2020) doi: 10.1007/s11625-020-00794-x. (acceso 13.05.2023).

3 Phillipina Risopoulos-Pichler, Fedor Daghofer, Gerald Steiner, «Competences for solving complex problems: a cross-sectional survey on higher education for sustainability learning and transdisciplinarity», *Sustainability*, Vol. 12 No. 15, p. 6016, (2020), doi: 10.3390/su12156016. (acceso 20.06.2023).

4 La cuestión de la cultura en las organizaciones universitarias requiere de individuos que se comportan de modo sostenible, autónomo, responsable. Los comportamientos que se desarrollan en modo coherente con la visión de la propia institución son percibidos como deseables por parte de los stakeholders. La cultura de sostenibilidad fomenta esa actitud entre los miembros de la Universidad y entre los interesados que con ella se relacionan, Richard Adams, Martin Stephen, Katy Boom, «University culture and sustainability: Designing and implementing an enabling framework». *Journal of Clean Production*, 2018, vol. 171, 2018 pp 434-445. También, Daniella Tilbury, «Ten Years of Education for Sustainability in Higher Education», *UNESCO Commissioned Review for the Decade in Education for Sustainable Development (DESD)* Paris, 2014.

También influyen en el diseño de las grandes políticas públicas[5]. Y lograr desarrollar todo su amplio potencial trasformador exige, sin duda, contar con el input de las IES[6].

La educación para la sostenibilidad cobra cada vez mayor importancia en la agenda educativa global[7] forma parte de las expectativas de los estudiantes de enseñanza superior[8]. Los empleadores entienden que, para atraer y retener a la próxima generación de talentos, deben estar dispuestos a permitirles participar en la creación de impactos sociales o medioambientales positivos, independientemente de la función o cargo que esos jóvenes profesionales ocupen[9]. Y, algunos indicios permiten entender que las empresas también se interesan por las competencias que confiere la sostenibilidad por considerarlas beneficiosas para su propio crecimiento en el mercado y para alcanzar posiciones de ventaja competitiva[10].

---

5 La sostenibilidad entendida como un proceso global en el que todos, pero especialmente las empresas orientan su actividad para alcanzar un mundo más equilibrado en lo relativo al medio ambiente y más justo forma parte de las grandes líneas de políticas públicas desde hace algunos años. UNITED NATIONS GENERAL ASSEMBLY. «Transforming our World: The 2030 Agenda for Sustainable Development», *Resolution adopted on 25 September 2015* (online: https://www.un.org/ga/search/view_doc.asp?symbol=A/RES/70/1&Lang=E (acceso 18.01.2020).

6 Así fue reconocido en el proyecto de la Organización de Naciones Unidas para la educación (década de Educación para el desarrollo sostenibles, 2005-2014), UNESCO, *What is education for sustainable development?* disponible en https://en.unesco.org/themes/education-sustainable-development/what-is-esd (acceso 20.08.2023).

7 La educación para el desarrollo sostenible fue definida por la Unesco como un conjunto de procesos de aprendizaje a lo largo de la vida que están presentes e integran la educación de calidad y hoy se considera una de las claves para alcanzar los objetivos de Desarrollo sostenible, UNESCO, *What is education for sustainable development?* disponible en https://en.unesco.org/themes/education-sustainable-development/what-is-esd (acceso 20.08.2023).

8 Así, en una encuesta realizada a estudiantes del Reino Unido, el 88% de los encuestados manifestaron su acuerdo sobre la propuesta de que su lugar de estudio incorporase y promoviese activamente el desarrollo sostenible, NATIONAL STUDENT SURVEY, *NUS sustainability skills survey 2018-19;* Reino Unido 2019, disponible en https:// sustainability. nus.org.uk/resources/ nus-sustainability-skills-survey-2018-2019 (acceso 19.08.2023). El NUS es un conjunto de encuestas que se realizan anualmente entre los estudiantes universitarios y de educación superior en Reino Unido.

9 Ver, entre otros, Sarah MURRAY, «Jobseekers want employers to commit to meaningful social impact», *Financial Times*; 21.10, 2019, disponible en https:// www. ft. com/ conte nt/ 39d13 67ce445-11e9- b112- 9624e c9edc 59, (acceso 25.08.2023).

10 Rachel DRAYSON, *Employer attitudes towards, and skills for, sustainable development. Executive summary: employers.* York, The Higher Education Academy, 2015.

2. Un entorno de creciente atención a la sostenibilidad en las empresas

2.1. Los grandes marcos para la implantación de la responsabilidad social y sostenibilidad empresarial

Años antes de la formulación de los ODS, diferentes instituciones y organizaciones internacionales habían desarrollado iniciativas para promover y fomentar el comportamiento socialmente responsable, sostenible, de las empresas. En efecto, durante varios lustros, se fueron elaborado recomendaciones y propuestas para fomentar el comportamiento empresarial respetuoso con intereses ajenos a los de los inversores capitalistas y accionistas de las corporaciones. Esta tendencia podría parecer contraria a la tradición occidental que percibe la empresa como unidad para la generación de lucro al inversor, pero resultó ser tan importante que llegó a situar intereses aparentemente ajenos a los del capital, como los sociales y medioambientales, en el foco de atención de las empresas y de sus dirigentes.

En los últimos años del siglo XX, desde frentes bien distintos, se llamó la atención sobre la necesidad, o sobre la conveniencia de que los directivos de empresas tuviesen en cuenta los intereses como los de los trabajadores y clientes a la hora de adoptar decisiones empresariales. Y, se fue abrazando la idea de que algunos intereses relevantes para la gobernanza y para la adopción de decisiones en las empresas son difusos, no siempre están bien identificados y atañen a grupos o interesados distintos de los socios[11]. Con el tiempo, también los propios inversores (algunos de ellos) favorecieron esta nueva filosofía[12].

Las tendencias socialmente responsables se reflejaron en la elaboración de documentos redactados a modo de recopilaciones de buenas prácticas y de recomendaciones. Destaca entre ellas, por su influencia global, el llamado *Pacto Mundial* (UN Global Compact) que incorpora principios básicos para promover el compromiso de empresas y de organizaciones con los derechos

---

11 Por todos, Christi, AMESTI MENDIZÁBAL «La responsabilidad social corporativa: Una forma de administrar». *Responsabilidad Social Corporativa (RSC). Economía colaborativa y cumplimiento normativo*. RUIZ MUÑOZ/DE LA VEGAJUSTRIBÓ (dirs.). Valencia, Tirant lo Blanch, 2019, pp. 63-93.

12 Antonio RONCERO SÁNCHEZ, «La implicación de los inversores institucionales y de los gestores de activos en las sociedades cotizadas como opción de política jurídica». *Derecho de sociedades y de los mercados financieros AAVV (Libro homenaje a Alonso Ledesma, Carmen)*, FERNANDEZ TORRES/ ARIAS VARONA/ MARTINEZ ROSADO (coords). Madrid, Iustel 2018, pp. 745-776.

humanos y laborales y para preservar el medio ambiente. También, las *Líneas Directrices de la OCDE para empresas multinacionales,* cuyas recomendaciones a los gobiernos y a las empresas no sólo son muy influyentes, sino que constituyen un conjunto muy vivo que se va actualizando periódicamente. Así como otras guías y códigos para la implantación de la RSE como la *Guía para la elaboración de Memorias de sostenibilidad, sobre el desempeño económico, ambiental y social de la empresa*, de la *Global Reporting Initiative,* vinculada a orientar la trasparencia verde de las empresas que deseen alinearse con el Pacto Mundial de Naciones Unidas antes citado.

Como complemento a los marcos indicados, se idearon instrumentos de normalización que incorporaron métodos de medición y la posibilidad de obtener certificados relativos a la aplicación y seguimiento de cada norma. Así, con la serie AA1000AS para garantizar la sostenibilidad se propusieron pautas (voluntarias) para integrar el respeto al medio ambiente, a los trabajadores y a las comunidades en la gestión empresarial y para facilitar información a los grupos de interés, de modo que éstos pudieran valorar los esfuerzos efectuados[13]. Las normas ISO 26000 avanzaron también en esa dirección[14]. Y en España, la certificación RS10 de AENOR supone una adaptación de los mencionados estándares internacionales para acreditar (y certificar) el compromiso de las empresas con la sociedad, el medio ambiente y la ciudadanía.

Muchas empresas han asumido los mencionados marcos, o bien han redactado sus propios códigos de conducta inspirados en ellos. La adaptación a los objetivos de sostenibilidad y de RSE ha alcanzado a las pequeñas empresas, y a las organizaciones no empresariales como las Universidades o las entidades locales, entre otras.

---

13 Se trata de un estándar que se va actualizando. La primera edición de AA1000AS fue publicada en 2003 siendo la primera norma de aseguramiento de sostenibilidad del mundo, desarrollada para garantizar la credibilidad y calidad del desempeño y de los informes en materia de sostenibilidad. La norma AA1000AS (2003) reemplazó la información sobre aseguramiento proporcionada por la Norma Marco AA1000 publicada en 1999. La edición de 2003 fue apoyada por una Nota de Ayuda sobre la aplicación de los principios; y una Nota para Usuarios que incluía cinco casos de estudio sobre la aplicación de los principios durante los encargos de aseguramiento. La edición 2008 de la Norma de Aseguramiento AA10000AS (2008), es la segunda edición de la norma de aseguramiento de AccountAbility, que ya incorpora una creciente corriente de práctica y experiencia en el aseguramiento de sostenibilidad y reemplaza todas las versiones anteriores publicadas por AccountAbility.. ACCOUNTABILITY, *ASSURANCE STANDARD (AAS)* 2008, disponible en https://www.mas-business.com/arch/documentos/aa1000as_2008_esp_129.pdf (acceso 25.08.2023).

14 Aprobadas en 2010 por la Organización de Normalización Internacional, International Standardization Office (ISO).

2.2. Responsabilidad social y sostenibilidad en la Unión Europea

En la Unión Europea, el *Libro Verde de la Comisión Europea sobre RSE* data de 2001 y fue considerado como la pieza angular en el planteamiento de la responsabilidad social europea[15], que tuvo continuación en otros documentos estratégicos en los años siguientes. En los inicios del siglo XXI, la Comisión Europea mantenía una postura favorable a que la RSE fuese estrictamente voluntaria, posición que poco a poco iría modificando para orientarse hacia la obligatoriedad limitada[16]. Esta línea fue generalmente admitida en todo el mundo, ya que los comportamientos socialmente responsables de las empresas capitalistas venían teniendo encaje en el ámbito de la voluntariedad. Durante décadas se entendió que legislar en materia de RSE ni era procedente, ni conveniente[17].

Sin embargo, una serie de circunstancias dieron lugar a cambios fundamentales en el planteamiento. Por un lado, la posición de la propia Comisión Europea —partidaria de la RSE voluntaria al inicio del siglo XXI— fue evolucionando especialmente a raíz de la grave crisis financiera de 2007[18]. Además, la implantación de las medidas de RSE fue calando por la vía del fomento, e incluso de la mano de ciertos preceptos sectoriales, como fue el caso de las etiquetas ecológicas; de las normas en materia de Ayudas de

15 COMISIÓN EUROPEA *Libro Verde: Fomentar un marco europeo de la Responsabilidad Social de las Empresas*, 2001. Este documento abre al público un amplio debate sobre los conceptos básicos y las grandes líneas por donde podrían o deberían discurrir las políticas comunitarias sobre el tema, tanto a nivel europeo como en su proyección internacional. En este Libro Verde ya se plantean como objetivo el análisis de las experiencias reales preexistentes para extrapolarlas y lograr nuevas prácticas innovadoras.

16 COMISION EUROPEA, *Comunicación de la Comisión Europea relativa a la Responsabilidad Social de las Empresas: Una contribución empresarial al desarrollo sostenible* (2002). COMISIÓN EUROPEA, *Comunicación - Poner en práctica la asociación para el crecimiento y el empleo: hacer de Europa un polo de excelencia de la responsabilidad social de las empresas* (2006), por enumerar algunos de los iniciales documentos en los que la RSE se perfilaba en Europa como una estrategia voluntaria.

17 Mariano Nieto Antolín,»La difusión de las prácticas de responsabilidad social en las empresas multinacionales», *Pecvnia, Monográfico* (2008), pp. 33-64

18 A raíz de la dura crisis iniciada en 2007, en la UE se avanzaba un concepto algo distinto en el sentido de que, sin insistir tanto en la idea de voluntariedad, si lo hace en la de asunción de «*la responsabilidad de las empresas por su impacto en la sociedad*» en un documento donde la RSE pasa a calificarse de enfoque estratégico para fomentar la competitividad, y en el que se insiste en el prerrequisito de pleno respeto de la RSE es el cumplimiento de la legislación y de los convenios colectivos entre los interlocutores social, ver COMISIÓN EUROPEA, *Estrategia renovada de la UE para 2011-2014 sobre la responsabilidad social de las empresas,* 2011.

Estado e incluso del Derecho de Sociedades. Y, de esta forma se fue generando una RSE parcialmente legislada, que llamamos aquí «meta RSE»[19].

2.3. Meta Responsabilidad Social y sostenibilidad

Los postulados de la meta RSE se mantienen en la línea de incorporar la visión e intereses ambientales, sociales y de largo plazo en la adopción de decisiones en la gestión ordinaria de las organizaciones, entre ellas de las empresas. Pero, a diferencia de la visión meramente voluntaria, la meta RSE refleja el alcance de los postulados responsables en el plano de los códigos semi obligatorios diseñados conforme al principio de cumplir o explicar, y del derecho positivo.

Con el paso de los años, y con la creciente influencia de la RSE, muchos de los aspectos que anteriormente se dejaban a la libre decisión de los actores económicos, especialmente de las empresas, se incorporan a las recomendaciones de gobernanza empresarial patrocinadas por el supervisor. E incluso a la legislación.

Poco a poco, los supervisores y legisladores se adentraron en la atribución de competencias sobre las estrategias socialmente responsables en el seno de las grandes empresas. Buen ejemplo de esta meta RSE son la reforma del Código de Buen Gobierno de sociedades cotizadas de la CNMV, especialmente en su versión modificada el año 2020; y la de la Ley de Sociedades de Capital (LSC). La modificación operada en la LSC en el año 2014 atribuyó al consejo de administración de las sociedades cotizadas competencias en materia de política de RSE (art. 529 ter,1.º-a LSC)[20].

---

19 Elena F Pérez Carrillo, «El medio ambiente en la responsabilidad corporativa. Perspectivas jurídico-mercantiles», *Empleos verdes y prevención de riesgos laborales,* en Agra Viforcos (dir.), Valencia, Tirant lo blanch, 2017, pp109-130, en especial pp 123 y ss.

20 Nótese que el art 529 *novodecies*, apartado 3-d de la Ley de sociedades de capital también vincula la RSE con las retribuciones variables de los consejeros de sociedades cotizadas: *«d) cuando una sociedad conceda remuneración variable, la política de remuneraciones establecerá criterios claros, completos y variados para esa concesión y señalará los criterios de rendimiento financiero y no financiero...»*. La ley alude expresamente, dentro de tales criterios, a los relativos a la responsabilidad social de las empresas. Ciertamente, la recepción de la RSC y la sostenibilidad en el ordenamiento es la consecuencia de un largo recorrido y de un proceso en el que concurren fuentes de derecho positivo diversas y también de derecho blando. Dentro de este último destaca el Código de Buen Gobierno de la CNMV, revisado en 2020 que desplaza la RSC pero incide con fuerza en las recomendaciones y principio vinculados a la sostenibilidad que considera que debe someterse a la supervisión directa de la alta dirección orgánica de las empresas. Por ello, su Recomendación 53 reza: *«Que la supervisión del cumplimiento de las políticas y reglas de la sociedad en materia medioambiental, social y de gobierno corporativo, así como de los códigos internos de conducta, se atribuya a una o se reparta entre varias comisiones del consejo de administración, que podrán ser la comisión de auditoría, la de nombramientos, una comisión especializada en sostenibilidad o responsabilidad social corporativa u otra comisión especializada que el consejo de administración, en ejercicio de sus facultades de*

En paralelo, y especialmente a partir de 2015, los discursos de responsabilidad social se difuminan en un concepto más amplio: el de la sostenibilidad. No se trata de un mero cambio terminológico ni tampoco de una concepción de nuevo cuño, sino de la preeminencia de ciertos interesados de entre los que aparecían sólo difusamente identificados en las declaraciones y documentos sobre RSE que se habían elaborado hasta entonces.

La sostenibilidad aboga por situar en lugar preeminente a un conjunto de intereses generales —en ocasiones difusos— para la protección del entorno social y medioambiental y para la promoción de la visión a largo plazo de las políticas públicas y de las políticas de empresa[21]. Pese a que en buena medida las formulaciones de sostenibilidad muestran un carácter poco concreto, la interrelación con el derecho positivo y con los códigos semi obligatorios que ya se ha mencionado respecto de la llamada «meta RSE» se incorpora también a la liza en pro del desarrollo sostenible.

La formulación en 2015 de los ODS u Objetivos de Desarrollo Sostenible suponen el hito más importante en la evolución desde la Responsabilidad Social hasta la Sostenibilidad.

---

autoorganización, haya decidido crear. Y que tal comisión esté integrada únicamente por consejeros no ejecutivos, siendo la mayoría independientes y se le atribuyan específicamente las funciones mínimas que se indican en la recomendación siguiente». Precisamente, la reforma de 2020 de este código *soft* destacó la política de sostenibilidad frente a la de responsabilidad social corporativa. Por otro lado, hoy no se puede hablar de responsabilidad social ni de sostenibilidad, al menos en entornos de empresa y derecho mercantil son tener en cuenta el papel de quienes invierten ya sea los grandes inversores institucionales, como pequeños ahorradores que destinan una parte de su ahorro a invertir directa mente o a través de instituciones de inversión colectiva, o con el apoyo de asesores de voto. La inversión responsable y sostenible se vincula con su carácter a largo plazo, Ver sobre estas cuestiones Adolfo Javier SEQUEIRA MARTIN en «El desarrollo de la responsabilidad social corporativa versus sostenibilidad, y su relación con el gobierno corporativo en las directivas comunitarias y en el derecho español de sociedades cotizadas», *Revista de Derecho de Sociedades*, 61,2021, (Base de Datos Aranzadi Instituciones— BIB 2021\1421). También, Antonio RONCERO SÁNCHEZ, «La implicación de los inversores institucionales y de los gestores de activos en las sociedades cotizadas como opción de política jurídica». *Derecho de sociedades y de los mercados financieros AAVV (Libro homenaje a Alonso Ledesma, Carmen)*, FERNANDEZ TORRES ARIAS VARONA, MARTINEZ ROSADO (coords.), Madrid,2018, pp.745-776. Ver también Alberto JIMÉNEZ-PIERNAS GARCÍA, «La maduración jurídico-vinculante de la RSE en el derecho de La UE: De la mera voluntariedad al compliance», *Responsabilidad Social Corporativa (RSC). Economía colaborativa y cumplimiento normativo*, RUIZ MUÑOZ/DE LA VEGAJUSTRIBÓ (drs.). Valencia, Tirant lo Blanch, 2019, pp. 233-254.

21 La RSC incidiría más en la protección de intereses inmediatamente conexos con determinados grupos que se relacionan con las empresas como los trabajadores o los proveedores; y la sostenibilidad con las consecuencias de intereses más difusos como el medio ambiente y el entorno social general. O así lo percibe la doctrina como se establece en Adolfo Javier SEQUEIRA MARTIN en «El desarrollo de la responsabilidad social corporativa versus sostenibilidad, y su relación con el gobierno corporativo en las directivas comunitarias y en el derecho español de sociedades cotizadas», *Revista de Derecho de Sociedades*, 61,2021, (Base de Datos Aranzadi Instituciones— BIB 2021\1421)

2.4. Objetivos de Desarrollo Sostenible: el papel de las Instituciones de Educación Superior (IES) y de las universidades

La formulación en 2015 de los 17 objetivos de Desarrollo sostenible, los ODS, fue el resultado del análisis de problemas definidos a escala mundial bajo los auspicios de Naciones Unidas. Para alcanzar su efectividad los estados miembros de la ONU aprobaron un plan de acción, la llamada Agenda 2030[22], con la que prevén acciones orientadas a la búsqueda de soluciones o respuestas a problemas globales que permitan alcanzar los objetivos de desarrollo sostenible, ODS.

Los ODS se constituyen como aspiraciones con vocación de universalidad, y se anudan a metas más concretas y a desarrollos muy variados para afrontar interrelaciones complejas, incertidumbre y conflictos de valores. Se apoyan, y a la vez necesitan de una clara voluntad política de construir vías hacia futuros sostenibles, de transformar las tendencias de desarrollo incluso cuando ello conlleva trasformaciones fundamentales.

La identificación de los ODS parte de la constatación de que existe una gama, cada vez más amplia, de problemas complejos cuya superación es una tarea compartida por naciones, sectores económicos, más allá de planteamientos ideológicos[23].

Lograr el consenso y la colaboración de la población para aceptar y contribuir a los nuevos objetivos constituye una premisa y un elemento esencial para el desarrollo de la Agenda 20230. La sociedad civil se percibe como uno de los motores fundamentales del cambio pues, sin una ciudadanía sensibilizada y consciente de las consecuencias que podrían derivar del fracaso en la implantación de los ODS, el cambio sería imposible.

En la pugna por la sensibilización ilustrada de las poblaciones, es decir, por la toma de conciencia en modo crítico y activo por parte de los ciudadanos, las Instituciones de Educación Superior (IES) están llamadas a desarrollar un papel relevante.

Las IES, dentro de las que se encuadran las universidades, ya han comenzado esta tarea y obtenido algunos resultados iniciales positivos[24]. También

22 UNITED NATIONS GENERAL ASSEMBLY. «Transforming our World: The 2030 Agenda for Sustainable Development», *Resolution adopted on 25 September 2015.* (online: https://www.un.org/ga/search/view_doc.asp?symbol=A/RES/70/1&Lang=E (acceso 18.01.2020).

23 Este planteamiento universalista y supra ideológico es precisamente fuente de las principales críticas recibidas tanto por los ODS como por la Agenda 2030

24 Las IES llevan trabajando formalmente en cuestiones de sostenibilidad, al menos desde la Cumbre de Río de 1992 cuyos capítulos 35 y 36 ya instaban a las universidades a (i) mejorar la evaluación científica a largo plazo, (ii) desarrollar la capacidad y las aptitudes cientí-

han encontrado algunos obstáculos[25]. Y, en coherencia con su esencia, albergan debates importantes sobre los ajustes transformadores necesarios para lograr un futuro más sostenible, así como intercambios dialécticos sobre su propia función como motores del nuevo paradigma[26].

2.2.1. Misión motivadora y trasformadora

Las IES promueven la adquisición de habilidades y valores, entre ellos los que potencian el aprendizaje teórico y la práctica motivadora y trasformadora en pro de unas relaciones sanas entre los seres humanos y la naturaleza. Así, ocupan su lugar dentro de la Agenda 2030.

Ciertamente, la propia Agenda 2030 incluye un ODS dedicado explícitamente a la educación (ODS 4: Educación de calidad); y una meta que aborda la educación para el desarrollo sostenible (meta 4.7). Pero más allá de estas concreciones, la educación es un instrumento esencial para alcanzar el conjunto de los objetivos formulados en 2015.

Existen iniciativas específicas desarrolladas bajo el paraguas de Naciones Unidas y sus agencias, para potenciar la educación en sostenibilidad, como el Programa de Acción Mundial (GAP) que, a través de la UNESCO, se ocupa

ficas, (iii) reorientar la educación hacia el desarrollo sostenible de las actividades humanas y el medio ambiente, y (v) promover la formación para desarrollar los recursos humanos y facilitar la transición hacia un mundo más sostenible. UNITED NATIONS «Agenda 21», *Proceedings of the United Nations Conference on Environment & Development, Rio de Janeiro,* Brasil, 3-14 Junio 1992 Online: https://www.un.org/en/development/desa/population/migration/generalassembly/docs/globalcompact/A_CONF.151_26_Rev.I_Vol.%20I_Agenda.pdf . (acceso 20.08. 2023) Posteriormente, en 2002, y para coordinar esfuerzos educativos de las IES y otras entidades hacia el desarrollo sostenible, las Naciones Unidas formularon el llamado Decenio de las Naciones Unidas de la Educación para el Desarrollo Sostenible 2005-2014. La Década de la Educación para el Desarrollo Sostenible impulsó la introducción de temas de sostenibilidad en los planes de estudios de la enseñanza superior y en los sistemas de calidad. También aumentó el reconocimiento del valor de las actividades de divulgación y se puso foco en la necesidad de financiación para reducir la huella ecológica de las universidades, ver Daniella TILBURY, «Ten Years of Education for Sustainability in Higher Education», *UNESCO Commissioned Review for the Decade in Education for Sustainable Development (DESD)* Paris, France, 2014.

25 Poniendo énfasis en las dificultades observadas y teniendo en cuenta multidisciplinariedad, Christian RAMMEL, Luis VELÁZQUEZ, Clemens MADER. «Sustainability assessment in higher education institutions». *Routledge Handbook of Higher Education for Sustainable Development*; en Mathias BATT, Gerd MICHELSEN, Marco RIECKMANN, Ian GeofFREY THOMAS (eds), London, Routledge, 2016; pp. 112-131).

26 Christian R WEISSER, «Defining sustainability in higher education institutions: A rhetorical analysis», International *Journal of Sustainability in Higher Education*, vol. 18, 2017, pp. 1076-1089. Ver también Daniella TILBURY, «Ten Years of Education for Sustainability in Higher Education», *Unesco Commissioned Review for the Decade in Education for Sustainable Development (DESD)* Paris, 2014.

explícitamente de la Educación para el Desarrollo Sostenible[27]. Y, más allá de esquemas o programas, el conjunto de las funciones desarrolladas por las IES son extremadamente relevantes para lograr los ODS. Sin olvidar que, en sentido inverso, las actividades de las universidades y de las IES se enriquecen cuando integran en su ordenación y teleología el conjunto de los 17 ODS.

2.2.2. Fases

Actualmente, son muchas IES de todo el mundo están aplicando estrategias para la adopción de la Agenda 2030 y sus 17 ODS. Están apostando por la sostenibilidad en aspectos relacionados con su función docente y también investigadora. Los procesos de esa integración se desarrollan paulatinamente conforme a unas fases o etapas, cuya delimitación aproximada responde a las pautas que se exponen a continuación:

La primera etapa puede denominarse como de optimización operativa. En ella se llevan a cabo actuaciones como, por ejemplo, las relativas a incorporar horizontalmente la sostenibilidad en los planes de estudios, en la investigación, en la divulgación y en el funcionamiento de los campus. La segunda consiste en la transformación operativa, es decir, en infundir principios y valores de sostenibilidad dentro de la organización, en fomentar los comportamientos y las actitudes sostenibles de los estudiantes, profesores, personal de administración o de servicios, y otros agentes que configuran las comunidades universitarias. La última fase corresponde a la elaboración de sistemas e implica un cambio en la visión y en los valores para generar una auténtica cultura de sostenibilidad; materializándose la participación —a menudo en el liderazgo— en actuaciones que superan el ámbito educativo y que implican la colaboración con entidades, instituciones e interesados externos[28].

El Grupo de Innovación Docente de Derecho Mercantil de la Universidad de León (DerMerUle) incorporó sus trabajos de innovación docente para la sostenibilidad, en un momento en el que la Institución a la que pertenece transita por la fase tercera. Por tanto, la experiencia que a continuación se explica se ubica en el ámbito del fomento, colaboración y liderazgo en la cultura de sostenibilidad.

---

27 Este GAP fue ideado para contribuir a las buenas prácticas de sostenibilidad de las instituciones educativas, incluidas las de educación superior Alexander Leicht, Julia Heiss, Won Jung Byun (Eds.) *Issues and Trends in Education for Sustainable Development*; Unesco, Paris, 2018.

28 Ver Richard Adams, Martin Stephen, Katy Boom, «University culture and sustainability: Designing and implementing an enabling framework». *Journal of Clean Production*, 2018, vol. 171, pp 434-445. También, sobre los posibles enfoques al propiciar la sostenibilidad desde la educación, Marena Brinkhurst, Peter Rose, Gillian Maurice, Josef Daniel Ackerman, «Achieving campus sustainability. Top-down, bottom-up, or neither?», *International Journal of Sustainability in Higher Education*, vol 12(4), 2011, pp 338-354.

2.3. Cultura de sostenibilidad y docencia universitaria del Derecho (Mercantil) aprovechando la experiencia socialmente responsable de las empresas

Las medidas a favor de la sostenibilidad, y de sus antecesoras en el ámbito de la RSE, han florecido y cuentan con especial recorrido en el ámbito de las empresas. Tanto es así que, en la actualidad, las buenas prácticas heredadas de la RSE y de la meta RSE son cada vez más reconocidas en las empresas sostenibles y en los mercados. Las entidades orientadas esencialmente por el ánimo de lucro, como son las grandes corporaciones multinacionales, las explotaciones empresariales de corte familiar, o muchos exitosos empresarios individuales han ido incorporando medidas de sostenibilidad y su experiencia resulta extrapolable a otros ámbitos. Las actuaciones empresariales en materia de responsabilidad social y de sostenibilidad son guías útiles para, salvando las distancias, incorporar buenas prácticas en otros órdenes. Por ejemplo, en la vida académica y universitaria.

Dentro de las disciplinas jurídicas, el Derecho Mercantil representa una de las más intensamente dedicadas al estudio de la empresa, del empresario; del emprendimiento de los actos de comercio y del mercado. Por ello, muchos investigadores docentes mercantilistas han ido adquiriendo conocimientos especializados en la incorporación de pautas socialmente responsables a las empresas tradicionalmente vinculadas al lucro. Tal especialización teórica los sitúa en posición óptima para avanzar en la posibilidad de trasladar —salvando las distancias— el acomodo de la gestión empresarial sostenible y socialmente concienciada a su propia actividad como docentes y al devenir de las universidades en general. Así mismo, ocupan un atalaya idóneo para incentivar a los estudiantes para que éstos también trasladen los aprendizajes sobre la empresa socialmente responsable a su propia experiencia universitaria.

La actividad desarrollada por DerMerUle se basa en dar a conocer experiencias de sostenibilidad empresarial, en destacar su relevancia, deconstruir y analizar sus contenidos, y permitir que sus elementos se combinen de modo diverso. También exige identificar las competencias académicas cuyo logro se vería más favorecido al integrar el análisis de las experiencias de desarrollo empresarial responsable en la docencia, aprendizaje y vida estudiantil[29]. Tales competencias son comunes a distintas disciplinas jurídicas, aunque resultan especialmente relevantes para el Derecho Privado en términos generales, y para el Derecho Mercantil en un sentido más concreto.

---

29 Ver Naresh GIANGRANDE, Rehema M. WHITE, May EAST, Ross JACKSON, Tim CLARKE, Michel S. COSTE, Gil PENHA-LOPES, «A competency framework to assess and activate education for sustainable development: addressing the UN Sustainable Development Goals 4.7 chALLENGe», *Sustainability*, Vol. 11 n.° 10, (2019), pp. 1-16, doi: 10.3390/su11102832 (acceso 01.09.2023) . También, Harold GLASSER, Jamie, HIRSH, «Toward the development of robust learning for sustainability core competencies», *Sustainability*, Vol. 9 No. 3, (2016) pp. 121-134, doi: 10.1089/sus.2016.29054. hg

2.3.1. Competencias implicadas

Se contemplan, en primer lugar, las competencias que denominamos normativas— genéricas o trasversales. Son aquellas que los estudiantes adquieren para identificar los problemas morales y emitir juicios fundados en normas éticas[30]. A nivel individual, estas competencias normativas afectan a la conciencia de uno mismo, así como a la capacidad para evaluar la actitud, las emociones y el comportamiento personales, especialmente cuando despliegan consecuencias sobre terceros. Las competencias normativas tienen relación con la auto conciencia de la justicia y de la equidad. Están así mismo vinculadas a la voluntad de cuestionar constantemente los propios conocimientos y actitudes, con la tolerancia para aceptar otros puntos de vista, y con la flexibilidad para permitir el intercambio de ideas. Son muy importantes para la colaboración eficaz y para facilitar la interacción constructiva[31]. En la acción del DerMerUle que aquí se comenta, las competencias normativas vinculadas a la sostenibilidad están relacionadas con los procesos de reflexión, debate y adopción de posiciones éticas y vitales por parte de los estudiantes.

Otras competencias atañen a un campo científico especifico, relativo con un concreto ámbito de conocimientos, habilidades y método. Las competencias específicas permiten abordar problemas complejos del mundo real, aplicando los conocimientos y los métodos propios de una disciplina concreta que se articula en los correspondientes planes de estudio[32]. Y es que,

---

30 Phillipina Risopoulos-Pichler, Fedor Daghofer, Gerald Steiner, «Competences for solving complex problems: a cross-sectional survey on higher education for sustainability learning and transdisciplinarity», *Sustainability*, Vol. 12 No. 15, p. 6016, (2020), doi: 10.3390/su12156016 (acceso 12.09.2023).

31 Las competencias normativas influyen en la selección, evaluación y procesamiento de competencias especificas vinculadas con una disciplina concreta de conocimiento. Unas y otras entendidas dentro de sus límites y prestando atención a sus consecuencias, para evitar dar lugar a acciones contradictorias. En el plano individual, las competencias normativas despliegan efectos sobre la auto percepción y la capacidad para evaluar la actitud personal, las emociones y comportamientos que afectan contantemente a las competencias interpersonales. La capacidad para percibir la justicia y equilibrio entre cargas y derechos, así como la posibilidad de plantear retos a las sentimientos y percepciones propios ocupan un lugar fundamental en la actitud de colaboración efectiva y en la facilitad para generar nuevas colaboraciones. Arnin Wiek, Lauren Withycombe, Charles. L. Redman, «Key competencies in sustainability: a reference framework for academic program, *Sustainability Science*, vol 6(2), 2011, pp 203-218 . https://doi.org/10.1007/s11625-011-0132-6 (acceso 25 julio 2023)

32 Las competencias específicas de un ámbito científico tienen su origen en una disciplina específica y representan históricamente uno de los principales aspectos en la elaboración y ejecución de los planes de estudio de la enseñanza superior. Gerald Steiner, «Competences for complex real-world problems: toward an integrative framework», Boston, Weatherhead Center for International Affairs-Harvard University», vol. 13, 2013, pp. 1-54, disponible en http://wcfia.harvard.edu/files/wcfia/files/full_steiner_13-0002.pdf (acceso 20 julio 2023). Ver también, Harold Glasser, Jamie Hirsh, «Toward the development of robust learning for sustainability core competencies», *Sustainability*, Vol. 9 No. 3, (2016) pp. 121-134, doi: 10.1089/sus.2016.29054. hg. Y, Daniella Tilbury, «Ten Years of Edu-

la capacidad de abordar problemas complejos del mundo real requiere una comprensión profunda de los temas estudiados dentro de las disciplinas académicas, así como la capacidad de aplicar este conocimiento en un contexto complejo. Está ampliamente admitido que las competencias vinculadas a una disciplina en concreto revelan aspectos comunes con campos de estudio mucho más amplios. Y que estas competencias promueven la habilidad para centrar la atención en un conocimiento especifico, con su correspondiente método, sin perjuicio de que éstos puedan después proyectarse más allá de la propia disciplina en la que se generan y estudian. Una experiencia y conocimientos sólidos y profundos en el campo de la propia formación constituye uno de los principales pilares para abordar problemas complejos del mundo real. La experiencia del GID DerMerUle se apoya en competencias vinculadas específicamente al derecho mercantil: organización de empresas cotizadas, empresa familiar, organización de la inversión, propiedad intelectual.

Entre las competencias a desarrollar en relación con la sostenibilidad en la vida académica, las llamadas «interpersonales» también ocupan un lugar muy destacado[33]. El éxito de la formación en sostenibilidad exige superar las etapas de mera autopercepción para la configuración de ideas propias. La inter-personalidad demanda una actitud mental abierta a prestar atención a los demás, a sus hábitos, formas de entender la realidad y sensibilidades. También requiere un elevado nivel de tolerancia para aceptar los puntos de vista ajenos, para abrazar la diversidad, así como para alcanzar resultados en términos de cultura, disciplinas compartidas y de intercambio de ideas.

Otras competencias importantes y deseables para potenciar la sostenibilidad son las relativas al autoaprendizaje para facilitar la dirección de la propia carrera profesional, y para adaptarse a la diversidad y a la complejidad del mundo real. También las competencias de transformación entendidas en el sentido del desarrollo de capacidades basadas en un pensamiento crítico, prospectivo y estratégico que inspiran la excelencia individual y organizativa[34]. Sin olvidar las competencias funcionales y otras competencias avanzadas que, si bien no están directamente relacionadas con la cualificación del estudiante, son necesarias para su futuro desempeño y le facilitarán aplicar

---

cation for Sustainability in Higher Education», *UNESCO Commissioned Review for the Decade in Education for Sustainable Development (DESD)* Paris, 2014.

33 El desarrollo de competencias interpersonales permite comprender y gestionar las normas y los valores propios en tal modo que se facilite la aportación en positivo en equipos para desarrollar objetivos globales.

34 Las competencias transformativas resultan especialmente útiles para alcanzar una visión compartida, para gestionar con éxito el cambio, para alcanzar los fines estratégicos y para desarrollar capacidades de para prever, desarrollar, implementar y evaluar intervenciones transformadoras para la sostenibilidad.

los métodos y procedimientos tradicionales de trabajo a nuevos retos que se le planteen en el transcurso de su itinerario formativo pero también en su vida profesional y humana[35].

2.3.2. Una actividad del Grupo de Innovación Docente DerMerUle

El Grupo de Innovación Docente de Derecho Mercantil de la Universidad de León (DerMerUle) desarrolla, como se avanzaba, actuaciones en materia de sostenibilidad. La que aquí se refiere fue la primera puesta en marca con el objetivo específico de potenciar las capacidades de los participantes para relacionar el aprendizaje teórico sobre cómo el mundo de la empresa integra objetivos de sostenibilidad coherentes con los ODS y con las Directrices europeas en la materia, con ejercicios prácticos. En la práctica, los estudiantes diseñarían experiencias para incorporar la sostenibilidad en su vida universitaria (en el campus, o fuera del campus, o en vacaciones) o en un proyecto profesional.

Entre las opciones para aproximar el aprendizaje a los alumnos, se eligió la generación de un curso especifico, con exposición por parte de ponentes especializados, tutorización a cargo de investigadores de distintas áreas de conocimiento jurídico, y con la exigencia de que los alumnos y las alumnas participantes desarrollen trabajo propio.

Para superar la actividad, los alumnos deberían evidenciar que absorben conocimientos relativos al Derecho Mercantil de la Responsabilidad Social y la Sostenibilidad y que desarrollan competencias para aplicar lo aprendido a un contexto totalmente distinto: el de su propia vida como universitarios, o como futuros profesionales.

La actividad se ofreció a todos los estudiantes de grado de la Universidad de León. Y se apoyó en la plataforma de extensión académica para permitir el acceso de estudiantes de distintos grados y postgrados. Pese a ello, es decir a pesar de que se pusieron los medios para atraer variedad de alumnas y alumnos, la práctica totalidad de los inscritos fueron estudiantes de segundo curso de derecho, matriculados en Derecho Mercantil I[36]. El desarrollo se concretó en que, durante el curso 2022-23 se pusieron en marcha seminarios

---

35 Arnin Wiek, Lauren Withycombe, Charles L. Redman, «Key competencies in sustainability: a reference framework for academic program, *Sustainability Science*, vol 6(2), 2011, pp 203-218. https://doi.org/10.1007/s11625-011-0132-6, (acceso 25 julio 2023).

36 Y es que, como es sabido que a menudo las actividades que implican un amplio número de horas dificultan la afluencia de matriculados multidisciplinares ya que cada uno de los programas e itinerarios oficiales exige dedicación y horarios concretos. Por ello, se entendió desde el principio que era muy probable que la mayor parte de los matriculados fuesen alumnos de 2 curso de grado de derecho, y del doble grado de derecho y ADE. Especialmente se preveía la presencia de alumnos que cursan distintas asignaturas de derecho mercantil

y talleres, concentrados en dos jornadas (el 25 de marzo y el 30 de septiembre), con un periodo intermedio de varias semanas en el que se desarrollaría el trabajo autónomo de los participantes y las tutorías.

Con la acción, que se tituló «Sostenibilidad, empresa, justicia, aportaciones para un enfoque innovador del aprendizaje y la docencia» se trataba de relacionar las competencias para el conocimiento de una disciplina concreta, el Derecho Mercantil y de modo más específico el Derecho Mercantil de la empresa, con el desarrollo de competencias normativas, de autoaprendizaje, interpersonales, y trasformativas vinculadas al desarrollo sostenible.

La actividad abarcó un total de 35 horas, combinando la asistencia a sesiones presenciales y el trabajo autónomo de los estudiantes, con la posibilidad de tutorías. En la sesión inicial (y principal) que tuvo lugar a lo largo de una mañana completa durante el mes de marzo de 2022, se contó con ponentes institucionales y expertos.

Durante el periodo de trabajo autónomo los alumnos y las alumnas, agrupados en pequeños equipos escogieron una temática específica dentro del tema general escogido y seleccionaron los ODS que pretendían lograr y diseñaron su proyecto. Los temas generales propuestos fueron:

- Los ODS en la vida dentro del aula universitaria[37].
- Los ODS en la vida de campus[38].
- Los ODS en la vida universitaria de la ciudad donde se ubica la universidad.
- Los ODS en mis vacaciones universitarias.
- ODS, universidad y proyección profesional futura.

2.3.2.1. Potenciando las competencias

El desarrollo de la acción fomenta todas las competencias a las que antes se aludió: normativas, especificas, interpersonales, de autoaprendizaje y trasformativas.

37 Otras experiencias en relación con la sostenibilidad en el aula, en Vincent Richard, Daniel Forget, Noémie González-Bautista «Implementing sustainability in the Classroom at Université Laval» en, Leal/Filho Et Alt (eds.), *Handbook of Theory and Practice of Sustainable Development in Higher Education*, World Sustainability Series, Springer International Publishing AG 2017 doi:10.1007/978-3-319-47895-1_9 (acceso 2.07.2023). Este trabajo da cuenta de la teoría y análisis de sostenibilidad en el aula en la canadiense universidad Laval que ha sido reconocida como una de las que ocupa los primeros puestos en la materia

38 Promover la búsqueda de los ODS en la vida en el campus resulta de singular importancia para fomentar el paso de la teoría a la práctica, y la auto responsabilidad de los estudiantes. Para algunas reflexiones al respecto, ver Marena Brinkhurst, Peter Rose, Gillian Maurice, Josef Daniel Ackerman, «Achieving campus sustainability. Top-down, bottom-up, or neither?», *International Journal of Sustainability in Higher Education*, vol 12(4), 2011, pp 338-354.

Las competencias normativas, a través de la reflexión relativa a los posicionamientos éticos que suponen los ODS. Las de conocimiento específico mediante las intervenciones de expertos que explicaron aspectos de la sostenibilidad en relación con el derecho mercantil (organización de la empresa, mercados de valores, inversión, propiedad intelectual, distribución, entre otros).

Los ponentes invitados realizaron intervenciones sobre la formulación de los ODS por parte de Naciones Unidas, previo repaso de las experiencias globales y europeas de finales del siglo XX en relación con la responsabilidad social corporativa y con los movimientos de fomento de los valores éticos. También se abordaron aspectos relativos a la adaptación de los ODS en ciertas organizaciones internacionales especialmente vinculadas al Derecho Mercantil como la Organización Mundial de Propiedad Intelectual (OMPI), la Organización Mundial de Comercio (OMC) o la Unión Europea (UE). Y, se explicaron buenas prácticas (y cumplimiento normativo) de empresas y mercados para favorecer la sostenibilidad[39]. En este último sentido los especialistas ponentes departieron sobre las prácticas de inversión sostenible en empresas cotizadas y en empresas familiares, así como en buenas prácticas en los mercados de distribución alimenticia para favorecer los ciclos cortos. Las competencias interpersonales y trasformativas se desarrollaron especialmente con el trabajo en los equipos y las exposiciones finales.

2.3.2.2. Problemas del mundo real: sostenibilidad en la vida universitaria

La habilidad para resolver problemas de la vida cotidiana se basa en procesos multidisciplinares, dinámicos y no exentos de creatividad. En la actividad DerMerUle que se comenta ahora, se buscaba aprovechar enseñanzas del Derecho Mercantil de la sostenibilidad, para encontrar soluciones sostenibles en la vida universitaria. A tales efectos, cada grupo de estudiantes debió proponer soluciones para un problema concreto, relacionado con la vida universitaria, a escoger entre varios que ya se señalaron más arriba: los ODS en la vida del Aula universitario; los ODS en el campus; los ODS en la vida universitaria de la ciudad donde se ubica la universidad; los ODS en las vacaciones de los y las estudiantes universitarios; los ODS en la proyección profesional futura.

39 Recuérdese que a medida que la RSE y sostenibilidad impregna el derecho positivo, la función de cumplimiento dentro de la gestión de empresas incluye la verificación de las medidas de sostenibilidad hetero impuestas por el legislador o el regulador; o autoimpuestas mediante la asunción de códigos de conducta. Ver al respecto, entre otros, Christi, Amesti Mendizábal, «La responsabilidad social corporativa: Una forma de administrar». *Responsabilidad Social Corporativa (RSC). Economía colaborativa y cumplimiento normativo*. Ruiz Muñoz/De La Vegajustribó (dirs.). Valencia, Tirant lo Blanch, 2019, pp 63-93.

Extraer lecciones de sostenibilidad y aplicarlas a la vida del estudiante y a su proyección profesional pasaba por tener en cuenta los efectos de las acciones propuestas sobre los *stakeholders*, tanto internos al entorno universitario (otros estudiantes, profesores, personal de administración, empresas con presencia en el campus como son las copisterías, imprentan o cafeterías) como externos al ámbito en cuestión (proveedores de servicios diversos a la universidad, librerías a, empresas de trasponer local, propietarios de hoteles y residencias o pisos de alquiler, entre otros).

En función del tema concreto escogido para el desarrollo, los grupos de *stakeholders* varían también, aunque algunas acciones como las siguientes resultarán de interés trasversal:

1. La adopción y mantenimiento de actitudes solidarias y respetuosas con otros estudiantes y con el personal de la universidad.
2. Seguir hábitos de limpieza, civismo y economía (en el aula, en la facultad, en el campus en la ciudad, en los campamentos de verano). Esta acción se relaciona especialmente con el ODS 11 sobre cuya contribución las IES y los propios estudiantes pueden tener un impacto directo de muy diversas maneras. Desde la integración del campus en el entorno urbano, el cuidado de las zonas verdes del campus y de la ciudad, a las políticas universitarias de vivienda, transporte, cultura, e infraestructuras emparejadas con la contribución de los estudiantes para alcanzar el objetivo.
3. Interiorizar y contribuir a los hábitos de ahorro energético (en el aula, en el campus, en vacaciones, y en otros contextos), y de preferencia por las energías no contaminantes, enlazando con el ODS7
4. Analizar los hábitos propios y de los compañeros más cercanos (de piso, de aula, entre otros) en relación con el trasporte, con el uso de agua, electricidad y otros recursos naturales, con la pobreza.
5. Aspirar a salidas profesionales en sectores que contribuyan a la sostenibilidad ambiental, animal, por mencionar algunas.

2.3.3. Trabajo de grupo y tutoría

A cargo de cada equipo y para facilitar cierto apoyo a sus miembros se contó con un tutor o tutora, profesores e investigadores de distintas áreas jurídicas dentro de la facultad de Derecho de la Universidad de León. En concreto, además de tutores del área de Derecho Mercantil, cooperaron varios jóvenes doctorandos de las áreas de Derecho Eclesiástico del Estado, de Derecho Penal, de Derecho del Trabajo y la Seguridad Social. En conjunto fueron 6 tutores y tutoras, colaborando en esta actividad y aportando una mínima guía para lo que debía ser, conforme a la convocatoria, trabajo autónomo de los estudiantes que pretendiesen obtener un crédito de libre configuración.

Se había previsto que cada estudiante participante aplicaría un mínimo de 25 horas de trabajo autónomo o en equipo, que se sumaban a las 10 horas de ponencias a cargo de profesores y expertos en las sesiones presenciales. Cada equipo remitiría su boceto a revisión final de la persona encargada de tutoría. Y una vez que ésta lo validase, se remitiría a la dirección para su impresión en formato de póster.

La elaboración en equipo, la revisión tutorizada y la impresión en color culminó con la edición de póster, y la exposición por equipos en la sesión final, el 30 de septiembre de 2022.

Los poster y exposiciones fueron valorados por los profesores y profesoras que forman parte del consejo científico del programa. Se evaluó, además de la originalidad de la propuesta, la capacidad para relacionar conceptos trasversales, el liderazgo y capacidad de autoorganización del propio equipo.

2.3.4. Premio y difusión en la comunidad local

De entre los trabajos presentados se entregó un premio y un accésit, conforme al criterio de los profesores y de las profesoras que configuran el comité académico de la actividad.

El acto público incluyó la entrega del premio efectivo a los componentes del grupo ganador, así como un certificado a sus miembros en el que se acreditaba la participación en la actividad y el reconocimiento obtenido.

Las autoridades académicas y civiles de León hicieron entrega publica en la fiesta de San Raimundo de Peñafort de 2023, acto al que acuden cada año, no sólo la propia comunidad universitaria sino representantes de los distintos estamentos locales y autonómicos, así como familiares y amigos de los miembros y estudiantes de la universidad.

La difusión de la actividad en la prensa local, o la entrega por parte de las autoridades representa, en sí mismo, un elemento de vinculación de la actividad con su entorno[40].

3. Resultados, a modo de conclusiones

Las IES y dentro de ellas las universidades tienen un papel muy importante que desarrollar en el tránsito hacia una economía sostenible. Su función como formadores les carga con la responsabilidad de contribuir a desarrollar conciencias críticas y científicas capaces de proyectar los aprendizajes extraídos de las disciplinas teóricas sobre las actividades propias y la resolución de problemas en la vida.

40 Ver VVAA, «La Facultad de Derecho de la ULE ofrece a los alumnos formación en sostenibilidad, empresa y justicia», León Noticias, 17n marzo, 2022 https://www.leonoticias.com/universidad/facultad-derecho-ofrece-20220317100900-nt.html.

La acción «Sostenibilidad, empresa, justicia» iniciada en la Universidad de León durante el curso académico 2021-22 presenta un saldo positivo. Por ello, se prolongó el proyecto en una segunda edición en el año siguiente, previas las adaptaciones necesarias para evitar los problemas encontrados en sus inicios, y para seguir potenciando la creatividad en la labor del Grupo de Innovación. Por otro lado, la acción ha facilitado realizar colaboraciones externas, como la que representa este capítulo.

En términos reales, la actividad «Sostenibilidad, empresa, justicia» del curso académico 2021-22 fue, únicamente, seguida por alumnos de la asignatura de Derecho Mercantil I[41]. Ello, a pesar de que la matrícula había estado abierta a toda la universidad. Los resultados en 2022-23 fueron similares en relación con esta cuestión. De cara a ediciones próximas se están realizando contactos para involucrar más directamente a otros grupos de la misma titulación de derecho, pero también de otros grados.

Si bien los 75 matriculados en el curso 2021-22 asistieron con aprovechamiento a la sesión inicial, sólo 48 presentaron un trabajo final con su equipo. El hecho de que la sesión final tuviese lugar en septiembre puede justificar el descenso entre los matriculados que iniciaron la actividad y los que completaron el programa. Por ello, en las ediciones siguientes las sesiones presenciales se realizan sin dejar un periodo intermedio muy amplio.

A modo de crítica respecto de los resultados obtenidos, puede constatarse que los trabajos y posters presentados incidieron principalmente en realizar recomendaciones para la universidad y sólo secundariamente en asumir compromisos propios. Esta es una cuestión que se intenta mejorar de cara al futuro, en el sentido de potenciar la autoresponsabilidad de los estudiantes. Ningún equipo estableció en el curso 2021-22 propuestas cuyo desarrollo dependiese esencialmente de los propios estudiantes.

En cuanto a los ODS implicados en los trabajos y pósteres elaborados por los alumnos destacaron por su calidad el 1 (lucha contra la pobreza) y el 11 (comunidades sostenibles). Varios equipos, entre ellos los mencionados que obtuvieron el premio y el accésit, recomendaron que la universidad potencie los huertos urbanos, el consumo de cercanía, y que incremente la subvención a los comedores de estudiantes.

41 La asignatura de Fundamentos de Derecho Mercantil e Introducción al Derecho de Sociedades (Derecho Mercantil I) se imparte en segundo curso del Grado en Derecho y en el segundo curso del Doble Grado en Administración y Dirección de Empresas y Derecho. La profesora responsable de esa materia es quien esto escribe, que además coordina el Grupo de Innovación Docente DerMerUle. Los horarios de la actividad de sostenibilidad se organizaron de modo especial para permitir la asistencia de los alumnos de Derecho Mercantil I. Por ello, pese a que la actividad estuvo abierta a los alumnos de otras titulaciones, fue lógico que asistiesen aquellos cuyos horarios incardinaban mejor. De cara a futuras ediciones se están analizando horarios coordinados con más grupos de estudiantes.

Al finalizar estas líneas ya se ha concluido una segunda edición (2022-23) en la que algunas de estas dificultades fueron soslayadas, y en la que, el conjunto de ODS promocionados en los trabajos finales de los estudiantes abarcó la práctica totalidad de los 17. Está prevista una tercera edición, con nuevas innovaciones.

4. Agradecimientos

Este trabajo se ha realizado en el marco del Proyecto de investigación «Sostenibilidad, digitalización e innovación: nuevos retos en el Derecho del Seguro» (ref.: PID2020-117169GB-I00), financiado por FEDER/Ministerio de Ciencia e Innovación — Agencia Estatal de Investigación. También en el marco del proyecto TED2021-130344B-100, DESAFÍOS Y RETOS DE LA ORDENACIÓN DE LAS INNOVACIONES DE CAMBIO CLIMÁTICO financiado por MCIN/AEI/10.13039/501100011033 y por la UE NextGenerationEU/PRTR.

Agradecimiento especial a los Profesores Albert Ruda González y Albert Lladó Martínez por su iniciativa en el seno de la Facultad de Derecho de la Universitat de Girona.

5. Referencias

Accountability, Assurance Standard (AAS): 2008, disponible en https://www.mas-business.com/arch/documentos/aa1000as_2008_esp_129.pdf.

Adams, R.; Stephen, M. y **Boom, K.:** «University culture and sustainability: Designing and implementing an enabling framework». *Journal of Clean Production*, 2018, vol. 171, pp. 434-445.

Amesti Mendizábal, Ch.: «La responsabilidad social corporativa: Una forma de administrar». *Responsabilidad Social Corporativa* (RSC). *Economía colaborativa y cumplimiento normativo*. Ruiz Muñoz/De La Vega-Justribó (Dirs.). Valencia, Tirant lo Blanch, 2019, pp 63-93.

Brinkhurst, M.; Rose, P.; Maurice, G. y **Ackerman, J-D.:** «Achieving campus sustainability. Top-down, bottom-up, or neither?», *International Journal of Sustainability in Higher Education*, vol 12(4), 2011, pp 338-354.

Comisión Europea, *Comunicación de la Comisión Europea relativa a la Responsabilidad Social de las Empresas: Una contribución empresarial al desarrollo sostenible,* 2002.

— *Comunicación - Poner en práctica la asociación para el crecimiento y el empleo: hacer de Europa un polo de excelencia de la responsabilidad social de las empresas,* 2006.

— *Estrategia renovada de la UE para 2011-2014 sobre la responsabilidad social de las empresas,* 2011

— *Libro Verde: Fomentar un marco europeo de la Responsabilidad Social de las Empresas*, 2001.

Drayson, R.: *Employer attitudes towards, and skills for, sustainable development. Executive summary: employers.* York, The Higher Education Academy; 2015.

Giangrande, N.; White, R.m.; East, M.; Jackson, R.; Clarke, T.; Coste, M. S. y **Penha-Lopes, G.**: «A competency framework to assess and activate education for sustainable development: addressing the UN Sustainable Development Goals 4.7 challenge», *Sustainability*, Vol. 11 n.º 10, (2019), pp. 1-16, doi: 10.3390/su11102832

Glasser, H. y **Hirsh, J.**: «Toward the development of robust learning for sustainability core competencies», *Sustainability*, Vol. 9 No. 3, (2016) pp. 121-134, doi: 10.1089/sus.2016.29054. hg

Jiménez-Piernas García, J.: «La maduración jurídico-vinculante de la RSE en el derecho de La UE: De la mera voluntariedad al compliance»*Responsabilidad Social Corporativa* (RSC). *Economía colaborativa y cumplimiento normativo*. Ruiz Muñoz/De La Vegajustribó (Dirs.). Valencia, Tirant lo Blanch, 2019, pp 233-254

Leicht, A.; Heiss, J. y **Byun, W. J.**: (Eds.) *Issues and Trends in Education for Sustainable Development*; Paris, UNESCO, 2018.

National Student Survey (NUS): *NUS sustainability skills survey 2018-19;* Reino Unido 2019, disponible en https:// sustainability.nus.org.uk/resources/nus-sustainability— skills-survey-2018-2019

Nieto Antolín, M.: «La difusión de las prácticas de responsabilidad social en las empresas multinacionales», *Pecvnia, Monográfico*, 2008, pp. 33-64

Murray, S.: «Jobseekers want employers to commit to meaningful social impact», *Financial Times*; 21.10, 2019, disponible en https://www.ft.com/content/39d13 67ce445-11e9-b112-9624ec9edc59

Pérez Carrillo, E. F.: «El medio ambiente en la responsabilidad corporativa. Perspectivas jurídico-mercantiles», *Empleos verdes y prevención de riesgos laborales,* en Agra Viforcos (dir.), Valencia, Tirant lo Blanch, 2017, pp109-130

Rammel, Ch.; Velázquez, L. y **Mader C.**: «Sustainability assessment in higher education institutions». *Routledge Handbook of Higher Education for Sustainable Development*; Batt/Michelsen/Rieckmann/Thomas (eds), London, Routledge, 2016; pp. 112-131

Risopoulos-Pichler, Ph.; Daghofer, F. y **Steiner, G.**: «Competences for solving complex problems: a cross-sectional survey on higher education for sustainability learning and transdisciplinarity», *Sustainability*, Vol. 12 No. 15, p. 6016, 2020, doi: 10.3390/su12156016.

Richard, V.; Forget, D. y **Gonzalez-Bautista, N.**: «Implementing sustainability in the Classroom at Université Laval», en, Leal/Filho Et Alt (eds.), *Handbook of Theory and Practice of Sustainable Development in Higher Education*, World Sustainability Series, Springer International Publishing AG 2017 doi:10.1007/978-3-319-47895-1_9

Roncero Sánchez, A.: «La implicación de los inversores institucionales y de los gestores de activos en las sociedades cotizadas como opción de política jurídica». *Derecho de sociedades y de los mercados financieros* AAVV *(Libro homenaje a Alonso Ledesma, Carmen)*, Fernandez Torres Arias Varona, Martinez Rosado (Coords). Madrid, Iustel 2018, pp. 745-776

Scholz, R.: «Interdisciplinarity: science for and with society in light of the university's role and functions», *Sustainability Science*, Vol. 15 No. 4, pp. 1033-1049, (2020) doi: 10.1007/s11625-020-00794-x.

Sequeira Martin, A. J.: «El desarrollo de la responsabilidad social corporativa versus sostenibilidad, y su relación con el gobierno corporativo en las directivas comunitarias y en el derecho español de sociedades cotizadas», *Revista de Derecho de Sociedades*, 61,2021, (Base de Datos Aranzadi Instituciones— BIB 2021\1421)

Steiner, G.: «Competences for complex real-world problems: toward an integrative framework», Boston, Weatherhead Center for International Affairs - Harvard University», vol. 13, 2013, pp. 1-54, disponible en http://wcfia.harvard.edu/files/wcfia/files/full_steiner_13-0002.pdf (Acceso 20 julio 2023)

Tilbury, D.: «Ten Years of Education for Sustainability in Higher Education», UNESCO *Commissioned Review for the Decade in Education for Sustainable Development* (DESD) Paris, France, 2014.

UNESCO, *What is education for sustainable development?* disponible en https://en.unesco.org/themes/education-sustainable-development/what-is-esd (Acceso el 20.08.2023)

United Nations General Assembly. «Transforming our World: The 2030 Agenda for Sustainable Development», *Resolution adopted on 25 September 2015* (online: https://www.un.org/ga/search/view_doc.asp?symbol=A/RES/70/1&Lang=E (Acceso 18.01.2020).

United Nations: «Agenda 21», *Proceedings of the United Nations Conference on Environment & Development, Rio de Janeiro,* Brasil, 3-14 Junio 1992 On line: https://www.un.org/en/development/desa/population/migration/generalassembly/docs/globalcompact/A_CONF.151_26_Rev.I_Vol.%20I_Agenda.pdf

VVAA: «La Facultad de Derecho de la ULE ofrece a los alumnos formación en sostenibilidad, empresa y justicia», León Noticias, 17n marzo, *2022* https://www.leonoticias.com/universidad/facultad-derecho-ofrece-20220317100900-nt.html

Weisser, C. R.: «Defining sustainability in higher education institutions: A rhetorical analysis», *International Journal of Sustainability in Higher Education*, vol. 18, 2017, pp. 1076-1089.

Wiek, A.; Withycombe, L. y **Redman, C. L.:** «Key competencies in sustainability: a reference framework for academic program, *Sustainability Science*, vol 6(2), pp 203-218, 2011. https://doi.org/10.1007/s11625-011-0132-6

EL «ODS 16» Y LA «NECESIDAD» DE ALEGACIÓN Y PRUEBA DEL DERECHO EXTRANJERO EN EL ACTUAL PROCESO CIVIL CON ELEMENTO EXTRANJERO EN ESPAÑA

Alfonso Ortega Giménez
Profesor Titular de Derecho internacional privado
Universidad Miguel Hernández de Elche (Alicante)

Resumen: En el presente trabajo se realiza un análisis del régimen de alegación y prueba del Derecho extranjero conforme al ordenamiento jurídico español, en el contexto de la Agenda 2030 y los Objetivos de Desarrollo Sostenible (ODS), analizando la normativa de aplicación y, especialmente, la jurisprudencia dictada con respecto al tratamiento procesal de la alegación y prueba del Derecho extranjero; partiendo de su consideración procesal, que es ajena al principio iura novit curia y al ODS 16, pero que no es equiparable, de forma completa con el tratamiento probatorio de los hechos dentro del proceso civil internacional. Se analizarán también las consecuencias legales, doctrinales y jurisprudenciales de la falta de alegación y/o de prueba del Derecho extranjero.

Palabras clave: Derecho extranjero, medios de prueba, cooperación jurídica internacional, Derecho internacional privado, Objetivos de Desarrollo Sostenible (ODS).

Abstract: *This paper analyses the regime of allegation and proof of foreign law under the Spanish legal system, in the context of the 2030 Agenda and the Sustainable Development Goals (SDGs). It aims to examine the applicable rules and, in particular, the case law on procedural treatment of the allegation and proof of foreign law. Starting from its procedural consideration, which is alien to the principle iura novit curia and SDG 16, but which is not completely comparable to the evidentiary treatment of the facts within the international civil process. The legal, doctrinal and jurisprudential consequences of the failure to invoke and/or prove foreign law will also be studied.*

Keywords: *Foreign law, means of evidence, international legal cooperation, private international law, Sustainable Development Goals (SDGs).*

1. Introducción

Conseguir la justicia y su corolario, la paz, así como facilitar el derecho fundamental de acceso a la justicia para los más desfavorecidos, reforzar la lucha contra el narcotráfico, la corrupción y la delincuencia organizada transnacional, y aplicar las nuevas tecnologías a la administración de justicia de forma que esta sea más rápida, ágil y eficaz y cumpla por tanto con su doble labor de castigar al culpable y contribuir a reparar el daño causado sin demoras. Este sería el «Objetivo 16. Promover sociedades pacíficas e inclusivas para el desarrollo sostenible, facilitar el acceso a la justicia para todos y construir a todos los niveles instituciones eficaces e inclusivas que rindan cuentas» (ODS 16). Y, en particular, el ODS 16.3 señala: «Promover el estado de derecho en los planos nacional e internacional y garantizar la igualdad de acceso a la justicia para todos».

Los conflictos, la inseguridad, las instituciones débiles y el acceso limitado a la justicia continúan suponiendo una grave amenaza para el desarrollo sostenible. El número de personas que huyen de las guerras, las persecuciones y los conflictos superó los 70 millones en 2018, la cifra más alta registrada por la Oficina del Alto Comisionado de las Naciones Unidas para los Refugiados (ACNUR) en casi 70 años.

En 2019, las Naciones Unidas registraron 357 asesinatos y 30 desapariciones forzadas de defensores de los derechos humanos, periodistas y sindicalistas en 47 países. Además, los nacimientos de alrededor de uno de cada cuatro niños en todo el mundo con menos de 5 años nunca se registran de manera oficial, lo que les priva de una prueba de identidad legal, que es crucial para la protección de sus derechos y para el acceso a la justicia y a los servicios sociales.

Los retos actuales planteados por la pobreza, el hambre, la disminución de los recursos naturales, la escasez de agua, la desigualdad social, la degradación ambiental, las enfermedades, la corrupción, el racismo y la xenofobia, entre otros factores, suponen un desafío para la paz y generan un terreno fértil para el surgimiento de conflictos. El desarrollo sostenible contribuye de manera decisiva a disipar y eliminar estas causas de conflicto, además de sentar las bases para una paz duradera. La paz, a su vez, consolida las condiciones requeridas para el desarrollo sostenible y moviliza los recursos necesarios que permiten a las sociedades desarrollarse y prosperar. Las ciudades y los pueblos son el hogar común de millones de personas, y las instituciones que las gobiernan pueden tener un papel clave en la consecución de dichos objetivos.

En el ámbito general de lucha contra la desigualdad ha de situarse la promoción de la igualdad de acceso a la justicia, como un elemento más de cohesión social, base de una sociedad democrática, porque la vulnerabilidad económica, social o educativa no puede ser nunca un obstáculo para obtener del Estado la protección jurídica que proporciona a los ciudadanos.

La rendición de cuentas es, consecuentemente, el paso definitivo que debemos dar. Una sociedad informada, gestionada por administraciones e instituciones públicas transparentes y abiertas, está en disposición de exigir a sus gobernantes el cumplimiento de los compromisos adquiridos por éstos sobre la base de hechos probados y ciertos.

Y es aquí, en este contexto, y bajo el paraguas del ODS 16, donde la necesidad de alegación y prueba del Derecho extranjero se convierte en una obligación que, en determinados supuestos puede suponer un obstáculo al acceso a la justicia. Así, se comprende el objetivo del trabajo: tratar de resolver un interrogante: ¿cómo garantizar el acceso a la justicia mediante un sistema «mixto» de alegación y prueba del Derecho extranjero, haciendo justicia al «ODS 16».

2. Teoría del régimen de alegación y prueba del Derecho extranjero en España

2.1. Alegación y prueba del Derecho extranjero

El derecho a la prueba es la posición jurídico-constitucional que posee el presente o futuro justiciable o litigante de exigirle al Estado o al órgano jurisdiccional el aseguramiento, la producción y valoración de los medios de prueba relevantes.

En términos genéricos el derecho a la práctica probatoria es un elemento constitutivo de la legalidad probatoria, pero en términos más precisos, es un desarrollo del derecho constitucional a la admisión de la prueba relevante. Ciertamente, el derecho a la admisión de la prueba relevante se desenvuelve en todos los momentos de la actividad probatoria, en especial, en la fase inicial del proceso, pero también en la fase de práctica probatoria, ya que la experiencia demuestra que aun la prueba debidamente admitida puede hacerse irrisoria en la actividad probatoria cuando se omiten las actividades necesarias por iniciativa de parte u oficiosa, para su realización.

La expresión derecho a la prueba por su carácter de principio o derecho constitucional se toma antes que nada como una garantía procesal que tiene efectividad en el proceso jurisdiccional como en procedimientos administrativos y sancionatorios de diverso orden. Asimismo, puede caracterizarse como un concepto aglutinador o sistemático con respecto a otras garantías o contenidos constitucionales o legales relacionados con el derecho probatorio. Así, los litigantes tienen derecho a que sus fuentes de prueba se lleven al proceso a través de los medios de prueba; asimismo, el derecho a que los medios de prueba que sirvan de sustento a la decisión judicial se hayan admitido y practicado debidamente; y, por último, el derecho a que sus argumentos o razonamientos probatorios sean sopesados por el juez en la valoración de la prueba.

El derecho a la prueba es el género de muchas garantías probatorias, del orden nacional o internacional, que recaen bien sobre los medios de prueba, como el testigo, el perito o el documento; o sobre diversas garantías probatorias o procesales, como la presunción de inocencia, la carga probatoria, la prohibición del arbitrio judicial, el derecho a la verdad, el derecho a la información o la presunción de buena fe; o sobre elementos de la actividad probatoria, como los de presentar o controvertir la prueba. Mediante una interpretación sistemática de todos estos componentes se deduce un término genérico y abstracto, suficientemente amplio que sirve para aglutinar las garantías probatorias y como herramienta conceptual en la realización de la justicia. El artículo 281 LEC clarifica la situación actual sobre la prueba del Derecho extranjero en los Tribunales españoles, este artículo nos posiciona la prueba del Derecho extranjero fuera de los hechos procesales, y de donde se extrae que «el Derecho extranjero debe probarse en lo que respecta a su contenido y vigencia, pudiendo valerse el Tribunal de cuantos medios de averiguación estime necesarios para su aplicación». En este precepto se diferencia entre la «prueba del contenido y vigencia» del derecho extranjero, cuya obligación recae sobre la parte que lo alega, y la «aplicación» del mismo, que corresponde al tribunal una vez que ya se ha realizado la prueba por las partes[1]. Dado que debe alegar y probar el Derecho extranjero la parte que invoque su aplicación[2], resultará irrelevante si ésta ostenta la posición de demandante o de demandado[3].

El principio de cooperación internacional queda limitado en su eficacia al mero acto de la petición, sin que de él se desprenda fuerza de obligar para el Estado requerido, con independencia de que el mismo tenga concreción o articulación a través de prácticas como la reciprocidad. Junto a este principio general de las relaciones internacionales y su concreción en algunos aspectos de la cooperación judicial internacional, ésta ha de ir referida a la configuración del derecho a la prueba[4].

---

1 *Vid.* SAP de Asturias de 10 febrero de 2012, que señala que: «lo cierto es que quien invoque el derecho extranjero debe probar su contenido y vigencia, la aseguradora demandada sostuvo en su contestación que la legislación aplicable era la marroquí, el tribunal termina por aplicar la legislación española».

2 Sobre la probabilidad en materia probatoria, *Vid.* Taruffo (2002:179-180).

3 *Vid.* STS de 27 de diciembre de 2006, que señala que «existe una numerosa y consolidada jurisprudencia sobre la necesidad de probar, por quien se alega o invoca o postula la aplicación del Derecho extranjero, la existencia, el contenido y la vigencia de la norma cuya aplicación se pretende».

4 Debemos diferenciar los supuestos en los que esté en juego el derecho fundamental a la prueba de aquellos en los que se trata del derecho legal de la prueba. Sobre esta distinción, véase, entre otros, Taruffo, Michele, «Le droit à la preuve», en *VV. AA., Effektiver Rechtsschutz und Verfassungsmassige Ordnung*, Gieseking Verlag, Bielefeld, 1983, pp. 43-44.

Por otro lado, el conocimiento y la debida aplicación del derecho es, en principio, uno de los deberes del juzgador (*iura novit curia*). Legalmente este deber se manifiesta en que, además de no probarse el derecho español, incluidos los Tratados internacionales ratificados por España, así como las normas procedentes de la Unión Europea que sean directamente aplicables en los estados miembros incluida España, conforme al artículo 281.1 LEC[5].

Nuestro sistema se caracteriza por ser un sistema mixto que combina el principio de alegación y prueba a instancia de parte con la posibilidad de que el Tribunal complete dicha prueba, valiéndose de cuantos medios de averiguación estime necesarios. Decantándose por la aplicación de la *lex fori*, que es la tradicional en nuestro sistema y la mayoritaria en los sistemas de Derecho Internacional privado de nuestro entorno. Debe entenderse que la falta de prueba del Derecho extranjero dentro de un proceso judicial es algo excepcional que solo sucederá cuando las partes no consigan probar el Derecho extranjero y sin olvidar la posibilidad de que el tribunal coopere en la acreditación de dicho contenido. No será necesaria la prueba del Derecho extranjero por las partes cuando el Tribunal, por alguna razón, tiene ya un exacto conocimiento de tal derecho, pues en ese supuesto deberá aplicarlo de oficio[6].

No obstante, ha de quedar meridianamente claro que las facultades de los Juzgados y Tribunales en relación a práctica de oficio de la prueba del Derecho extranjero son potestativas y, en este sentido, se considera de especial interés lo manifestado por la SAP de Málaga de 8 de enero de 2019, que señala lo siguiente: «En este sentido, nuestra jurisprudencia ha afirmado que los órganos judiciales tienen la facultad, pero no la obligación de colaborar a la determinación del contenido del Derecho extranjero en su caso invocado, con los medios de averiguación que consideren necesarios», en consecuencia, el ejercicio de las facultades de averiguación de oficio de la vigencia y contenido del Derecho extranjero de aplicación es completamente potestativo, sin que en ningún caso puedan considerarse como facultades imperativas, debiendo tenerse en cuenta que, por lo general, no se emplearán estas facultades para suplir la carga de la parte en lo que respecta a la prueba del Derecho extranjero que considera de aplicación a la resolución de la controversia.

---

5 Taruffo, Michele, *Lezioni sul processo civile, I, Il proceso ordinario di cognizione* (con Comoglio y Ferri), *op. cit.*, p. 415.

6 *Vid.* STS de 10 de junio de 2005, que señala expresamente que «en nuestro ordenamiento, el Tribunal está facultado para valerse de cuantos medios de averiguación estime necesarios para la aplicación del derecho extranjero (...) lo que significa tanto como que debe aplicarlo si es que lo conoce y, al final, que de hecho la aportación de parte sólo sea necesaria para suplir aquella información».

2.2. Forma de probar el Derecho extranjero

Debemos recordar que el Derecho extranjero es un «hecho procesal» con unas características especiales, pero que no deja de ser un hecho y, como tal, debe ser alegado y probado por las partes.

Sobre esta cuestión, es necesario hacer una precisión para evitar conclusiones erróneas y es que, aunque el régimen de alegación y prueba del Derecho extranjero lo deja fuera de las fronteras del principio *iura novit curia*, equiparándolo, en cierta medida, al régimen probatorio de los hechos procesales, no es una equiparación completa, pues tiene declarado nuestro Tribunal Supremo que, en el caso de que la norma de conflicto determine la aplicación del Derecho extranjero a la resolución de la controversia, se produce una flexibilización de las reglas del principio de aportación que rige a la prueba de los hechos en el proceso civil, lo que explica las facultades de averiguación de oficio que tiene el órgano jurisdiccional, teniendo, además, otras consecuencias, como puede ser la posibilidad de práctica de prueba en relación con el contenido y vigencia del Derecho extranjero en fase de recursos, en el caso de que en la primera instancia no haya quedado suficientemente acreditado.

Resulta interesante, en este sentido, la STS de 17 de abril de 2015, que señala lo siguiente: «De acuerdo con la norma de conflicto española es aplicable el Derecho extranjero, la exigencia de prueba del mismo no transforma el Derecho extranjero, en cuanto conjunto de reglas para la solución de conflictos, en un simple hecho. Ahora bien, esta posibilidad no supone que el recurso pueda convertirse en un nuevo juicio, en el que se modifique el objeto del proceso. Hechas las anteriores precisiones, hemos de prestar atención al artículo 33.1 LCJI determina que la prueba del contenido y vigencia del Derecho extranjero se someterá a las normas de la LEC y de otras disposiciones sobre la materia. En principio, en materia de aportación de pruebas, la LEC opta por el principio de aportación de parte, existen, a nuestro juicio, excepciones que pueden desembocar en la decisión de acordar de oficio la práctica de pruebas determinadas o la aportación documental cuando lo establezca la Ley, la regulación de la LEC en relación con la alegación y prueba del Derecho extranjero es una regulación «de líneas generales».

2.3. Objeto de la prueba del Derecho extranjero

Otro aspecto que determinar es ¿qué elementos del Derecho extranjero en cuestión deben ser probados?, es decir, ¿cuál debe ser el alcance objetivo de la prueba? En este sentido debe probarse el contenido del Derecho extranjero y su vigencia en el momento de aplicarlo.

Dos tesis se han sostenido respecto al alcance de la prueba del Derecho extranjero. La primera de ellas es la denominada «tesis de la prueba mínima», en función de la cual se debe entender literalmente el precepto, por lo que sólo debe probarse el contenido del Derecho extranjero y su vigencia en el momento de aplicarlo. En segundo lugar, encontramos la «tesis de la prueba exhaustiva», que ha sido mantenida mayoritariamente por la práctica jurisprudencial española, entendiendo que no sólo debe probarse el «contenido y vigencia» del Derecho extranjero, sino que estos conceptos deben interpretarse de una forma extensiva, debiendo probar la parte interesada otros extremos del mismo[7].

Por lo que respecta a la doctrina, se sostiene que de los requerimientos jurisprudenciales en cuanto a esta materia se puede extraer que deben probarse los siguientes elementos:[8]

a) El contenido literal del Derecho material extranjero: se debe acreditar el contenido literal de las normas materiales de tal Derecho, no basta con una «mera cita aislada de disposiciones extranjeras»[9].

b) El contenido literal de las normas de conflicto extranjeras[10], cabe decir que la prueba de este extremo no ha sido requerida por muchos tribunales.

c) La vigencia y existencia del Derecho extranjero.

d) La interpretación concreta de las normas del Derecho extranjero.

e) La aplicabilidad del Derecho extranjero al caso concreto[11].

La persona que invoque el Derecho extranjero deberá acreditar su contenido y vigencia por los medios de prueba admitidos en la ley española, sin embargo, para su aplicación «el Juzgador podrá valerse además de cuantos instrumentos de averiguación considere necesarios, dictando al efecto las providencias oportunas»; interpretando este precepto, por lo que:

1. Quien invoca el Derecho extranjero deberá «acreditar en juicio la existencia de la legislación que solicita, la vigencia de la misma, y su

7 *Vid.* Calvo Caravaca, Alfonso Luis y Carrascosa González, Javier, «Derecho internacional privado», Granada, Comares, 14.° ed., 2013, 2 vols. I, vol. I, pp. 443 y ss.

8 *Vid.* Calvo Caravaca, Alfonso Luis y Carrascosa González, Javier, *op. cit.*, pp. 465-466.

9 *Vid.* SAP de Baleares de 27 de abril de 2006. En esta Sentencia una de las partes alega la aplicación del Derecho alemán. En primer lugar, la Audiencia Provincial dispone que tal legislación no es aplicable.

10 *Vid.* SAP de Madrid de 22 de diciembre de 2008. Sentencia en la que resulta aplicable la legislación mexicana, y que dispone: «La Ley aplicable es (...) la Ley Mexicana (...) sin que exista reenvío a la Ley Española en cuanto el artículo 13 del vigente Código Civil Federal de México de 1928 no contempla expresamente el supuesto que nos ocupa». Se pronuncia expresamente acerca de las normas de conflicto de la ley extranjera.

11 *Vid.* STS de 27 de diciembre de 2006, que señala que «existe una numerosa y consolidada jurisprudencia sobre la necesidad de probar, por quien se alega o invoca o postula la aplicación del Derecho extranjero, la existencia, el contenido y la vigencia de la norma cuya aplicación se pretende.»

aplicación al caso litigioso». Pues se razona que «la aplicación del Derecho extranjero es una cuestión de hecho, y como tal ha de ser alegada y probada por la parte que lo invoca»;

2. Se estructura a nivel legal y jurisprudencial: una amplia facultad investigadora que tiene el juez de instancia a la hora de determinar el Derecho extranjero aplicable, no quedando vinculado por las aportaciones de las partes. En nuestro sistema procesal vigente, tras la redacción del Título Preliminar del CC, el artículo 12.6 deja claro: a) que la norma extranjera se «acredita»; b) que en su función de aplicador el Juzgador puede valerse de cuantos instrumentos de averiguación considere oportunos. El término «acreditar» no está empleado de manera vulgar, sino en sentido técnico, lo cual significa que no es necesario que la verificación o comprobación del contenido y vigencia de la norma extranjera se ajuste a las reglas de la prueba rigurosa, sino que responde a los postulados más abiertos de la prueba denominada doctrinalmente «libre», o en otras palabras, prueba que presupone la libertad de medios probatorios (siempre que sean lícitos y se obtengan por medios no prohibidos), y la libertad de valoración o apreciación. Si el juzgador, con la aportación de las partes no se considera suficientemente ilustrado debe y puede actuar de oficio e investigar la norma aplicable»;

3. Es posible el uso de las diligencias finales para lograr un conocimiento adecuado del Derecho extranjero aplicable, máxime cuando se alegan normas extranjeras y se acreditan en forma defectuosa o contradictoria; y

4. Cuando el Derecho extranjero no ha quedado probado en forma alguna o con la suficiente claridad o seguridad, lo procedente no es desestimar la demanda, sino aplicar la legislación española.

Por tanto, para ser eficaces en la prueba del Derecho extranjero será recomendable probar no sólo la exacta entidad del Derecho vigente, sino su alcance y autorizada interpretación, de suerte que su aplicación no suscite la menor duda razonable a los Tribunales españoles, y todo ello mediante la pertinente documentación fehaciente.

2.4. Medios de prueba del Derecho extranjero

La fuente de prueba es un medio de conocimiento que es conducido al proceso por los medios de prueba, y que en el ámbito extraprocesal podría tener o no una regulación legal estricta, pero en todo caso se constituye en un medio de conocimiento empírico sobre los hechos. En muchos casos las fuentes de prueba tienen regulaciones constitucionales o legales que condicionan su validez jurídica, pero solo pueden sustentar una decisión judicial si surten la configuración legal de los medios de prueba[12].

En relación con los medios de prueba del Derecho extranjero el Tribunal Supremo analiza esta cuestión, en la Sentencia de 4 de julio de 2006 y pone de relieve la posibilidad de utilizar «todos los medios de prueba a su alcance», que venimos a enumerar:

a) Documentos públicos o intervenidos por fedatarios públicos que pueden aportarse al proceso mediante las correspondientes certificaciones: el documento extendido por fedatario público es el medio de prueba más extendido en nuestros Tribunales, y que, aunque venga a determinar la vigencia y contenido, queda limitado por la falta de interpretación y de aplicación de la norma al caso concreto. La propia alusión en la interpretación de la normativa a aplicar, hecho muy necesario en cualquier litigio, va a restar fuerza probatoria y deberemos complementarla. Estas certificaciones son fáciles y rápidas de conseguir, pero tienen el inconveniente de que no pueden probar el contenido de tal derecho, su alcance o su aplicabilidad. Tan sólo pueden probar su texto literal y, en su caso, la vigencia del mismo[13].

b) Prueba pericial: consiste en un informe elaborado por «expertos en el Derecho extranjero» que se quiere probar, así lo establece el artículo 335 de la LEC. Los «expertos» pueden ser tanto del país cuyo Derecho se trata de probar como de otra nacionalidad incluso española. Este es el medio de prueba más completo y que puede y debe probar no sólo la vigencia y contenido del Derecho extranjero sino también su interpretación y aplicación al caso concreto, como complemento a la documental pública. Sin embargo, no es un medio de prueba admisible el llamado «informe de parte», un informe redactado por expertos legales a instancia de una parte, en el que el experto «toma partido» en favor de las pretensiones concretas de la parte[14].

c) Sobre los documentos privados: debe ser inadmitida la aportación de simples copias de normas seleccionadas, ya sean fotocopiadas o simplemente transcritas y copiadas de Internet; obviamente, no prueban la vigencia y contenido del Derecho aplicable. La aportación de colecciones privadas y textos autorizados de doctrina extranjera

---

12 Al respecto, Taruffo menciona que «el primer momento en que entra en juego la regulación jurídica de la prueba es aquel en el que se trata de decidir qué elementos de prueba pueden ser empleados en el proceso».

13 *Vid.* Fernández Rozas, José Carlos y Sánchez Lorenzo, Sixto, «Derecho Internacional Privado», Civitas, 7.ª edición, 2013. p. 177.

14 *Vid.* SAP Tarragona de 13 abril de 2011. «El demandado ha acreditado la vigencia del derecho común a los litigantes con la certificación del Cónsul de Holanda, y el derecho aplicable por medio de los informes de los letrados holandeses oportunamente aportados a los autos».

puede constituirse como complemento del resto de pruebas sin que pueda constatarse la certeza. Aunque la jurisprudencia del Tribunal Supremo ha sido reacia durante años a admitir estos documentos para probar el Derecho extranjero, no hay por qué eliminarlos radicalmente como «medios de acreditación del Derecho extranjero». Debemos indicar también que el artículo 33.4 de la LCJI indica que ningún dictamen vinculará a los órganos judiciales internacionales, como ya había indicado la jurisprudencia tiempo atrás. La solución que debe aportar en un eventual avance jurisprudencial debe limitar la aportación probatoria al mero conocimiento del juez respecto a la vigencia, contenido e interpretación del Derecho extranjero.

Respecto a la prueba pericial, es aquella donde un especialista en una cierta materia analiza sobre el caso en cuestión, informándole sus conclusiones al juez. Estos peritos no tienen relación con las partes en litigio y deben brindar información que no sea tendenciosa. La institución a la que se encargue el dictamen expresará a la mayor brevedad qué persona o personas se encargarán directamente de prepararlo, a las que se exigirá el juramento o promesa previsto en el apartado segundo del artículo 335. Los peritos tendrán en el juicio o en la vista la intervención solicitada por las partes, que el tribunal admita.

Al respecto, Taruffo señala que la consecuencia más sobresaliente de la prueba como derecho fundamental es la fuerza expansiva y su gran importancia sistemática en el sistema jurídico. Por lo tanto, si el derecho a la prueba se toma en serio, debe asumirse con su capacidad sistemática de integrar los valores y derechos constitucionales a los componentes probatorios del bloque de constitucionalidad y del ámbito legal e incluso el administrativo.

2.5. Consecuencias de la no alegación o prueba del Derecho extranjero

Es supuesto bastante común que alguna de las partes no pueda alegar o, incluso, probar el Derecho extranjero[15]. La LEC no ofrece soluciones a tales supuestos, por lo que ha sido tanto la doctrina como la jurisprudencia las que han establecido distintas tesis para solucionar la cuestión, que van desde la

15 Taruffo se refiere a que la verdad es ideológicamente oportuna y necesaria en el proceso judicial. Lo ideológico se refiere a la fijación y a la ejecución de valores, los cuales están vinculados e incorporados a los objetivos que se asignan al proceso en general y al proceso civil en particular. El valor que gobierna los objetivos del proceso consiste en que éste debe producir decisiones justas. Este objetivo del proceso más que una teoría del proceso es una postura ideológica, es decir, es un valor acerca de lo que el proceso debería hacer más que un análisis acerca de lo que se sostiene que en realidad realiza el proceso (Taruffo, 2002: 63).

tesis de la aplicación de oficio del Derecho extranjero a la tesis de la desestimación de la demanda. Siendo las tres siguientes las más argumentadas:

2.5.1. Aplicación de oficio del Derecho extranjero

Defendido por varios autores que deba aplicarse de oficio el Derecho extranjero debido al carácter imperativo que tienen las normas de conflicto españolas que dicta el artículo 12.6 CC, pero tal argumento no es suficiente porque el sistema español de alegación y prueba del derecho extranjero está diseñado para que la carga de la prueba recaiga sobre las partes según el artículo 282 LEC, precepto que se aplica al artículo 281.2 de la LEC cuando se determina que el tribunal puede valerse de cualquier medio de prueba necesario para su aplicación. Aunque explícitamente se dice «la carga de la prueba», puede darse el caso de una interpretación amplia y extenderse a la alegación del derecho, de esta manera, podemos pensar que el tribunal realiza la labor de las partes corrigiendo sus errores. En contra de esta tesis podría afirmarse que va en contra del principio de congruencia de la sentencia, el principio dispositivo, y el de justicia rogada aunque, lo cierto, es que teniendo en cuenta las amplias facultades de investigación de oficio de los Juzgados y Tribunales en relación con el Derecho extranjero, así como las especialidades del mismo, a las que se ha hecho referencia, y que impiden su equiparación completa a la prueba de los hechos, la posibilidad de aplicación de oficio del Derecho extranjero es perfectamente ajustada a Derecho[16].

La prueba de oficio se concibe mejor como un deber del juez que tiene como función la efectividad del derecho constitucional a la prueba. El carácter público o comunitario de la prueba judicial implica que la producción de la misma no pueda ser concebida como un mero acto potestativo de las partes ni mucho menos del juez. La prueba de oficio hay que concebirla como una garantía del derecho a la prueba en la medida que se trata de un mecanismo de dirección del juez que garantiza, en lo posible, la completitud de la prueba en el proceso[17].

16 Taruffo haciendo referencia a la jurisprudencia constitucional italiana, considera que no es admisible que el ejercicio del derecho a la prueba sea una suerte de variable dependiente de exigencias técnicas relativas a la disciplina ordinaria del proceso y, por tanto, que pueda impedirse o limitarse en función de tales exigencias. Así, el derecho a la prueba es el valor prioritario, y las exigencias técnico-procesales pueden influir únicamente sobre la modalidad procesal de su actuación.

17 Para Taruffo el derecho de las partes a la prueba no significa exclusividad de las partes sobre la prueba y, por ende, tampoco implica la exclusión del poder oficioso del juez sobre la misma. Ahora bien, en caso de que la defensa probatoria de las partes pueda considerarse como «completa», el ejercido de los poderes oficiosos del juez devienen simplemente superfluos.

2.5.2. Desestimación de la demanda

Es una de las tesis más defendidas. Si un litigio debe regirse por el Derecho extranjero y argumenta sobre la base del Derecho español, tal parte debe ver desestimada sus pretensiones. Sus argumentos a favor se basan en la imposibilidad de la aplicación de oficio del Derecho extranjero, pero que también prohíbe aplicar directamente el Derecho español, además de que el tribunal no tiene la obligación de aplicar el Derecho extranjero porque tal obligación recae sobre las partes. Refuerza la seguridad jurídica, porque el caso no se resolverá con otro Derecho salvo el indicado en la norma. No se deniega la justicia, por lo que no supone un *non liquet*, y no se incumple el principio de tutela judicial efectiva ya que la demanda se ha valorado como tal y se ha dado respuesta a una pretensión solicitada por la parte correspondiente. Produce, además, un efecto de «cosa juzgada limitado» porque una vez desestimada la parte que ha visto desestimada su pretensión puede volver a presentar la demanda argumentando con una causa de pedir distinta.

2.5.3. Aplicación del Derecho material español cuando no se haya podido acreditar el Derecho extranjero

Tras la aprobación de la LCJI, su artículo 33.3 establece que, con carácter excepcional, se aplicará el Derecho material español cuando no se haya podido acreditar el Derecho extranjero. Por lo tanto, ha obtenido reconocimiento legal esta última tesis. Defiende que se aplique el Derecho material español por falta de alegación y prueba del Derecho extranjero, ello evita la denegación de justicia y la vulneración del artículo 24 de la CE.

Una solución similar se aplica, por ejemplo, por la SAP de Castellón, de 22 de noviembre de 2002, en la que la Audiencia Provincial estima parcialmente el recurso interpuesto contra la sentencia dictada en primera instancia. Considera la Sala, aplicable la *lex fori* por carecer de seguridad absoluta en la aplicación del Derecho extranjero, y reconoce la plena validez y eficacia del acuerdo de transmisión llevado a cabo por las partes por la que se transmite la propiedad de un bien con posterioridad a la liquidación del régimen económico matrimonial, debiendo proceder la demandada al otorgamiento de la correspondiente escritura pública.

De esta forma, consagra al Derecho extranjero como un «hecho procesal», por lo que si no se alega ni se prueba, desaparece del proceso, pero, como aclaramos anteriormente, no es un mero hecho procesal; aparte de serlo, cuenta con particularidades que hacen considerarlo más que un hecho[18]. Esta tesis ha sido ampliamente seguida desde los comienzos del problema de la aplicación del Derecho extranjero en el siglo XIX.

---

18 *Vid.* SAP de Cádiz de 13 de marzo de 2017.

Por último, también se ha argumentado contra esta solución, que favorece estrategias de los particulares para aplicar el Derecho español cuando no es realmente aplicable al supuesto.

3. Conclusiones

PRIMERA. ODS 16 = Acceso a la justicia ~ alegación y prueba del Derecho extranjero. Se hace necesaria una apuesta decidida por parte de España para fomentar el acceso a la justicia en procesos civiles internacionales y en lo que a la alegación y prueba del Derecho extranjero se refiere cumplir, si queremos cumplir con el ODS 16 a tiempo. Si bien la pandemia, la guerra en Ucrania, el aumento de la inflación, la crisis energética en Europa y otras tendencias recientes hayan contribuido a un retroceso en los avances hacia la consecución de los ODS; debemos también manifestar nuestra más sincera preocupación por las dificultades en el acceso a la justicia (ODS 16) cuando estás obligado siempre a alegar y probar el Derecho extranjero en España. Y, así las cosas, el compromiso de España para consecución del ODS 16 debe ser mucho más fuerte en España; y una estrategia general para la consecución de los ODS.

SEGUNDA. ODS 16 = Acceso a la justicia = hacia un «papel activo» del juzgador a la hora de alegar y probar el Derecho extranjero en procesos civiles internacionales. La alegación y prueba del Derecho extranjero no puede ser un obstáculo para el acceso a la justicia. Debemos apostar por la amplia facultad investigadora del juzgador a la hora de determinar el Derecho extranjero aplicable, no quedando vinculado por la acción/actitud de las partes y, cuando sea necesario, optar por la aplicación de oficio del Derecho extranjero.

4. Referencias

Abel Lluch, X.: «Valoración de los medios de prueba en el proceso civil», *La Ley*, Madrid, 2014.

Álvarez González, S.: «Aplicación judicial del Derecho extranjero: la desconcertante práctica judicial, los estériles esfuerzos doctrinales y la necesaria reforma legislativa», en *Diario la ley,* n.º 6287, 2005.

Bonorino, P. R.; Taruffo, M. y **Fernández & Tuzet, D. M.**: *Prueba y razonamiento probatorio en derecho, debates sobre abducción*, 1.º edición, Comares, Granada, 2014.

Calvo Caravaca, A. L. y **Carrascosa González, J.**: «La prueba del derecho extranjero ante los tribunales españoles», *Estudios de Deusto*, Vol. 54/2, 2006.

Calvo Caravaca, A. L. y **Carrascosa González, J.**: «Derecho internacional privado», 14.° edición, *Comares*, Granada, 2013.

Carrascosa González, J.: «Desarrollo judicial y Derecho internacional privado», *Comares,* Granada, 2004.

Denti, V. y Taruffo, M.: «Simplifying the taking of evidence», en VV. AA., *Justice and Efflciency,* ed. Kluwer, 1989.

Fernández Rozas, J. C. y **Sánchez Lorenzo, S.**: «Derecho Internacional Privado», *Civitas*, 7.ª edición, 2013.

Garcimartín Alférez, F. J.: «La competencia judicial internacional en la reforma de la Ley Orgánica del Poder Judicial», en *Revista Diario la ley*, n.° 1989, 2015.

Ortega Giménez, A.: *Alegación y Medios de Prueba del Derecho Extranjero* en España, Tirant lo Blanch, Valencia, 2023.

Ortega Giménez, A.: *Teoría y práctica del régimen de alegación y prueba del derecho extranjero en España*, Editorial Thomson Reuters Aranzadi, Cizur Menor (Navarra), enero 2021.

Taruffo, M.: *La prueba de los hechos*, Trotta, 1.° ed., Madrid, 2005.

Taruffo, M.: *La prueba*, Marcial Pons, Madrid, 2008.

LA INFLUENCIA DE LOS ODS EN EL DERECHO INTERNACIONAL PRIVADO: UNA MIRADA DESDE LA DOCENCIA

Ana Fernández Pérez
Profesora titular de Derecho internacional privado
Facultad de Derecho, Universidad de Alcalá

Resumen: La inclusión de los Objetivos de Desarrollo Sostenible (ODS) en el Derecho Internacional Privado es esencial para abordar los desafíos globales de manera efectiva. A pesar de que los ODS no mencionan explícitamente el Derecho Privado, su interacción implícita es evidente. Por ejemplo, los ODS tocan temas como el estatuto personal, relaciones familiares y comercio, todos con implicaciones en el ámbito del Derecho Privado. Los ODS también promueven la libertad contractual y limitan normas y actos injustos, lo que afecta directamente al derecho contractual y comercial. Además, cuestiones como la responsabilidad de las empresas y la protección del medio ambiente están intrínsecamente vinculadas al Derecho Privado. Para integrar los ODS en el Derecho Internacional Privado, se necesita una reevaluación de su enfoque tradicionalmente neutral y comercial. Esto implica considerar cómo el Derecho Privado puede ser una herramienta eficaz para promover la sostenibilidad y proteger los derechos humanos en el ámbito transfronterizo. La inclusión de los ODS en la enseñanza del Derecho también es fundamental para preparar a futuros profesionales del derecho para abordar estos desafíos de manera más holística y responsable.

Palabras clave: Objetivos de Desarrollo Sostenible, Derecho Internacional Privado, Interacción, Libertad contractual, Responsabilidad empresarial.

Abstract: *The inclusion of the Sustainable Development Goals (SDGs) in Private International Law is essential to effectively address global challenges. Although the SDGs do not explicitly mention Private Law, their implicit interaction is evident. For instance, the SDGs touch upon issues like personal status, family relations, and trade, all of which have implications in the realm of Private Law. The SDGs also promote contractual freedom and limit unfair norms and acts, directly* *impacting contract and commercial law. Furthermore, issues such as corporate responsibility and environmental protection are intrinsically linked to Private Law. To integrate the SDGs into Private International Law, a reevaluation of its traditionally neutral and commercial focus is needed. This involves considering how Private Law can be an effective tool in promoting sustainability and protecting human rights in cross-border contexts. Incorporating the SDGs into legal education is also crucial in preparing future legal professionals to address these challenges in a more holistic and responsible manner.*

Keywords: *Sustainable Development Goals (SDGs), Private International Law, Interaction, Contractual Freedom, Corporate Responsibility.*

1. La sostenibilidad desde la esfera privada

Los Objetivos de Desarrollo Sostenible (ODS) representan una ambiciosa empresa que requerirá esfuerzos monumentales en diversos niveles. Es sorprendente observar que, en el contexto de su estructura de gobernanza multinivel, la mayoría de los instrumentos e instituciones mencionados en relación con los ODS pertenecen al ámbito del Derecho Internacional Público. Los ODS parecen pasar por alto lo que ya constituye una herramienta de gobernanza relevante para su logro, y lo que podría ser aún más pertinente: la inclusión del Derecho Privado en su ámbito de aplicación[1]. Llama la atención la notable ausencia de referencias al papel del derecho privado, incluyendo el derecho comercial, en esta discusión. Esta omisión es de gran relevancia, dado que la mayoría de las transacciones, inversiones y actividades que generan impactos negativos en nuestro entorno no se encuentran principalmente bajo la jurisdicción de entidades públicas, sino más bien en manos de actores privados. Además, estas actividades no están exclusivamente reguladas por el derecho público, sino que, en numerosos casos, se rigen de manera predominante por el derecho privado. En consecuencia, queda patente que el derecho privado desempeña un papel fundamental en la búsqueda de la sostenibilidad, y este papel está siendo reconocido cada vez con mayor énfasis.

Aunque el Derecho privado no se menciona de forma explícita en ninguno de los ODS, su interacción implícita con estos resulta evidente al realizar un análisis detallado. Por ejemplo, los ODS abordan cuestiones relacionadas con el estatuto personal y las relaciones familiares, como se manifiesta en las metas 16.9, orientada a proporcionar identidad legal a todos, incluyendo el registro de nacimientos, y en la meta 5.3, destinada a eliminar el matrimonio forzado. Estos temas son bien conocidos en el ámbito del Derecho Internacional Privado cuando se trata de situaciones transfronterizas.

1 Fernández Pérez, A. «El Derecho internacional privado ante el desarrollo sostenible», *El Derecho internacional privado ante la (s) crisis de la globalización*. Aranzadi, 2023. p. 51-73.

Es importante destacar que varios de los ODS tienen un enfoque significativo en cuestiones comerciales, lo que implica el derecho contractual de diversas maneras. Estos ODS promueven la libertad contractual al hacer un llamado a «corregir y prevenir restricciones y distorsiones comerciales en los mercados agrícolas mundiales» (meta 2.b) o a «promover el desarrollo, la transferencia, la difusión y la divulgación de tecnologías ecológicamente racionales a los países en desarrollo en las condiciones favorables que se acuerden mutuamente» (meta 17.7)[2].

Además, se hace hincapié en la necesidad de limitar normas y actos injustos, como la erradicación «inmediata y efectiva» del trabajo forzado, la «esclavitud moderna» y el tráfico de niños (objetivos 8.7, 16.2)[3]. También se establece la meta de «reducir significativamente para 2030 los flujos financieros y de armas ilícitas» (objetivo 16.4) y la de «reducir sustancialmente la corrupción y el soborno en todas sus formas» (objetivo 16.5). Todas estas metas y objetivos tienen un impacto directo en las relaciones contractuales y comerciales, lo que subraya la relevancia del derecho contractual en la consecución de los ODS[4].

Los ODS también desempeñan un papel crucial en el ámbito de la responsabilidad civil, incluyendo su aplicación en situaciones transfronterizas, particularmente en relación con los objetivos relacionados con la protección del medio ambiente y el cambio climático. Varios de estos objetivos hacen referencia a disputas civiles de carácter transfronterizo. Aunque la llamada a «garantizar la igualdad de acceso a la justicia para todos» (objetivo 16.3) tradicionalmente se ha interpretado como la igualdad de acceso dentro de un sistema legal específico, cuando se plantea como un objetivo global, implica la igualdad a nivel mundial. Esto significa, por ejemplo, que las víctimas europeas del escándalo de los motores diésel de Volkswagen deberían tener la misma capacidad de acceder a los tribunales que las víctimas estadounidenses, o que los afectados latinoamericanos por la contaminación de hidrocarburos deberían tener la posibilidad de buscar compensaciones en un nivel similar al de los habitantes de Alaska.

Todas estas consideraciones tienen múltiples implicaciones en el ámbito del procedimiento civil transfronterizo, abarcando temas como la admisibi-

---

2 Pasquot Polido, F. «SDG 17», R. Michaels, V. R., Abou-Nigm, H. van Loon y S. Zeh: *The Private Side of Transforming our World*. Intersentia.2021. pp. 541-568.

3 Palao Moreno, G. «Objetivos de desarrollo sostenible y» trabajo decente»: Una mirada desde el Derecho internacional privado europeo», *La comunidad internacional ante el desafío de los objetivos de desarrollo sostenible: XXIX Jornadas Ordinarias de la Asociación Española de Profesores de Derecho Internacional y Relaciones Internacionales*. Tirant lo Blanch, 2023. p. 267-288.

4 Para una visión completa del lado privado de los ODS *vid.* Michaels, R., Ruiz Abou-Nigm, V., y Van Loon, H. (eds.), *The Private Side of Transforming our World*, Intersentia, Cambridge, 2021, XIV, 574 pp.

lidad de acciones colectivas globales y acciones de interés público, la jurisdicción competente, las soluciones pacíficas de controversias, el reconocimiento y la ejecución de sentencias relacionadas con la responsabilidad social y medioambiental de las empresas, entre otros aspectos[5].

2. Ausencia de perspectiva en Derecho privado

El desafío del desarrollo sostenible presenta una serie de características distintivas. En primer lugar, es un reto de naturaleza general, integral y global. La universalidad de este desafío se manifiesta en la diversidad de sus objetivos, como se evidencia en los diecisiete Objetivos de Desarrollo Sostenible (ODS). Estos objetivos abarcan una amplia gama de aspectos, incluyendo la erradicación de la pobreza, la lucha contra el hambre, el combate de enfermedades y privaciones, la promoción de la paz y la seguridad, el acceso a la educación, el fomento del bienestar físico, mental y social, la garantía de acceso a agua potable y saneamiento, la mejora de la higiene y la nutrición, la creación de hábitats humanos seguros, y la promoción de una energía asequible, confiable y sostenible.

La Agenda 2030 para el Desarrollo Sostenible recoge una visión de transformación de los Estados con fundamento en la sostenibilidad económica, social y ambiental, en la que el Derecho, especialmente el Derecho privado, está llamado a desempeñar un papel fundamental en el cumplimiento de los Objetivos de Desarrollo Sostenible (ODS). El ODS 16: Paz, Justicia e Instituciones Sólidas implica una amplia gama de aspectos que en las sociedades más desarrolladas podrían darse por sentados, como la independencia de poderes o la tutela judicial efectiva. Para ello la importancia de los métodos alternativos de resolución de disputas (ADR) en el Desarrollo Sostenible permite crear instituciones fuertes y acercarnos a la idea de «justicia sostenible».

Es importante mencionar que los ODS incluyen un componente institucional significativo. El ODS 16, por ejemplo, insta a la creación de «instituciones fuertes» y promueve la cooperación entre países. Desde la perspectiva del Derecho Internacional Privado este aspecto resalta la importancia de instituciones como la Conferencia de La Haya de Derecho Internacional Privado y sus Convenios, así como otros mecanismos de cooperación e institucionalización en el ámbito del Derecho Internacional Privado. No obstante, la sostenibilidad y el desarrollo son temas que tradicionalmente no han recibido mucha atención por parte del Derecho privado, tanto en el ámbito normativo como en el disciplinario.

---

5 Álvarez Rubio, J. J. «Una propuesta internacional privatista de gobernanza empresarial para la estrategia de integración de la sostenibilidad y la debida diligencia en derechos humanos», *Empresas transnacionales, derechos humanos y cadenas de valor: nuevos desafíos*. Colex, 2023, p. 24-44.

La ausencia del Derecho privado en los ODS y los mecanismos de gobernanza internacional tiene un impacto significativo en la subutilización de esta disciplina en la promoción de la sostenibilidad[6]. Sin embargo, el Derecho privado debería reconocer y enfatizar su potencial papel en la gobernanza global para fomentar o facilitar la acción privada orientada a la protección del medio ambiente y la sostenibilidad, en lugar de basarse exclusivamente en la aparente neutralidad, a menudo respaldada en un contexto comercial debido a la deferencia a la autonomía de las partes. Para ilustrar esta idea, consideraremos una serie de ejemplos en los que el Derecho privado puede adoptar un enfoque más sostenible.

En algunos casos, esta reconfiguración está relacionada con cuestiones espaciales. Un ejemplo claro es el ODS 11, que destaca el papel fundamental de las ciudades en el futuro sostenible. El Derecho privado, en este contexto, podría contribuir a promover la sostenibilidad al evitar la descentralización de las relaciones sociales urbanas, trascendiendo así la mera noción de espacio[7]. En otros escenarios, se busca la reconceptualización mediante la revisión y reinterpretación de las normas y doctrinas existentes, con un enfoque orientado a respaldar la sostenibilidad. Por ejemplo, esto podría aplicarse en relación con los modelos de consumo y producción sostenibles del ODS 12, o a través de litigios internacionales relacionados con el cambio climático en cumplimiento del ODS 13.

En un sentido más amplio, y en consonancia con la Agenda 2030 de la ONU, es imperativo reconsiderar cómo equilibrar los valores inherentes a la competencia, que a veces pueden entrar en conflicto, al vincular el desarrollo con la sostenibilidad, y garantizar que ambos aspectos tengan su espacio. Esto requiere una reevaluación del Derecho Internacional Privado, destacando su posible función en la gobernanza a nivel mundial para impulsar o facilitar la acción del sector privado en favor de la protección del medio ambiente y la sostenibilidad. Esto contrasta con su enfoque aparentemente neutral, a menudo respaldado en un contexto comercial debido al respeto a la autonomía de las partes[8].

Para fortalecer esta función facilitadora del Derecho Internacional Privado, podríamos considerar la inclusión de este en la ley aplicable, promover la localización de los contratos internacionales mediante el uso de acuerdos de elección de ley y jurisdicción, y desarrollar la experiencia legal local, lo que incluiría mejorar la capacidad de los tribunales para gestionar litigios transnacionales de manera efectiva.

---

6 Jimena Quesada, L. «El constitucionalismo social y los objetivos de desarrollo sostenible (ODS)», *Lex Social: Revista De Derechos Sociales*, 9(1), 2021, 13-45.

7 Aranbarri Kortabarria, N., Basagaitz Guereño, O. y Monteagudo Sánchez, M. J. *Ciudades circulares, cohesivas y creativas: por un desarrollo humano sostenible integral*. Los Libros de la Catarata, 2022.

8 Fernández Pérez, A. «El Derecho internacional privado ante el desarrollo sostenible», *El Derecho internacional privado ante la (s) crisis de la globalización*. Aranzadi, 2023, p. 51-73.

3. Instrumentos jurídicos para el desarrollo de los ODS desde la esfera del Derecho internacional privado

3.1. Tratados o convenios

Los tratados multilaterales, o convenios tienen el gran mérito de establecer normas vinculantes uniformes que pueden tener un impacto real en las relaciones y transacciones transfronterizas. Pero su debilidad se deriva en que, por mucho que se basen en el acuerdo o incluso en el consenso entre los Estados negociadores, deben pasar la prueba posterior de los procedimientos constitucionales nacionales para su aceptación por parte de cada Estado. Por ello, suelen pasar décadas antes de que lleguen a un número significativo de Estados vinculados[9]. No obstante, las normas vinculantes de Derecho internacional privado unificado suelen dar lugar a un mayor nivel de seguridad y previsibilidad, incluso son indispensables para establecer obligaciones recíprocas entre Estados en materia de jurisdicción, reconocimiento y ejecución, y cooperación administrativa y judicial. No es de extrañar, por tanto, que los reglamentos vinculantes sigan siendo el instrumento de Derecho internacional privado preferido de la Unión Europea, con una enorme ventaja sobre otras instituciones como la Conferencia de La Haya, el UNIDROIT y los convenios de la CNUDMI, ya que los Reglamentos una vez adoptados, se aplican directamente en los Estados miembros de la UE.

Empero, hasta ahora, la aplicación de las normas imperativas y el orden público en el Derecho internacional privado se consideran principalmente mecanismos excepcionales para proteger el ordenamiento jurídico interno. Para que estas normas puedan tener unos efectos beneficiosos en materia de sostenibilidad sería necesaria una reconceptualización de estos métodos para permitirles dar efecto a las necesidades globales de desarrollo sostenible. No se trata de un mecanismo novedoso. En la actualidad, varios Convenios de La Haya sobre protección de menores supeditan la aplicación de la excepción de orden público al «interés superior del menor». Esto implica que, en determinadas circunstancias, incluso los intereses nacionales habitualmente protegidos por el orden público pueden tener que ceder ante el imperativo global de salvaguardar los derechos humanos. Por ejemplo, con respecto a las normas imperativas, cabe destacar que la propuesta de Directiva sobre la diligencia debida y la responsabilidad de las empresas, adoptada por el Parlamento Europeo el 10 de marzo de 2021, contiene una norma especial sobre el Derecho internacional privado, según la cual «los Estados miembros

9 Garau Sobrino, F. (2012). «¿Qué derecho internacional privado queremos para el siglo XXI?», *Cuadernos de derecho transnacional*, *4*(2), 140-158.

[de la UE] velarán por que las disposiciones pertinentes de la presente Directiva se consideren disposiciones imperativas de conformidad con el artículo 16 del Reglamento Roma II («disposiciones imperativas»)». Indudablemente, la calificación de política pública en atención al «interés sostenible» no sería suficiente, ni tampoco la «excepción por el desarrollo sostenible» serían bastantes como norma obligatoria imperativa. Sin embargo, a medida que se avance en la tarea de dotar de contenido jurídico y precisión a las normas que afecten al desarrollo sostenible, incluyendo quizás la idea de una norma básica de sostenibilidad, se podría impulsar una mayor reflexión sobre el papel de las normas imperativas de carácter general y de la excepción de orden público para adaptar el Derecho internacional privado a las necesidades del desarrollo sostenible.

3.2. Soft law

Es importante destacar que, en tiempos recientes, la comunidad internacional ha ido tomando gradualmente conciencia de la necesidad de contar con instrumentos jurídicos a nivel nacional e internacional destinados a la protección del medio ambiente contra los daños causados por la actividad humana. Estos instrumentos suelen centrarse, tanto a nivel nacional como internacional, en la reparación posterior de los daños sufridos.

La resultante de este conjunto normativo constituye un desafío nuevo que amerita una producción jurídica más rápida y evolutiva y que está inevitablemente penetrado por las dimensiones globales del problema. Por ello, los modos de producción normativa en este sector presentan perfiles particulares entre los que cabe destacar, por un lado, el todavía escaso desarrollo de las normas consuetudinarias y, por otro lado, la amplia utilización de las normas formalmente no obligatorias, genéricamente conocidas como de *soft law*. Y en este sector el DIPr tiene mucho que decir tanto a través de la elaboración de normas materiales uniformes específicas para estas situaciones, incorporadas en instrumentos internacionales o por medio de las soluciones de carácter conflictual materialmente orientadas como las incluidas en el Reglamento Roma II[10]. Baste retener que su art. 7 se inspira en los principios de Derecho medioambiental de la Unión Europea y en el principio de *favor laesi* (el «principio de favorecer a la víctima»), al permitir a la víctima de un daño medioambiental escoger la ley aplicable entre el Derecho del Estado en

10 ENNEKING, L., «The Common Denominator of the Trafigura Case, Foreign Direct Liability Cases and the Rome II Regulation - An Essay on the Consequences of Private International Law for the Feasibility of Regulating Multinational Corporations through Tort Law», *Eur. Rev. Priv. L.*, 2-2008, pp. 283-311; BOGDAN, M., «Some Reflections Regarding Environmental Damage and the Rome II Regulation», en G. VENTURINI & S. BARIATTI (eds.), *Nouvi Instrumenti del Diritto Internazionale Privato — Liber Fausto Pocar*, Milán, Giuffrè, 2009, pp. 95-105.

el que se manifiesta el daño —resultado dañoso— y el de aquel en el que se produce el hecho causal —acción u omisión— que da lugar al mismo[11].

Todos estos objetivos están en relación con el goce efectivo de los derechos humanos. Su inclusión implica que no sean solo una retórica, sino que sean reales y eficaces, lo cual, en el mundo contemporáneo no solo depende del desarrollo de las normas internacionales y nacionales de derechos humanos, sino de los propios particulares. Es un nuevo enfoque para el desarrollo del DIPr. Los ODS constituyen un reto universal, pues requieren una cooperación intensa de toda la Comunidad internacional (la denominada Alianza mundial para el desarrollo sostenible) así como la adopción de medidas por todos los sujetos y actores, incluidas muy especialmente las empresas.

En su dimensión jurídica tiene una pluralidad de manifestaciones en su cada vez mayor valor normativo. En primer lugar, el desarrollo sostenible es un principio jurídico internacional, aunque la doctrina internacional publicista está dividida en cuanto a los rasgos de este principio, bien sea sustantivo (de la que derivaría una obligación de resultado) o procedimental (mero proceso). Algunos autores además entienden la posible naturaleza del desarrollo sostenible como un concepto jurídico de naturaleza «intersticial»[12], es decir, que no regularía tanto la conducta de los sujetos ni se dirigiría a ellos, sino que operaría entre normas primarias con el objetivo de modificar el alcance y efectos de aquellas y de establecer nuevas relaciones entre ellas analizando el desarrollo sostenible como una norma primaria de la que derivan obligaciones de comportamiento y como un derecho humano. Por tanto, el desarrollo sostenible es un marco metodológico para la creación y la aplicación de políticas públicas y de normas jurídicas internacionales; que proporciona un conjunto de herramientas, que ayuda a adoptar decisiones, que se refieren al discurso, la argumentación, el análisis, el fondo, el proceso y la interpretación que pueden contribuir a sintetizar, relacionar, fertilizar, armonizar e integrar los diferentes aspectos vinculados con el desarrollo sostenible, que se pueden incorporar en los procesos de elaboración y aplicación de las políticas públicas, las relaciones entre los particulares y de las normas jurídicas.

La sociedad internacional del siglo XXI debe gestionar el debilitamiento del Estado y la crisis del modelo de Estado nación, la globalización y la crisis del modelo social, el reforzamiento de la sociedad civil, sin cauces adecuados de participación, el reforzamiento de los grupos informales en la sociedad internacional y la sociedad digital[13].

---

11 Álvarez Armas, E., «La aplicabilidad espacial del Derecho medioambiental europeo, su interacción con la norma de conflicto europea en materia de daños al medioambiente: apuntes preliminares», *AEDIPr*, t. XIII, 2013, pp. 381-421.

12 Rodrigo, A. J., «El desafío del desarrollo sostenible», *Los principios del Derecho internacional relativos al desarrollo sostenible.* Madrid, Marcial Pons, 2015, p. 73.

13 Guillaumé, J., *L'affaiblissement de l'Etat-Nation et le droit international privé*, París, LGDJ, 2011.

El desarrollo sostenible está siendo un ámbito especialmente propicio para el soft law[14]. El soft law juega un papel relevante en la interpretación del Derecho positivo, en la transformación progresiva de su contenido, en el comportamiento de los sujetos y en la transformación de la opinio iuris. El soft law es importante porque evidencia la transformación constante del Derecho internacional y su evolución. En el desarrollo progresivo del Derecho internacional del desarrollo sostenible la transformación del soft law en hard law es asimismo importante. Hay instrumentos en materia Empresa-derechos humanos que tienen una vocación meramente voluntaria, o no obligatoria. Así, el Pacto Mundial se concibe como una iniciativa voluntaria en la cual las empresas se comprometen a alinear sus estrategias y operaciones con diez principios universalmente aceptados en cuatros ámbitos: derechos humanos, estándares laborales, medio ambiente y corrupción[15]. Pero el Pacto mundial no genera obligaciones jurídicas, no se concibe como un control a las empresas, no genera estándares exigibles ni regímenes para las empresas. Participar en el Pacto mundial implica un compromiso visible de las empresas para introducir los principios en su gestión, publicar en el informe anual una descripción de las acciones y apoyar públicamente el pacto mundial y sus principios. Sin embargo, este peculiar soft law incide también en la configuración actual del DIPr a la hora de determinar cómo y ante quién deberán responder las empresas multinacionales o transnacionales por un daño causado que vulnere los derechos humanos[16].

En esta última dirección en los últimos tiempos proliferado iniciativas de distintas organizaciones internacionales que se han plasmado en textos que

14 Juste Ruiz, J., «La estructura normativa del Derecho internacional ambiental: normas recomendatorias, normas obligatorias y normas imperativas», H. I. Llanos Madrones y E. Picand Albóncio (eds) *Estudios de Derecho Internacional. Libro homenaje al profesor Hugo Llanos Mansilla*, t. II, Santiago de Chile, Thomson Reuters, 2011, pp. 1037-1064; Fasoli, E. y Mcglone, A, «The Non-Compliance Mechanism Under the Aarhus Convention as Soft Enforcement of International Environmental Law: Not So Soft After All!», *Netherlands international law review*, vol. 65, n.° 1, 2018, pp. 27-53.

15 Thomas, J. y Gulati, R., «The "One Belt One Road" strategy - the role of private international law in combatting and strengthening anti-corruption standards transnationally», *China's One Belt One Road initiative and private international law*, New York, NY: Routledge, Abingdon, Oxon, 2018, pp. 182-195.

16 *Vid.* Pacto Mundial de las Naciones Unidas - Principios rectores sobre las empresas y los derechos humanos, 2011; Líneas Directrices para Empresas Multinacionales de la Organización para la Cooperación y el Desarrollo Económico (OCDE), 2011; Declaración Tripartita de Principios sobre las Empresas Multinacionales y la Política Social de la Organización Internacional del Trabajo (OIT), adoptada por el Consejo de Administración de la Oficina Internacional del Trabajo en su 204.ª reunión (Ginebra, noviembre de 1977) y enmendada en sus 279.ª (noviembre de 2000), 295.ª (marzo de 2006) y 329.ª (marzo de 2017) y, en el ámbito específico del sector extractivo, los Principios Voluntarios de Seguridad y derechos humanos (2000). *Vid.* Guamán Hernández, A. y Moreno González, G., *Empresas transnacionales y derechos humanos. La necesidad de un Instrumento Vinculante*, Albacete, Editorial Bomarzo, 2018.

pretenden potenciar la responsabilidad social de las empresas y, en concreto, incidir en su compromiso con los derechos humanos.

En otro orden, los instrumentos de Derecho internacional privado de carácter no vinculante o soft law están ganando popularidad. Al igual que los ODS, aunque no son vinculantes, pueden tener un importante potencial transformador. El soft law es una técnica para perfeccionar y desarrollar las normas vinculantes de Derecho internacional privado existentes[17]. Sirve para identificar situaciones dónde, en diferentes campos del Derecho internacional privado, como la igualdad de género, es todavía deficiente. El papel facilitador del Derecho internacional privado podría reforzarse adoptando el soft law como parte del derecho aplicable. Posiblemente instituciones u organismos como la Conferencia de La Haya o la UNIDROIT podrían ser instituciones para proporcionar principios de derecho no vinculante para ayudar a los legisladores nacionales, los funcionarios administrativos y los jueces en situaciones transfronterizas afectadas por los ODS.

Se debe, por tanto, hacer un uso más amplio y global de los instrumentos internacionales existentes tanto normativos como de soft law, para que el Derecho internacional privado pueda tener un papel de gobernanza más sólido, incluso en el contexto de los ODS. A la espera de la realización de que estos objetivos se cumplan, las normas imperativas y la excepción de orden público pueden ayudar también a alcanzar los objetivos de los ODS, en particular aquellas que limiten la autonomía de la voluntad de las partes cuando afecte a cuestiones relativas a la sostenibilidad.

4. Integración de los ODS en la docencia del Derecho internacional privado

La integración de los Objetivos de Desarrollo Sostenible (ODS) en la enseñanza del Derecho internacional privado es fundamental para formar a futuros profesionales del derecho que comprendan cómo esta rama del derecho puede contribuir al desarrollo sostenible. Aquí tenemos algunas formas de incluir los ODS en la docencia del Derecho Privado:

- Contextualización de casos: Utiliza casos prácticos y situaciones legales del mundo real que involucren cuestiones relacionadas con los ODS, como contratos sostenibles, responsabilidad social empresarial o disputas ambientales.
- Análisis de contratos sostenibles: Explora contratos y acuerdos comerciales que promuevan la sostenibilidad y la responsabilidad social. Examina cómo se pueden redactar cláusulas contractuales que respalden los objetivos de desarrollo sostenible.

17 BAXI, U., «Mass Torts, Multinational Enterprises Liability and Private International Law», *Recueil des Cours*, t. 276, 1999, esp. p. 307.

- Responsabilidad de las empresas: Estudia la responsabilidad de las empresas en relación con los ODS, incluyendo cómo las empresas pueden contribuir o dificultar la consecución de estos objetivos y las implicaciones legales de sus acciones[18].
- Derecho ambiental y sostenibilidad: Examina las leyes y regulaciones ambientales que están diseñadas para abordar los desafíos ambientales relacionados con los ODS, como la gestión de recursos naturales y la mitigación del cambio climático.
- Derechos humanos y empresas: Explora cómo las empresas pueden afectar los derechos humanos y cómo el derecho privado puede ser utilizado para proteger y promover estos derechos en el contexto de los ODS.
- Ética y responsabilidad social: Integra la ética y la responsabilidad social empresarial en la enseñanza del Derecho Privado, destacando la importancia de que los abogados consideren los impactos sociales y ambientales de sus acciones legales.
- Proyectos y trabajos de investigación: Fomenta que los estudiantes realicen proyectos y trabajos de investigación relacionados con el Derecho Privado y los ODS. Esto les permitirá explorar en profundidad cuestiones específicas y proponer soluciones legales.
- Colaboración con organizaciones externas: Establece colaboraciones con organizaciones no gubernamentales, empresas sostenibles o agencias gubernamentales para que los estudiantes puedan trabajar en proyectos reales relacionados con los ODS.
- Discusiones y debates: Fomenta discusiones y debates en el aula sobre cuestiones legales y éticas relacionadas con los ODS en el ámbito del Derecho Privado.
- Concienciación y formación: Proporciona a los estudiantes información sobre los ODS y su relevancia en el Derecho Privado a través de seminarios, conferencias y actividades de formación.

Al integrar los ODS en la enseñanza del Derecho Privado, los estudiantes adquieren una comprensión más completa de cómo esta rama del derecho puede contribuir al desarrollo sostenible y cómo pueden aplicar principios legales para abordar cuestiones relacionadas con los ODS en su futura práctica legal.

18 Álvarez Rubio, J. J. «Una propuesta internacional privatista de gobernanza empresarial para la estrategia de integración de la sostenibilidad y la debida diligencia en derechos humanos», *Empresas transnacionales, derechos humanos y cadenas de valor: nuevos desafíos*. Colex, 2023. p. 24-44.

5. La asignatura «Arbitraje y mediación» como enseñanza del ODS 16

Si existe un ejemplo de materia en el Derecho privado donde las personas sean la máxima expresión y el soft law su principal baluarte es a través de la resolución extrajudicial de controversias. La implementación de técnicas alternativas de resolución de disputas evita el uso excesivo de los tribunales dejándolos disponibles para aquellos casos en los que realmente se requiera una interacción real con el juez. Con la utilización de los métodos alternativos de solución de controversias se permite una mayor protección Jurídica de los ciudadanos bajo principios de eficiencia y optimización de recursos. Asimismo, es beneficiaria la toma de decisiones mediante técnicas de negociación y conversación que permiten conducir a una sociedad menos beligerante y, por tanto, comprometida con la Paz y la consecuente reducción del conflicto. Por todas estas razones, el proyecto Justos: Avances para una justicia sostenible concedido a la UAH por la Secretaría de Estado para la Agenda 2030 y tenía una labor de concienciación y de formación para el fortalecimiento de la cultura de la paz y considerar la justicia alternativa (ODS 4 y 16) como política social que se considera imprescindible para la consolidación de un servicio público de Justicia sostenible durante 2022.

En la UAH se imparte desde hace varios años la asignatura «Arbitraje y mediación» donde se enseña a los alumnos la cultura de la paz a través de métodos de soft law creados por los particulares. En este contexto, con la ayuda de los alumnos de la asignatura «Arbitraje y mediación» se estudió la necesidad de la inclusión de ADR en la sociedad como recurso para resolver conflictos que contribuyan al Desarrollo Sostenible de Instituciones fuertes y a una justicia sostenible. Para ello se consideró necesario el fomento de la negociación, la conciliación, la mediación y el arbitraje a través de la concienciación y de formación de todos los actores involucrados en este ámbito para que pudiera ser una solución eficaz a largo plazo. Los resultados del proyecto permitieron fortalecer el conocimiento de las implicaciones jurídicas de los ODS permitiendo mejorar la idea de la justicia en la actual sociedad del SXXI. La finalidad última del proyecto, fomentar la cultura de la paz entre los jóvenes y ayudar a las administraciones públicas, especialmente a las locales y autonómicas a instaurar programas de apoyo a los MASC e incentivar la educación en resolución de disputas en sus instituciones, se realizó con bastante éxito. No obstante, sería necesario continuar con acciones de educación a la población y fomento del uso en las administraciones locales. Este proyecto resalta la capacidad de los MASC para promover todos los Objetivos del Desarrollo Sostenible, como facilitar el cambio económico, social y político, reducir la tensión social y manejar los conflictos que obstaculizan las iniciativas de desarrollo. La exploración adicional de los usos de MASC al margen del sistema judicial es fundamental para completar la imagen de la gama de aplicaciones que pueden tener.

Una reforma del sistema de justicia adecuadamente diseñada puede hacer que los MASC, llevados a cabo bajo condiciones apropiadas, puedan apoyar la reforma judicial, mejorar el acceso a la justicia, aumentar la satisfacción de los litigantes con resultados, reducir demora, y reducir el coste de las disputas En suma, los MASC pueden ayudar a preparar a las administraciones a aumentar la participación cívica, facilitar los procesos públicos para gestionar el cambio, reducir la nivel de tensiones comunitarias y resolver conflictos.

El fomento de los MASC apoya y complementa al sistema judicial reduciendo el número de demandas, intentando aumentar la satisfacción con el resultado de la disputa y disminuyendo la demora en la resolución de disputas y reduciendo el coste de resolución de disputas.

Este proyecto fue un primer paso para comprender las fortalezas y limitaciones de la introducción de los MASC dentro las administraciones públicas y la sociedad en general. Si bien el proyecto ha brindado conocimientos significativos sobre los MASC a una parte de la población diana, todavía queda mucho por hacer. Se necesita el mayor número de estrategias posibles para fomentar los MASC como apoyo al sistema judicial y fomento de la cultura de la paz. Las investigaciones y un análisis más profundo en este área sería de gran utilidad para los profesionales que buscan comprender las fortalezas y limitaciones de los programas MASC como herramienta para una cultura de la paz.

Los estudiantes de la asignatura arbitraje y mediación de la UAH fueron partícipes del proyecto y ayudaron a introducir los MASC en la sociedad que sirve como vehículo útil para promover el ODS 16 y otros objetivos.

6. El proyecto «Justos: Avances para una justicia sostenible»

El proyecto Justos: Avances para una Justicia sostenible utilizó una metodología innovadora. Para ello se publicó un folleto sobre el proyecto y se creó el hashtag #justos en Instagram y un logo. Con la finalidad de llegar al mayor número posible de la sociedad se realizaron tres acciones para la transferencia de conocimiento: i) charlas en los Ayuntamientos del corredor del Henares para la creación o mejora de servicios de mediación vecinal e intercultural y fomento de la cultura de la paz; ii) charlas y talleres en los centros de educación secundaria del corredor del Henares para estudiantes de la ESO para la educación en métodos alternativos de solución de controversias y cultura de la paz; y iii) charlas abiertas al público sobre métodos alternativos de solución de controversias y cultura de la paz.

6.1. Charlas en ayuntamientos

Dentro de la primera acción se impartió una charla en el Ayuntamiento de Nuevo Baztán y otra en el Ayuntamiento de Alcalá de Henares con buena afluencia de público para explicar a los ciudadanos la posibilidad de solución de controversias al margen de los tribunales y fomentar la Cultura de la Paz. En el Ayuntamiento de Nuevo Baztán se sentaron las bases para la creación de un servicio de mediación vecinal y en Alcalá de Henares se trabajó con el servicio de mediación vecinal de la Policía municipal para su fomento. Se enviaron multitud de email a los ayuntamientos de la zona del corredor del Henares para ofrecerles la creación/fomento de servicios de mediación vecinal e intercultural o simplemente información a la ciudadanía. En vista de la falta de apoyo de las administraciones locales se acordó la realización de una guía para explicar/fomentar la creación de dicho sistema y enviarla a todos los ayuntamientos de la Comunidad de Madrid con lo que se amplió el número de potenciales beneficiarios del proyecto de 10 a 197 ayuntamientos[19]. que servirá para la creación de centros de solución de conflictos en cualquier administración pública, enviada a los 179 ayuntamientos de la Comunidad de Madrid y que también se publicó en la web del proyecto[20].

6.2. Centros de educación secundaria

Como segunda acción dirigida a la sociedad se encontraba la realización de charlas y actividades en los centros de educación secundaria con la finalidad de rebajar el nivel de conflictividad en los adolescentes que pronto serán adultos a través de roleplaying. Las charlas en los centros educativos tuvieron mejor acogida, celebrándose más charlas de las previstas. Para este objetivo *se* contó con los miembros del equipo del a UAH (profesores) y los estudiantes de la UAH voluntarios en el proyecto (20 estudiantes del Grado en Derecho). Entre todos, junto a la investigadora contratada al proyecto se dieron las charlas y se realizaron los talleres. Para la realización de las actividades se entregó a cada grupo de la ESO un documento. Este documento contenía 5 Roleplays, así como de una breve explicación del método que se desarrolló en cada sesión. En cada sesión se plantearon unos objetivos que se valoraron con un cuadro de observación, el cual también fue objeto de estudio por parte de los mismos estudiantes del Instituto en el que se llevó a cabo la actividad. Cada sesión se desarrolló durante 2 / 2 1/2 horas, la cual se dividió en 20 minutos de explicación teórica-práctica del método de resolución adecuada de conflictos y el resto del tiempo se dedicó a poner en práctica dichos conocimientos. Los alumnos se dividían en el número de grupos que se establecían en función de los roles por sesión. A cada grupo se le facilitaba solamente su información y se le asignaba un tiempo no mayor a 10 minutos para que preparasen su rol. Un grupo de alumnos realizaba la

---

19 Fernández Pérez, A. *Guía para el fomento de los métodos alternativos de solución de controversias (MASC)*, Aranzadi, 2023

20 https://justos.web.uah.es/wp/

observación de sus compañeros. Esta labor era de suma importancia, ya que eran quienes cumplimentaban la hoja de observación y ellos mismos quienes valoraban si sus compañeros habían comprendido lo estudiado y aprendido en la sesión. Además, ellos debían dar la retroalimentación a sus compañeros de forma verbal, en la misma sesión, de forma positiva y constructiva, al finalizar la representación, siendo esta una forma muy positiva de aprendizaje. Una vez que los alumnos habían preparado su rol, se procedía a la representación en frente de los demás alumnos. Cuando finalizaba la representación, los alumnos encargados de dar la retroalimentación o feedback lo hacían y a continuación los alumnos UAH voluntarios y profesores, dando una conclusión y cierre de la sesión. Posteriormente se realizó una encuesta online a los alumnos. Se impartieron charlas en 15 centros de educación secundaria a más de 2170 estudiantes de la ESO con los que se realizaron los respectivos talleres.

6.3. Conferencias y publicaciones

Dentro de las charlas destinadas al público en general, así como profesionales de la materia se realizaron varias conferencias y publicaciones en abierto en revistas de difusión general para dar a *conocer* a la sociedad los resultados de la investigación. El 29 de marzo de 2022 la Conferencia sobre «Análisis de la Ley de Convivencia Universitaria» y el 19 de abril Mesa redonda en el Salón de Grados de la Facultad de Derecho, UAH, para el público en general. También se impartió una Jornada sobre Métodos alternativos de solución de controversias y cultura de la paz (16 de diciembre de 2022) con más de 20 ponentes que posteriormente ha sido publicada como obra colectiva con una asistencia de 118 personas, donde se trataron detenidamente todas las cuestiones objeto de investigación y se trajeron a grandes especialistas sobre la materia (del ámbito social y judicial. Esta jornada se publicó en una obra colectiva y se publicó la grabación en Youtube. Las conferencias (accesibles en Youtube) y publicaciones hacen que el número de beneficiarios final sea mucho más elevado del previsto. Además, se publicaron una obra colectiva, dos monografías y cinco artículos.

7. Conclusiones

A través de la realización del presente trabajo se ha puesto de manifiesto que para la realización de los ODS el Derecho privado y, especialmente, el Derecho internacional privado deben jugar un papel muy importante. No solo en la regulación de las situaciones transfronterizas que queden afectadas por la sostenibilidad sino también para producir un cambio de mentalidad con respecto a las necesidades de la disciplina. Como hemos visto el Derecho internacional privado tiene un papel que desempeñar en la realización de la

Agenda 2030 especialmente dentro de su faceta habilitadora para proteger a las personas y al planeta de las acciones que puedan causar daños irreparables.

Por otro lado, también hemos visto que hasta la fecha ha existido una infrautilización, o incluso el desprecio del Derecho privado en el marco de gobernanza de los ODS. En términos más generales, el punto ciego existente entre la función del Derecho privado y del Derecho internacional privado y los instrumentos globales relevantes para los ODS: puede enfocarse en demasiado énfasis en las relaciones interestatales, las responsabilidades y los recursos; demasiado poco en el acceso a la justicia y los recursos para los actores privados. Por último, debemos destacar que existe una necesidad urgente de que el Derecho internacional privado sea mucho más consciente y se comprometa con el cumplimiento de los ODS y, para ello, se reoriente hacia estos Objetivos y, si es necesario, se reconceptualice para adaptarse a la realizad que estamos viviendo.

Como ejemplo para la inclusión de los ODS dentro de la enseñanza del Derecho privado nos hemos valido del el proyecto Justos que ha servido para destacar que para que en España se puedan fomentar los MASC es necesario un apoyo político adecuado (tanto de las administraciones locales y autonómicas como del gobierno central); una educación en una cultura de la paz de toda la ciudadanía para apoyar el cambio; recursos humanos y financieros adecuados y que se asegure la igualdad de las partes en estos métodos. Por tanto, gracias al proyecto hemos comprobado que el fomento de los MASC se debe realizar a través del diseño de un cuidadoso programa que defina los objetivos, evalúe la relación apropiada con el poder judicial, las fuentes de oposición potencial y tenga una sólida base jurídica para la resolución informal de controversias.

8. Referencias

Álvarez Armas, E.: «La aplicabilidad espacial del Derecho medioambiental europeo, su interacción con la norma de conflicto europea en materia de daños al medioambiente: apuntes preliminares», *AEDIPr*, t. XIII, 2013, pp. 381-421.

Álvarez Rubio, J. J.: «Una propuesta internacional privatista de gobernanza empresarial para la estrategia de integración de la sostenibilidad y la debida diligencia en derechos humanos», *Empresas transnacionales, derechos humanos y cadenas de valor: nuevos desafíos*. Colex, 2023. p. 24-44.

Aranbarri Kortabarria, N.; Basagaitz Guereño, O. y **Monteagudo Sánchez, M. J.:** *Ciudades circulares, cohesivas y creativas: Por un desarrollo humano sostenible integral.* Los Libros de la Catarata, 2022.

BAXI, U.: «Mass Torts, Multinational Enterprises Liability and Private International Law», *Recueil des Cours*, t. 276, 1999, esp. p. 307.

BOGDAN, M.: «Some Reflections Regarding Environmental Damage and the Rome II Regulation», en G.VENTURINI & S.BARIATTI (eds.), *Nouvi Instrumenti del Diritto Internazionale Privato — Liber Fausto Pocar*, Milán, Giuffrè, 2009, pp. 95-105.

ENNEKING, L.: «The Common Denominator of the Trafigura Case, Foreign Direct Liability Cases and the Rome II Regulation — An Essay on the Consequences of Private International Law for the Feasibility of Regulating Multinational Corporations through Tort Law», *Eur. Rev. Priv. L.*, 2-2008, pp. 283-311.

FASOLI, E. y **MCGLONE, A.**: «The Non-Compliance Mechanism Under the Aarhus Convention as Soft Enforcement of International Environmental Law: Not So Soft After All!», *Netherlands international law review*, vol. 65, n.° 1, 2018, pp. 27-53.

FERNÁNDEZ PÉREZ, A.: «El Derecho internacional privado ante el desarrollo sostenible», *El Derecho internacional privado ante la (s) crisis de la globalización*. Aranzadi, 2023. p. 51-73.

FERNÁNDEZ PÉREZ, A.: *Guía para el fomento de los métodos alternativos de solución de controversias (MASC)*, Aranzadi, 2023.

GARAU SOBRINO, F.: (2012). «¿Qué derecho internacional privado queremos para el siglo XXI?», *Cuadernos de derecho transnacional*, 4(2), 140-158.

GUAMÁN HERNÁNDEZ, A. y **MORENO GONZÁLEZ, G.**: *Empresas transnacionales y derechos humanos. La necesidad de un Instrumento Vinculante*, Albacete, Editorial Bomarzo, 2018.

GUILLAUMÉ, J.: *L'affaiblissement de l'Etat-Nation et le droit international privé*, París, LGDJ, 2011.

JIMENA QUESADA, L.: «El constitucionalismo social y los objetivos de desarrollo sostenible (ODS)», *Lex Social: Revista De Derechos Sociales*, 9(1), 2021. 13-45.

JUSTE RUIZ, J.: «La estructura normativa del Derecho internacional ambiental: normas recomendatorias, normas obligatorias y normas imperativas», LLANOS MADRONES, H. I. y PICAND ALBÓNCIO, E. (eds) *Estudios de Derecho Internacional.* Libro homenaje al profesor Hugo Llanos Mansilla, t. II, Santiago de Chile, Thomson Reuters, 2011, pp. 1037-1064.

MICHAELS, R.; RUIZ ABOU-NIGM, V. y **VAN LOON, H.** (eds.), *The Private Side of Transforming our World*, Intersentia, Cambridge 2021, XIV.

Palao Moreno, G.: «Objetivos de desarrollo sostenible y «trabajo decente»: Una mirada desde el Derecho internacional privado europeo», *La comunidad internacional ante el desafío de los objetivos de desarrollo sostenible: XXIX Jornadas Ordinarias de la Asociación Española de Profesores de Derecho Internacional y Relaciones Internacionales.* Tirant lo Blanch, 2023. p. 267-288.

Pasquot Polido, F.: «SDG 17», R. Michaels, V. R., Abou-Nigm, H. van Loon y S. Zeh: *The Private Side of Transforming our World.* Intersentia, 2021. pp. 541-568.

Rodrigo, A. J.: «El desafío del desarrollo sostenible», *Los principios del Derecho internacional relativos al desarrollo sostenible*. Madrid, Marcial Pons, 2015, p. 73.

Thomas, J. y Gulati, R.: «The "One Belt One Road" strategy - the role of private international law in combatting and strengthening anti-corruption standards transnationally», *China's One Belt One Road initiative and private international law,* New York, NY: Routledge, Abingdon, Oxon, 2018, pp. 182-195.

DOCENCIA UNIVERSITARIA, DERECHO Y COMPLIANCE: IMPULSORES DE SOSTENIBILIDAD

Benoît Saïdi

Centre de droit économique et du développement Yves Serra
Facultad de Derecho, Université de Perpignan Via Domitia (France)

Resumen: El Derecho de la compliance es una rama nueva y en rápido crecimiento. El desarrollo sostenible puede verse apoyado en gran medida por el derecho de la compliance, cuyo principal objetivo es alcanzar metas monumentales. Aquí es donde la formación universitaria desempeña un papel crucial. Las universidades han sido testigos del desarrollo del derecho de la compliance, en particular dentro de sus muros; por tanto, deben formar a estudiantes que, a su vez, serán capaces, dentro de unos años, de difundir el derecho de la compliance. Esta difusión se llevará a cabo entre las personas, tanto físicas como jurídicas, que son cruciales para promover el desarrollo sostenible utilizando las herramientas del derecho de la compliance. Esta rama del derecho requiere la intervención de tres entidades para ser eficaz. Estas entidades se benefician de la existencia de diversas herramientas, que pueden favorecer considerablemente el desarrollo sostenible. Las entidades en torno a las cuales se desarrolla esta rama del derecho necesitan, por tanto, estar formadas, y las universidades tienen un papel crucial que desempeñar.

Palabras clave: Compliance, Sostenibilidad, Docencia universitaria, Derecho, Objetivos monumentales.

Abstract: *Compliance law is a new and fast-growing branch of law. Sustainable development can be greatly supported by compliance law, whose main objective is to achieve monumental goals. This is where university education plays a crucial role. Universities have seen the development of compliance law; they must therefore train students who will in turn be able, in a few years' time, to disseminate compliance law. This dissemination will take place among the people, both individuals and legal entities, who are crucial to promoting sustainable development using the tools of compliance law. Compliance law requires the* *intervention of three entities if it is to be effective. These entities benefit from the existence of various tools, which can considerably promote sustainable development. The entities around which this branch of law evolves therefore need to be educated, and universities have a crucial role to play.*

Keywords: *Compliance, Sustainable development, University, Law, Monumental goals.*

1. Introducción

Desarrollo sostenible. El primer intento de definir el desarrollo sostenible vuelve al que fuera primer ministro noruego, Gro Harlem Brundtland, quien afirmó en 1987 que el desarrollo sostenible debía ser «el desarrollo que satisface las necesidades del presente sin comprometer la capacidad de las generaciones futuras para satisfacer sus propias necesidades». En 1992, la Cumbre para la Tierra de Río, celebrada bajo los auspicios de las Naciones Unidas, formalizó el concepto de desarrollo sostenible y los tres pilares (económico/ecológico/social): desarrollo económicamente eficiente, socialmente equitativo y ecológicamente sostenible. La toma de conciencia del deterioro continuo del estado de nuestro planeta parece haber surgido relativamente tarde, tras las dos crisis del petróleo de 1973 y 1979. En Francia, muchos recuerdan la declaración del presidente Jacques Chirac «Nuestra casa está en llamas y miramos hacia otro lado», pronunciada el 2 de septiembre de 2002 en Johannesburgo ante la sesión plenaria de la Cuarta Cumbre para la Tierra. Desde los años 80, los españoles reclaman el derecho a un aire limpio en las ciudades y en el campo, y el derecho a planificar espacios verdes en las ciudades y en los parques nacionales. Comenzaron las luchas contra la injusta distribución de los recursos naturales, así como contra las cargas de la contaminación industrial y los daños medioambientales[1]. La noción de desarrollo sostenible ya no está al margen de la ley. Ha surgido así un derecho al medio ambiente, entendido como un derecho procesal, un derecho a la protección del medio ambiente: la obligación de los poderes públicos de asistir a aquellos cuyo disfrute de este derecho ha sido vulnerado. A partir de ahí, toda persona y todo grupo humano deben tener garantizados los procedimientos adecuados para proteger «su» medio ambiente, que, en la inmensa mayoría de las situaciones, comparten con los demás.

---

1 Pablo Corral Broto, *Protesta y ciudadanía: conflictos ambientales durante el franquismo en Zaragoza (1939-1979)*, Saragosse, Publicaciones del Rolde de Estudios Aragoneses, 2015; Miguel Ángel Del Arco Blanco, Santiago Gorostiza, «Facing the Sun: Nature and Nation in Franco's "New Spain" (1936-1951)», *Journal of Historical Geography*, n.° 71, janvier 2021, p. 73-82 ; Eduard Masjuan, *La ecología humana en el anarquismo ibérico. Urbanismo «orgánico» o ecológico, neomalthusianismo y naturismo social,* Barcelone, Fundación Anselmo Lorenzo & Icaria, 2001.

España: precursora europea en desarrollo sostenible y protección del medio ambiente. España es un país precursor en Europa en materia de legislación medioambiental. En pocos años se ha hecho un importante hueco entre los países más protectores del medio ambiente del mundo. Ha desarrollado un corpus de normas jurídicas innovadoras que sus vecinos europeos no tardarán en seguir. En octubre de 2022, por primera vez en Europa, se concedió a un ecosistema natural el estatuto de entidad jurídica. El Parlamento español concedió este estatuto al Mar Menor, una laguna del sureste del país, para que pudiera estar representado ante un tribunal del mismo modo que un particular o una empresa, y defender así sus derechos[2]. A escala mundial, otros ecosistemas emblemáticos han obtenido personalidad jurídica en el pasado: el Parque Nacional de Te Urewera, en Nueva Zelanda; el río Yarra, en Australia; en la India, el Ganges y su afluente, el Yamuna, también han obtenido oficialmente personalidad jurídica propia; Ecuador fue el primer país en consagrar los derechos de la naturaleza en su Constitución en 2008. El 9 de febrero de 2023, el Congreso de los Diputados español aprobó por amplia mayoría una nueva ley de cooperación para el desarrollo sostenible y la solidaridad global[3]. La ley fue aprobada con un 90 % de votos a favor. Sustituye a la anterior ley de 1998 y representa un paso importante para el Gobierno de coalición, dado su compromiso con la promoción del desarrollo sostenible, la cooperación internacional y el multilateralismo. Así, uno de los objetivos es proteger el planeta y el medio ambiente, preservar y restaurar la biodiversidad, luchar contra el cambio climático mitigando sus causas y adaptándose a sus efectos, promover la justicia climática, una transición energética justa hacia la neutralidad climática, la economía circular y las ciudades sostenibles. Este consenso parlamentario es importante porque, por un lado, eleva la política internacional de desarrollo sostenible al nivel de política de Estado que debe impulsarse con independencia del partido en el poder; por otro, promueve medidas relevantes y ambiciosas dirigidas a fortalecer la cooperación española al desarrollo sostenible. Por otro lado, esta reciente ley pretende reformar en profundidad el sistema de cooperación español, en particular reforzando los órganos administrativos encargados de definir, gestionar y ejecutar la política española del desarrollo sostenible.

La Unión Europea y el desarrollo sostenible. La Directiva sobre delitos contra el medio ambiente[4] es el principal acto legislativo de la Unión Europea en materia de protección del medio ambiente. La Directiva se adoptó

---

2 Ley 19/2022, de 30 de septiembre, para el reconocimiento de personalidad jurídica a la laguna del Mar Menor y su cuenca, BOE n.° 237, de 3 de octubre de 2022, p. 135131-135135.

3 Boletín oficial de las cortes generales, Congreso de los diputados, 121/000105 Proyecto de Ley de Cooperación para el Desarrollo Sostenible y la Solidaridad Global. 16 de febrero de 2023, n.° 105-9, 38 p.

4 Directive 2008/99/EC of the European Parliament and of the Council of 19 November 2008 on the protection of the environment through criminal law.

el 24 de octubre de 2008. Los Estados miembros debían transponerla a su legislación nacional antes de diciembre de 2010. En virtud de la Directiva, los Estados miembros deben tipificar como delito las infracciones graves de la legislación medioambiental. Define una serie de delitos graves y exige a los Estados miembros de la UE que establezcan sanciones penales efectivas, proporcionadas y disuasorias para estos delitos cuando se cometan intencionadamente o por negligencia grave. La Comisión Europea evaluó la Directiva sobre delitos contra el medio ambiente en 2019 y 2020. Llegó a la conclusión de que la Directiva había aportado cierto grado de armonización del Derecho penal medioambiental en los Estados miembros. Sin embargo, sigue habiendo muchas diferencias en la forma en que los Estados miembros abordan los delitos ambientales. Por lo tanto, se observó que, en la práctica, y con carácter de urgencia, era necesario mejorar el marco jurídico a escala de la UE. En consecuencia, el 15 de diciembre de 2021, la Comisión Europea adoptó una propuesta de nueva Directiva relativa a la protección del medio ambiente por medio del Derecho penal, destinada a sustituir a la Directiva de 2008. La propuesta iba acompañada de una Comunicación en la que se explicaba el contexto general y la justificación de las distintas medidas propuestas. Las propuestas preveían mejorar la definición de las infracciones penales; añadir nuevos delitos graves a la lista de infracciones (comercio ilegal de madera y reciclado de buques); fijar el nivel de disuasión de las penas; y reforzar la cadena de aplicación de la normativa mediante disposiciones sobre formación, herramientas de investigación, cooperación entre autoridades, recogida de datos y estrategias nacionales. Por último, esta propuesta también contenía una disposición para proteger y ayudar a quienes denuncien delitos contra el medio ambiente o contribuyan a la aplicación de la legislación (defensores del medio ambiente)[5]. Por otra parte, las negociaciones del Consejo Europeo sobre esta cuestión comenzaron apenas un mes después de que se presentaran las propuestas, en enero de 2022. Durante la Presidencia francesa del Consejo Europeo, se alcanzó un acuerdo a modo de orientación general parcial sobre los artículos 2 a 4 de la Directiva

5 Evaluation report — Directive 2008/99/EC of the European Parliament and of the Council of 19 November 2008 on the protection of the environment through criminal law; Annexes — Evaluation report — Directive 2008/99/EC of the European Parliament and of the Council of 19 November 2008 on the protection of the environment through criminal law; Proposal for a Directive of the European Parliament and of the Council on the protection of the environment through criminal law and replacing Directive 2008/99/EC; Impact Assessment report — Proposal for a Directive of the European Parliament and of the Council on the protection of the environment through criminal law and replacing Directive 2008/99/EC; Annexes — Impact Assessment report — Proposal for a Directive of the European Parliament and of the Council on the protection of the environment through criminal law and replacing Directive 2008/99/EC; Executive summary of the Impact Assessment report — Proposal for a Directive of the European Parliament and of the Council on the protection of the environment through criminal law and replacing Directive 2008/99/EC; Communication from the Commission to the European Parliament and the Council on stepping up the fight against environmental crime.

relativos a las definiciones de los delitos medioambientales, que se aprobó en junio de 2022. También se están llevando a cabo trabajos legislativos en la Comisión de Asuntos Jurídicos del Parlamento Europeo. El grupo de expertos de la Comisión Europea sobre el foro de la compliance y la gobernanza medioambiental también está trabajando para apoyar una lucha eficaz contra los delitos medioambientales, y el grupo EUROJUST[6] también ha llevado a cabo trabajos de investigación. Ahora es necesario analizar el derecho de la compliance para comprender por qué la sostenibilidad debe implicar la educación universitaria y el derecho de la compliance.

El derecho de la compliance. Según el profesor M. A. Frison-Roche, teórico del derecho de la compliance, al menos en Francia, esta nueva rama del derecho es la culminación, la prolongación, del derecho de la regulación, en la medida en que no podemos sino constatar que «el derecho de la regulación se ha agotado, limitándose a la gestión económica de los fallos técnicos del mercado»[7]. Por lo tanto, cabe señalar que el derecho de la compliance no podría haber surgido sin la existencia del derecho reglamentario. La regulación es «la gestión pública de una actividad o de un ámbito determinado con el fin de hacer prevalecer el interés general respetando la pluralidad, la especificidad y la autonomía de los actores»[8]. La regulación puede ser responsabilidad exclusiva de los poderes públicos con el fin de compensar ciertos fallos derivados de la organización espontánea del mercado[9]. Esta definición de la regulación es restrictiva porque induce a pensar que sólo los organismos públicos pueden encargarse de esta tarea. A menudo, se trata de una corregulación en la que participan autoridades públicas y privadas. Los tribunales nacionales y comunitarios son los últimos eslabones de la cadena. Cumplir significa comprobar desde dentro que se respetan las normas vigentes, en este caso las relativas al desarrollo sostenible. Tradicionalmente, sin embargo, son los organismos estatales los que están investidos de poderes de investigación y sanción[10]. La liberalización y la globalización de la economía han demostrado que los Estados por sí solos ya no pueden garantizar la

---

6 Eurojust, EU Agency for Criminal Justice Cooperation, *Supporting judicial authorities in the fight against environmental crime*, 08th September 2022, 4 p.

7 M.-A. Frison-Roche, «Du droit de la régulation au droit de la compliance», *in* M.-A. Frison-Roche (dir.), *Régulation, Supervision, Compliance*, série «Régulations & Compliance», Paris, Journal of Regulation & Compliance et Dalloz, 2017, p. 3.

8 J.-P. Moussy, Conseil Économique et Social, *Des autorités de régulation financières et de concurrence: pourquoi, comment ?*, 2003, p. 1-3; G. Marcou, «La notion juridique de régulation», *AJDA*, 2006, n.° 7, p. 348-349.

9 G. Timsit, «La régulation: La notion et le phénomène», *RFAP*, 2004, no1, p. 8-9; H. De Vauplane, «Marchés financiers: régulation, réglementation ou autorégulation», *Le Code de commerce, Livre du bicentenaire: 1807- 2007*, Dalloz, 2007, §6.

10 K. Lenaerts, «Le juge de l'Union européenne dans une Europe de la compliance», in *Pour une Europe de la Compliance*, M.-A. Frison-Roche (dir.), Paris, Dalloz, 2019, p. 2.

consecución de determinados objetivos globales»[11]. El cumplimiento de la ley implica, por tanto, una responsabilidad cada vez mayor de los destinatarios de la norma. Esta responsabilidad puede proceder del Estado, de la Unión Europea o de los reguladores privados de una determinada actividad. Hoy en día, hay tanto derecho de la compliance como ramas del Derecho. Es posible encontrarse con tantos tipos diferentes de compliance porque existen normas y reglas que deben respetarse en función de las actividades o sectores empresariales en los que operan los destinatarios de las mismas. Cada entidad debe cumplir una serie de normas que le son propias. En definitiva, el derecho de la compliance puede definirse como el conjunto de procedimientos que obligan a las empresas a demostrar que cumplen todas las normas que les son aplicables. Esta rama del derecho también puede definirse por un núcleo normativo: los «objetivos monumentales». Estos objetivos permiten dar cuenta del nuevo derecho positivo, haciéndolo más claro, accesible y fácil de anticipar. Se basan en una apuesta: la de la preocupación por los demás que los seres humanos pueden tener en común, es decir una forma de universalidad. Estos «objetivos monumentales» son objetivos eminentes de la legislación: contribuir a la lucha contra el blanqueo de dinero, o contra la corrupción, o para la protección de la naturaleza. Son objetivos de política pública fijados por los gobiernos o por la Unión Europea. Son, por tanto, ambiciones que redundan en interés de todos. Entonces, hay que interiorizar los «objetivos monumentales». Ahora nos enfrentamos a la necesidad absoluta de desarrollar una cultura de la compliance que debe integrarse en las empresas, pero sobre todo en todas las universidades de Europa y del mundo.

Docencia universitaria: ALMA MATER STUDIORUM. Esta expresión latina es el lema de la universidad más antigua de Europa, fundada en 1088: la Universidad de Bolonia. Era la joya de la corona de la enseñanza y el aprendizaje y, por tanto, «la madre nutricia del saber». Poco a poco, ALMA MATER pasó a designar a la Universidad en su universalidad, hasta el punto de que, hoy en día, ALMA MATER se refiere al lugar donde una persona completó sus estudios. Es el caso de muchos países francófonos (Bélgica, Francia, Suiza, Canadá), anglófonos (Inglaterra y Estados Unidos de América) e hispanohablantes (la mayor parte de América Latina). La enseñanza universitaria, también conocida como enseñanza superior, abarca la enseñanza general, técnica y profesional que requiere un nivel de formación igual o superior al bachillerato o su equivalente. España, al igual que más de cincuenta países europeos, suscribió en 1999 la Declaración de Bolonia, que marcó el inicio de la construcción del Espacio Europeo de Educación Superior. El sistema universitario establecido en esta declaración se basa en tres titulaciones: Grado, Máster y Doctorado (LMD). A cada titulación se le asigna un número de cré-

11 J.-M. Sauvé, «Compliance, droit public et juge administratif», in *Régulation, Supervision, Compliance*, M.-A. Frison-Roche (dir.), Paris, Dalloz, 2017, p. 48.

ditos ECTS (Sistema Europeo de Transferencia de Créditos): a la licenciatura (6 semestres) le corresponden 180 créditos y al máster (4 semestres) 120 créditos. Este sistema está diseñado para fomentar la movilidad de los estudiantes dentro de Europa. Así, los semestres obtenidos en España pueden ser convalidados y reconocidos en cualquier otro país de la Unión Europea, o en cualquier otro país firmante de la Declaración de Bolonia, como parte de un curso de estudios posteriores. Con esta idea debe desarrollarse una Europa de la Compliance, con cursos comunes, una metodología común y, en definitiva, unas expectativas orientadas a los mismos objetivos monumentales. Por tanto, es dentro de las universidades donde el Derecho se ha difundido, desarrollado y modificado a lo largo de los siglos. Es también aquí donde nace y se desarrolla el pensamiento jurídico, en lo que se conoce como doctrina. Son las universidades las que contribuyen a la formación de los juristas de más talento, porque toda construcción merece fundamentos, y los fundamentos del Derecho se encuentran en la universidad. Enseñar derecho significa transmitir conocimientos, aprender un lenguaje jurídico, reflejos, habilidades y conocimientos, y guiar a los estudiantes por el terreno movedizo del derecho. El derecho de la compliance es el ejemplo más concreto de esto: pone en marcha el derecho y todos los conceptos que podíamos tener de él. El objetivo es concreto: proteger a los individuos, ya sean personas físicas o jurídicas. Esta protección incluye también la protección del medio ambiente, porque es inconcebible vivir en un entorno que pueda causar sufrimiento a las generaciones futuras. Por ello, las universidades de toda Europa deben formar a generaciones enteras de estudiantes en derecho de la compliance, para proteger los «objetivos monumentales» más decisivos.

Presentación del estudio. Puede parecer extraño combinar educación universitaria, derecho y compliance con el objetivo de apoyar el desarrollo sostenible, pero estas tres nociones forman un tríptico capaz de alcanzar un objetivo monumental: el desarrollo sostenible. La combinación de estos tres conceptos, para alcanzar este inminente objetivo de desarrollo, debe lograrse en varias etapas: la primera etapa es la inculcación del derecho de la compliance a través de la educación universitaria (2); la segunda etapa es que las personas que han sido destinatarias de esta educación sean, a su vez, capaces de difundir el derecho de la compliance fuera del Alma mater, en las empresas que son los actores cruciales del desarrollo sostenible (3). Así es como procederemos.

2. Inculcar una cultura de la compliance a través de la docencia universitaria para reforzar el desarrollo sostenible

Docencia universitaria y compliance. Las universidades son el mejor lugar para enseñar los fundamentos del derecho de la compliance. Los académicos son los más indicados para ofrecer una visión general, sencilla y clara del derecho de la compliance. Cuanto más compleja se considere una materia, como es a menudo el caso del de la compliance, más claro y límpido debe ser el profesor, o la profesora, al explicarla. En este sentido, el derecho de la compliance puede encontrarse en materia de inversiones[12], lucha contra la corrupción[13], blanqueo de capitales[14], cuestiones internacionales[15], derecho de sociedades[16], responsabilidad social[17], derecho de la Unión Europea[18], derecho penal[19], derecho penal de los negocios[20], gestión de riesgos[21], derecho administrativo[22], derecho de la competencia[23], etc. Por tanto, la cultura de la compliance debe estar dentro de las universidades. No obstante, los profesores que no están en la universidad también son capaces de inculcar esta nueva rama del Derecho; porque no existe un profesor

---

12 Luis Aguilar, *Doing the Right Thing: Compliance That Works for Investors*, The Regulatory Compliance Association, Regulation, Operations & Compliance (ROC) 2013, New York, 2013.

13 D. Della Porta y A. Vanucci, «Los recursos de la corrupción: algunas reflexiones sobre el caso italiano», 2002, 98-99, *Zona Abierta*, pp. 5-118 ; J. J. Queralt Jimenez, «Public Compliance y Corrupción: Conceptual Análisis y propuesta», *Revista International Transparencia e Integridad*, Septiembre-Diciembre, 2016-2 ; F. Jimenez Sanchez, «La integridad de los gobernantes como problema de acción colectiva», *Revista International Transparencia e Integridad*, Septiembre-Diciembre, 2016-2.

14 Tim Bennett, *Money Laundering Compliance*, London, Tottel Publishing, 4 ed., 2023, 696 p.

15 Konstantin Von Busekist (dir.), *International Compliance. Legal Requirements of Business Organisation in over 30 countries*, London, Beck. Hart. Publishing, 2016, 704 p.

16 Nessa Cahill, *Company Law Compliance and Enforcement*, London, Bloomsbury Pro., 2008, 1180 p.

17 Diane-Laure Arjaliès, Rémi Bazillier, Sandra Cavaco, Edouar Challe, Patricia Crifo, Pierre Fleckinger, *Corporate Social Responsability: From compliance to Opportunity?,* Paris, École Polytech, 2010, 294 p.

18 Marise Cremona, *Compliance and the enforcement of EU law*, Oxford, Oxford Univ. Press, 2012, 199 p.

19 E. Velasco Nuñez y B. Saura Alberdi, «Cuestiones prácticas sobre responsabilidad penal de la persona jurídica y Compliance», *Thomson Reuters Aranzadi*, Pamplona, 2016, p. 30.

20 A. Fiorella, *Corporate criminal liability and compliance programs*. Towards a common model in the European Union, Napoli, Jovene, 2013, 488 p.; E. Etxeberria Bereziartua, «Las empresas como posibles responsables penales y los planes «Compliance» como herramientas de solución», *Revista de Dirección y Administración de Empresas*, 2018, n.° 25, diciembre. pp. 52-74.

21 Peter Kurer, *Legal and Compliance Risk: A Strategic Response to a Rising Threat for Global Business*, Oxford, Oxford University Press, 2015, 288 p.

22 M. C. Campos Acuña, «Compliance en la contratación pública: mapa de riesgos corrupción y claves para su gestión», *Gabilex. Revista del Gabinete Juridico de Castilla-La Mancha*, n.°. Extr. Marzo, 2019, pp. 101-118.

23 Eva Lachnit, «Compliance Programmes in Competition Law: Improving the Approach of Competition», *Utrecht Law Review*, vol. 10, n.° 5, p. 31-50, December 2014, 20 p.

superior a otro. El derecho de la compliance está entonces destinado a salir del ALMA MATER y desarrollarse entre los agentes económicos, ya que es precisamente con ellos con quienes debe estar. En definitiva, es en el ALMA MATER donde se desarrolla el derecho de la compliance, es allí donde ha echado raíces, y es desde allí desde donde se extenderá. En esta etapa, son los estudiantes quienes deben aprender a dominarlo y, a su vez, ser capaces de transmitir los fundamentos del derecho de la compliance a los agentes económicos, especialmente a las empresas. Con esta idea en mente, cada vez surgen más cursos de formación aquí y allá, en universidades de Europa y de todo el mundo. Grandes cohortes de estudiantes se están formando, o ya lo han hecho, en el derecho de la compliance con el fin de preservar todos los «objetivos monumentales» que pueden identificarse, entre los que se incluye el desarrollo sostenible. Estas razones explican sin duda por qué se espera que el mercado de la vigilancia medioambiental crezca en torno a un 5 % hasta 2026[24]. Este aumento también se explica por el hecho de que muchas empresas están reorganizando sus operaciones para que dejen de tener consecuencias perjudiciales para el medio ambiente o la salud de las personas. En algunos casos, los gobiernos o los principales agentes económicos de diversos sectores están intensificando sus esfuerzos para cumplir las normas medioambientales. También se prevé un segundo mercado en alza: la comercialización de formación en cumplimiento de la normativa por parte de las empresas, que crecerá enormemente de aquí a 2026. Así pues, las oportunidades son serias y pueden beneficiar al mayor número posible de personas: universidades, estudiantes, empresas y, en última instancia, el desarrollo sostenible.

La empresa, el regulador y el juez: los impulsores del derecho de la compliance. Para ser funcional, el derecho de la compliance debe apoyarse en estas tres personas: las empresas, el regulador y el juez.

Las empresas. En principio, todos los operadores del mercado son iguales. No deben comportarse de manera que constituyan obstáculos a la libre competencia. Por lo tanto, se considera operadores a las empresas que, por supuesto, ejercen una actividad económica: «el concepto de empresa incluye cualquier entidad que ejerza una actividad económica, independientemente del estatuto jurídico de dicha entidad o de su modo de financiación»[25]. Otras decisiones[26] precisan que actividad económica es «toda actividad consistente

24 Markets and Markets, Attractive Opportunities in the Environmental Monitoring Market, 2022.

25 TJUE, 17/02/1993, *Poucet et Pistre,* C-159 y 160/91, *R*, I-637; 16/11/1995, *FFSA*, C-244/94, *R*, I-4013; 18/06/1998, Comisión contra Italia, C-35/96, *R*, I-3855; TJUE, 27/09/1988, *Osakeyhtiö*, 89 y a/85, *R*, 5193; TJUE, 15/07/2015, *Siderurgica Latina Martin*, T-189/10 et T-419/10.

26 TJUE, 25/10/2001, *Ambulanz Glöckner*, C-475/99, *R*, I-8089; 24/10/2002, *Aéroports de Paris (ADP)*, *R*, I-9297.

en ofrecer bienes o servicios en un mercado determinado». En consecuencia, «el mero hecho de que (la persona jurídica en cuestión) no persiga un fin lucrativo no priva a la actividad que ejerce de su carácter económico (...) ya que (...) puede dar lugar a comportamientos que las normas de competencia pretenden sancionar»[27]. En primer lugar, por lo que se refiere a la empresa, se trataría de una unidad económica desde el punto de vista del objeto del acuerdo en cuestión[28]. La empresa puede considerarse como una entidad que ejerce una actividad económica, independientemente del estatuto jurídico de esta actividad y de su modo de funcionamiento[29]. En sentido amplio, una empresa también puede ser un colegio profesional[30] o una persona física o jurídica[31]. Lo esencial es que la empresa se dedique a la producción o comercialización de bienes o servicios, y no a título gratuito. No obstante, el papel del Derecho en la regulación de las empresas es tradicionalmente criticado por su respuesta, considerada demasiado débil, a la utilización de las normas jurídicas por parte de las empresas[32]. Las empresas son el corazón palpitante de la cultura de la compliance y, más ampliamente, de esta nueva rama del Derecho, porque es de ellas de donde irradia. La empresa es la principal razón de ser de la Compliance, porque es la que tiene más dificultades para cumplir todas las normas que se le aplican. Por lo tanto, es la empresa la que debe ser el motor de los cambios necesarios para alcanzar estos objetivos monumentales.

El regulador. Sabemos que desde las recientes crisis económicas más graves y devastadoras el sector bancario se ha dotado de reguladores para no tener que revivir la crisis de 2008, que sacudió al sector a escala mundial. El papel del regulador es cambiar el enfoque de «cómo salir de esta crisis» a «cómo no entrar en una crisis». La cultura de la compliance engloba este enfoque añadiendo la represión cuando el comportamiento puede comprometer la estabilidad de un mercado o, más en general, la estabilidad de un sector. Para lograr su pleno efecto, el derecho de la compliance debe incluir, además de la regulación, una capacidad de supervisión. Así, el derecho de

---

27 TJUE, 16/11/1995, *FFSA*, C-244/94, *R*, I-4013, en relación con la separación de los intereses deportivos y económicos en una actividad deportiva, una sentencia declara: «*El mero hecho de que una norma tenga carácter puramente deportivo no sustrae, sin embargo, del ámbito de aplicación del Tratado a la persona que ejerce la actividad regulada por dicha norma ni al organismo que la ha promulgado*», TJUE, 18/07/2006, *Meca-Medina et Majcen contra* Comisión, C-519/04 P, *R*, I-6991.

28 TJUE, 12/07/1984, Hydrotherm, 170/83: *Rec.*, p. 2999.

29 TJUE, 23/04/1991, Höfner c. Macroton, C-41/90, *Rec.*, p. 1979; TJUE, 19/10/1994, Eurocontrol, C-364/92, *Rec.*, p. 43.

30 TJUE, 19/02/2001, Wouters, C-309/99, *Rec.* I-157.

31 TJUE, 12/07/1984, Hydrotherm, Hydrotherm, 170/83: *Rec.*, p. 2999.

32 I. Parachkevova-Racine *in* J.-B. Racine, Le droit économique au XXIe siècle — Notions et enjeux, Paris, LGDJ Lextenso, p. 290.

la compliance tendrá que introducir la supervisión de las empresas cruciales de un sector, a menudo por parte de las autoridades reguladoras, que garantizan su puesta en marcha a través de su poder normativo, y su control a través de su poder represivo. Dicho de otro modo, la supervisión de un sector permitirá a las autoridades «echar un vistazo transparente a los operadores, adentrarse en las propias empresas». A menudo debe ser una autoridad independiente del Estado. El hecho es que el regulador, o supervisor, nacional no podrá controlar un mercado que se extiende mucho más allá de las fronteras de su territorio; a menos que los países de la Unión Europea acuerden crear cada uno un regulador y un supervisor de esta o aquella otra actividad, que podrán comunicarse entre ellos. Sin embargo, reguladores y regulados deben intercambiar y comunicar información, comportamientos y prácticas; existe una verdadera «conversación» entre ellos[33].

El juez. Los tribunales nacionales y comunitarios son los últimos enlaces de la cadena del derecho de la compliance. No obstante, los tribunales están facultados para calificar los hechos y actos controvertidos; es decir, utilizarán la ley para calificar una realidad, que entrará dentro de una delimitación trazada de antemano por los tribunales. El juez tiene, por tanto, un papel crucial en la protección de todos los implicados en un determinado sector o actividad. La ley es una acción con una finalidad propia: la Justicia[34]. Debe primar sobre los objetivos personales de ciertos actores claves. Por lo tanto, es imperativo juzgar a quienes cometen acciones contrarias a la ley. Juzgar también significa limpiar un sector eliminando a las personas que rompen el equilibrio que la ley se ha encargado de construir. Por lo tanto, el derecho de la compliance debe posicionarse ex ante para prevenir los riesgos, y también debe preocuparse por las personas de un mercado o sector en cuestión; todo ello tendrá que ser interiorizado por cada uno de los actores del mercado. De ahí nace la importancia de la temporalidad en el derecho de la compliance.

Temporalidad y Derecho de la compliance. El derecho de la compliance se basa en cuestiones temporales cruciales. Se ocupa más del ex ante que del ex post. Ex ante es la intervención en un fenómeno antes de que cristalice, mientras que ex post es la intervención en un fenómeno después de que se haya producido. Ex ante se refiere a la voluntad normativa, ex post a la reacción. Ex ante es general, ex post es particular. El ex ante toma como principio el gobierno de las acciones, el ex post toma como principio la libertad de las acciones[35]. El ex ante es, por tanto, una acción frente a una situación,

---

33 J. Black, «Talking about Regulation», *Public Law*, 1998, p. 77.

34 A. Supiot, «Poïetique de la justice», *Mélanges pour François OST, Le droit malgré tout*, Bruxelles, Facultés Universitaires Saint-Louis Bruxelles, 2018, pp. 339-358.

35 M.-A. Frison-Roche, «Le couple *ex ante-ex post*, justification d'un droit propre et spécifique de la régulation», M.-A. Frison-Roche éd., *Droit et économie de la régulation. 4. Les engagements dans les systèmes de régulation*, Paris, Presses de Sciences Po, 2006, p. 33-48.

mientras que el ex post es una reacción frente a una situación. En definitiva, el derecho de la compliance supone que la empresa demuestre constantemente que está debidamente estructurada y que ha interiorizado los objetivos fundamentales que debe respetar y las normas que le son aplicables para que se alcancen los objetivos fijados por los poderes públicos, y que todas las personas de las que es responsable se comporten adecuadamente al respecto. El objetivo de proteger debe conducir a una visión global; la protección debe extenderse al mantenimiento de la integridad dentro de un sector o mercado, pero también, y sobre todo, al mantenimiento de la preservación de los actores de dicho sector o mercado. Para convertirse en guardianes de sí mismos, su formación es por tanto importante.

3. La necesidad de difundir el Derecho de la compliance entre las empresas para alcanzar el objetivo monumental del desarrollo sostenible

La internalización de los objetivos monumentales por parte de las empresas. En términos de desarrollo sostenible, la compliance va más allá del cumplimiento de las leyes porque está estructurada y apuntala un esfuerzo a largo plazo por parte de las empresas. Este esfuerzo adopta a menudo la forma de una iniciativa de progreso. Este progreso no puede lograrse sin una acción concreta por parte de las empresas, que son los sujetos principales del derecho de la compliance, es decir también, los principales beneficiarios. Es en este sentido que la compliance les asigna «objetivos monumentales»; estos objetivos, que hemos presentado anteriormente, deben ser interiorizados por la empresa a través de una formación adecuada. Es desde esta perspectiva desde la que la empresa debe demostrar que está realizando una contribución efectiva. Debe hacerlo mediante una formación técnica que permita alcanzar los objetivos. Esto implica una variedad de formación dependiendo del tipo de objetivos en cuestión. Los objetivos pueden implicar la participación activa de todos los miembros de la empresa, ya sea negativamente (no contaminar) o positivamente (informar a una autoridad interna o externa de un fallo), en cuyo caso la formación debe ser de carácter conductual. Hay que poner en situación a todas las partes interesadas de una empresa, utilizando casos concretos para aprender los reflejos correctos. Si los reflejos son mecánicos, el entrenamiento puede ser mecánico, siendo un ordenador una buena herramienta para ello. Si se trata de apreciar una situación (por ejemplo, si la víctima pide que no se la proteja), el aprendizaje debe ser más colectivo y dialogado. Este dominio de los objetivos monumentales a través de la comprensión que los directivos tienen de ellos (desde arriba) les permite ser «ejemplares» a los ojos de sus subordinados, lo que vincula entonces los dos tipos de formación (formación para directivos y formación para todos): la toma de palabra de los directivos sobre la razón de ser del compliance se convierte así en un elemento de la formación de todos en el manejo técnico de la normativa, mejor informado por la comprensión y la adhesión a los objetivos. Para los actores del tejido económico y social, la puesta en práctica de la legislación en materia de compliance presupone la aplicación de determinados principios; entre ellos, la vigilancia, la transparencia de la información y su circulación, y la necesidad de que un tercero participe en el proceso de acción o de toma de decisiones. Lo mismo ocurre con el cumplimiento de la normativa medioambiental, y son estos principios los que permiten una mejor sostenibilidad.

La formación de las empresas: una herramienta vital del derecho de la compliance. La formación en materia de compliance debe ser especialmente eficaz porque forma parte integrante del derecho de la compliance; además, debe ser controlada por las autoridades, no sólo en cuanto a su eficacia, sino también en cuanto a su capacidad práctica de contribuir al objetivo perseguido. Por lo tanto, siguiendo con el ejemplo de la lucha contra la corrupción, la formación desempeña un papel decisivo porque la empresa se enfrenta a una alternativa: o una solución mecánica consistente en establecer prohibiciones literales, o una solución a través de la formación consistente en hacer comprender a todo el mundo, por ejemplo, que está mal sobornar, pero que es aceptable regalar muestras. En este caso, la formación se centra más en el espíritu, mientras que la máquina ha integrado la letra. Mientras que antes la formación era periférica, ahora está en el corazón. Si es tan importante, como cualquier otra «herramienta de cumplimiento», debe cumplir lo que se espera de ella. Lo que está en juego es la «cultura del cumplimiento de la ley», algo que las máquinas no pueden inculcar, porque una máquina no puede transmitir lo que ella misma no tiene. No es necesario volver sobre los objetivos generales de la formación: la educación del individuo, su institución como ciudadano, su inserción en círculos concéntricos de grupos, su acceso al conocimiento tanto de los principios teóricos como de las formas prácticas de hacer las cosas, porque en este caso se trata de estudiar la formación específica en materia de compliance. Hay que tener siempre presente que la formación en las distintas técnicas o textos, o casos de compliance, forma parte en sí misma del derecho de la compliance en la medida en que está destinada a ayudar a la empresa a alcanzar sus «objetivos monumentales». En los últimos años, muchos países, muchas universidades e incluso escuelas de negocios han introducido masters o diplomas universitarios en compliance. Éstos están vinculados a la disciplina matriz del derecho, la gestión o la economía y a menudo mencionan la ética en su título. Se trata, por tanto, de estudiantes que, como parte de su formación, optan por aprender sobre compliance. Su objetivo es quizás convertirse en expertos en la materia y, sobre todo, encontrar un empleo en un sector en el que abunda la oferta. Vemos que el objetivo de la formación no es el mismo, ya que se trata más bien de adquirir un dominio técnico de la materia, sin duda para convertirse en compliance officer en la mayoría de los casos, convirtiéndose así en un experto. Sin embargo, el derecho de compliance está aún en pañales. Apenas está empezando a constituir una rama independiente del derecho. Este estado de emergencia dificulta a veces no sólo su percepción, sino también su comprensión y, por tanto, su enseñanza. El resultado es que, por el momento, su enseñanza se limita en cierta medida a «derechos mayores que él». Paradójicamente, esta forma de enseñar la compliance actúa como un freno para el desarrollo de la asignatura, porque el resultado es que todo el mundo piensa que está haciendo algo, aunque sólo se hayan enseñado algunas de las normas. Finalmente, se afirma que la compliance debe practicarse con el ejemplo, y que este ejemplo debe llegar «de arriba», debiendo el propio ejecutivo no sólo evocar la necesidad de la compliance en las circunstancias más solemnes y atractivas, sino también demostrar que él mismo la cumple.

4. Conclusión

Mediante una formación adecuada, la empresa debe garantizar, bajo la supervisión de la autoridad de control, que su contribución sea eficaz. Lo hará mediante una formación técnica que permita alcanzar los objetivos monumentales, en este caso la sostenibilidad. Esto implica una formación variada en función de dichos objetivos. El auditor sería el más indicado para explicar el control a priori de la información, mientras que el abogado o jurista lo sería para explicar el comportamiento adecuado para evitar la exposición a procedimientos sancionadores. Además, los profesores más apropiados serían sin duda las personas con las que todos los miembros de la empresa pueden entrar en contacto en virtud de la ley de compliance: los miembros de las Autoridades Reguladoras, las Autoridades de Supervisión y las Autoridades Fiscales y Adjudicadoras. No sólo los de las zonas geográficas de las que son responsables, sino también los de otras zonas geográficas, ya que la extraterritorialidad de las normas jurídicas de compliance es un hecho[36]. Los particulares, ya sean personas físicas o jurídicas, constituyen el núcleo del derecho de la compliance, en el sentido de que son su razón de ser. Por todas estas razones, el derecho de la compliance puede constituir la columna vertebral del Derecho europeo del siglo XXI[37]. La cultura de la compliance dentro de las empresas debe dividirse en tres niveles de actuación: anticipar, detectar y reaccionar. Las medidas preventivas incluyen la gestión de riesgos de cumplimiento, directrices y procedimientos, así como formación y asesoramiento exhaustivos para los empleados. Los canales de comunicación interna y las investigaciones internas justas y equitativas son esenciales para

36 Marie-Anne Frison-Roche, Compliance and extraterritoriality: a natural and effective couple for the future of Europe, Working Paper, March 22, 2020; Compliance tools and the climate theory, Working Paper, January 08, 2019.

37 Marie-Anne Frison-Roche, in J.-B. Racine, *Le droit économique au* XXIe *siècle - notions et enjeux*, Paris, LGDJ Lextenso, 2020, p. 108.

reconocer y corregir las conductas indebidas. Las respuestas inequívocas y las consecuencias claras permiten castigar las conductas indebidas y colmar las lagunas. Así es como la empresa del siglo XXI puede ser competitiva y respetar el desarrollo sostenible y los criterios impuestos gradualmente por las organizaciones internacionales, los gobiernos y la Unión Europea. Las universidades deben estar en el centro de todos estos avances, porque es de ellas de donde debe proceder la formación para que luego se consolide en la actividad económica. Las empresas se convertirán poco a poco en las principales alumnas del derecho de la compliance.

«Lo que tiene hábito de nacer nacerá, existirá, crecerá y cobrará fuerza» (LUCRETIUS CARUS, De rerum natura).

5. Referencias

LIBROS

ARJALIÈS D.-L.: *et al.*, *Corporate Social Responsability: From compliance to Opportunity ?,* Paris, École Polytech, 2010, 294 p.

BENNETT T.: *Money Laundering Compliance*, London, Tottel Publishing, 4th ed., 2023, 696 p.

CAHILL N.: *Company Law Compliance and Enforcement*, London, Bloomsbury Pro., 2008, 1180 p.

CORRAL BROTO P.: *Protesta y ciudadanía: conflictos ambientales durante el franquismo en Zaragoza (1939-1979)*, Saragosse, Publicaciones del Rolde de Estudios Aragoneses, 2015, 312 p.

CREMONA M.: *Compliance and the enforcement of EU law*, Oxford, Oxford Univ. Press, 2012, 199 p.

FIORELLA A.: *Corporate criminal liability and compliance programs*. Towards a common model in the European Union, Napoli, Jovene, 2013, 488 p.

FRISON-ROCHE M.-A.: *Pour une Europe de la Compliance*, Paris, Dalloz, 2019, 132 p.

FRISON-ROCHE M.-A.: *Régulation, Supervision, Compliance*, série «Régulations & Compliance», Paris, Journal of Regulation & Compliance et Dalloz, 2017, 148 p.

KURER P.: *Legal and Compliance Risk: A Strategic Response to a Rising Threat for Global Business*, Oxford, Oxford University Press, 2015, 288 p.

Masjuan E.: *La ecología humana en el anarquismo ibérico. Urbanismo «orgánico» o ecológico, neomalthusianismo y naturismo social,* Barcelona, Fundación Anselmo Lorenzo & Icaria, 2001, 431 p.

Racine J.-B.: *Le droit économique au XXIe siècle Notions et enjeux*, Paris, LGDJ, 2020, 726 p.

Supiot A.: «Poïetique de la justice», in *Mélanges pour François OST, Le droit malgré tout*, Bruxelles, Facultés Universitaires Saint-Louis Bruxelles, 2018, pp. 339-358.

Von Busekist K.: *International Compliance. Legal Requirements of Business Organisation in over 30 countries*, London, Beck. Hart. Publishing, 2016, 704 p.

REVISTAS JURÍDICAS

Aguilar L.: «Doing the Right Thing: Compliance That Works for Investors», *The Regulatory Compliance Association, Regulation, Operations & Compliance* (ROC), New York, 2013.

Black J.: «Talking about Regulation», *Public Law*, 1998, pp. 77-105.

Campos Acuña M. C.: «Compliance en la contratación pública: mapa de riesgos corrupción y claves para su gestión», *Gabilex. Revista del Gabinete Juridico de Castilla-La Mancha*, n.º extr. Marzo, 2019, pp. 101-118.

Del Arco Blanco M. A. y **Gorostiza S.**: «Facing the Sun: Nature and Nation in Franco's "New Spain" (1936-1951)», *Journal of Historical Geography*, n.º 71, janvier 2021, pp. 73-82.

Della Porta D. y **Vanucci A.**: «Los recursos de la corrupción: algunas reflexiones sobre el caso italiano», 2002, 98-99, *Zona Abierta*, pp. 5-118.

De Vauplane H.: «Marchés financiers: régulation, réglementation ou autorégulation», *Le Code de commerce, Livre du bicentenaire: 1807- 2007*, Dalloz, 2007, §6.

Etxeberria Bereziartua E.: «Las empresas como posibles responsables penales y los planes «Compliance» como herramientas de solución», *Revista de Dirección y Administración de Empresas*, 2018, n.º 25, diciembre. pp. 52-74.

Frison-Roche M.-A.: «Compliance and extraterritoriality: a natural and effective couple for the future of Europe», March 22, 2020.

Frison-Roche M.-A.: «Compliance tools and the climate theory», January 08, 2019.

Frison-Roche M.-A.: «Le couple *ex ante-ex post*, justification d'un droit propre et spécifique de la régulation», Éd. *Droit et économie de la régulation*, Paris, Presses de Sciences Po, 2006, pp. 33-48.

Jimenez Sanchez J.: «La integridad de los gobernantes como problema de acción colectiva», *Revista International Transparencia e Integridad*, Septiembre-Diciembre, 2016-2.

Lachnit E.: «Compliance Programmes in Competition Law: Improving the Approach of Competition», *Utrecht Law Review*, vol. 10, n.° 5, p. 31-50, December 2014, 20 p.

Marcou G.: «La notion juridique de régulation», AJDA, 2006, n.° 7, pp. 348-349.

Moussy J.-P.: Conseil Économique et Social, *Des autorités de régulation financières et de concurrence: pourquoi, comment ?*, 2003, pp. 1-3.

Queralt Jimenez J. J.: «Public Compliance y Corrupción: Conceptual Análisis y propuesta», *Revista International Transparencia e Integridad*, Septiembre-Diciembre, 2016-2.

Timsit G.: «La régulation: La notion et le phénomène», *RFAP*, 2004, n.°1, pp. 8-9.

Velasco Nuñez E. y Saura Alberdi B.: «Cuestiones prácticas sobre responsabilidad penal de la persona jurídica y Compliance», *Thomson Reuters Aranzadi*, Pamplona, 2016, p. 30.

TEXTOS OFICIALES

- Boletín Oficial de las Cortes Generales, Congreso de los diputados, 121/000105 Proyecto de Ley de Cooperación para el Desarrollo Sostenible y la Solidaridad Global. 16 de febrero de 2023, n.° 105-9, 38 p.
- Directive 2008/99/EC of the European Parliament and of the Council of 19 November 2008 on the protection of the environment through criminal law.
- EUROJUST, EU Agency for Criminal Justice Cooperation, *Supporting judicial authorities in the fight against environmental crime*, 08th September 2022, 4 p.
- Ley 19/2022, de 30 de septiembre, para el reconocimiento de personalidad jurídica a la laguna del Mar Menor y su cuenca (BOE n.° 237, de 3 de octubre de 2022, p. 135131-135135).
- Markets and Markets, Attractive Opportunities in the Environmental Monitoring Market, 2022.

JURISPRUDENCIA

- TJUE, 12/07/1984, Hydrotherm, 170/83: Rec., p. 2999.
- TJUE, 27/09/1988, Osakeyhtiö, 89 y a/85, R, 5193; TJUE, 15/07/2015, Siderurgica Latina Martin, T-189/10 et T-419/10.
- TJUE, 23/04/1991, Höfner c. Macroton, C-41/90, Rec., p. 1979; TJUE, 19/10/1994, Eurocontrol, C-364/92, Rec., p. 43.
- TJUE, 17/02/1993, Poucet et Pistre, C-159 y 160/91, R, I-637; 16/11/1995, FFSA, C-244/94, R, I-4013; 18/06/1998, Comisión contra Italia, C-35/96, R, I-3855.
- TJUE, 16/11/1995, FFSA, C-244/94, R, I-4013.
- TJUE, 19/02/2001, Wouters, C-309/99, Rec. I-157.
- TJUE, 25/10/2001, Ambulanz Glöckner, C-475/99, R, I-8089; 24/10/2002, Aéroports de Paris (ADP), R, I-9297.
- TJUE, 18/07/2006, Meca-Medina et Majcen contra Comisión, C-519/04 P, R, I-6991.

LA SOSTENIBILIDAD, EL DESARROLLO SOSTENIBLE Y LOS OBJETIVOS DE DESARROLLO SOSTENIBLE (ODS) EN LA DOCENCIA DEL DERECHO DEL TRABAJO Y DE LA SEGURIDAD SOCIAL: LIMITACIONES Y PROPUESTAS DOCENTES APLICATIVAS DESDE SUS 3 PILARES (ECONÓMICO, SOCIAL Y AMBIENTAL)

Oriol Cremades Chueca[1]

Profesor lector Serra Húnter de Derecho del Trabajo y de la Seguridad Social

Facultad de Ciencias Jurídicas, Universitat Rovira i Virgili (URV)[2]

Since fame and fortune knocked upon our door (...)
[s]uccess has made a failure of our home

O'CONNOR, Sinéad,
«Success has made a failure of our home», *Am I not your girl?*,
[Jonny Mullins, writ.], Ensign - Chrysalis, 1992, 5.

Resumen: Este estudio analiza crítica y propositivamente qué papel puede desempeñar la idea de «sostenibilidad» y «desarrollo sostenible» así como los Objetivos de Desarrollo Sostenible (ODS) en la docencia del Derecho del Trabajo y de la Seguridad Social desde sus 3 pilares (económico, social y ambiental). El objetivo principal de todo ello es doble: 1) defender que algunos aspectos de la «sostenibilidad social» son intrínsecos a los valores y objetivos del Derecho del Trabajo y de la Seguridad Social; y 2) determinar las limitaciones que pueden

---

1 ORCID: 0000-0002-9134-1139.

2 Este estudio se ha realizado como miembro del Grupo de investigación de la Universitat Rovira i Virgili «Territori, Ciutadania i Sostenibilitat», reconocido como grupo de investigación consolidado y que cuenta con el apoyo del «Departament de Recerca i Universitats de la Generalitat de Catalunya» (2021 SGR 00162), así como miembro del Grupo de Innovación Docente de la Facultad de Ciencias Jurídicas de la URV (reconocido por el ICE-URV).. Estudio finalizado a fecha 31 de julio de 2023.

tener los estudios universitarios (especialmente, los de Derecho y Relaciones Laborales) para incorporar efectivamente ideas sobre la «sostenibilidad» y señalar criterios o prácticas respecto cómo introducirlos.

Palabras clave: Sostenibilidad, desarrollo sostenible y Objetivos de Desarrollo Sostenible (ODS); docencia universitaria; docencia del Derecho del Trabajo y de la Seguridad Social; pilares de la sostenibilidad (económico, social y ambiental); limitaciones y propuestas aplicativas.

Abstract: *This study critically and purposefully analyses the role that «sustainability» as well as the Sustainable Development Goals (SDGs) can play in the teaching of labour and social security law from its 3 pillars (economic, social and environmental). The main objective of this is double: 1) defend that some aspects of the «social sustainability» are intrinsic to the values and objectives of labour and social security law; and 2) determine the limitations that university studies (specifically, law and labour relations) may have to effectively incorporate ideas on «sustainability» and indicate criteria or practices regarding how to introduce them.*

Keywords: *Sustainability, sustainable development, and Sustainable Development Goals (SDGs), university teaching; teaching of labour and social security law; pillars of sustainability (economic, social, and environmental); limitations and application proposals.*

1. El paradójico y mágico éxito conceptual de la sostenibilidad y el desarrollo sostenible y su introducción en la docencia universitaria

Existen palabras de uso diario que parecen tener una singular potencia discursiva, pero, sin embargo, tal apariencia decae cuando uno intenta definirlas. Éste es seguramente el caso de las palabras «sostenibilidad» y «desarrollo sostenible»: cuando se intenta pensar y definir su significado las preguntas, dilemas e incoherencias fácilmente aparecen y devienen exponenciales. Tal fenómeno es explicable en la medida que la «sostenibilidad» y el «desarrollo sostenible» son —o han devenido— conceptos ambivalentes pero paradójica y «mágicamente» exitosos: asociados a connotaciones positivas, con consenso o por lo menos se vinculan a la posibilidad de superar conflictos actuales y con gran comerciabilidad global[3].

Lo cierto es que desde el Informe «Nuestro futuro común» de la Comisión Mundial sobre el Medio Ambiente y el Desarrollo de la ONU de 1987 (cono-

---

3 *Vid.*, por todos, O'Riordan, Timothy, «Research policy and review 6. Future directions for environmental policy», *Environment and Planning A: Economy and Space*, vol. 17, n.º 11, 1985, *passim*; y Tøllefsen, Trond Ove, «Sustainability as a «magic concept»», *Cuadernos Europeos de Deusto*, n.º 64, 2021, *passim*.

cido como el «Informe Brundtland»[4]) —con su formalización conceptual de «desarrollo sostenible»[5]— hasta los 17 Objetivos de Desarrollo Sostenible con sus 179 metas como parte de la Agenda 2030 para el Desarrollo Sostenible de la ONU de 2015 (en adelante, ODS)[6], así como con el papel de cierto sector de la academia, se ha ido consolidando un paradigma internacional y conceptual que incorpora, directa o indirectamente, 3 dimensiones o pilares de la «sostenibilidad» y del «desarrollo sostenible»: el pilar económico, el pilar social y el pilar ambiental[7].

Si bien tal paradigma ha sido objeto de una importante crítica desde el ambientalismo y el internacionalismo por sus limitaciones inherentes y metodológicas que han derivado a una deficiente efectividad de la protección del medio ambiente y no atajar estructuralmente tensiones económicas, sociales y políticas globales ni la fragmentación del ordenamiento jurídico internacio-

---

4 «Informe de la Comisión Mundial sobre el Medio Ambiente y el Desarrollo de la Organización de la Organización de Naciones Unidas: Nuestro futuro Común», aprobado por la Asamblea General de la Organización de las Naciones Unidas el 4 de agosto de 1987 («Informe Brundtland» - A/42/427).

5 «Aquél que "satisface las necesidades de la generación actual sin comprometer la capacidad de las generaciones futuras para satisfacer sus propias necesidades"».

6 «Transformar nuestro mundo: la Agenda 2030 para el Desarrollo Sostenible» - Resolución aprobada por la Asamblea General de la Organización de las Naciones Unidas el 25 de septiembre de 2015 (A/RES/70/1), párr. 59.
Los 17 Objetivos de Desarrollo Sostenible de la Agenda 2020 (ODS): 1) Poner fin a la pobreza en todas sus formas y en todo el mundo; 2) Poner fin al hambre, lograr la seguridad alimentaria y la mejora de la nutrición y promover la agricultura sostenible; 3) Garantizar una vida sana y promover el bienestar de todos a todas las edades; 4) Garantizar una educación inclusiva y equitativa de calidad y promover oportunidades de aprendizaje permanente para todos; 5) Lograr la igualdad de género y empoderar a todas las mujeres y las niñas; 6) Garantizar la disponibilidad y la gestión sostenible del agua y el saneamiento para todos; 7) Garantizar el acceso a una energía asequible, fiable, sostenible y moderna para todos; 8) Promover el crecimiento económico sostenido, inclusivo y sostenible, el empleo pleno y productivo y el trabajo decente para todos; 9) Construir infraestructuras resilientes, promover la industrialización inclusiva y sostenible y fomentar la innovación; 10) Reducir la desigualdad en los países y entre ellos; 11) Lograr que las ciudades y los asentamientos humanos sean inclusivos, seguros, resilientes y sostenibles; 12) Garantizar modalidades de consumo y producción sostenibles; 13) Adoptar medidas urgentes para combatir el cambio climático y sus efectos; 14) Conservar y utilizar sosteniblemente los océanos, los mares y los recursos marinos para el desarrollo sostenible; 15) Proteger, restablecer y promover el uso sostenible de los ecosistemas terrestres, gestionar sosteniblemente los bosques, luchar contra la desertificación, detener e invertir la degradación de las tierras y detener la pérdida de biodiversidad; 16) Promover sociedades pacíficas e inclusivas para el desarrollo sostenible, facilitar el acceso a la justicia para todos y construir a todos los niveles instituciones eficaces e inclusivas que rindan cuentas; y 17) Fortalecer los medios de implementación y revitalizar la Alianza Mundial para el Desarrollo Sostenible.

7 *Vid.,* por todos y exhaustivamente, Purvis, Ben, Mao, Yong & Robinson, Darren, «Three pillars of sustainability: in search of conceptual origins», *Sustainability Science,* n.° 14, 2019, *passim*.

nal[8], entendemos que resulta innegable que, desde una perspectiva no sólo puramente ambientalista, ello ha permitido una gran transversal popularización de múltiples y relevantes causas económicas, sociales y ambientales. Unas causas que, a nuestro parecer, acaban apelando a la combinación e interacción de 3 elementos o conceptos de gran abstracción e indeterminación y que entendemos que son los que realmente definen la idea de sostenibilidad:

1. Recursos: materiales, inmateriales, personales y medioambientales.
2. Límites: materiales, económicos, temporales y sociopolíticos.
3. Valores: justicia, libertad, igualdad, responsabilidad, solidaridad, democracia y paz.

No debe, por tanto, resultar extraño —e, incluso, siendo más que esperable— que tal transversalidad y ambigüedad conceptual haya sido capaz de penetrar en una institución tan vital socioeconómica y políticamente como la universidad no sólo desde una óptica meramente investigadora, sino también docente.

En este sentido, y sin ánimo de exhaustividad, desde una perspectiva internacional, la Asamblea General de las ONU proclamó el Decenio 2005-2015 como el de «las Naciones Unidas de la Educación para el Desarrollo Sostenible», siendo la UNESCO el organismo rector para su promoción[9] y la cual ha marcado guías y principios de aprendizaje para una educación para los ODS[10]. Concretamente la UNESCO ha sistematizado 7 competencias claves transversales para la sostenibilidad: 1) competencia de pensamiento sistémico; 2) competencia de anticipación; 3) competencia 4) normativa; competencia estratégica; 5) competencia de colaboración; 6) competencia de pensamiento crítico; y 7) competencia de autoconciencia[11].

---

8 *Vid.*, por todos, Cardesa Salzmann, Antonio y Pigrau i Solé, Antoni, «La agenda 2030 y los objetivos para el desarrollo sostenible. Una mirada crítica sobre su aportación a la gobernanza global en términos de justicia distributiva y sostenibilidad ambiental», *Revista Española de Derecho Internacional,* vol. 69, n.° 1, 2017 pp. 282-285; y Viñuales, Jorge E. «The rise and fall of sustainable development», *Review of European, Comparative & International Environmental Law (RECIEL)*, vol. 22, n.° 1, 2013, *passim.*

9 «Decenio de las Naciones Unidas de la Educación para el Desarrollo Sostenible» - Resolución adoptada por la Asamblea General de las ONU el 21 de febrero de 2003 (A/RES/57/254).

10 Organización de las Naciones Unidas para la Educación, la Ciencia y la Cultura (UNESCO), *Educación para los Objetivos de Desarrollo Sostenible: objetivos de aprendizaje*, París, UNESCO, 2017.

11 Competencias transversales clave para lograr todos los ODS según la UNESCO: «Competencia de pensamiento sistémico: las habilidades para reconocer y comprender las relaciones; para analizar los sistemas complejos; para pensar cómo están integrados los sistemas dentro de los distintos dominios y escalas; y para lidiar con la incertidumbre; Competencia de anticipación: las habilidades para comprender y evaluar múltiples esce-

Además, no debe olvidarse que el propio ODS 4 se configura como «garantizar una educación inclusiva y equitativa de calidad y promover oportunidades de aprendizaje permanente para todos» y, por tanto, la universidad está abocada a despeñar un relevante rol en la materia.

En cambio, desde una perspectiva meramente «interna» española, debe señalarse que la Conferencia de Rectores de las Universidades Españolas (CRUE) aprobó las «Directrices para la introducción de la Sostenibilidad en el Currículum» en el año 2005 —posteriormente revisadas al inicio de la década de 2010—, habiéndose creado la «Comisión Sectorial CRUE-Sostenibilidad» como Comisión Sectorial de la CRUE en el año 2009[12].

Específicamente, en dichas directrices se afirma:

> «[L]a universidad no debe limitarse a generar conocimientos disciplinares y desarrollar habilidades; como parte de un sistema cultural más amplio, su rol es también el de enseñar, fomentar y desarrollar los valores y actitudes requeridos por la sociedad. Las universidades deben preparar profesionales que sean capaces de utilizar sus conocimientos, no sólo en un contexto científico, sino también para necesidades sociales y ambientales. Se trata de abordar todo el proceso educa-

---

narios futuros - el posible, el probable y el deseable; para crear visiones propias de futuro; para aplicar el principio de precaución; para evaluar las consecuencias de las acciones; y para lidiar con los riesgos y los cambios; Competencia normativa: las habilidades para comprender y reflexionar sobre las normas y valores que subyacen en nuestras acciones; y para negociar los valores, principios, objetivos y metas de sostenibilidad en un contexto de conflictos de intereses y concesiones mutuas, conocimiento incierto y contradicciones; Competencia estratégica: las habilidades para desarrollar e implementar de forma colectiva acciones innovadoras que fomenten la sostenibilidad a nivel local y más allá; Competencia de colaboración: las habilidades para aprender de otros; para comprender y respetar las necesidades, perspectivas y acciones de otros (empatía); para comprender, identificarse y ser sensibles con otros (liderazgo empático); para abordar conflictos en grupo; y para facilitar la resolución de problemas colaborativa y participativa; Competencia de pensamiento crítico: la habilidad para cuestionar normas, prácticas y opiniones; para reflexionar sobre los valores, percepciones y acciones propias; y para adoptar una postura en el discurso de la sostenibilidad; Competencia de autoconciencia: la habilidad para reflexionar sobre el rol que cada uno tiene en la comunidad local y en la sociedad (mundial); de evaluar de forma constante e impulsar las acciones que uno mismo realiza; y de lidiar con los sentimientos y deseos personales (Organización de las Naciones Unidas para la Educación, la Ciencia y la Cultura (UNESCO), *Educación para los..., op. cit.,* p. 10).

12 «Directrices para la introducción de la Sostenibilidad en el Currículum», aprobadas por el Comité Ejecutivo del Grupo de Trabajo de Calidad Ambiental y Desarrollo Sostenible de la Conferencia de Rectores de las Universidades Españolas (CRUE), celebrado en Valladolid el 18 de abril de 2005 04/2005 y aprobadas por la Asamblea General CRUE el día 27 de octubre de 2005 y, posteriormente, revisadas con la revisión aprobada en sesión Plenaria de la Comisión Sectorial de Calidad Ambiental, Desarrollo Sostenible y Prevención de Riesgos (CADEP) en la Universidad de Zaragoza el día 17/06/2011 y ampliada en sesión Plenaria de la CADEP el día 9 de marzo de 2012 en Valencia y presentado en la Asamblea General de la CRUE de 28 de junio de 2012 en la Universitat de Girona —en adelante, Directrices para la introducción de la Sostenibilidad en el Currículum de la CRUE—.

tivo de una manera holística, introduciendo competencias para la sostenibilidad de forma transversal, para que el estudiante aprenda a tomar decisiones y realizar acciones desde criterios sostenibles»[13].

Asimismo, se establecen 6 principios básicos sobre la sostenibilidad en la docencia universitaria como orientaciones para la introducción de la sostenibilidad en el currículum: principio ético; holístico; de complejidad; de glocalización; de transversalidad; y de responsabilidad social universitaria[14].

Finalmente, la propia normativa de ordenación de las enseñanzas universitarias oficiales ha ido incluyendo con mayor intensidad las ideas de «sostenibilidad» y de «desarrollo sostenible». Así, en el ya ahora derogado Real Decreto 1393/2007, de 29 de octubre, por el que se establece la ordenación de las enseñanzas universitarias oficiales se mencionaba que «se debe tener en cuenta que la formación en cualquier actividad profesional debe contri-

---

13 Directrices para la introducción de la Sostenibilidad en el Currículum de la CRUE, p. 2.

14 «Las directrices de los nuevos planes de estudio contienen principios para la aplicación de criterios orientadores de los estudios universitarios hacia el desarrollo humano sostenible. Un análisis sintético de diferentes propuestas nos lleva a señalar como principios básicos los siguientes:
1. PRINCIPIO ÉTICO: La universidad debe esforzarse por educar a la ciudadanía reconociendo el valor intrínseco de cada persona, situando la libertad y la protección de la vida como objetivos de las políticas públicas y los comportamientos individuales. La búsqueda de ese objetivo debe realizarse en armonía con el medio ambiente y estar condicionada por la necesidad de equidad, el respeto de los derechos de las futuras generaciones y el estímulo de procedimientos de racionalidad comunicativa y participativa en la toma de decisiones.
2. PRINCIPIO HOLÍSTICO: La universidad, en todas sus facetas, debe actuar desde una concepción integral e interdependiente de los componentes de la realidad social, económica y ambiental. Asumir enfoques éticos, ecológicos, sociales y económicos para abordar las problemáticas en relación a los desequilibrios ambientales, la pobreza, la injusticia, la desigualdad, los conflictos bélicos, el acceso a la salud y el consumismo, entre otros. Implica una comprensión relacional de los procesos, independientemente de sus diversas manifestaciones.
3. PRINCIPIO DE COMPLEJIDAD: La adopción de enfoques sistémicos y transdisciplinares que permitan una mejor comprensión de la complejidad de las problemáticas sociales, económicas y ambientales, así como de la implicación en las mismas de todas las actividades ciudadanas y profesionales.
4. PRINCIPIO DE GLOCALIZACIÓN: La adopción de enfoques que establezcan relaciones entre los contenidos curriculares y las realidades locales y globales.
5. PRINCIPIO DE TRANSVERSALIDAD: Integración de los contenidos dirigidos a la formación de competencias para la sostenibilidad en las diversas áreas de conocimiento, asignaturas y titulaciones. Se aplicarán a los diferentes niveles de gestión, investigación y transferencia en la universidad.
6. PRINCIPIO DE RESPONSABILIDAD SOCIAL UNIVERSITARIA: Contribución de la Universidad a la sostenibilidad de la Comunidad. Se reflejará en la gestión interna y en la colaboración con entidades y organismos en proyectos de investigación y acciones que contribuyan a mejorar la calidad de la formación universitaria y el avance en la resolución de los problemas sociales, económicos y ambientales» (Directrices para la introducción de la Sostenibilidad en el Currículum de la CRUE, p. 6).

buir al conocimiento y desarrollo de los Derechos Humanos, los principios democráticos, los principios de igualdad entre mujeres y hombres, de solidaridad, de protección medioambiental, de accesibilidad universal y diseño para todos, y de fomento de la cultura de la paz»; y, posteriormente, en el vigente —a fecha de finalización de este estudio— Real Decreto 822/2021, de 28 de septiembre, por el que se establece la organización de las enseñanzas universitarias y del procedimiento de aseguramiento de su calidad se hace referencia explícita a los ODS.

En particular, en el Real Decreto 822/2021 se dispone que los planes de estudios universitarios oficiales deben tener «como referente los principios y valores democráticos y los Objetivos de Desarrollo Sostenible» (art. 4.2) y que tales «valores y objetivos deberán incorporarse como contenidos o competencias de carácter transversal, en el formato que el centro o la universidad decida, en las diferentes enseñanzas oficiales que se oferten, según proceda y siempre atendiendo a su naturaleza académica específica y a los objetivos formativos de cada título» (art. 4.3).

En definitiva, a pesar de que existe un paradójico y mágico éxito conceptual de la «sostenibilidad» y el «desarrollo sostenible», ello no ha sido impedimento sino seguramente, quizás y entre otros factores, una facilidad o acicate para su introducción en la docencia universitaria. Es más, la sostenibilidad en la docencia universitaria viene siendo vista como una forma de (re)pensar la educación (universitaria) no sólo competencialmente sino también metodológicamente mediante la introducción y potenciación de metodologías que fomenten el pensamiento crítico y autónomo, la reflexión y la capacidad de transformación del sistema —el aprendizaje basado en problemas (ABP), el aprendizaje por servicio (ApS) y el aprendizaje reflexivo a través del portafolio docente— con eventual potenciación y mejor uso de tecnologías digitales[15].

Teniendo en cuenta este contexto y antecedentes, este estudio analiza crítica y propositivamente sobre qué papel puede desempeñar la idea de «sostenibilidad» y de «desarrollo sostenible» en la docencia del Derecho del Trabajo y de la Seguridad Social desde sus 3 pilares (económico, social y ambiental). El objetivo de todo ello es doble: 1) defender que algunos aspectos de la «sostenibilidad social» son intrínsecos a los valores y objetivos del Derecho del Trabajo y de la Seguridad Social; y 2) determinar las limitaciones que pueden tener los estudios universitarios (especialmente, los de Derecho y Relaciones Laborales) para incorporar efectivamente ideas sobre la «sostenibilidad» y señalar criterios o prácticas respecto cómo introducirlos.

---

15 *Vid.*, por todos, BRUNDIERS, Katja *et al.*, «Key competencies in sustainability in higher education—toward an agreed-upon reference framework», *Sustainability Science,* n.º 16, 2021, *passim*; y COLLAZO EXPÓSITO, Leslie Mahe y GELI DE CIURANA, Anna Maria, «Avanzar en la educación para la sostenibilidad. Combinación de metodologías para trabajar el pensamiento crítico y autónomo, la reflexión y la capacidad de transformación del sistema», *Revista Iberoamericana de Educación*, vol. *73*, 2017, *passim*.

2. Limitaciones y propuestas aplicativas sobre la sostenibilidad, el desarrollo sostenible y los ODS en la docencia del Derecho del Trabajo y de la Seguridad Social desde sus 3 pilares (económico, social y ambiental)

A pesar de que, como hemos apuntado anteriormente, puede resultar criticable la concepción predominante actual de sostenibilidad y desarrollo sostenible, su triple pilar (económico, social y ambiental) resulta funcional para analizar qué papel puede desempeñar la idea de «sostenibilidad» y «desarrollo sostenible» y los ODS en la docencia del Derecho del Trabajo y de la Seguridad Social y, en particular, para preguntarse sobre las eventuales limitaciones que el docente puede encontrarse como para generar propuestas docentes aplicativas.

En todo caso, y antes proceder a dicho análisis, entendemos pertinente realizar 2 advertencias previas. La primera de ellas es que somos conscientes que en algunos casos puede resultar complejo y discutible establecer clara distinción en si ciertas reflexiones que se realizarán son más propias de un pilar, de otro, de dos o de todos. En este sentido, como bien ha señalado el Prof. Barretto Ghione, en el Derecho del Trabajo los 3 pilares están «intrínsicamente presentes» y ello ha sido puesto de manifiesto por el propio Director General de la Organización Internacional del Trabajo (OIT) en el marco de las Conclusiones relativas a la promoción de empresas sostenibles de Conferencia Internacional del Trabajo de junio de 2007[16]. En cambio, la segunda advertencia es que parte del análisis que se realizará o de las conclusiones que se puedan alcanzar en este estudio pueden eventualmente ser extrapoladas a otros ámbitos docentes jurídicos o, incluso, a otras áreas de conocimiento.

Apuntadas estas cuestiones previas, procedemos a analizar crítica y propositivamente el eventual rol en la docencia del Derecho del Trabajo y de la Seguridad Social de la sostenibilidad económica (subap. 2.1), la sostenibilidad social (subap. 2.2) y la sostenibilidad ambiental (subap. 2.3).

16 Barretto Ghione, Hugo, «Usos de la palabra «sostenibilidad» en el derecho del trabajo: ¿renovación, circularidad o reiteración?», *Revista Acadêmica Da Faculdade de Direito do Recife (RAFDR)*, vol. 89, n.° 1, pp. 12-30; y Samovía, Juan, *«Introducción»,* en Organización Internacional del Trabajo (OIT), *Conclusiones relativas a la promoción de empresas sostenibles,* Ginebra, 2008, p. iii.

2.1. La sostenibilidad económica en la docencia del Derecho del Trabajo y de la Seguridad Social

Desde nuestro punto de vista y acogiendo una visión jurídico-económica, pensar en sostenibilidad económica es señalar la necesidad de garantizar recursos económicos suficientes a lo largo del tiempo para garantizar efectivamente un derecho u obligación previstos legalmente, so pena en caso contrario de caer en eventual idealismo jurídico de pensar que las normas se cumplen por su mera existencia. Por este motivo, si se acoge esta visión, a diferencia de lo que sucederá respecto la sostenibilidad social y la ambiental, resulta más complejo vincular la sostenibilidad económica directamente con uno o varios concretos ODS.

A efectos de poder identificar o explorar mejor qué papel puede jugar la sostenibilidad económica en la docencia del Derecho del Trabajo y de la Seguridad Social, entendemos necesario exponer o apelar a la distinción conceptual entre eficacia, efectividad y eficiencia normativa.

Una norma es eficaz si es apta para alcanzar los fines u objetivos por ella previstos; y, en cambio, es efectiva si es cumplida realmente por sus destinatarios y, por tanto, hace referencia al nivel o frecuencia de una norma válida y preexistente[17]. Por el contrario, establecer cuándo una norma es eficiente resulta más complejo y controvertido ya que la eficiencia, que vincula lograr unos fines u objetivos de una norma a sus costes económicos o de bienestar, puede ser comprendida desde, como mínimo, una cuádruple perspectiva. En concreto: 1) si la norma alcanza sus objetivos y fines sin que ello empeore el bienestar de otro sujeto se entenderá como Pareto eficiente (criterio de eficiencia de Pareto[18]); 2) si una norma alcanza sus objetivos y fines minimizando los costes económicos para conseguirlo será productivamente eficiente (eficiencia productiva[19]); 3) cuando los costes o daños generados para alcanzar los objetivos y fines son teóricamente compensables estaremos ante una norma eficiente en sentido de Kaldor-Hicks (eficiencia de Kaldor-Hicks[20]);

---

17 JEAMMAUD, Antoine, «Le concept d'effectivité du droit», DANS AUVERGNON, PHILIPPE (Dir.), L'effectivité du droit du travail: à quelles conditions, Bordeaux, Presses universitaires de Bordeaux, 2008, pp. 49-56.

18 *Vid.*, por todos, LOCKWOOD, Benjamin, «Pareto efficiency», in Durlauf Steven N. & Blume, Lawrence E. (Eds.), *The new Palgrave: a dictionary of economics*, 2nd ed., London, Palgrave Macmillan, 2008 [living reference work entry - https://doi.org/10.1057/978-1-349-95121-5_1823-2].

19 *Vid.*, por todos, KOOPMANS, Tjalling Charles, «An analysis of production as an efficient combination of activities», in KOOPMANS, Tjalling Charles (Ed.), *Activity analysis of production and allocation*, [Cowles Commission for Research in Economics - monograph n. 13], New York, John Wiley & Sons, 1951, pp. 33-97.

20 *Vid.* KALDOR, Nicholas, «Welfare propositions in economics and interpersonal comparisons of utility», *The Economic Journal*, vol. 49, n.° 195, 1939, pp. 549-552; y Hicks, John Richard, «The foundations of welfare economics», *The Economic Journal*, vol. *49, n.° 196*, 1939, pp. 696-712.

y 4) si la norma genera una asignación de bienes, derechos y libertades de tal forma que se maximice la riqueza (entendida como la atribución de los bienes a aquellos agentes económicos que tienen la disposición o voluntad de pagar máxima respecto a cada uno de ellos, la norma será eficiente en sentido de Posner o posneriano[21].

De este modo, si se asume que la sostenibilidad económica, como indicábamos, es la necesidad de garantizar recursos económicos suficientes a lo largo del tiempo para garantizar efectivamente un derecho u obligación previstos legalmente, dicha sostenibilidad económica debe acoger o, como mínimo, tener en cuenta cierto criterio de eficiencia. Nuestro posicionamiento es tener en cuenta una perspectiva de la eficiencia de Kaldor-Hicks, pues es aquella más acorde con no subordinar el Derecho y la pluralidad de opciones políticas a la Economía, sino ponderar los costes económicos como una variable más para evitar la injusticia —o la falta de justicia— que conlleva el despilfarro[22]. Despilfarro, que en caso de no detectarse o no tenerlo en cuenta puede llevar, finalmente, en un aumento de la carga impositiva porque, ante todo, los fines y objetivos de las normas que otorgan derechos y libertades no dejan de ser reflejo, en mayor o menor medida, de la carga impositiva que una comunidad o sociedad soporta o está dispuesta a soportar[23]; y, además, la justicia es un valor intrínsecamente asociado a los fines del Derecho del Trabajo y de la Seguridad Social.

Partiendo de estas bases conceptuales, entendemos que la idea de sostenibilidad económica puede introducirse o abordarse en la docencia del Derecho del Trabajo y de la Seguridad Social desde 3 grandes perspectivas:

1. Analizar y debatir instituciones o concretas normas considerando la sostenibilidad económica como una perspectiva más a tomar en consideración. Caso paradigmático sería el sistema de prestaciones públicas del sistema de Seguridad Social, y específicamente las pensiones de jubilación.
2. Incorporar en el discurso expositivo elementos sobre la trascendencia que tiene la Inspección de Trabajo y Seguridad Social para ayudar al cumplimiento de la normativa laboral y de Seguridad Social y hasta qué punto ello impacta o interacciona con la idea de sostenibilidad económica.

---

21 *Vid.* Posner, R. A., «Utilitarianism, economics, and legal theory», *The Journal of Legal Studies,* vol. 8, n.° 1, 1979, pp. 119-136.

22 *Vid.* Calabresi, Guido, «Sobre los límites de los análisis no económicos del Derecho», *Anuario de Filosofía del Derecho,* n.° 2, 1985, p. 227; y Calsamiglia Blancafort, Albert, «Eficiencia y derecho», *Doxa: cuadernos de filosofía del derecho, n.° 4*, 1987, p. 271.

23 Holmes, Stephen & Sunstein, Cass R. (2000), *The cost of rights: why liberty depends on taxes*, New York - London, 2000, W. W. Norton & Company.

3. Analizar y debatir si las normas laborales en su origen tienen en cuenta criterios de eficacia, efectividad y eficiencia y, en definitiva, de sostenibilidad económica.

Ahora bien, estos 3 grandes ejes de abordaje de la sostenibilidad económica en la docencia del Derecho del Trabajo y de la Seguridad Social presentan complejidad y 2 grandes limitaciones interconectadas.

En primer lugar, al estar ante un alto —o, como mínimo, medio— grado de abstracción y componente de pensamiento económico —por ejemplo, la vinculación ya expresada entre eficiencia económica y justicia— podemos encontrarnos ante reticencias y dificultades en estudios de Relaciones Laborales y, sobre todo, Derecho porque puede ser una visión polémica. Además, desde nuestro punto de vista, al menos en los estudios jurídicos universitarios en España, viene existiendo una deficiente incorporación —salvo algunas excepciones[24]— de asignaturas troncales o básicas sobre economía y Análisis Económico del Derecho que pudieran facilitar tal tipo de planteamientos. A estos efectos, entendemos que todavía continúa siendo necesario una intercomunicación o (mejor) diálogo entre el Derecho y la Economía en el ámbito docente universitario español.

En segundo lugar, a pesar de la relevancia de la sostenibilidad económica, y también potenciado por la anterior limitación, intentar introducir elementos docentes que aborden directa o indirectamente la sostenibilidad económica deviene complejo porque son cuestiones a explorar y debatir en las sesiones expositivas y casos prácticos que necesitan tiempo y continuidad, so pena de quedarse en anecdóticas y que el estudiante no pueda ser consciente de la relevancia del pilar económico de la sostenibilidad.

De todo este análisis podemos concluir que, a pesar de que la sostenibilidad económica resulta clave para comprender el funcionamiento y realidad práctica del Derecho del Trabajo y de la Seguridad Social —y de todo el Derecho—, pueden existir no menores limitaciones en su incorporación en la docencia universitaria —como mínimo en la actualidad y, especialmente, en el marco universitario (jurídico) español—.

2.2. La sostenibilidad social en la docencia del Derecho del Trabajo y de la Seguridad Social

A diferencia de la sostenibilidad económica, la sostenibilidad social resulta más fácil relacionarla con concretos ODS, pero sin embargo su definición es o puede ser especialmente ambigua.

24 Como excepciones, a nuestro parecer y salvo error, pueden destacarse los estudios de Derecho de las universidades públicas Universidad de Carlos III de Madrid y la Universidad Pompeu Fabra y en la universidad privada Esade-Universitat Ramon Llull.

Empezando respecto su definición, a meros efectos funcionales (definición funcional) —y con cierto paralelismo a la definición que hemos dado a la «sostenibilidad económica»— conceptualizamos en este estudio la «sostenibilidad social» como la necesidad de garantizar estándares de vida, trabajo y bienestar físico y mental mínimos adecuados a lo largo del tiempo para el desarrollo integral de las personas mediante la creación, defensa y profundización de normas, valores e instituciones que promuevan los Derechos Humanos y Fundamentales y, especialmente la justicia, la libertad, la igualdad, la responsabilidad, la solidaridad, la democracia y la paz.

Consecuentemente, pueden asociarse directamente a la sostenibilidad social los siguientes ODS: ODS 1 («Poner fin a la pobreza en todas sus formas y en todo el mundo»); ODS 2 («Poner fin al hambre, lograr la seguridad alimentaria y la mejora de la nutrición y promover la agricultura sostenible»; ODS 3 («Garantizar una vida sana y promover el bienestar de todos a todas las edades»); ODS 4 («Garantizar una educación inclusiva y equitativa de calidad y promover oportunidades de aprendizaje permanente para todos»); ODS 5 («Lograr la igualdad de género y empoderar a todas las mujeres y las niñas»); ODS 6 («Garantizar la disponibilidad y la gestión sostenible del agua y el saneamiento para todos»; ODS 7 («Garantizar el acceso a una energía asequible, fiable, sostenible y moderna para todos»); ODS 8 («Promover el crecimiento económico sostenido, inclusivo y sostenible, el empleo pleno y productivo y el trabajo decente para todos»); ODS («Construir infraestructuras resilientes, promover la industrialización inclusiva y sostenible y fomentar la innovación»); ODS 10 («Reducir la desigualdad en los países y entre ellos»); ODS 11 («Lograr que las ciudades y los asentamientos humanos sean inclusivos, seguros, resilientes y sostenibles»; ODS 16 («Promover sociedades pacíficas e inclusivas para el desarrollo sostenible, facilitar el acceso a la justicia para todos y construir a todos los niveles instituciones eficaces e inclusivas que rindan cuentas»; y ODS 17 («Fortalecer los medios de implementación y revitalizar la Alianza Mundial para el Desarrollo Sostenible»).

Más concertante, resulta patente que los ODS 1, 3, 4, 5, 8, 9, 10, 11 y 16 están intrínsecamente asociados a la sostenibilidad social. Y es que, en efecto, tales objetivos no dejan de ser manifestaciones, directas o indirectas, de objetivos y valores consustanciales y fundacionales del Derecho del Trabajo y de la Seguridad Social[25]; y especialmente, el ODS 8 «Trabajo decente y

25 Como hemos tenido oportunidad de defender y taxonomizar en anteriores ocasiones, pueden diferenciarse 2 grandes objetivos del Derecho del Trabajo y de la Seguridad Social: 1) la protección de intereses individuales («protección individual»), sobre todo, del trabajador como ser humano, y 2) la protección de intereses colectivos («protección colectiva»), pudiendo diferenciar dentro de este objetivo la protección colectiva del trabajador (como ser social o intereses de clase — «protección colectiva del trabajador») y la de colectividad-sociedad (algunas veces, institucionalizados — «protección colectiva social») en sentido amplio. *Vid.* Cremades Chueca, Oriol, *El modelo de responsabilidad laboral en los grupos de empresas: una anatomía crítica*, Madrid, Ediciones Cinca, 2021, pp. 69, 75-76, 93-95 y 97-98.

crecimiento económico», en el que la UNESCO ha establecido, entre muchos otros, como objetivos de aprendizaje los siguientes[26]:

- «El/la alumno/a comprende los conceptos de crecimiento económico sostenido, inclusivo y sostenible, empleo pleno y productivo, y trabajo decente, incluido el progreso de la paridad e igualdad de género, y conoce acerca de los modelos e indicadores económicos alternativos».
- «El/la alumno/a conoce sobre la distribución de tasas de empleo formal por sector, empleo informal y desempleo en distintas regiones y naciones del mundo, y qué grupos sociales se ven especialmente afectados por el desempleo».
- «El/la alumno/a comprende la relación entre el empleo y el crecimiento económico, así como otros factores moderadores, como el crecimiento de la fuerza laboral o las nuevas tecnologías que sustituyen puestos de trabajo».
- «El/la alumno/a comprende cómo los salarios bajos o en descenso de la fuerza laboral, y los altos salarios y ganancias de gerentes y propietarios o accionistas crean desigualdad, pobreza, descontento social, etc.».
- «El/la alumno/a es capaz de colaborar con otros para exigir a los políticos y a los empleadores sueldos justos, salario igual por trabajo igual y derechos laborales».
- «El/la alumno/a es capaz de comprender cómo el consumo personal afecta las condiciones de trabajo de otros en la economía mundial».
- «El/la alumno/a es capaz de identificar sus derechos individuales y clarificar sus necesidades y valores en relación al trabajo».
- «El/la alumno/a es capaz de facilitar mejoras relacionadas con salarios injustos, pago desigual por trabajo igual y malas condiciones laborales».

Por tanto, deviene indudable que el Derecho del Trabajo y de la Seguridad Social es clave en cuanto a la sostenibilidad social y es necesario contextualizar y relacionar normativa, instituciones y problemáticas (tanto nuevas como «clásicas») del Derecho el Trabajo y de la Seguridad Social en el marco de la sostenibilidad social y los ODS[27].

---

26 Organización de las Naciones Unidas para la Educación, la Ciencia y la Cultura (UNESCO), *Educación para los..., op. cit.,* p. 26.

27 En la misma línea de pensamiento, bien directa o indirectamente, *vid.* Cuadros Garrido, María Elisa, «Los objetivos ODS en la docencia de Derecho del Trabajo», en Cuadros Garrido, María Elisa y Selma Penalva, Alejandra (Dirs.); y Ríos Mestre, José María (Coord.), *Técnicas de innovación docente en Derecho del Trabajo y de la Seguridad Social,* Cizur Menor, 2021, *passim*; Martín-Pozuelo López, Ángela, «Hacia una docencia del derecho del trabajo y de la Seguridad Social en línea con los objetivos de desarrollo sostenible (ODS) y el uso de las NTIC», en Rovira Ferrer, I. y Anglès Juanpere, B. (Dirs.), *Un nuevo impulso de las TIC en la docencia del Derecho*, Barcelona, Huygens Editorial, 2021, pp. 127-130; Quintero Lima, M.ª Gemma, «Las nuevas necesidades formativas en el

Sin embargo, a pesar de que existe una gran ductilidad, versatilidad y potencialidad en la imbricación docente de la sostenibilidad social con el Derecho del Trabajo y de la Seguridad Social, desde nuestro punto de vista, en la docencia de esta rama del Derecho existe una gran disparidad —y eventuales limitaciones— en cuanto a la introducción de la idea de sostenibilidad social desde dos vertientes: la introducción objetiva de contenidos y la metodología y métodos de cómo ayudar a incorporarlos.

Respecto a la primera vertiente —la estricta introducción objetiva de la idea de sostenibilidad social en los contenidos docentes— la variabilidad de hacer notoria la idea de sostenibilidad social en la exposición de contenidos y casos prácticos en la docencia del Derecho del Trabajo y Seguridad Social es debida, a nuestro parecer, a 4 factores que analizamos a continuación:

1. El propio conocimiento y la importancia que se otorgue real, directa o indirectamente, a la materia y problemática de la sostenibilidad y, específicamente, a la sostenibilidad social: éstos no sólo vendrán dados o marcados por el propio docente (sus conocimientos, inquietudes y líneas de investigación), sino también por factores «externos» como el área, departamento o universidad en el que se desarrolle la actividad docente, así como los planes de estudios.

   Además, a nuestro parecer, no es despreciable el papel que puede ejercer la todavía inclinación docente universitaria, al menos en el ámbito jurídico español, a tomar casi como exclusiva referencia normativa internacional la Unión Europea —y, en especial, respecto al Derecho del Trabajo y de la Seguridad Social vinculado a la sostenibilidad social el marco y desarrollo normativo vinculado al Pilar Europeo de Derechos Sociales[28]—, y no teniendo suficientemente en cuenta otros marcos normativos e instituciones internacionales, debiéndose destacar: la ONU, incluyéndose la OIT —recalcándose el institucionalizado concepto de «trabajo decente» en el año 2008 y el Programa de Trabajo Decente de la OIT[29]— y el Comité de Derechos Económicos, Sociales y Culturales (Pacto Internacional de Derechos Económicos,

---

marco de la digitalización y demás avatares 4.0 (la agenda 2030 y los Objetivos del Desarrollo Sostenible como herramientas docentes)», *Lan harremanak: Revista de Relaciones Laborales*, n.° 37, 2017, p. 144.

28 «Pilar Europeo de Derechos Sociales», proclamado por El Parlamento Europeo, el Consejo y la Comisión en la Cumbre social de Goteburgo el17 de noviembre de 2017.

29 Declaración de la Organización Internacional del Trabajo sobre la justicia social para una globalización equitativa, adoptada por unanimidad por la Conferencia Internacional del Trabajo el día 10 de junio de 2008 en Ginebra con motivo de su 97.ª reunión.
Sobre trabajo decente en el marco del desarrollo sostenible, *vid.*, por todos, Gil y Gil, José Luís, «El trabajo decente como objetivo de desarrollo sostenible», *Lex Social*, vol. 10, n.° 1, 2020, *passim*.

Sociales y Culturales[30]); y el Consejo de Europea, incluyéndose el Tribunal Europeo de Derecho Humanos (Convenio para la Protección de los Derechos Humanos y de las Libertades Fundamentales[31]) y el Comité Europeo de Derechos Sociales (Carta Social Europea Revisada[32]).

Somos partidarios de que es necesario dar un paso más allá ya a nivel de grado y reforzar el estudio de las fuentes del Derecho Social Internacional, especialmente en los grados de Derecho y de Relaciones Laborales, aspecto que permitiría introducir más adecuadamente aspectos sobre sostenibilidad social.

2. El nivel de estudios universitarios: la capacidad o grado de profundidad de introducción de contenidos de Derecho del Trabajo y de la Seguridad Social desde una vertiente o asociarlos a la sostenibilidad social viene condicionada por si nos encontramos en docencia universitaria de grado, máster o doctorado.

   Asimismo, este factor puede influenciar notablemente las posibles metodologías a utilizar, así como determinar o condicionar previamente el interés o motivación intrínseco —y desidia— por parte del estudiante respecto temáticas sobre la sostenibilidad social.

3. El ámbito del conocimiento de los estudios universitarios: la docencia del Derecho del Trabajo y de la Seguridad no sólo se realiza en estudios estrictamente jurídicos (grados, másteres o doctorados en Derecho), sino en otros como Relaciones Laborales o, incluso, en otras ciencias sociales como por ejemplo Economía y Administración de Empresas.

   Del mismo modo que el nivel de estudios universitarios, este factor puede influenciar notablemente las posibles metodologías a utilizar, así como determinar o condicionar previamente el interés o motivación intrínseco —y desidia— por parte del estudiante respecto temáticas sobre la sostenibilidad social.

4. El tipo de asignatura: estar ante una asignatura básica u obligatoria frente una optativa puede condicionar muchísimo el tiempo y profundidad que puede llegarse a emplear para abordar aspectos sobre la sostenibilidad social en la docencia del Derecho del Trabajo y de la Seguridad Social. Además, nuevamente, este también es un factor que puede influenciar mucho las posibles metodologías a utilizar, así

30 «Pacto Internacional de Derechos Económicos, Sociales y Culturales», adoptado y abierto a la firma, ratificación y adhesión por la Asamblea General de la Organización de las Naciones Unidas de 16 de diciembre de 1966 (Res. 2200 A (XXI)).

31 «Convenio para la Protección de los Derechos Humanos y de las Libertades Fundamentales», hecho en Roma el 4 de noviembre de 1950.

32 «Carta Social Europea (revisada)», hecha en Estrasburgo el 3 de mayo de 1996.

como determinar o condicionar previamente el interés o motivación intrínseco —y desidia— por parte del estudiante respecto temáticas sobre la sostenibilidad social.

Por otro lado, y en cuanto a la segunda vertiente de cómo introducir en los contenidos docentes ideas vinculadas a la sostenibilidad social en el Derecho del Trabajo y de la Seguridad Social y, por tanto, sobre metodología y métodos de cómo incorporarlos, desde nuestra perspectiva, y más allá de los anteriores tres factores enunciados que pueden influir, podríamos diferenciar aquellos en que acogen en una óptica más «receptiva» o «pasiva» del estudiante frente «metodologías activas».

Así, respecto las primeras, y más allá de la clásica exposición docente (magistral), podríamos pensar, por ejemplo, en la utilización de cápsulas audiovisuales sobre trabajo decente u ODS conectados a competencias a adquirir[33]; y respecto las segundas, el uso-debate de las noticias vinculadas a los ODS[34]; y el ABP, el trabajo cooperativo[35] y el ApS como estrategias motivadoras docentes —especialmente estos últimos en los trabajos finales de estudios universitarios (TFG y TFM)—[36].

A tenor del análisis realizado, podemos concluir que, a pesar de la existencia de ciertas limitaciones o condicionantes (al propio conocimiento y la importancia que se otorgue real, directa o indirectamente, a la materia y problemática de la sostenibilidad y, específicamente, a la sostenibilidad social; al nivel de estudios universitarios; al ámbito del conocimiento de los estudios universitarios; al tipo de asignatura; y las metodologías docentes), la sostenibilidad social, a diferencia de la sostenibilidad económica, es un pilar de la sostenibilidad que debe de resultar relativamente sencillo incorporarlo en la docencia del Derecho del Trabajo y de la Seguridad Social.

---

33 Para una experiencia docente de este tipo, *vid.* CHACARTEGUI JÁVEGA, Consuelo, «Contextos y recursos digitales para aplicar los objetivos de desarrollo sostenible a la docencia del derecho laboral», en GRIMALT-ÁLVARO, Carme, *et al.* (Eds.), *Llibre d'actes FIET2021: La investigació i la innovació en Tecnologia Educativa a l'era digital*, Tarragona, Publicacions URV, 2022, pp. 89-92.

34 Sobre la gran versatilidad del uso de las noticias en la docencia del Derecho y su potencial motivador, *vid.* CREMADES CHUECA, Oriol, «La noticia en la docencia del Derecho: una taxonomía de sus usos», en ROVIRA FERRER, I. y ANGLÈS JUANPERE, B. (Dirs.), *Un nuevo impulso...», op. cit., passim*.

35 Para una experiencia docente de este tipo, *vid.* MARTÍN-POZUELO LÓPEZ, Ángela y YAGÜE BLANCO, Sergio, «La búsqueda de la implicación y motivación del alumnado a través del aprendizaje cooperativo y el uso de la plataforma Moodle», en DELGADO GARCÍA, Ana María y BELTRAN DE HEREDIA RUIZ, Ignasi, (Coords.), *La docencia del Derecho en la sociedad digital,* Barcelona, Huygens Editorial, 2019, *passim*.

36 *Vid.* QUINTERO LIMA, M.ª Gemma, «Las nuevas necesidades...», *op. cit.,* pp. 147-148; y SÁNCHEZ VIDAL, M.ª Eugenia; HERNÁNDEZ GARCÍA, Yaiza y HERNÁNDEZ AGUADO, Simón S., «Innovación docente en recursos humanos a través del aprendizaje-servicio. Una experiencia piloto», *RIDAS: Revista Iberoamericana de Aprendizaje-Servicio*, n.º 7, 2019, *passim*.

2.3. La sostenibilidad ambiental en la docencia del Derecho del Trabajo y de la Seguridad Social

Del mismo modo que la sostenibilidad social, la sostenibilidad ambiental resulta fácil asociarla con concretos ODS, pero a diferencia de tanto la sostenibilidad económica como la social, su definición resulta relativamente menos compleja o ambigua.

Análogamente a los 2 anteriores pilares de la sostenibilidad, entendemos necesario apuntar una definición funcional de «sostenibilidad ambiental» en este estudio. Siguiendo parcialmente a Morelli y Daily, puede definirse la «sostenibilidad ambiental» como la necesidad de garantizar tasas de uso limitadas de recursos renovables, de creación de contaminación y de agotamiento de recursos no renovables que puedan continuar indefinidamente en el tiempo y que permitan garantizar la salud, supervivencia y regeneración de la biodiversidad y los ecosistemas[37].

Teniendo en cuenta esta definición, pueden asociarse directamente a la sostenibilidad ambiental los siguientes ODS: ODS 2 («Poner fin al hambre, lograr la seguridad alimentaria y la mejora de la nutrición y promover la agricultura sostenible»); ODS 6 («Garantizar la disponibilidad y la gestión sostenible del agua y el saneamiento para todos»); ODS 7 («Garantizar el acceso a una energía asequible, fiable, sostenible y moderna para todos»); ODS 9 («Construir infraestructuras resilientes, promover la industrialización inclusiva y sostenible y fomentar la innovación»); ODS 11 («Lograr que las ciudades y los asentamientos humanos sean inclusivos, seguros, resilientes y sostenibles»); ODS 12 («Garantizar modalidades de consumo y producción sostenibles»); ODS 13 («Adoptar medidas urgentes para combatir el cambio climático y sus efectos»); ODS 14 («Conservar y utilizar sosteniblemente los océanos, los mares y los recursos marinos para el desarrollo sostenible»); ODS 15 («Proteger, restablecer y promover el uso sostenible de los ecosistemas terrestres, gestionar sosteniblemente los bosques, luchar contra la desertificación, detener e invertir la degradación de las tierras y detener la pérdida de biodiversidad»); y ODS 17 («Fortalecer los medios de implementación y revitalizar la Alianza Mundial para el Desarrollo Sostenible»).

Partiendo de este marco, las eventuales interacciones entre Derecho del Trabajo y de la Seguridad Social y sostenibilidad ambiental —las cuales vienen siendo estudiadas por la academia iuslaboralista y organizaciones internacionales, destacándose la OIT y la agencia de la UE especializada

37 *Vid.* DALY, Herman E., «Toward some operational principles of sustainable development», *Ecological Economics*, vol. 2, n.° 1, 1990, pp. 1-6; DÍAZ, Sandra *et al.*, «Biodiversity loss threatens human well-being», *PLOS Biology*, vol. 4, n.° 8 [e277]; y MORELLI, John, «Environmental sustainability: a definition for environmental professionals», *Journal of environmental sustainability*, vol. 1, n.° 2, 2011, pp. 1-9.

Fundación Europea para la Mejora de las Condiciones de Vida y de Trabajo (Eurofound)— pueden resumirse, a nuestro parecer, en 7 grandes ejes[38]:

1. La modificación, mejora y empeoramiento actual, potencial y futuro de la salud laboral de las personas trabajadoras, así como de la normativa de prevención de riesgos laborales y salud laboral por el impacto (directo e indirecto) de normativa ambiental, el cambio climático y para ayudar, potenciar y hacer posible la sostenibilidad ambiental.
2. La modificación de condiciones de trabajo (*ius variandi* empleador/ novación modificativa) actual, potencial y futura por el impacto (directo e indirecto) de normativa ambiental, el cambio climático y para ayudar, potenciar y hacer posible la sostenibilidad ambiental.
3. La creación (nueva contratación) y destrucción (extinción contractual) actual, potencial y futura de nivel de trabajo y puestos de trabajo (tipo de trabajo, oficios y efectos en eventuales concretos sectores) por el impacto (directo e indirecto) de normativa ambiental, el cambio climático y para ayudar, potenciar y hacer posible la sostenibilidad ambiental.
4. El rol actual, potencial y futuro de los agentes sociales y la negociación colectiva para adecuarse a normativa ambiental, el cambio climático y para ayudar, potenciar y hacer posible la sostenibilidad ambiental.
5. El rol e impacto bidireccional actual, potencial y futuro (directo e indirecto) entre Derechos Fundamentales o no Fundamentales colectivos laborales (por ejemplo, la huelga) y la normativa ambiental, el cambio climático y/o la incentivación de la sostenibilidad ambiental.

---

38 Sin mucho menos ánimo de exhaustividad, entre muchísimos otros, *vid.* Álvarez Cuesta, Henar, *Empleos verdes: una aproximación desde el Derecho del Trabajo*, Albacete, Bomarzo, 2016; Chacartegui Jávega, Consuelo, *Labour law and ecology*, Cizur Menor, Thomson Reuters Aranzadi, 2022; Chacartegui Jávega, Consuelo, *Negociación colectiva y sostenibilidad medioambiental: un compromiso social y ecológico*, Albacete, Bomarzo, 2018; Eurofound & EEA, *Green, clean and keen to converge? A convergence analysis of environmental quality of life in the EU*, Luxembourg, Publications Office of the European Union, Luxembourg, 2023; Eurofound, *Impact of climate change and climate policies on living conditions, working conditions, employment and social dialogue: A conceptual framework*, Eurofound research paper, Luxembourg, Publications Office of the European Union, 2023; Miñarro Yanini, Margarita (Ed.), Cambio climático y derecho social: claves para una transición ecológica justa e inclusiva, Jaén, Universidad de Jaén, 2021; Monereo Pérez, José Luis y Rivas Vallejo, Pilar (Dirs.), *La prevención de riesgos medioambientales en el ámbito de las relaciones de trabajo*, Granada, Comares, 2011; Organización Internacional del Trabajo (OIT), *La ecologización de las empresas: Transformar los procesos y los lugares de trabajo*, Ginebra, Oficina Internacional del Trabajo, 2023; y Organización Internacional del Trabajo (OIT), *Trabajar en un planeta más caliente: el impacto del estrés térmico en la productividad laboral y el trabajo decente*, Ginebra, Oficina Internacional del Trabajo, 2019.

6. El rol e impacto bidireccional actual, potencial y futuro (directo e indirecto) entre los Derechos Fundamentales inespecíficos (individuales y colectivos) laborales y la normativa ambiental, el cambio climático y para ayudar y potenciar la sostenibilidad ambiental.
7. El impacto (directo e indirecto) de normativa ambiental y el cambio climático en la Seguridad Social.

A pesar de estas importantes y múltiples interacciones o, quizás mejor, debido a ellas, puede ser, al menos en la actualidad, compleja la introducción de contenidos que aborden específicamente estos por, como mínimo y a nuestro parecer, 3 factores, limitaciones o condicionantes a ponderar.

El primer factor es el alto grado de especialización (y novedad) de estas temáticas, las cuales se configuran como intersecciones de distintas áreas de conocimiento y que, en definitiva, deviene una de nueva: el «Derecho del Trabajo y de la Seguridad Social Ambiental». En este sentido, so pena de ser anecdótico su introducción, resultaría como requisito previo (o recomendable) una masa crítica de profesorado o, como mínimo, formado o concienciado en este tipo de materias.

La segunda limitación es que justamente por el alto grado de especialización es una temática que puede resultar dificultosa de introducir en planes de estudios de grado universitarios (sobre todo en estudios de Derecho, no tanto en Relaciones Laborales) o, como mínimo, su introducción debería de hacerse bien en los últimos cursos de grado (ya sea como asignatura obligatoria u optativa) o bien en postgrados o másteres de Derecho Ambiental.

A estos efectos, y respecto a nivel de grado universitario, ésta ha sido la opción en el Grado en Relaciones Laborales y Recursos Humanos de la Universitat Rovira i Virgili (plan estudios 2022) y del doble Grado en Derecho y Relaciones Laborales y Recursos Humanos (plan de estudios 2022) con la asignatura obligatoria «Retos en Derechos Humanos y Medio Ambiente en las Organizaciones» (4.° y 5.° curso, respectivamente) y la asignatura optativa «Derecho Ambiental Laboral».

Como último condicionante, y atendido también al alto grado de especialización y para una efectiva docencia integradora sobre la sostenibilidad ambiental, resultaría aconsejable que ésta no sólo existiera la opción de una o varias asignaturas sobre o que incluyeran aspectos de sostenibilidad ambiental y Derecho de Trabajo y de la Seguridad Social, sino ver esta temática como más transversal y con metodologías activas. Así, por ejemplo, debería pensarse sobre la existencia de «mínors» o especializaciones sobre sostenibilidad en el grado universitario (éste es el caso del actual «Mínor en Emprendimiento Social y Objetivos de Desarrollo Sostenible» de la Universitat Rovira i Virgili no sólo presente para el Grado de Derecho, sino compartido en otros grados) o el uso de la metodología del ApS vinculado a problemáticas sobre Derecho Ambiental del Trabajo — en el eventual el marco de formalizadas clínicas jurídicas—.

Como conclusión, entendemos que la efectiva incorporación de la sostenibilidad ambiental en la docencia del Derecho del Trabajo y de la Seguridad Social («Derecho del Trabajo y de la Seguridad Social Ambiental») se encuentra en fases más bien incipientes y es una materia que le queda tiempo para madurar y puede dar (muchos) frutos.

3. La sostenibilidad, el desarrollo sostenible y los ODS en la docencia del Derecho del Trabajo y de la Seguridad Social como camino a recorrer sin olvidar la libertad de cátedra y el ¿limitado? papel de la universidad

En este estudio hemos analizado críticamente qué papel puede desempeñar la «sostenibilidad», el «desarrollo sostenible» y los ODS en la docencia del Derecho del Trabajo y de la Seguridad Social mediante sus tres pilares (sostenibilidad económica; sostenibilidad social; y sostenibilidad ambiental), haciendo hincapié en las eventuales limitaciones, pero también generando propuestas docentes aplicativas.

Indudablemente la incorporación de la «sostenibilidad», el «desarrollo sostenible» y los ODS en la docencia (universitaria) del Derecho del Trabajo y de la Seguridad Social es un camino por recorrer y a desarrollarse y, en especial, en los estudios de Derecho y Relaciones Laborales; quedando patente, además, del análisis realizado, que en cada uno de los pilares de la sostenibilidad existen diferentes limitaciones para su efectiva incorporación.

A modo de conclusión, no nos gustaría finalizar este estudio sin apuntar que, si bien la incorporación de competencias y contenido sobre la sostenibilidad en la docencia del Derecho deviene, como hemos visto, un imperativo legal, es importante salvaguardar la docencia universitaria y, en general, la universidad de un posible carácter «buenista» y «redentor». Debe acentuarse el espíritu crítico en ella y garantizándose en todo caso la pluralidad ideológica —de todos (incluso de estudiantes y profesorado que tengan distintas sensibilidades respecto la materia de la sostenibilidad)— y la libertad de cátedra. La universidad debería de ser —o debería de volver a ser o continuado siendo— un importante baluarte de conocimiento y docencia (profesionalizadora), pero también una gran sede del debate, la crítica y la pluralidad.

Se pide cada vez más —incluso demasiado— a la universidad y la incorporación de la sostenibilidad es un factor que impone más obligaciones a su personal si realmente se quiere cumplir. Resulta necesario —y reflexión que va más allá del objeto y objetivo de este estudio—, no sólo más medios, sino una mayor eficiencia global (económica y administrativa) en la universidad y pensar si la creciente —por no decir exponencial—complejidad jurídica y global se ve traslada o replicada en la duración de los estudios jurídicos: ¿son 4 años suficientes para una adecuada formación básica jurídica actualmente en España? ¿es suficiente un grado de 4 años y un máster (por ejemplo, de Abogacía y Procura)? (Re)pensar y actuar para que exista una congruencia entre lo que parece pedirse a la universidad y sus medios materiales, económicos y personales deviene clave. En caso contrario, entre todos fomentaremos un cumplimiento formal o superficial —un «cumplo y miento», un «autoengaño» y una tendencia a la «mediocridad generalizada»— de aquello que parece que deseamos socialmente de la docencia universitaria y la universidad y, en especial, de la pública.

4. Agradecimientos

Este estudio se ha realizado como miembro del Grupo de investigación de la Universitat Rovira i Virgili «Territori, Ciutadania i Sostenibilitat», reconocido como grupo de investigación consolidado y que cuenta con el apoyo del «Departament de Recerca i Universitats de la Generalitat de Catalunya» (2021 SGR 00162), así como miembro del Grupo de Innovación Docente de la Facultad de Ciencias Jurídicas de la URV (reconocido por el ICE-URV).

5. Referencias

BIBLIOGRAFÍA

Álvarez Cuesta, H.: *Empleos verdes: una aproximación desde el Derecho del Trabajo*, Albacete, Bomarzo, 2016.

Barretto Ghione, H.: «Usos de la palabra «sostenibilidad» en el derecho del trabajo: ¿renovación, circularidad o reiteración?», *Revista Acadêmica Da Faculdade de Direito do Recife (RAFDR)*, vol. 89, n.º 1, pp. 12-30.

Brundiers, K.: *et al.*, «Key competencies in sustainability in higher education — toward an agreed-upon reference framework», *Sustainability Science*, n.º 16, 2021, pp. 13-29.

Calabresi, G.: «Sobre los límites de los análisis no económicos del Derecho», *Anuario de Filosofía del Derecho*, n.º 2, 1985, pp. 219-228.

Calsamiglia Blancafort, A.: «Eficiencia y derecho», *Doxa: Cuadernos de Filosofía del Derecho*, n.º 4, 1987, pp. 267-287.

Cardesa Salzmann, A. y **Pigrau i Solé, A.**: «La agenda 2030 y los objetivos para el desarrollo sostenible. Una mirada crítica sobre su aportación a la gobernanza global en términos de justicia distributiva y sostenibilidad ambiental», *Revista Española de Derecho Internacional*, vol. 69, n.º 1, 2017, pp. 279-285.

Chacartegui Jávega, C.: «Contextos y recursos digitales para aplicar los objetivos de desarrollo sostenible a la docencia del derecho laboral», en Grimalt-Álvaro, C., *et al.* (Eds.), *Llibre d'actes* FIET2021: *La investigació i la innovació en Tecnologia Educativa a l'era digital*, Tarragona, Publicacions URV, 2022, pp. 86-94.

Chacartegui Jávega, C.: *Labour law and ecology*, Cizur Menor, Thomson Reuters Aranzadi, 2022.

Chacartegui Jávega, C.: *Negociación colectiva y sostenibilidad medioambiental: un compromiso social y ecológico*, Albacete, Bomarzo, 2018.

Collazo Expósito, L. M. y Geli de Ciurana, A. M.: «Avanzar en la educación para la sostenibilidad. Combinación de metodologías para trabajar el pensamiento crítico y autónomo, la reflexión y la capacidad de transformación del sistema», *Revista Iberoamericana de Educación*, vol. 73, 2017, pp. 131-154.

Cremades Chueca, O.: «La noticia en la docencia del Derecho: una taxonomía de sus usos», en Rovira Ferrer, I. y Anglès Juanpere, B. (Dirs.), *Un nuevo impulso de las TIC en la docencia del Derecho, Barcelona*, Huygens Editorial, 2021, pp. 137-149.

Cremades Chueca, O.: *El modelo de responsabilidad laboral en los grupos de empresas: una anatomía crítica*, Madrid, Ediciones Cinca, 2021.

Cuadros Garrido, M. E.: «Los objetivos ODS en la docencia de Derecho del Trabajo», en Cuadros Garrido, M.ª E. y Selma Penalva, A. (Dirs.); y Ríos Mestre, J. M.ª (Coord.), *Técnicas de innovación docente en Derecho del Trabajo y de la Seguridad Social*, Cizur Menor, 2021, pp. 125-137.

Daly, Herman E.: «Toward some operational principles of sustainable development», *Ecological Economics*, vol. 2, n.º 1, 1990, pp. 1-6.

Díaz, Sandra: *et al.*, «Biodiversity loss threatens human well-being», *PLOS Biology*, vol. 4, n.º 8 [e277].

Eurofound & **EEA:** *Green, clean and keen to converge? A convergence analysis of environmental quality of life in the EU,* Luxembourg, Publications Office of the European Union, Luxembourg, 2023.

EUROFOUND: *Impact of climate change and climate policies on living conditions, working conditions, employment and social dialogue: A conceptual framework*, Eurofound research paper, Luxembourg, Publications Office of the European Union, 2023.

GIL Y GIL, J. L.: «El trabajo decente como objetivo de desarrollo sostenible», *Lex Social, vol. 10, n.º 1, 2020, pp. 140-183.*

HICKS, J. R.: «The foundations of welfare economics», *The Economic Journal*, vol. 49, n.º 196, 1939, pp. 696-712.

HOLMES, STEPHEN & SUNSTEIN, C. R.: (2000), *The cost of rights: why liberty depends on taxes*, New York – London, 2000, W. W. Norton & Company.

JEAMMAUD, A.: «Le concept d'effectivité du droit», DANS AUVERGNON, PHILIPPE (Dir.). *L'effectivité du droit du travail: à quelles conditions*, Bordeaux, Presses universitaires de Bordeaux, 2008, pp. 33-56.

KALDOR, N.: «Welfare propositions in economics and interpersonal comparisons of utility», *The Economic Journal*, vol. 49, n.º 195, 1939, pp. 549-552.

KOOPMANS, TJALLING CH.: «An analysis of production as an efficient combination of activities», in KOOPMANS, T. CH. (Ed.), *Activity analysis of production and allocation*, [Cowles Commission for Research in Economics - monograph n. 13], New York, John Wiley & Sons, 1951, pp. 33-97.

LOCKWOOD, B.: «Pareto efficiency», in *Durlauf Steven N. & Blume*, LAWRENCE E. (Eds.), *The new Palgrave: a dictionary of economics*, 2nd ed., London, Palgrave Macmillan, 2008 [living reference work entry - https://doi.org/10.1057/978-1-349-95121-5_1823-2].

MARTÍN-POZUELO LÓPEZ, ÁNGELA Y YAGÜE BLANCO, S.: «La búsqueda de la implicación y motivación del alumnado a través del aprendizaje cooperativo y el uso de la plataforma Moodle», en DELGADO GARCÍA, A. M.ª y BELTRAN DE HEREDIA RUIZ, I., (Coords.), *La docencia del Derecho en la sociedad digital*, Barcelona, Huygens Editorial, 2019, pp. 429-442.

MARTÍN-POZUELO LÓPEZ, Á.: «Hacia una docencia del derecho del trabajo y de la Seguridad Social en línea con los objetivos de desarrollo sostenible (ODS) y el uso de las NTIC», en ROVIRA FERRER, I. y ANGLÈS JUANPERE, B. (Dirs.), *Un nuevo impulso de las TIC en la docencia del Derecho*, Barcelona, Huygens Editorial, 2021, pp. 119-136.

MIÑARRO YANINI, M.: (Ed.), *Cambio climático y derecho social: claves para una transición ecológica justa e inclusiva*, Jaén, Universidad de Jaén, 2021.

MONEREO PÉREZ, J. L. y **RIVAS VALLEJO, P. (DIRS.):** *La prevención de riesgos medioambientales en el ámbito de las relaciones de trabajo*, Granada, Comares, 2011.

Morelli, J.: «Environmental sustainability: a definition for environmental professionals», *Journal of environmental sustainability*, vol. 1, n.º 2, 2011, pp. 1-9.

O'Riordan, T.: «Research policy and review 6. Future directions for environmental policy», *Environment and Planning A: Economy and Space*, vol. 17, n.º 11, 1985, pp. 1431-1446.

Organización Internacional del Trabajo (OIT): *La ecologización de las empresas: Transformar los procesos y los lugares de trabajo*, Ginebra, Oficina Internacional del Trabajo, 2023.

Organización Internacional del Trabajo (OIT): *Trabajar en un planeta más caliente: el impacto del estrés térmico en la productividad laboral y el trabajo decente, Ginebra, Oficina Internacional del Trabajo*, 2019.

Posner, R. A.: «Utilitarianism, economics, and legal theory», *The Journal of Legal Studies*, vol. 8, n.º 1, 1979, pp. 103-140.

Purvis, B., Mao, Y. & **Robinson, D.**: «Three pillars of sustainability: in search of conceptual origins», *Sustainability Science*, n.º 1, 2019, pp. 881-695.

Quintero Lima, M.ª G.: «Las nuevas necesidades formativas en el marco de la digitalización y demás avatares 4.0 (la agenda 2030 y los Objetivos del Desarrollo Sostenible como herramientas docentes)», *Lan harremanak: Revista de Relaciones Laborales*, n.º 37, 2017, pp. 128-149.

Sánchez Vidal, M.ª E.; Hernández García, Y. y **Hernández Aguado, S. S.**: «Innovación docente en recursos humanos a través del aprendizaje-servicio. Una experiencia piloto», *RIDAS: Revista Iberoamericana de Aprendizaje-Servicio*, n.º 7, 2019, pp. 1-16.

Tøllefsen, T. O.: «Sustainability as a «magic concept»», Cuadernos Europeos de Deusto, n.º 64, 2021, pp. 29-52.

Viñuales, Jorge E.: «The rise and fall of sustainable development», *Review of European, Comparative & International Environmental Law* (RECIEL), vol. 22, n.º 1, 2013, pp. 3-13.

NORMATIVA Y OTROS DOCUMENTOS REFERENCIADOS

- «Carta Social Europea (revisada)», hecha en Estrasburgo el 3 de mayo de 1996.
- «Convenio para la Protección de los Derechos Humanos y de las Libertades Fundamentales», hecho en Roma el 4 de noviembre de 1950.

- «Decenio de las Naciones Unidas de la Educación para el Desarrollo Sostenible» - Resolución adoptada por la Asamblea General de las ONU el 21 de febrero de 2003 (A/RES/57/254).
- «Declaración de la Organización Internacional del Trabajo sobre la justicia social para una globalización equitativa», adoptada por unanimidad por la Conferencia Internacional del Trabajo el día 10 de junio de 2008 en Ginebra con motivo de su 97.ª reunión.
- «Directrices para la introducción de la Sostenibilidad en el Currículum» aprobadas por el Comité Ejecutivo del Grupo de Trabajo de Calidad Ambiental y Desarrollo Sostenible de la Conferencia de Rectores de las Universidades Españolas (CRUE), celebrado en Valladolid el 18 de abril de 2005 04/2005 y aprobadas por la Asamblea General CRUE el día 27 de octubre de 2005 y, posteriormente, revisadas con la revisión aprobada en sesión Plenaria de la Comisión Sectorial de Calidad Ambiental, Desarrollo Sostenible y Prevención de Riesgos (CADEP) en la Universidad de Zaragoza el día 17/06/2011 y ampliada en sesión Plenaria de la CADEP el día 9 de marzo de 2012 en Valencia y presentado en la Asamblea General de la CRUE de 28 de junio de 2012 en la Universitat de Girona (Directrices para la introducción de la Sostenibilidad en el Currículum de la CRUE).
- «Informe de la Comisión Mundial sobre el Medio Ambiente y el Desarrollo de la Organización de la Organización de Naciones Unidas: Nuestro futuro Común», aprobado por la Asamblea General de la Organización de las Naciones Unidas el 4 de agosto de 1987 («Informe Brundtland» - A/42/427).
- «Pacto Internacional de Derechos Económicos, Sociales y Culturales», adoptado y abierto a la firma, ratificación y adhesión por la Asamblea General de la Organización de las Naciones Unidas de 16 de diciembre de 1966 (Res. 2200 A (XXI)).
- «Pilar Europeo de Derechos Sociales», proclamado por El Parlamento Europeo, el Consejo y la Comisión en la Cumbre social de Goteburgo el17 de noviembre de 2017.
- «Transformar nuestro mundo: la Agenda 2030 para el Desarrollo Sostenible» - Resolución aprobada por la Asamblea General de la Organización de las Naciones Unidas el 25 de septiembre de 2015 (A/RES/70/1).
- Organización de las Naciones Unidas para la Educación, la Ciencia y la Cultura (UNESCO), Educación para los Objetivos de Desarrollo Sostenible: objetivos de aprendizaje, París, UNESCO, 2017.
- Real Decreto 1393/2007, de 29 de octubre, por el que se establece la ordenación de las enseñanzas universitarias oficiales.

- Real Decreto 822/2021, de 28 de septiembre, por el que se establece la organización de las enseñanzas universitarias y del procedimiento de aseguramiento de su calidad.
- SAMOVÍA, Juan, «Introducción», en Organización Internacional del Trabajo (OIT), Conclusiones relativas a la promoción de empresas sostenibles, Ginebra, 2008, pp. iii-iv.

UNA EXPERIENCIA DE APRENDIZAJE BASADA EN EL ODS 8 (TRABAJO DECENTE Y CRECIMIENTO ECONÓMICO) EN LA ASIGNATURA DE INTRODUCCIÓN AL DERECHO

Rebeca Herrero Morant
Prof. Ayudante Dr. de Derecho mercantil
Facultad de Economía y Empresa, Universidad de Zaragoza

Resumen: En esta comunicación se presenta una experiencia docente realizada en el contexto de la asignatura de Introducción al Derecho en el grado de Administración y Dirección de Empresas. Dicha asignatura tiene como objeto fundamental que los estudiantes adquieran un conocimiento general de la estructura de nuestro ordenamiento jurídico y las principales instituciones del Derecho privado relacionadas con la empresa. Entre los resultados de aprendizaje que se trabajan se incluye la constitución de sociedades, aspecto que en el que se profundiza a través de una actividad diseñada siguiendo la metodología docente de Aprendizaje Basado en Problemas. Los objetivos de esta actividad, además de la consecución de dicho resultado de aprendizaje será también trabajar por la consecución del ODS 8, en particular, lograr un trabajo decente.

Palabras clave: ODS, Trabajo decente, Aprendizaje basado en Problemas (ABP), Derecho mercantil.

Abstract: *This paper presents a teaching experience carried out in the context of the subject «Introduction to Law» taught in the Business Administration and Management degree. The main purpose of this subject is for students to acquire a general knowledge of the structure of our legal system and the main private law institutions related to business. Among the learning outcomes that are worked on the subject, the constitution of companies is included. This aspect is deepened through an activity designed following the teaching methodology of Problem-Based Learning. The objectives of this activity, in addition to the achievement of the said learning outcome, will also be to work towards achieving SDG 8, in particular, attaining decent work.*

Keywords: *SDG, Decent work, Problem-Based Learning (PBL), Commercial Law.*

1. Introducción

La enseñanza en la asignatura de Introducción al Derecho presenta unas peculiaridades respecto al conjunto de la docencia de materias jurídicas debido a que los alumnos no son de Derecho, sino que cursan otros estudios, en este caso de base económica. En este contexto la asignatura tiene un papel distinto ya que debe ayudar a los estudiantes a tener unas nociones básicas de Derecho que les ayuden a lo largo del grado universitario, pero también en el futuro laboral dentro del ámbito de sus estudios. En vista de esto, se presenta un análisis sobre una experiencia docente que busca mejorar tanto el aprendizaje como la consecución de un empleo decente.

2. Contexto académico de la experiencia

La actividad que vamos a analizar se desarrolló con los alumnos de la asignatura de Introducción al Derecho, impartida en el primer semestre del primer curso del Grado de Administración y Dirección de Empresas (ADE) de la Facultad de Economía y Empresa de la Universidad de Zaragoza en los cursos 2021-2022 y 2022-2023. En concreto, se realizó en tres grupos de docencia en ambos cursos, lo que supone unos 400 alumnos. Sin embargo, al ser una actividad voluntaria, como expondremos, el total de alumnos que participaron en la experiencia fue de 97.

La asignatura, obligatoria en el Plan de estudios de la citada titulación, pretende que los estudiantes adquieran un conocimiento general de la estructura de nuestro ordenamiento jurídico y de las instituciones básicas del Derecho Privado relacionadas con la empresa (Derecho Civil y Derecho Mercantil), aspecto que se considera esencial para el futuro profesional de los estudiantes, incluso como complemento para otras asignaturas del grado. Además, se busca que este conocimiento contribuya a la formación profesional de los estudiantes, dotándoles de una base jurídica que les permita el desempeño de sus labores de gestión, asesoramiento y evaluación en las organizaciones.

Pese a ello, recordando lo descrito en la contextualización de la asignatura, los alumnos no tienen perfil jurídico, por lo que a veces presentan reticencias sobre la utilidad de esta y sobre la consecución de sus objetivos. A este respecto, durante años, la autora de esta comunicación ha venido recogiendo informalmente quejas de los alumnos en las que indicaban que a pesar de lo estudiado no se sentían capaces de saber cómo proceder, por ejemplo, en el caso de querer constituir una sociedad o tener que llevar a cabo algún trámite societario. Esta desconexión entre lo estudiado y lo que necesitarían en el mundo laboral que apreciaban los estudiantes, y el objetivo de que esta asignatura, como parte de la titulación de ADE, les dote de herramientas para conseguir un mejor trabajo, hizo reflexionar sobre el proceso de aprendizaje y las metodologías docentes.

Así, entre los resultados de aprendizaje planteados en la asignatura, los alumnos deben aprender a: «Constituir los tipos sociales más comunes como formas jurídicas de empresa, con especial atención a la sociedad anónima y a la sociedad de responsabilidad limitada que el alumnado sabrá distinguir y comparar». Este resultado se suele trabajar con metodologías docentes tradicionales: con las sesiones magistrales en las que el profesorado presenta y sistematiza los conocimientos y con la puesta en práctica de los mismos mediante la resolución de problemas en las sesiones de prácticas tipo 2. Aunque esta organización docente permite a los estudiantes afianzar los conocimientos teóricos sobre la constitución de las sociedades mercantiles, resultado de aprendizaje concreto que queríamos trabajar, como hemos indicado los alumnos señalaban cada año que no podían trasladarlos a la práctica real.

Este *gap* entre lo aprendido y lo que saben aplicar no es una cuestión menor puesto que los objetivos docentes no se deben circunscribir únicamente a la adquisición de los conocimientos, sino también a la adquisición de competencias. Así, en la asignatura de Introducción al Derecho se espera que al superar la asignatura el estudiante refuerce, entre otras, sus competencias específicas de «Dirigir, gestionar y administrar empresas y organizaciones» y «Conocer el funcionamiento de cualquiera de las áreas funcionales de una empresa u organización y desempeñar con soltura cualquier labor de gestión en ellas encomendadas». Además, también se incluyen algunas competencias transversales entre las que destaca la «Capacidad de aplicar los conocimientos en la práctica». Y no solo eso, sino que esta última capacidad debería ayudar a los estudiantes a desarrollarse profesionalmente, facilitar que los estudiantes puedan acceder a puestos de trabajo decentes (incluso por cuenta propia) lo que incidirá en último estadio en el crecimiento económico. En este sentido, la docencia de esta asignatura y, en particular, la consecución del citado resultado de aprendizaje sobre la creación de sociedades debería contribuir a la consecución del Objetivo 8: Trabajo decente y crecimiento económico, de los Objetivos de Desarrollo Sostenible de las Naciones Unidas (ODS), tal y como pasamos a describir.

3. Objetivos de desarrollo sostenible

Desde hace unos años, desde las universidades, incluida la Universidad de Zaragoza, se ha venido apreciando su papel y contribución a la consecución de los ODS[1]. Estos ODS fueron establecidos en 2015 por las Naciones Unidas para luchar por un desarrollo sostenible a nivel mundial, que permita erradi-

1 En este sentido se ha utilizado de base, entre otros documentos de referencia, la siguiente guía: SDSN AUSTRALIA/PACIFIC (2017), *Getting started with the SDGS in universities: A guide for universities, higher education institutions, and the academic sector*. Consultado el 14 de junio de 2023 en https://ap-unsdsn.org/wp-content/uploads/University-SDG-Guide_web.pdf

car la pobreza, proteger al planeta y asegurar la prosperidad para todos en los próximos quince años. Son diecisiete objetivos, desarrollados mediante 169 metas a alcanzar en 2030, que buscan «satisfacer las necesidades del presente sin comprometer la capacidad de futuras generaciones de satisfacer las suyas propias»[2]. Objetivos que se pueden agrupar en tres pilares del desarrollo sostenible según sean materias de ámbito social, ambiental o económico.

Entre los diversos ODS que se trabajan en la asignatura de Introducción al Derecho y en la experiencia docente que analizamos destacan dos: (1) el ODS 4, Educación de calidad y, en concreto, su meta 4.4.: «De aquí a 2030, aumentar considerablemente el número de jóvenes y adultos que tienen las competencias necesarias, en particular técnicas y profesionales, para acceder al empleo, el trabajo decente y el emprendimiento». Este ODS 4 es consustancial a la formación universitaria, por lo que se trabaja en todas las titulaciones. (2) Por otro lado, podemos señalar el ODS 8, Trabajo decente y crecimiento económico, en particular su meta 8.3: «Promover políticas orientadas al desarrollo que apoyen las actividades productivas, la creación de puestos de trabajo decentes, el emprendimiento, la creatividad y la innovación, y fomentar la formalización y el crecimiento de las microempresas y las pequeñas y medianas empresas, incluso mediante el acceso a servicios financieros». Esta meta está directamente vinculada con el resultado de aprendizaje que queríamos trabajar, ya que, por un lado, se trabaja las aptitudes necesarias para un trabajo decente, pero también la posibilidad de conseguir ese trabajo mediante la constitución de sociedades.

Centrándonos en este último, el ODS 8, es importante señalar que las Naciones Unidas buscan promover el crecimiento económico inclusivo y sostenible, así como crear empleos y trabajos decentes para todos. En este punto, cabe reflexionar, en línea con lo dispuesto por las Naciones Unidas, sobre qué podemos considerar que es un trabajo decente[3]. Este debería permitir que la persona que lo realizan tenga un ingreso justo, seguridad en el lugar de trabajo y protección social. Asimismo, se indica que debería incluir perspectivas de desarrollo personal y favorecer la integración social. Estas condiciones habitualmente se dan en menor medida en el empleo juvenil, aquel que tendrán los estudiantes al finalizar sus estudios. En este sentido destaca la alta tasa de paro y de temporalidad, la baja remuneración y el bajo porcentaje de trabajos cualificados vinculados a sus estudios universita-

---

2 Naciones Unidas (2015). *Objetivos de Desarrollo Sostenible*. Consultado el 14 de junio de 2023 en https://www.un.org/sustainabledevelopment/es/objetivos-de-desarrollo-sostenible/.

3 Tal y como se describe, por ejemplo, en: https://www.un.org/sustainabledevelopment/es/wp-content/uploads/sites/3/2016/10/8_Spanish_Why_it_Matters.pdf. Consultado el 14 de junio de 2023.

rios[4]. La falta de mejores condiciones de trabajo afecta individualmente a los jóvenes, los cuales sufrirán directamente las consecuencias en su capacidad económica y en la posibilidad de desarrollarse individualmente, pero también afecta al conjunto de la sociedad al limitarse el crecimiento económico conjunto.

Estos aspectos ocurren especialmente en España, siendo uno de los cinco países de la OECD (Organización para la Cooperación y el Desarrollo Económicos) que aún presentan grandes desafíos respecto a este objetivo, si bien se encuentra en proceso de mejora. De cualquier forma, este objetivo es uno de los que a nivel mundial presenta un nivel de cumplimiento más bajo, tal y como se desprende el último estudio sobre la evolución de los ODS, el *Sustainable Development Report* de 2022 realizado por la SDSN (Sustainable Development Solutions Network, organizada desde las Naciones Unidas)[5]. Sobre los aspectos que estamos estudiando cabe señalar que entre los diferentes indicadores analizados en el informe destaca que España es uno de los países de la OECD con unas de las mayores ratios de población joven (entre 15-29 años) que ni estudia ni trabaja, entre los que se podría incluso contar con jóvenes universitarios que no trabajan.

Una forma de luchar contra estos problemas y que nuestros estudiantes alcancen mejores empleos supone invertir en educación de la mayor calidad posible. En este sentido, más importante que adquirir conocimientos es que sepan aplicarlos, para lo que hay que diseñar actividades de aprendizaje que permitan desarrollar sus competencias y aptitudes, en consonancia con las demandas del mercado laboral. Además, también es importante generar un mayor movimiento emprendedor y para ello será clave tengan unas nociones básicas sobre la constitución de sociedades y su gestión.

De esta forma, en nuestra actividad, respecto al objetivo de que los alumnos sepan constituir sociedades (y gestionarlas jurídicamente) se trabajaría el ODS 8 por dos vías: Primero, (1) porque, como veremos en el siguiente epígrafe, con la actividad diseñada los alumnos trabajarán competencias como el aprendizaje autónomo, trabajo en equipo, pensamiento crítico y creativo, entre otras. Todas estas competencias transversales son necesarias para conseguir y mantener un trabajo decente. Por otro lado, (2) porque los estudiantes tendrán los conocimientos específicos sobre la creación de sociedades y su funcionamiento desde el punto de vista del Derecho mercantil. Esto les puede servir tanto a la hora

4 Sobre estos aspectos puede consultarse el Informe: Jóvenes y mercado de trabajo (marzo 2022) publicado por la Secretaría de Estado de Empleo y Economía Social del Ministerio de trabajo y Economía Social: https://www.mites.gob.es/ficheros/ministerio/sec_trabajo/analisis_mercado_trabajo/jovenes/2022/Marzo_2022.pdf. Consultado el 14 de junio de 2023.

5 SDSN, SACHS, J. D.; LAFORTUNE, G.; KROLL, C.; FULLER, G.; WOELM, F. (2022), *Sustainable Development Report 2022: From Crisis to Sustainable Development*. Consultado el 14 de junio de 2023 en https://s3.amazonaws.com/sustainabledevelopment.report/2022/2022-sustainable-development-report.pdf (pp. 20, 21, 402 y 403).

de trabajar por cuenta ajena, prestando servicios de asesoramiento en los que estos conceptos sean relevantes; como para poder autoemplearse a través de una sociedad de nueva constitución, entendiendo que esto puede reportarles beneficios en ciertas circunstancias frente a la figura del empresario individual (como pueden ser a nivel tributario, la limitación de la responsabilidad, etc.).

4. Descripción de la actividad realizada

4.1. Aspectos teóricos del diseño de la actividad

Por todo lo expuesto, en los últimos dos cursos se realizó una actividad que tenía dos objetivos: lograr el aprendizaje relativo a la constitución de un empresario social y, a su vez, ayudar a la consecución del ODS 8. Con esto último, como decíamos, se trata de conseguir que los estudiantes tengan un trabajo decente, ya sea por cuenta ajena, teniendo las competencias y el conocimiento necesario o, por cuenta propia, sabiendo constituir una sociedad. Para diseñar esta actividad se desestimó la utilización de metodologías de aprendizaje tradicionales (clase magistral y resolución de casos prácticos) ya que la práctica ha demostrado que son insuficientes para la consecución de estos objetivos. Por ello se planteó la utilización de alguna metodología docente activa, eligiéndose en este caso la de «aprendizaje basado en problemas» o ABP[6]. Además, también hemos tenido en consideración los resultados que ya se han obtenido en experiencias docentes previas en materia de Derecho mercantil y su incidencia en el futuro laboral de los estudiantes[7].

6 Metodología que, entre otros, trabajan Moust, J. H. C.; Bouhuijs, P.; Schmidt, H. G. (1998). *Problem-based Learning: a student guide,* Groningen, Wolters-Noordhoff; y, entre nosotros, especialmente desde el punto de vista jurídico, Branda, L. A. (2009). «L'aprenentatge basat en problemes», en VV. AA. *L'aprenentatge basat en problemes*», IDES Universidad Autònoma de Barcelona, Bellaterra, pp. 11-47. Consultado el 17 de junio de 2023 en https://www.uab.cat/iDocument/185/237/eines_6,0.pdf.
También se pueden citar, más recientemente, Fernández, J. C., Fernández, C. M.; y Polo, S. M. T. (2017). «Aplicación de la autoevaluación en una experiencia de Aprendizaje Basado en Problemas con alumnado de educación en asignaturas relacionadas con la discapacidad», *Iatreia, 32,* pp. 73-93. Consultado el 14 de junio de 2023 en https://revistas.unav.edu/index.php/estudios-sobre-educacion/article/view/8714; Restrepo Gómez, B. (2005). «Aprendizaje basado en problemas (ABP): una innovación didáctica para la enseñanza universitaria», *Educación y educadores*, 8, pp. 9-20. Consultado el 14 de junio de 2023 en https://www.redalyc.org/articulo.oa?id=83400803; y Rodríguez, M. B. J., Ordoñez, D. M. M. & Meneses, S. L. C. (2018). «Strengthening of Reasoning Levels in higher education students through the use of Learning Strategies (Problem-Based Learning and Collaborative Learning) Using ICT's», *Electronic Journal of Research in Educational Psychology*, 16(45), pp. 477-502. Consultado el 14 de junio de 2023 en https://ojs.ual.es/ojs/index.php/EJREP/article/view/2102.

7 Destaca en este sentido el trabajo de Font Ribas, A. (2013). «La incidencia del aprendizaje basado en problemas (ABP) en la integración laboral de los licenciados en derecho», *Revista de derecho mercantil*, 287, pp. 237-284.

De forma general, podemos indicar que la metodología ABP supone que los alumnos aprendan por medio de la resolución de problemas «reales» a los que podrían enfrentarse fuera del entorno docente, en especial, en su futuro profesional. Esta metodología de aprendizaje activo se basa en las teorías del construccionismo (el aprendizaje es más significativo cuando las personas construyen sus propios conocimientos partiendo de los conocimientos previos) y el concepto de aprender haciendo (*learning by doing*) presentado por Dewey[8]. Según el citado autor, la mejor manera de adquirir un conocimiento es, en primer lugar, hacer algo práctico y, posteriormente, analizar lo ocurrido, de forma que los alumnos extraigan los conocimientos teóricos de la propia práctica. Así, además de reforzar y entender de forma profunda los conocimientos adquiridos durante las clases, también se adquirirán nuevos conocimientos gracias a que la actividad permitirá a los estudiantes identificar que conceptos necesitan trabajar para poder solucionar los problemas «reales» a los que se enfrentan.

Cabe señalar también que, en esta metodología, se suele trabajar por equipos, estructurándose como un aprendizaje colaborativo entre los estudiantes que forman parte del grupo y donde el profesor será un supervisor del proceso[9]. Además, no hay que olvidar los beneficios que también conlleva, en general, trabajar en equipo, al crearse sinergias y colaboraciones que refuercen el proceso de aprendizaje. Respecto al papel del profesor, este diseñará el caso y lo presentará junto con sus instrucciones. Posteriormente realizará, según la dificultad del ejercicio, una o varias sesiones de apoyo conjuntas, así como sesiones a demanda de los equipos vía tutorías. En estas sesiones intermedias el docente orientará y ofrecerá el *feedback* necesario para poder completar la actividad.

Los principales beneficios que presenta el ABP es que se potencia la construcción del conocimiento y se mejora el propio proceso de aprendizaje, pero también es clave el desarrollo de competencias y habilidades, algunas tan importantes como el fomento del pensamiento crítico y creativo, el manejo de fuentes bibliográficas y el aprendizaje autónomo[10]. Esto último se producirá porque ciertos aspectos, especialmente la aplicación práctica de los contenidos teóricos, probablemente no se cubrirá totalmente en las sesiones docentes y los alumnos podrán trabajar en paralelo dichas competencias. En este caso, los alumnos, que tienen un rol activo en el desarrollo de la

8 Dewey, J. (1938), (1997 ed.). *Experience and Education*, New York, Touchstone.

9 Gabrielsson, S. (2012). *Métodos para enseñar la gramática española como una lengua extranjera-Un análisis cualitativo de los métodos deductivo, inductivo y aprender haciendo*, Lunds Universitet. Consultado el 14 de junio de 2023 en https://lup.lub.lu.se/luur/download?func=downloadFile&recordOId=2341608&fileOId=2362725.

10 Lozano Ramírez, M. C. (2020). «El aprendizaje basado en problemas en estudiantes universitarios», *Tendencias pedagógicas*, 37, 90-103. Consultado el 14 de junio de 2023 en https://revistas.uam.es/tendenciaspedagogicas/article/view/tp2021_37_008.

actividad, deberán complementar sus conocimientos con los que construya consultando las fuentes bibliográficas proporcionadas por las asignaturas, las bases de datos accesibles desde la biblioteca de su centro universitario y la colaboración del profesorado en las sesiones de seguimiento.

Como decíamos, el desarrollo de la metodología ABP se realiza en torno a un problema que, tal y como define RESTREPO[11], podrían tener diferentes caracteres: comprender un fenómeno complejo, resolver una incógnita, aclarar una situación, relacionar variables de una problematización, comprender un fenómeno social o profesional. En general, podemos hablar de que un problema será una situación por resolver, por solucionar y, en particular en esta metodología, un estímulo para el aprendizaje[12]. En nuestro caso el problema será de tipo empresarial, centrándonos en la necesidad de constituir una sociedad y algunas cuestiones que se pueden desarrollar durante la vida de la empresa. Este problema, que en nuestro caso tendrá carácter transversal, dirigirá el proceso de aprendizaje.

4.2. Contenido de la actividad

Una vez analizado el marco teórico sobre el que se diseñó la actividad de aprendizaje, pasamos a describir la actividad planteada. El enunciado del ejercicio empieza indicando a los alumnos que su objetivo principal es constituir una sociedad de responsabilidad limitada para el desarrollo de una actividad económica. Se ha optado por una sociedad de responsabilidad limitada por su mayor sencillez y flexibilidad, así porque es el tipo societario más habitual y el que más probablemente necesiten, en su caso, en el futuro.

La actividad se divide en varios apartados con los que se busca orientar a los alumnos. Así, en el primer punto, se les solicita que recaben cuales son los pasos (jurídicos) y plazos que deberían seguir para poder constituir la sociedad y ante quién los deben realizar. Este primer apartado se puede contestar con lo estudiado en la asignatura, afianzando esos conocimientos, pues es suficiente si indican que para la constitución de una sociedad mercantil es necesario otorgar una escritura pública ante notario y, posteriormente, inscribirla en el registro mercantil en el plazo de dos meses (arts. 20, 21, 31 y 32 de la Ley de Sociedades de Capital).

11 RESTREPO GÓMEZ, B. (2005). «Aprendizaje basado en problemas (ABP): una innovación didáctica para la enseñanza universitaria», *Educación y educadores*, 8, pp. 9-20. Consultado el 14 de junio de 2023 en https://www.redalyc.org/articulo.oa?id=83400803.

12 JACOBS, A. E.; DOLMANS, D. H.; WOLFHAGEN, I. H.; y SCHERPBIER, A. J. (2003). «Validation of a short questionnaire to assess the degree of complexity and structuredness of PBL problems». *Medical Education*, 37, pp. 1001-1007. Consultado el 14 de junio de 2023 en https://onlinelibrary.wiley.com/doi/pdf/10.1046/j.1365-2923.2003.01630.x?casa_token=kBv-ajYvI2UAAAAA:2flmd30V1ZIs4gMhjvdX6LsajdflL_QMPSmHo5NGJi-AYOlexJKRK5GS_X6KzDLU3hAsbr0mHHA.

En segundo lugar, se les encomienda que tomen una serie de decisiones organizativas, algunas de carácter económico pero que tendrán su posterior transcendencia jurídica. Entre ellas, se les pide que decidan una denominación social, domicilio, objeto social (actividad económica), información sobre los socios que fundarán esta sociedad, qué aportaciones harán cada uno de ellos, su valoración y el porcentaje que suponen respecto del total de las aportaciones (capital). También deben indicar cómo se organizará la gestión de la sociedad, es decir, quién o quiénes serán los administradores. Como durante ese mismo semestre también se estudian asignaturas de Dirección de Empresas y Marketing, algunas de estas preguntas (especialmente el objeto social) se responden con relativa facilidad por los alumnos, aspecto sobre el que volveremos cuando analicemos los resultados ya que incide en la transversalidad de las materias estudiadas. En cualquier caso, el punto clave de la experiencia docente se producirá en el siguiente apartado, cuando deban trasladar estas decisiones que tomarían en la vida real a términos jurídicos.

Así, en el tercer apartado, es dónde se encuentra el núcleo del problema que tienen que trabajar los alumnos. En este se les pide redactar unos estatutos sociales que reflejen las decisiones adoptadas, o las que deben adoptar, ya que deberán revisar si cubren el contenido mínimo de los estatutos sociales (art. 23 de la Ley de Sociedades de Capital). En la vida real probablemente estos estatutos se redactarían con la colaboración de un abogado o del notario, usándose en la mayoría de los casos un modelo, por lo que no se espera que los alumnos redacten de cero este documento. Para facilitarles la búsqueda de un modelo de estatutos sociales se les cita, como una posibilidad, consultar el Real Decreto 421/2015[13] en el que se recoge un modelo de estatutos-tipo. También se les indica que pueden presentar cómo sería la escritura pública de constitución, en la que se incluirían como anexo los estatutos sociales, indicándoles que es opcional ya que este documento es redactado por el notario.

Finalmente, en el segundo curso en el que se ha realizado esta actividad, se incluyó un nuevo apartado, buscando que también aprendieran a manejar el funcionamiento societario. En este caso se pidió a los alumnos que dejaran a uno de los integrantes de la sociedad fuera del grupo de socios fundadores, para incluirlo posteriormente mediante una ampliación de capital. Para ello se requiere que redacten la convocatoria de la Junta general extraordinaria de socios y que indiquen el procedimiento de publicación. Sobre este aspecto deberían recapacitar si quieren volver al punto anterior e incluir alguna cláusula en los estatutos que les facilite esta tarea. Aunque una ampliación de

---

13 Real Decreto 421/2015, de 29 de mayo, por el que se regulan los modelos de estatutos-tipo y de escritura pública estandarizados de las sociedades de responsabilidad limitada, se aprueba modelo de estatutos-tipo, se regula la Agenda Electrónica Notarial y la Bolsa de denominaciones sociales con reserva.

capital no será una práctica habitual, sí lo será la convocatoria anual de la junta ordinaria, en la que podrían aplicar lo aprendido en clase sobre la convocatoria de estas reuniones de socios.

Estas instrucciones, junto con la explicación de los objetivos a conseguir, son presentadas en la segunda semana del curso en una sesión de tipo 6 (sesiones de trabajos docentes de aplicación de competencias). Entre las indicaciones se darán las pautas para constituir los equipos y se anunciarán las siguientes sesiones, teniendo al menos una sesión grupal de seguimiento y una sesión final de entrega del trabajo. El trabajo se organiza como un dossier que se entrega impreso o en formato *pdf*, siguiendo los apartados señalados en las instrucciones.

El trabajo es evaluado, pero, debido al contenido restrictivo de la guía docente respecto a la evaluación de la asignatura (la calificación estará formada solo por los parciales), esta evaluación no formará parte de la calificación final de la asignatura. Es por ello por lo que se plantea como una actividad voluntaria pero altamente recomendable para el alumnado, tanto por su apoyo al proceso de aprendizaje para la propia asignatura como por el resto de los objetivos que se pretenden alcanzar con ella. Señalar que, pese a la voluntariedad de la actividad, se ha conseguido alrededor de un 25 % de participación respecto al total de la matrícula. En cualquier caso, los alumnos reciben una evaluación formativa de tal forma que esta les sirva de *feedback* y de evaluación intermedia de cara a la preparación de las pruebas escritas. Además, teniendo en cuenta las características de la actividad, se consideró conveniente utilizar una rúbrica de evaluación donde se indiquen claramente los criterios de evaluación y los diferentes grados de consecución de los mismos. Este instrumento no solo facilita la objetivación de la evaluación de los objetivos por parte del docente, sino que también permite a los alumnos anticiparse a qué y cómo se les va a evaluar (si se entrega previamente) y a entender en qué áreas deben mejorar. A la hora de diseñar la rúbrica se han tenido en cuenta algunas de las variables para la aplicación de ABP introducidas por Berajano y Lirio[14]: (1) estimular el pensamiento, análisis y razonamiento, (2) asumir el aprendizaje autorregulado, (3) utilizar el conocimiento previo, (4) proponer un contexto realista, (5) permitir descubrir los objetivos de aprendizaje, (6) activar la curiosidad, (7) elegir tópicos relacionados con el área de conocimientos específico para el que se forma y (8) asegurar contextos amplios.

14 Berajano Franco, M. T.; y Lirio Castro, J. (2008), «La utilización de problemas auténticos en la enseñanza superior», en VV. AA. *El aprendizaje basado en problemas (ABP): una propuesta metodológica en Educación Superior*, A. Escribano González y A. del Valle López (coord.), Madrid, Narcea, pp. 35-52.

5. Resultados obtenidos

Los resultados obtenidos en el desarrollo de esta actividad se pueden analizar desde dos puntos de vista, uno académico y otro respecto a la consecución del ODS 8. En cuanto al primero, cabe mencionar que más del 90 % de los estudiantes que participaron en la actividad superaron la asignatura sin dificultades. También es cierto que existía un filtro previo que era la voluntariedad de la actividad, lo que puede suponer un sesgo en el resultado al realizarse por parte de alumnos con mayor implicación académica. Respecto al dossier entregado, la mayoría de los trabajos se evaluaron positivamente, con una calificación notable o excelente. Solo puntualmente se apreciaron defectos graves, por ejemplo, haber utilizado un modelo de convocatoria de una junta general de vecinos de una propiedad horizontal en vez de para una sociedad mercantil.

Por otro lado, podemos analizar cómo ha impactado esta actividad respecto del futuro profesional del alumnado. Por parte del alumnado, cuando se les cuestionó tras la entrega del trabajo respecto a los objetivos de la actividad, indicaron que gracias a este ejercicio habían podido apreciar mejor cómo se aplicaban los conceptos estudiados. Y no solo eso, sino que, aunque no era uno de los objetivos inicialmente buscados, resaltaron que habían visto que existía interconexión de lo estudiado en Introducción al Derecho con otras asignaturas del semestre. Además, analizando el contenido de los trabajos, debemos apreciar de forma positiva los resultados obtenidos porque todos los alumnos. Por ejemplo, en mayor o menor medida, supieron encontrar y completar los modelos necesarios para resolver los problemas que se les planteaban (constituir una sociedad y convocar una junta general), lo que se puede considerar suficiente para estudiantes de estudios de base económica y empresarial. Junto a esto, destaca también que identificaron la normativa aplicable y los agentes claves (a quién debían dirigirse) para el correcto desarrollo de estas relaciones jurídicas empresariales: notario y registrador mercantil.

Respecto a esta materia (constitución y gestión jurídico-societaria), en la mayoría de las ocasiones las tres cuestiones señaladas (saber encontrar los modelos, completarlos correctamente en base a la regulación y saber ante quién actuar) suelen ser los conocimientos y habilidades necesarias, y suficientes, para un correcto desempeño profesional, más aún cuando se trata de estudiantes de ADE. De esta forma se confirma que estarían trabajando sus habilidades profesionales, más allá de los conocimientos propios de la asignatura, lo que debería ayudar a facilitar que los alumnos tengan un trabajo decente, dentro del contenido del ODS 8.

No obstante lo anterior, nos gustaría subrayar que no podemos afirmar con total seguridad que se consiga mejorar en todos los casos (para todos los estudiantes) el ODS 8. Para poder afirmarlo deberíamos hacer un seguimiento de los estudiantes tras la finalización de sus estudios de forma que midiéramos el impacto de esta actividad en su vida profesional y sobre la consecución de un trabajo decente, que no se ha realizado.

6. Conclusiones y retos futuros

De la ejecución de esta propuesta docente durante estos dos cursos académicos se desprende la importancia de realizar actividades docentes en las que se fomente el desarrollo de habilidades profesionales que ayuden a la consecución del ODS 8. En concreto, la obtención de un trabajo decente no se puede conseguir únicamente mediante la adquisición de conocimientos, sino que los alumnos deben saber cómo aplicarlos y cómo adquirir nuevos conocimientos. Además, aprender a constituir y manejar jurídicamente las sociedades podría ayudarles a emprender nuevos negocios, lo que les abre sus expectativas de tener un empleo decente por cuenta propia.

De los resultados obtenidos queremos destacar una de las apreciaciones realizadas por los alumnos: el conocimiento y su aplicación en el mundo laboral no se realiza por compartimentos estancos (asignaturas) sino que existe una interconexión de las materias a la hora de solucionar problemas profesionales. En este sentido, en los últimos meses hemos iniciado el proceso para implementar un proyecto de innovación docente con diversas asignaturas que se imparten en el primer semestre de ese primer curso de ADE, en los que, además de los objetivos incluidos hasta el momento (esencialmente que los alumnos afiancen los conceptos jurídicos, adquieran nuevas competencias, todo ello junto al desarrollo del ODS 8), se incluirá trabajar la transversalidad del conocimiento y de las competencias.

7. Referencias

Berajano Franco, M. T. y **Lirio Castro, J.**: (2008). «La utilización de problemas auténticos en la enseñanza superior», en VV. AA. *El aprendizaje basado en problemas (ABP): una propuesta metodológica en Educación Superior*, A. Escribano González y A. del Valle López (coord.), Madrid, Narcea, pp. 35-52.

Branda, L. A.: (2009). «L'aprenentatge basat en problemes», en VV. AA. *L'aprenentatge basat en problemes», IDES Universidad Autònoma de Barcelona, Bellaterra*, pp. 11-47. [Consultado el 17 de junio de 2023 en https://www.uab.cat/iDocument/185/237/eines_6,0.pdf.

Dewey, J.: (1938), (1997 ed.) *Experience and Education*, New York, Touchstone.

Fernández, J. C., Fernández, C. M. y **Polo, S. M. T.:** (2017). «Aplicación de la autoevaluación en una experiencia de Aprendizaje Basado en Problemas con alumnado de educación en asignaturas relacionadas con la discapacidad», *Iatreia, 32,* pp. 73-93. Consultado el 14 de junio de 2023 en https://revistas.unav.edu/index.php/estudios-sobre-educacion/article/view/8714.

Font Ribas, A.: (2013). «La incidencia del aprendizaje basado en problemas (ABP) en la integración laboral de los licenciados en derecho», *Revista de derecho mercantil*, 287, pp. 237-284.

Gabrielsson, S.: (2012). *Métodos para enseñar la gramática española como una lengua extranjera-Un análisis cualitativo de los métodos deductivo, inductivo y aprender haciendo*, Lunds Universitet. Consultado el 14 de junio de 2023 en https://lup.lub.lu.se/luur/download?func=downloadFile&recordOId=2341608&fileOId=2362725.

Jacobs, A. E.; Dolmans, D. H.; Wolfhagen, I. H. y **Scherpbier, A. J.** (2003). «Validation of a short questionnaire to assess the degree of complexity and structuredness of PBL problems». *Medical Education*, 37, pp. 1001-1007. Consultado el 14 de junio de 2023 en https://onlinelibrary.wiley.com/doi/pdf/10.1046/j.1365-2923.2003.01630.x?casa_token=kBv-ajYvI2UAAAAA:2fImd30V1ZIs4gMhjvdX6LsajdfIL_QMPS-mHo5NGJi-AYOIexJKRK5GS_X6KzDLU3hAsbr0mHHA.

Lozano Ramírez, M. C.: (2020). «El aprendizaje basado en problemas en estudiantes universitarios», *Tendencias pedagógicas*, 37, 90-103. Consultado el 14 de junio de 2023 en https://revistas.uam.es/tendenciaspedagogicas/article/view/tp2021_37_008.

Moust, J. H. C.; Bouhuijs, P. y **Schmidt, H. G.:** (1998). *Problem-based Learning: a student guide,* Groningen, Wolters-Noordhoff; y, entre nosotros, especialmente desde el punto de vista jurídico.

Naciones Unidas: (2015). *Objetivos de Desarrollo Sostenible*. Consultado el 14 de junio de 2023 en https://www.un.org/sustainabledevelopment/es/objetivos-de-desarrollo-sostenible/.

Naciones Unidas: (s.f.). *Trabajo decente y crecimiento económico: por qué es importante*. Consultado el 14 de junio de 2023 en https://www.un.org/sustainabledevelopment/es/wp-content/uploads/sites/3/2016/10/8_Spanish_Why_it_Matters.pdf.

Restrepo Gómez, B.: (2005). «Aprendizaje basado en problemas (ABP): una innovación didáctica para la enseñanza universitaria», *Educación y educadores*, 8, pp. 9-20. Consultado el 14 de junio de 2023 en https://www.redalyc.org/articulo.oa?id=83400803.

Rodríguez, M. B. J.; Ordoñez, D. M. M. & **Meneses, S. L. C.:** (2018). «Strengthening of Reasoning Levels in higher education students through the use of Learning Strategies (Problem-Based Learning and Collaborative Learning) Using ICT's», *Electronic Journal of Research in Educational Psychology*, 16(45), pp. 477-502. Consultado el 14 de junio de 2023 en https://ojs.ual.es/ojs/index.php/EJREP/article/view/2102.

Sdsn Australia/Pacific: (2017). *Getting started with the SDGS in universities: A guide for universities, higher education institutions, and the academic sector*. Consultado el 14 de junio de 2023 en https://ap-unsdsn.org/wp-content/uploads/University-SDG-Guide_web.pdf.

Sdsn; Sachs, J. D.; Lafortune, G.; Kroll, C.; Fuller, G. y **Woelm, F.:** (2022). *Sustainable Development Report 2022: From Crisis to Sustainable Development*. Consultado el 14 de junio de 2023 en https://s3.amazonaws.com/sustainabledevelopment.report/2022/2022-sustainable-development-report.pdf.

Secretaría de Estado de Empleo y **Economía Social (Ministerio de Trabajo** y **Economía Social):** (2022). *Informe: Jóvenes y mercado de trabajo (marzo 2022)*. Consultado el 14 de junio de 2023 en https://www.mites.gob.es/ficheros/ministerio/sec_trabajo/analisis_mercado_trabajo/jovenes/2022/Marzo_2022.pdf.

LA DOCENCIA DEL DERECHO URBANÍSTICO PARA LA CONTRIBUCIÓN A UNA CIUDAD SOSTENIBLE

Albert Lladó Martínez
Profesor lector Serra Húnter
Facultad de Derecho, Universitat de Girona

Resumen: Este trabajo aborda la integración de la sostenibilidad en la enseñanza del Derecho Urbanístico, destacando la importancia de comprender y aplicar esta disciplina para lograr un desarrollo equilibrado y sostenible de las ciudades y territorios. Se enfatiza la necesidad de afrontar la sostenibilidad desde sus distintas vertientes, tanto ambiental como social o económica. Así, se presta atención a los estudios de impacto ambiental, al derecho a la vivienda, la gentrificación, la turistificación, la salud en la ciudad y la movilidad sostenible desde una perspectiva urbanística, entre otros. Se subraya la importancia de una docencia universitaria que destaque y valore esta conexión entre sostenibilidad y urbanismo, y se incluyen ejemplos de metodologías adecuadas para conseguirlo, como los proyectos de estudio de casos, las simulaciones o juegos de rol, el análisis de legislación comparada o las actividades de colaboración con otras disciplinas implicadas en la planificación y el desarrollo urbano.

Palabras clave: Sostenibilidad, Derecho urbanístico, Metodología docente, Urbanismo, Medio ambiente.

Abstract: *This paper addresses the integration of sustainability in the teaching of Planning Law, while highlighting the importance of understanding and applying this discipline to achieve a balanced and sustainable development of cities and territories. The need to address sustainability from environmental, social, and economic perspectives, is emphasized. Thus, it pays attention to environmental impact studies, the right to housing, gentrification, touristification, health in the city and sustainable mobility from an urban perspective, among others. It is also underlined the importance of a university teaching that highlights and values this connection between sustainability and urban planning, and includes examples of appropriate methodologies to achieve this, such as case study projects, simulations* *or role-playing games, the analysis of comparative legislation or activities of collaboration with other disciplines involved in urban planning and development.*

Keywords: *Sustainability, Planning law, Teaching methodology, Urbanism, Environment.*

1. Introducción

El Derecho Urbanístico es una disciplina de vital importancia para la adecuada gestión y ordenación del territorio. Su correcta comprensión y aplicación son claves para garantizar un desarrollo equilibrado y sostenible en todos los sentidos aplicado a nuestras ciudades y territorios.

Sin embargo, y pese a su relevancia, este campo del Derecho suele ser desconocido para el público en general y a menudo se encuentra, como sucede con la mayoría del conocimiento científico, confinado al estudio de especialistas. Por esta razón, y estando este trabajo enmarcado en una obra multidisciplinar por naturaleza, es conveniente empezar con una mínima panorámica introductoria del Derecho Urbanístico, con el objetivo de acercar esta disciplina a una audiencia más amplia y no especializada.

Enmarcado en este contexto, la sostenibilidad emerge como el primer hilo conductor en nuestro acercamiento al Derecho Urbanístico. La sostenibilidad desde todas sus perspectivas, ambiental y económico-social, se plasma en este caso en un conjunto de principios esenciales que deben guiar la gestión y planificación del territorio. El Derecho Urbanístico actual está mejorando su compromiso de adoptar una visión holística e integradora, haciendo un uso de las herramientas que normativamente se le adjudican para construir un desarrollo urbano que posibilite la armonía entre las necesidades humanas, el medio ambiente, la economía y el patrimonio cultural.

Además de ofrecer una visión panorámica y accesible del Derecho Urbanístico y de cómo la sostenibilidad se encuentra intrínsecamente conectada con él, se intentará resaltar asimismo la necesidad de una docencia universitaria que resalte y valorice esta conexión, imprescindible en primer lugar para una correcta comprensión del urbanismo, pero además básica para la formación de profesionales conscientes de las implicaciones de la acción humana sobre el territorio. Desde este punto de vista académico, el Derecho urbanístico sirve como el andamiaje legal que sustenta la planificación del territorio, proporcionando un marco para el uso y la ocupación del suelo, la conservación del patrimonio histórico y natural, y la provisión de viviendas, servicios e infraestructuras. Asimismo, asegura la coherencia y la legalidad de las decisiones de planificación, intentando equilibrar los derechos de los propietarios de tierras con los intereses de la comunidad y el medio ambiente.

2. El Derecho urbanístico, una aproximación

Empezaremos por dar una definición poco conflictiva del Derecho urbanístico; así, podemos decir que consiste en un conjunto de normas y principios que regulan la ordenación, el uso y la transformación del suelo, tanto en el ámbito urbano como en el rural[1]. Con frecuencia se asocia esta rama del Derecho exclusivamente con la planificación de las ciudades[2], sin embargo, este es un entendimiento parcial que no hace justicia a la profundidad y amplitud de su alcance.

Más allá de la planificación urbana, que sin duda es un componente crítico del Derecho urbanístico, este abarca la totalidad del territorio en el que la autoridad competente tiene jurisdicción. Este territorio no solo se limita a las áreas urbanas, sino que incluye también las vías de comunicación, zonas rurales, áreas naturales protegidas, zonas industriales, comerciales, agrícolas, entre otras[3].

Tras unos inicios en que las normas urbanísticas en Europa se limitaban a intentar asegurar la salubridad pública y empezar a dotar de una cierta coherencia a las construcciones en las ciudades, fue en el Reino Unido donde la normativa empezó a adoptar una visión de conjunto del territorio, adoptando al mismo tiempo una nomenclatura acorde con lo regulado[4], una perspectiva que fue adoptada seguidamente en las normativas europeas, entre ellas la española.

El objetivo primordial del Derecho urbanístico es el desarrollo sostenible y equilibrado de los territorios, buscando conciliar los intereses de los diferentes actores involucrados. Una primera e importante tensión se hace evidente al tener que conjugar la propiedad privada con los usos e intereses públicos. Para lograrlo, se debe realizar una cuidadosa planificación que ha de considerar un gran abanico de factores, tales como el repartimiento de derechos y obligaciones entre actores, el impacto ambiental, las necesidades de infraes-

---

1 Eduardo Cordero Quinzacara, *Naturaleza, contenido y principios del derecho urbanístico chileno*, en Revista de derecho (Coquimbo), 22(2), 2015, p. 103.

2 Tomás-Ramón Fernández Rodríguez, *Manual de Derecho Urbanístico*, 28.ª edición, Cizur Menor (Navarra): Thomson Reuters Civitas, 2019, p. 21.

3 Joan Manuel Trayter Jiménez, *Derecho urbanístico de Cataluña*, 10.ª edición, Barcelona: Atelier libros jurídicos, 2022, p. 32.

4 Así, las leyes anteriores limitan su acción a la vivienda y la ciudad (Housing and Town Planning Act, de 1909; Housing and Town Planning Act, de 1919 y Town Planning Act, de 1925). Sin embargo, en 1932 se dicta la ya llamada Town and Country Planning Act. En España, el Derecho urbanístico moderno nace con la Ley de 12 de mayo de 1956, sobre Régimen del Suelo y Ordenación Urbana, que incluye ya previsiones de planeamiento territorial más allá del entorno urbano, mientras que hasta entonces y desde el siglo XIX ya existían leyes dirigidas a aspectos de ordenación de las ciudades, como las «de ensanche y extensión», «de saneamiento y mejora interior» o la «de solares». Sobre la evolución histórica del Derecho urbanístico en España ver Tomás - Ramón Fernández Rodríguez, *Manual de Derecho Urbanístico*, (op. cit.), p. 23 y ss.

tructura, las necesidades sociales, el patrimonio cultural y la economía. Una complejidad en la que es posible encontrar pares contrapuestos[5], siendo el más obvio el mencionado entre la función pública y el interés privado, pero que también incluye tensiones entre diferentes intereses privados (propietarios, empresarios, vecinos, organizaciones ecologistas o profesionales, etc.)[6]. También se dan intereses enfrentados entre las distintas Administraciones públicas que ejercen sus competencias sobre el urbanismo, en atención a los diferentes intereses que tales competencias deben satisfacer. Por otra parte, y de gran importancia para el presente texto, la dicotomía entre conservación y desarrollo, en que habrá que dar respuesta por un lado al uso de espacios y actividades para atender las necesidades de la población y de los sectores productivos y, al mismo tiempo, proteger en estos mismos espacios los valores ambientales, paisajísticos, agrícolas o patrimoniales que aseguren la conservación futura del territorio y de sus características esenciales.

Por lo tanto, al hablar de Derecho urbanístico, nos referimos a un campo de estudio y aplicación práctica que va más allá de las fronteras de la ciudad y se adentra en la complejidad de la ordenación territorial en su conjunto y sin olvidar al espacio marítimo[7]; una ordenación que afecta a una multitud de actores con intereses diferenciados y a menudo contrapuestos. Para llevar a cabo estas funciones, el Derecho urbanístico se ha ido dotando de herramientas legales y técnicas para llevar a cabo una gestión del territorio que conjugue los diversos intereses y los valores del medio ambiente, la cohesión social y el progreso económico.

2.1. La labor planificadora

Los planes son sin duda el concepto central del Derecho urbanístico[8]. Se trata de una figura normativa, de rango reglamentario[9], que adquiere en parte una forma de representación gráfica de una realidad territorial determinada y que concreta en el aspecto material qué y cómo se pretende hacer con esa realidad.

---

5 Andrés Manuel González Sanfiel, Nuevo derecho urbanístico: simplificación, sostenibilidad, rehabilitación, Cizur Menor (Navarra): Thomson Reuters Aranzadi, 2020, pp. 30-32.

6 Que a su vez incluyen a menudo condicionamientos de raíz ideológica, como apunta Giovanni Maria Caruso, *Las funciones urbanísticas: entre lo público y lo privado (dinámicas organizativas y negociales en la composición de los conflictos*, en Nuevo derecho urbanístico: simplificación, sostenibilidad, rehabilitación, Cizur Menor (Navarra): Thomson Reuters Aranzadi, 2020, p. 388.

7 Ángel Lobo Rodrigo, *La ordenación del espacio marítimo: el plan se extiende hacia el mar*, en Nuevo Derecho urbanístico: simplificación, sostenibilidad, rehabilitación, Cizur Menor (Navarra): Thomson Reuters Aranzadi, 2020, p. 351.

8 Tomás-Ramón Fernández Rodríguez, *Manual de Derecho Urbanístico*, (op. cit.), p. 46.

9 Joan Manuel Trayter Jiménez, *Derecho urbanístico de Cataluña*, (op. cit.), p. 111.

Existen dos grandes tipologías en la planificación: por un lado, la ordenación territorial persigue la estructuración del territorio en las grandes líneas generales tales como las infraestructuras más importantes, distribuye los asentamientos y las actividades productivas y coordina las acciones a lo largo del territorio de la globalidad de los poderes públicos[10]. Por otro lado, los planes urbanísticos son más precisos a nivel territorial y determinan los usos del suelo, el aprovechamiento urbanístico lucrativo y no lucrativo[11], y configuran el conjunto de derechos y deberes de los propietarios.

Así se configuraba en la mencionada ley de 1956 y en forma actualizada se encuentra recogido en la legislación básica vigente, el Real Decreto Legislativo 7/2015, de 30 de octubre, por el que se aprueba el texto refundido de la Ley de Suelo y Rehabilitación Urbana (TRLS), que en su primer apartado define: «la ordenación territorial y la urbanística son funciones públicas no susceptibles de transacción que organizan y definen el uso del territorio y del suelo de acuerdo con el interés general, determinando las facultades y deberes del Derecho de propiedad del suelo conforme al destino de éste».

De forma general y sin entrar a fondo en la cuestión, se distingue entre el denominado planeamiento general y el planeamiento derivado, que se organizan de forma jerárquica. El primero tiene un carácter generalista poco concreto[12], y establece las directrices para la coordinación de la ordenación urbanística de un territorio de alcance supramunicipal[13], además de determinaciones sobre grandes ámbitos (desarrollo sostenible, movilidad de personas y mercancías, transporte público, protección del suelo no urbanizable, reserva de suelo para grandes infraestructuras o delimitación de áreas residenciales estratégicas)[14]. Incluirá también las determinaciones para el desarrollo concreto de tales regulaciones, que se llevará a cabo mediante el pla-

---

10 Joan Manuel Trayter Jiménez, *Derecho urbanístico de Cataluña*, (op. cit.), p. 120.

11 Judith Gifreu Font, *El planeamiento urbanístico*, en Comentarios a la Ley de Urbanismo de Cataluña, 3.ª edición, Navarra: Aranzadi, 2008, p. 343.

12 Entrarían en esta tipología los planes previstos en la normativa básica estatal (TRLS) y sus reglamentos ejecutivos, así como las leyes dictadas por las Comunidades Autónomas que han asumido las correspondientes competencias. Sus nomenclaturas habituales son las de planes directores, planes de ordenación o generales.

13 Joan Manuel Trayter Jiménez, *Derecho urbanístico de Cataluña*, (op. cit.), pp. 125-137.

14 Francisco José Villar Rojas, *Sobre el dogma de la planificación (urbanística) previa*, en Nuevo Derecho urbanístico: simplificación, sostenibilidad, rehabilitación, Cizur Menor (Navarra): Thomson Reuters Aranzadi, 2020, p. 268, plantea una aproximación crítica a esta jerarquía planificadora y considera que se ha comprobado inasumible pretender programar el futuro (como en realidad pretenden los planes generales), y que más importante que un plan general es asegurar que el planeamiento concreto garantice los principios esenciales del urbanismo y sus impactos ambientales, económicos y sociales.

neamiento derivado que, a su vez, contendrá[15] la regulación pormenorizada del uso y aprovechamiento del suelo del sector al que haga referencia.

Desde luego, aun siendo básica, la planificación no es suficiente por sí sola para llevar a cabo la pretendida ordenación del territorio. La gestión, es decir, la ejecución en la práctica de lo planeado va a suponer poner en práctica las determinaciones del plan[16], lo cual va a comportar una pluralidad de acciones que, en el caso de la ciudad, van desde la urbanización hasta la edificación.

Finalmente, desde el punto de vista de compleción de la planificación urbanística, la realidad ha hecho imprescindible la confección de un régimen punitivo específico, diseñado para hacer frente a la protección de la legalidad urbanística y para la represión de las conductas que infrinjan esa legalidad y alteren el orden urbanístico[17].

3. La sostenibilidad en el Derecho urbanístico

El desarrollo sostenible en ámbito del urbanismo es un concepto de extraordinaria amplitud[18] que, aunque en la legislación se refiera como un principio de desarrollo territorial y urbano, desborda el mero ámbito espacial ya que, como se ha apuntado previamente, su observación hace necesaria la armonización del uso de recursos naturales con las necesidades económicas, de cohesión social, igualdad de trato y oportunidades, salud y protección del medio ambiente.

---

15 El planeamiento derivado sigue las directrices marcadas por el planeamiento general e incluye los planes parciales concretos de cada territorio, y abarca una extensión más reducida que la de los planes generales. Para las tipologías a nivel estatal ver: Tomás-Ramón Fernández Rodríguez, *Manual de Derecho Urbanístico*, (op. cit.), pp. 53-72.

16 Hacemos aquí una diferenciación conceptual simple que, por no ser objeto de este trabajo, no recoge la variedad de instrumentos y las dificultades de categorización que a menudo presentan. En este sentido ver: Alicia Espejo Campos, *Las actuaciones de dotación como técnica emergente en la gestión del suelo urbano*, en Nuevo Derecho urbanístico: simplificación, sostenibilidad, rehabilitación, Cizur Menor (Navarra): Thomson Reuters Aranzadi, 2020.

17 Sobre la protección de la legalidad urbanística ver: Tomás-Ramón Fernández Rodríguez, *«Manual de Derecho Urbanístico»*, (op. cit.), pp. 203-230 y Joan Manuel Trayter Jiménez, *«Derecho urbanístico de Cataluña»*, (op. cit.), pp. 297-323. Sobre algunos de sus problemas actuales: Eduardo Risueño Díaz, *«La consolidación del uso: ruptura de la viabilidad de restablecer en cualquier momento la situación originaria frente a un uso* ilegal», en Nuevo Derecho urbanístico: simplificación, sostenibilidad, rehabilitación, Cizur Menor (Navarra): Thomson Reuters Aranzadi, 2020.

18 Ángel Menéndez Rexach, *El desarrollo territorial y urbano sostenible como principio político y jurídico global*, en Nuevo Derecho urbanístico: simplificación, sostenibilidad, rehabilitación, Cizur Menor (Navarra): Thomson Reuters Aranzadi, 2020, p. 30.

3.1. La sostenibilidad ambiental en el planeamiento

Las raíces actuales de su aplicación en el urbanismo las encontramos en primer lugar en las declaraciones internacionales al respecto. En primer lugar, la Agenda 2030 para el Desarrollo Sostenible adoptada por la ONU en 2015, que incorpora los bien conocidos Objetivos de Desarrollo Sostenible (ODS). También la Asamblea General de la ONU asumió la denominada Nueva Agenda Urbana que, entre otros objetivos, se plantea conseguir que las ciudades sean «inclusivas, seguras, resilientes y sostenibles»[19]. Derivadas de esta Agenda, se definen una serie de directrices para los países en relación con el desarrollo sostenible, tanto en su vertiente ambiental como en la económica y en la social.

La Unión Europea asumió en el Tratado de Maastricht la protección del medio ambiente, y ha dictado desde entonces una diversidad de directivas sobre él, aunque no en relación con la ordenación del territorio, el urbanismo, la ciudad o la vivienda, aspectos que, al no ser de su directa competencia, han sido objeto de atención mediante documentos de soft law[20]. Son destacables desde este punto de vista la Agenda Urbana Europea[21], adoptada en 2016 por los ministros responsables de las políticas urbanas en los países de la Unión y comunicada al Consejo de la Unión Europea en 2017[22], así como el Pacto Verde Europeo (The European Green Deal), documento presentado por la Comisión Europea en diciembre de 2019[23]. En la misma línea, la Carta de Leipzig sobre Ciudades Europeas Sostenibles, adoptada mediante reunión informal de los ministros responsables del desarrollo urbano de los Estados miembros en 2007, que parte de la identificación de problemas demográficos, de desigualdad social, exclusión social de grupos específicos, carencia de viviendas asequibles y apropiadas y derechos ambientales[24]. El desarrollo de las ciudades también se encuentra influenciado por los programas y políti-

19 Conferencia de las Naciones Unidas sobre la Vivienda y el Desarrollo Urbano Sostenible Hábitat III. Nueva Agenda Urbana, p. x, https://publicacionesonuhabitat.org/onuhabitat-mexico/Nueva-Agenda-Urbana-Ilustrada.pdf

20 En este sentido se ha hecho notar que, aun no siendo competente en estas materias, la UE ha dictado un buen número de normas con impacto en la vivienda e indirectamente en el desarrollo urbano sostenible. Ver: Juli Ponce Solé, *El derecho a la ciudad y la Nueva Agenda Urbana una aproximación integrada y sistémica a los derechos en la ciudad con referencia al derecho a la vivienda*, Barcelona: Atelier libros jurídicos, 2019, p. 105.

21 https://www.urbanagenda.urban-initiative.eu/

22 https://futurium.ec.europa.eu/system/files/migration_files/celex3a52017dc06573aen3a-txt.pdf

23 https://eur-lex.europa.eu/legal-content/ES/TXT/?uri=CELEX:52019DC0640

24 Susana Galera Rodrigo, *El hacer urbano de la Unión Europea. Modelo de ciudad, poder local y sostenibilidad energética*. Atelier libros jurídicos, 2022, p. 45.

cas de fomento de determinadas actuaciones y estrategias; así, actuaciones como la iniciativa Urban, DUSI o los fondos FEDER han guiado la actuación de la gestión urbanística también hacia la sostenibilidad[25].

En la normativa estatal básica, el TRLS de 2015 incorpora en su artículo 3 el principio de desarrollo territorial y urbano sostenible[26]. En este artículo se desgranan a su vez una serie de principios y exigencias al planificador, que serán posteriormente concretadas a lo largo de la norma, de forma que serán de inexcusable cumplimiento y controlables en su caso por el Contencioso-administrativo y que se pueden clasificar en contenidos reglados por un lado y limitaciones a las potestades discrecionales por otro[27].

Y es a este nivel donde encontramos las concreciones en materia de control ambiental de cara a su sostenibilidad. En primer lugar, el TRLS de 2015, normativa de carácter básico, establece informes preceptivos y determinantes para el contenido de la memoria ambiental que elabora la autoridad planificadora. Así, deberá incluir el informe de la Administración hidrográfica sobre la existencia de agua para satisfacer las nuevas demandas, el de la Administración de costas sobre el deslinde del dominio público marítimo terrestre y el de las Administraciones de carreteras y demás infraestructuras sobre la afectación al medioambiente y su impacto sobre la capacidad de servicio[28].

Las exigencias al planificador en materia ambiental aumentan al ritmo que marca la preocupación por la sostenibilidad, materializada en la normativa y no solamente en la urbanística. El importante instrumento de la evaluación ambiental estratégica de planes y programas se encuentra recogido en la

---

25 Jesús María Ramírez Sánchez, *Urbanismo para una nueva ciudad. El principio de desarrollo urbano sostenible*. Cizur Menor (Navarra): Thomson Reuters Aranzadi, 2021, p. 65.

26 Se ha defendido que el redactado actual de este principio supone una ampliación de fines en comparación con sus antecedentes, y se ha corregido el confusionismo que presentaba la formulación legal anterior, en que la cohesión social (concepto imbricado en la dimensión social de la sostenibilidad urbana) estaba considerada de igual manera que la sostenibilidad del medio urbano pero no al mismo nivel, sino que la cohesión social se subordinaba a la sostenibilidad urbana. Ver: María del Rosario Alonso Ibáñez, *Un territorio para un derecho urbanístico sostenible*, en Nuevo Derecho urbanístico: simplificación, sostenibilidad, rehabilitación, Cizur Menor (Navarra): Thomson Reuters Aranzadi, 2020, p. 135.

27 Juan Carlos Maresca Cabot, *Los principios generales del derecho urbanístico en especial el de desarrollo urbanístico sostenible*, en Comentarios a la Ley de Urbanismo de Cataluña, 3.ª edición, Navarra: Aranzadi, 2008, p. 420.

28 Las exigencias del TRLS de 2015 se encuentran más detalladas en Joan Manuel Trayter Jiménez, *Derecho urbanístico de Cataluña*, (op. cit.), pp. 98-99 y en Jesús María Ramírez Sánchez, *Urbanismo para una nueva ciudad. El principio de desarrollo urbano sostenible*, (op. cit.), pp. 354-359.

Ley estatal 21/2013, de 9 de diciembre, de evaluación ambiental (LEA). Esta norma recoge por primera vez la evaluación ambiental como un todo unitario[29] que incorpora dos niveles de control[30]:

- Evaluación Ambiental Estratégica (EAE): realización de estudios previos para analizar los efectos ambientales de la futura aprobación de planes y programas urbanísticos con la finalidad de elegir la mejor opción ambiental.
- Estudio de Impacto Ambiental (EIA): una vez aprobados los planes y programas urbanísticos y se encuentran en fase de ejecución, cada vez que se realice un proyecto o actividad concreta se deberán valorar las posibles opciones para escoger la menos gravosa para el medioambiente.

La concreción de estos estudios y evaluaciones es una tarea compleja[31], toda vez que derivan de lo previsto en la Directiva 2001/42/CE, de 27 de junio de 2001, relativa a la evaluación de los efectos de determinados planes y programas en el medio ambiente (Directiva EAE), que en su artículo 3.5 estipula que los Estados pueden determinar los posibles efectos ambientales realizando estudios caso por caso o bien de forma general, especificando tipos de planes y programas[32] (o incluso combinando ambos métodos). En todo caso, sí que especifica (art. 5.3) que los Estados deberán tener en cuenta los criterios establecidos en el Anexo II de la Directiva, llamados «criterios de significación», que incluyen, en primer lugar, las características de los planes y programas y, en segundo, las características de los efectos y de la zona de influencia probable. Definidos estos criterios, se detallarán las informaciones y medidas concretas que se encuentran recogidas en el Anexo I de la misma Directiva EAE[33].

Yendo un paso más allá del concepto genérico de la sostenibilidad ambiental, hemos de hacer referencia a las leyes monográficas sobre cambio climático aprobadas en España. Así, la estatal Ley 7/2021, de 20 de mayo, de cam-

29 Joan Manuel Trayter Jiménez, *Derecho urbanístico de Cataluña*, (op. cit.), pp. 100-104.

30 Como se ha comentado, existe normativa autonómica que desarrolla sus competencias en materia de planificación territorial y urbanística. En este sentido, las respectivas leyes autonómicas pueden modular éstas y otras exigencias para acomodarlas a sus necesidades.

31 Se sigue la exposición de Francisco L. Hernández González, *La conflictiva delimitación de los instrumentos sometidos a evaluación ambiental: el concepto de «plan y programa»*, en Nuevo derecho urbanístico: simplificación, sostenibilidad, rehabilitación, Thomson Reuters Aranzadi, 2020, p. 301.

32 Teniendo en cuenta que algunas actuaciones en el ámbito del planeamiento no necesitarán de evaluación o estudio ambiental. Véase Andrés M. González Sanfiel, *Los convenios «de gestión» con «efecto de plan»*, en Nuevo derecho urbanístico: simplificación, sostenibilidad, rehabilitación, Thomson Reuters Aranzadi, 2020, pp. 317-348.

33 Directiva EAE: https://eur-lex.europa.eu/legal-content/ES/TXT/?uri=celex%3A32001L0042

bio climático y transición energética, de carácter mayoritariamente básico, pero, por supuesto, «sin perjuicio de las facultades de las Comunidades Autónomas de establecer normas adicionales de protección». Unas normas adicionales que algunas comunidades ya habían dictado previamente, como fue el caso de Cataluña, Andalucía e Islas Baleares en sus respectivas leyes sobre cambio climático, comunidades a las que se han unido posteriormente Canarias, Navarra, La Rioja y Comunidad Valenciana. En todos los casos las normas incorporan disposiciones específicas en relación con la planificación y la gestión urbanísticas, edificación o infraestructuras de transporte[34].

3.2. La sostenibilidad social y económica, la asignatura (aún más) pendiente

El planeamiento urbanístico desempeña también un papel fundamental en la promoción de la sostenibilidad social y económica en el desarrollo de las ciudades y comunidades. El diseño y la organización del entorno urbano tienen un impacto significativo en la calidad de vida de los ciudadanos, así como en la viabilidad económica de las áreas urbanas.

En términos de sostenibilidad social, el planeamiento urbanístico busca crear entornos que promuevan la equidad, la inclusión y la calidad de vida de los habitantes. Esto implica la planificación de áreas residenciales que sean accesibles y seguras, con servicios y equipamientos adecuados, y que fomenten la cohesión social y la participación ciudadana. Por otro lado, el planeamiento urbanístico debe abordar cuestiones como la vivienda asequible, la integración de diferentes grupos sociales y la creación de espacios públicos que promuevan la interacción y la convivencia. Así, la vinculación entre planeamiento y vivienda ha cristalizado desde hace tiempo en normas autonómicas, como el art. 16.1 de la Ley catalana 18/2007, del derecho a la vivienda, según el cual «el planeamiento urbanístico, en coherencia con las determinaciones de la planificación y la programación en materia de vivienda, tiene que calificar en el medio urbano suelo adecuado y suficiente para el uso de vivienda destinado al domicilio habitual de la población residente». En la actualidad, la recientemente aprobada Ley estatal 12/2023, de 24 de mayo, por el derecho a la vivienda, dedica su artículo 15 al Derecho de acceso a la vivienda en relación con la ordenación territorial y urbanística. Esta vinculación se desarrolla «en el vértice entre los objetivos de cohesión, mezcla social y sostenibilidad ambiental y los derechos individuales de libertad de empresa

34 Sobre los contenidos concretos de estas leyes en relación con su repercusión en el Derecho urbanístico, véase: María del Carmen Núñez Lozano, *El cambio climático y su repercusión en el cambio del derecho urbanístico*, en Nuevo derecho urbanístico: simplificación, sostenibilidad, rehabilitación, Thomson Reuters Aranzadi, 2020, pp. 93-129.

y propiedad privada»[35]. Con este espíritu de congeniar derechos, se intentan impulsar en los últimos años formas de colaboración entre sector público y privado: «por una parte, la cesión temporal por particulares de viviendas vacías para su gestión por la Administración como vivienda social. Por otra, la cesión de patrimonio público a agentes privados de lucro limitado para que se ocupen de su desarrollo y de la gestión directa en las condiciones de la vivienda protegida»[36].

En cuanto a la sostenibilidad económica, el planeamiento urbanístico desempeña un papel clave en la creación de entornos favorables para el desarrollo económico y la generación de empleo. Esto incluye la planificación de áreas comerciales e industriales adecuadas, la promoción de la diversificación económica, la conectividad y accesibilidad de las zonas urbanas, y la consideración de factores como la movilidad y la infraestructura necesaria para el desarrollo económico sostenible. Uno de los puntos en que se encuentran los ámbitos social y económico es en la participación de la comunidad en las plusvalías generadas por la actuación urbanística[37]; la función social del Derecho de propiedad impone que la colectividad también salga beneficiada de ese proceso urbanizatorio y el aumento de valor que se le asocia.

Esta vertiente económica de la sostenibilidad es a menudo referida desde el punto de vista de su función de financiación del resto de ámbitos de la sostenibilidad. Los presupuestos públicos son limitados y la Administración no siempre cuenta con capacidad financiera para realizar transformaciones de gran calado. Para garantizar el respeto al medio ambiente, lograr un desarrollo social adecuado o garantizar el acceso a la vivienda es necesario contar con recursos económicos suficientes en un espacio corto de tiempo. Desde la Economía se plantean soluciones diversas, que pasan tanto por la financiación privada como por los instrumentos de colaboración público-privados; son ejemplos los fondos de compensación, patrimonios públicos de suelo, fondos para actuaciones de dotación, los cánones de diversa índole o impuestos específicos[38].

Otros instrumentos relativamente menos dependientes de grandes aportaciones de capital son las rehabilitaciones y las regeneraciones y reutilizaciones a través de la planificación. La rehabilitación es un elemento esencial en el Derecho urbanístico moderno[39]; en esencia, se trata de dar un nuevo uso

35 Andrei Quintiá Pastrana, *Derecho a la vivienda y vulnerabilidad. Las medidas públicas de protección frente a la emergencia social,* Thomson Reuters Aranzadi, 2022, p. 131.

36 Andrei Quintiá Pastrana, *Derecho a la vivienda y vulnerabilidad*, (op. cit.), p. 265.

37 Joan Manuel Trayter Jiménez, *Derecho urbanístico de Cataluña*, (op. cit.), p. 76.

38 *Claudia* Hernández López*,* Fondos, bancos y patrimonios públicos para contribuir a la sostenibilidad*, en* Nuevo Derecho urbanístico: simplificación, sostenibilidad, rehabilitación, Cizur Menor (Navarra): Thomson Reuters Aranzadi, 2020*,* p. 525.

39 Andrés Manuel González Sanfiel, *Nuevo derecho urbanístico: simplificación, sostenibilidad, rehabilitación*, (op. cit.), p. 37.

a edificaciones y espacios ya existentes (la ciudad consolidada), incluyendo medidas sociales y económicas de apoyo a las clases más desfavorecidas, entre ellas, aquellas medidas que eviten su expulsión de las zonas en las que se encuentran arraigadas. En este sentido, la Comisión Europea tiene como uno de sus objetivos la contención del consumo de nuevo suelo; así, con la Comunicación 571/2011, indicó como objetivo a medio-largo plazo llevar el consumo de suelo a nivel cero en el año 2015, recomendando a los Estados miembros a medio plazo la elaboración de medidas idóneas para reducir la constante pérdida de suelo e incentivar la regeneración del existente[40].

Por supuesto, el aquí presentado no es más que un rápido vistazo panorámico a la que es una realidad compleja y que afecta a multitud de sectores, como hemos visto, ambientales, sociales y económicos. Cada uno de estos ámbitos merece atención en profundidad, un requerimiento necesariamente fuera del alcance de la docencia del Derecho urbanístico, que habitualmente se reduce a un capítulo dentro de las asignaturas de Derecho administrativo en su parte especial o, para quienes la elijan, a una asignatura optativa. Aspectos como el detalle de la Agenda Urbana europea, los graves problemas en relación con el Derecho a la vivienda, la gentrificación, la turistificación, la salud en la ciudad, la movilidad sostenible y tantos otros[41], son aspectos que configuran y condicionan la sostenibilidad y que deben ser abordados —entre otras disciplinas— desde el Derecho urbanístico.

4. La integración de la sostenibilidad en la docencia del Derecho urbanístico. Algunos ejemplos

Con la intención de trasladar a las aulas parte de lo expuesto, apuntaremos un mínimo acercamiento a algunos métodos prácticos dirigidos a facilitar una docencia del Derecho urbanístico integradora del enfoque sostenible en todas sus vertientes.

4.1. Proyectos de estudio de casos

La integración de la sostenibilidad urbanística en la docencia del Derecho urbanístico a través de proyectos de estudio de casos es una estrategia efectiva para que los estudiantes comprendan cómo los principios de sostenibilidad se

40 Gianluca GARDINI, *Hacia la «ciudad justa». Planificación y regeneración urbana: la experiencia italiana*, en Nuevo derecho urbanístico: simplificación, sostenibilidad, rehabilitación, Thomson Reuters Aranzadi, 2020, p. 175-176.

41 Jesús María RAMÍREZ SÁNCHEZ, *Urbanismo para una nueva ciudad. El principio de desarrollo urbano sostenible*, (op. cit.), p. 495.

aplican en la práctica y cómo las leyes y regulaciones influyen en la planificación y el diseño urbanos. Estos proyectos permiten a los estudiantes analizar situaciones reales, evaluar opciones y desarrollar soluciones sostenibles.

Al utilizar estudios de casos de ciudades o desarrollos que han aplicado principios de sostenibilidad, los estudiantes pueden estudiar ejemplos concretos de cómo las leyes y regulaciones urbanísticas han facilitado o dificultado estos esfuerzos; de esta forma se proporciona a los estudiantes una visión más práctica y aplicada del papel del Derecho urbanístico en la promoción de la sostenibilidad.

Una actividad en este sentido presentaría a los estudiantes un caso específico de una ciudad que haya logrado avances significativos en la sostenibilidad urbana a través de sus políticas y regulaciones. Los estudiantes pueden investigar las leyes y reglamentos relevantes que han facilitado estos avances y analizar cómo se han aplicado en la práctica, evaluando al mismo tiempo los desafíos y obstáculos encontrados durante el proceso y cómo se han abordado[42].

El desarrollo de un estudio de caso puede incluir la discusión y el debate en el aula[43] alrededor de las diferentes perspectivas y opiniones sobre los beneficios y desafíos de la sostenibilidad urbana y de cómo las decisiones legales en el caso estudiado han afectado a diferentes actores, como desarrolladores, residentes, grupos comunitarios o al medio ambiente.

Por otra parte, es importante que los estudiantes consideren los aspectos interdisciplinarios de la sostenibilidad urbanística. Pueden investigar cómo se han integrado aspectos arquitectónicos, de diseño urbano, energéticos, de transporte o sociales en los proyectos sostenibles estudiados. Esta visión holística les permite comprender cómo las decisiones legales y reglamentarias pueden influir en múltiples aspectos del desarrollo urbano sostenible.

4.2. Simulaciones de planificación o juegos de rol

Las simulaciones o juegos de rol son estrategias pedagógicas con ya una demostrada efectividad en el mundo del Derecho[44]; en este caso se plantea de forma que los estudiantes comprendan cómo los principios de sostenibilidad se aplican en el proceso de planificación y toma de decisiones en el ámbito urbano.

---

42 Carrie MENKEL-MEADOW. «Telling Stories in School: Using Case Studies and Stories to Teach Legal Ethics.» *Fordham Law Review* 69 (2001): 787.

43 Juan CABRERA; Abigail LARA; Victor VELA. «Métodos de enseñanza en clases para ciencias jurídicas en educación superior.» Revista Espacios (41), no. 28 (2020): 128-135.

44 Katia FACH GÓMEZ; Alexandra RENGEL. *«El Aprendizaje a Través De La Simulación En El Moot Practice: Una Estrategia Docente Para La Mejora De La Formación Jurídica Universitaria En El Marco Del Eees»*, SSRN Scholarly Paper. Rochester, NY, February 9, 2014, p. 43.

Estas actividades permiten a los estudiantes sumergirse en roles de abogados, planificadores, desarrolladores, políticos o ciudadanos, y enfrentar los desafíos y dilemas que surgen en el contexto de la planificación urbana sostenible. Al simular situaciones y escenarios complejos, los estudiantes pueden experimentar de manera realista los factores sociales, económicos y ambientales que influyen en la toma de decisiones y aprender a analizar y evaluar diferentes opciones y soluciones.

Durante una simulación de planificación, los estudiantes pueden recibir información detallada sobre el contexto urbano y los problemas a abordar. Esto puede incluir datos demográficos, condiciones medioambientales, restricciones legales, objetivos de sostenibilidad, intereses de los actores involucrados y recursos disponibles. A partir de estas informaciones, los estudiantes deben trabajar en equipos y colaborar para desarrollar propuestas y tomar decisiones informadas que promuevan la sostenibilidad.

Un aspecto clave de las simulaciones de planificación es la negociación y la colaboración entre los diferentes roles. Los estudiantes deben interactuar y comunicarse entre sí, representando los intereses y perspectivas de los diferentes actores involucrados en el proceso de planificación. Esto ayuda a comprender las complejidades de la toma de decisiones en el mundo real y desarrollar habilidades de negociación, resolución de conflictos y construcción de consensos.

Durante la simulación, los estudiantes también pueden enfrentar desafíos y dilemas éticos. Por ejemplo, pueden encontrarse con decisiones difíciles que implican equilibrar la conservación del medio ambiente con el crecimiento económico o garantizar la equidad social en la distribución de los beneficios y cargas de un desarrollo urbano sostenible. Dilemas de este tipo les permiten reflexionar sobre las implicaciones éticas de sus decisiones y desarrollar una comprensión más real de la intersección entre el Derecho urbanístico y la sostenibilidad.

Las simulaciones de planificación también pueden involucrar la utilización de herramientas y tecnologías relacionadas con la planificación urbana sostenible. Los estudiantes pueden utilizar software de modelado y visualización para simular el impacto de diferentes decisiones en la forma urbana, la eficiencia energética, la movilidad o la calidad del aire. Esto les permite comprender cómo la tecnología puede ayudar en la toma de decisiones informadas y en la evaluación de escenarios de desarrollo urbano sostenible.

Al finalizar la simulación, es conveniente llevar a cabo una sesión de reflexión y evaluación, donde los estudiantes analicen y discutan las decisiones tomadas, los resultados obtenidos y las lecciones aprendidas. Esta reflexión crítica les permite internalizar los conocimientos y experiencias adquiridos durante la simulación, y reflexionar sobre cómo pueden aplicarlos en situaciones reales en su futura práctica profesional.

4.3. Análisis de legislación comparada

La integración de la sostenibilidad urbanística en la docencia del Derecho urbanístico a través del análisis de legislación comparada puede ser una actividad por sí misma o bien un complemento valioso a implementar junto con otra de las estrategias propuestas[45]. Al examinar las leyes y regulaciones de diferentes países, o las de las comunidades autónomas, los estudiantes pueden obtener una visión más amplia de las diferentes aproximaciones y enfoques utilizados en el campo del Derecho urbanístico y la sostenibilidad en distintos territorios[46].

La investigación y comparación de leyes y regulaciones relacionadas con la planificación urbana sostenible aportará distintas aproximaciones al uso del suelo, la conservación del medio ambiente, la eficiencia energética, el transporte sostenible, la vivienda asequible y otros temas relevantes. Con esta actividad, los estudiantes pueden identificar similitudes, diferencias y mejores prácticas en la forma en que los países han incorporado la sostenibilidad en su marco legal.

Al hilo de la posible compaginación de esta actividad con otros métodos, los estudiantes pueden analizar casos específicos o ejemplos de proyectos de desarrollo urbano sostenible en diferentes territorios y evaluar cómo la legislación ha influido en los resultados y en la integración efectiva de los principios de sostenibilidad. Este análisis práctico les permite comprender las fortalezas y debilidades de diferentes enfoques legales y aprender de las experiencias de otros territorios o países.

El análisis de legislación comparada también puede involucrar la exploración de los principios y enfoques jurídicos subyacentes utilizados en diferentes sistemas legales. Los estudiantes pueden investigar las bases teóricas de la legislación urbanística y sostenible en diferentes ámbitos territoriales, como la relación entre los derechos individuales y el interés público, el papel de la participación ciudadana, la protección del medio ambiente, la justicia social y otros principios fundamentales. Esto les permitirá ver cómo los fundamentos conceptuales sustentan a las leyes y regulaciones en diferentes contextos y evaluar cómo se reflejan en la promoción de la sostenibilidad urbana.

Por otro lado, el análisis de legislación comparada fomenta una perspectiva global en la enseñanza del Derecho urbanístico. Los estudiantes pueden aprender de los enfoques exitosos de otros países y considerar si serían aplicables a su propio contexto y bajo qué circunstancias.

---

45 Mathias M. Siems. «*Comparative Law*», 3rd ed., Cambridge University Press, Cambridge, UK, 2022.

46 Jinwon Jeon. «*Methodology and Framework of Comparative Urban Planning Law*». Journal of Property, Planning and Environmental Law 15, no. 2, (2023), pp. 45-62.

4.4. Colaboraciones interdisciplinarias

La complejidad del Derecho urbanístico y su directa relación con distintos ámbitos del conocimiento hace que la docencia a través de colaboraciones interdisciplinarias sea una estrategia enriquecedora y efectiva para que los estudiantes comprendan la interconexión de los aspectos sociales, ambientales y económicos involucrados en el desarrollo urbano sostenible.

El enfoque interdisciplinario implica la colaboración entre diferentes disciplinas, como el Derecho, la Arquitectura, la Ingeniería, las Ciencias Ambientales y Sociales o la Economía, para abordar de manera integral los desafíos y oportunidades de la sostenibilidad urbana. Esta colaboración entre disciplinas permite a los estudiantes explorar y apreciar las perspectivas y conocimientos de diferentes campos y trabajar de manera colaborativa para desarrollar soluciones holísticas y sostenibles.

En el contexto de la docencia del Derecho urbanístico, las colaboraciones interdisciplinarias pueden tomar formas diversas. Algunos ejemplos son:

- Desarrollo de proyectos conjuntos: Los estudiantes de Derecho pueden colaborar con estudiantes de otras disciplinas para trabajar en proyectos conjuntos centrados en la sostenibilidad urbana. Por ejemplo, podrían trabajar en equipos multidisciplinarios para desarrollar propuestas de diseño urbano sostenible que integren aspectos legales, arquitectónicos, ambientales y sociales.
- Seminarios y talleres interdisciplinarios: Se pueden organizar seminarios o talleres interdisciplinarios donde expertos de diferentes disciplinas presenten sus perspectivas sobre la sostenibilidad urbana. Los estudiantes pueden participar en discusiones y debates enriquecedores que les permitan comprender las interacciones y los desafíos de abordar la sostenibilidad desde diferentes enfoques.
- Casos de estudio multidisciplinarios: Los estudiantes pueden analizar casos de estudio como los planteados en el apartado correspondiente, pero que incluyan un enfoque interdisciplinario para abordar problemas complejos de sostenibilidad urbana. Por ejemplo, podrían estudiar proyectos de desarrollo urbano sostenible que han requerido la colaboración de profesionales de diferentes campos para resolver desafíos legales, técnicos y ambientales[47].
- Conferencias y ponencias invitadas: Se pueden invitar a profesionales de diferentes disciplinas relacionadas con la sostenibilidad urbana a dar conferencias o charlas a los estudiantes de Derecho. Esto les

47 Un ejemplo de caso de estudio de urbanismo desde un enfoque multidisciplinar se puede encontrar en: Stefano Portelli. *«Repensar Bonpastor: una intervención multidisciplinaria independiente en un barrio afectado por la transformación urbanística». Perifèria: revista de recerca i formació en antropologia* 12 (2010), pp. 1-28.

brinda la oportunidad de aprender sobre enfoques de otras disciplinas y comprender cómo se aplican los conocimientos de diferentes campos en la práctica.

La integración de colaboraciones interdisciplinarias en la docencia del Derecho urbanístico beneficia a los estudiantes de varias maneras. Les permite apreciar la complejidad de los problemas urbanos y la necesidad de considerar múltiples perspectivas al abordarlos. Además, promueve el pensamiento crítico, la comunicación efectiva y el trabajo en equipo, habilidades esenciales para abordar desafíos reales en el campo del Derecho urbanístico. Por otra parte, estas colaboraciones también pueden fomentar la innovación y el desarrollo de soluciones creativas. Al combinar conocimientos y enfoques de diferentes disciplinas, los estudiantes pueden explorar nuevas ideas y enfoques que podrían no surgir de un enfoque exclusivamente jurídico.

4.5. Jornadas y seminarios

La organización de seminarios y jornadas es siempre una estrategia efectiva para enriquecer el aprendizaje de los estudiantes y para brindarles una perspectiva práctica y actualizada, en este caso sobre los desafíos y avances en el campo de la sostenibilidad urbana. Estos eventos brindan la oportunidad de invitar a expertos y profesionales en el campo del Derecho urbanístico a compartir sus conocimientos, experiencias y perspectivas con los estudiantes. Estos profesionales pueden ser abogados especializados en Derecho urbanístico sostenible, planificadores urbanos, arquitectos, ingenieros, representantes de organizaciones no gubernamentales o funcionarios gubernamentales, entre otros.

Durante el seminario, los invitados pueden presentar casos prácticos, proyectos emblemáticos o investigaciones relevantes en el ámbito de la sostenibilidad urbana. Pueden compartir los desafíos legales, ambientales, sociales y económicos que han experimentado en sus proyectos, y cómo abordaron estos desafíos desde una perspectiva legal. Además, pueden ofrecer información actualizada sobre las políticas y regulaciones en vigor, así como las tendencias emergentes en el campo de la sostenibilidad en el urbanismo.

Desde el punto de vista de los estudiantes, la participación en estos seminarios les permite interactuar directamente con profesionales destacados en el campo y hacer preguntas, lo que contribuye a enriquecer su comprensión y les brinda la oportunidad de obtener respuestas a inquietudes específicas relacionadas con la sostenibilidad urbana y el Derecho urbanístico. Además, estos eventos pueden ser una plataforma para la discusión y el debate sobre temas controvertidos o actuales en el ámbito de la sostenibilidad urbana. Los estudiantes pueden tener la oportunidad de expresar sus puntos de vista y participar en discusiones interactivas sobre los desafíos y dilemas éticos que se presentan en el contexto de la sostenibilidad urbana.

5. Conclusiones

El concepto de desarrollo sostenible en el Derecho urbanístico es amplio, sobrepasando el mero ámbito de la regulación del espacio para integrar la armonización del uso de recursos naturales con aspectos económicos, sociales, de igualdad y de protección medioambiental.

En lo relativo a la sostenibilidad ambiental, el planeamiento urbano y territorial se apoya en diversas directrices internacionales y europeas, así como en la legislación básica estatal y la de las comunidades autónomas. Como instrumentos legales de control de los efectos sobre el medio, destacan la Evaluación Ambiental Estratégica y el Estudio de Impacto Ambiental.

En cuanto a la sostenibilidad social, el planeamiento urbano busca crear entornos que fomenten la equidad, la inclusión y la calidad de vida de los habitantes. Aquí se engloban aspectos como la vivienda asequible, la integración de los diferentes grupos sociales, y la creación de espacios públicos que fomenten la interacción y la convivencia. Destacan las leyes sobre la vivienda aprobadas en diversas comunidades, así como la reciente ley estatal como regulaciones novedosas que buscan concretar el derecho constitucional a la vivienda.

Por otro lado, la sostenibilidad económica implica la planificación de áreas comerciales e industriales adecuadas, la promoción de la diversificación económica, y la consideración de factores como la movilidad y la infraestructura necesaria para el desarrollo económico sostenible. Este aspecto está vinculado estrechamente con la sostenibilidad social a través de la participación de la comunidad en las plusvalías generadas por la actuación urbanística. En la actualidad se exploran soluciones de financiación tanto privada como público-privada para garantizar la sostenibilidad en todos sus ámbitos.

La directa y polifacética implicación del Derecho urbanístico con la sostenibilidad hace que su docencia en la universidad deba dedicar necesariamente esfuerzos en concienciar a los estudiantes en este sentido. En el texto se han planteado algunos ejemplos de métodos a utilizar en el aula para trabajar la sostenibilidad en la asignatura de Derecho urbanístico: los proyectos de estudio de casos, las simulaciones o juegos de rol, el análisis de legislación comparada o las actividades de colaboración con otras disciplinas implicadas en la planificación y el desarrollo urbano.

6. Agradecimientos

El presente trabajo se incluye en el proyecto de investigación financiado por el Ministerio de Ciencia e Innovación «Soluciones a los problemas de la vivienda a través del urbanismo», referencia PID2021-123838OB-C21, dirigido por el Dr. Joan Manuel Trayter Jiménez. El proyecto fue otorgado en la convocatoria de 2021 de ayudas a proyectos de generación de conocimiento en el marco del Programa Estatal para Impulsar la Investigación Científico-Técnica y su Transferencia, del Plan Estatal de Investigación Científica, Técnica y de Innovación 2021-2022.

7. Referencias

Alonso Ibáñez, M.ª del R.: «*Un territorio para un derecho urbanístico sostenible*», en *Nuevo Derecho urbanístico: simplificación, sostenibilidad, rehabilitación*, Cizur Menor (Navarra): Thomson Reuters Aranzadi, 2020.

Cabrera, J.; Lara, A. y **Vela, V.**: «Métodos de enseñanza en clases para ciencias jurídicas en educación superior», *Revista Espacios* (41), n.º 28 (2020), pp. 128-135.

Caruso, G. M.: «*Las funciones urbanísticas: entre lo público y lo privado (dinámicas organizativas y negociales en la composición de los conflictos*», en *Nuevo derecho urbanístico: simplificación, sostenibilidad, rehabilitación*, Cizur Menor (Navarra): Thomson Reuters Aranzadi, 2020.

Cordero Quinzacara, E.: «Naturaleza, contenido y principios del derecho urbanístico chileno», en *Revista de derecho (Coquimbo)*, 22(2), 2015, pp. 93-138.

Espejo Campos, A.: «Las actuaciones de dotación como técnica emergente en la gestión del suelo urbano», en *Nuevo Derecho urbanístico: simplificación, sostenibilidad, rehabilitación*, Cizur Menor (Navarra): Thomson Reuters Aranzadi, 2020.

Fach Gómez, K. y **Rengel, A.**: «El aprendizaje a través de la simulación en el moot practice: una estrategia docente para la mejora de la formación jurídica universitaria en el marco del EEES», *SSRN Scholarly Paper.* Rochester, NY, February 9, 2014.

Fernández Rodríguez, T. R.: *Manual de Derecho Urbanístico*, 28.ª edición, Cizur Menor (Navarra): Thomson Reuters Civitas, 2019.

Galera Rodrigo, S.: *El hacer urbano de la Unión Europea. Modelo de ciudad, poder local y sostenibilidad energética*. Atelier libros jurídicos, 2022.

Gardini, G.: «Hacia la "ciudad justa". Planificación y regeneración urbana: la experiencia italiana», en *Nuevo derecho urbanístico: simplificación, sostenibilidad, rehabilitación*, Thomson Reuters Aranzadi, 2020, pp. 165-223.

Gifreu Font, J.: *El planeamiento urbanístico, en Comentarios a la Ley de Urbanismo de Cataluña*, 3.ª edición, Navarra: Aranzadi, 2008.

González Sanfiel, A. M.: *Nuevo derecho urbanístico: simplificación, sostenibilidad, rehabilitación*, Cizur Menor (Navarra): Thomson Reuters Aranzadi, 2020.

González Sanfiel, A. M.: *Los convenios «de gestión» con «efecto de plan», en Nuevo derecho urbanístico: simplificación, sostenibilidad, rehabilitación*, Thomson Reuters Aranzadi, 2020, pp. 317-348.

Hernández González, F. L.: «La conflictiva delimitación de los instrumentos sometidos a evaluación ambiental: el concepto de "plan y programa"», en *Nuevo derecho urbanístico: simplificación, sostenibilidad, rehabilitación*, Thomson Reuters Aranzadi, 2020, pp. 273-315.

Hernández López, C.: «Fondos, bancos y patrimonios públicos para contribuir a la sostenibilidad», en *Nuevo Derecho urbanístico: simplificación, sostenibilidad, rehabilitación*, Cizur Menor (Navarra): Thomson Reuters Aranzadi, 2020, pp. 525-556.

Jeon, J.: «Methodology and Framework of Comparative Urban Planning Law, Journal of Property», *Planning and Environmental Law 15*, n.º 2, (2023), pp. 45-62.

Lobo Rodrigo A.: «La ordenación del espacio marítimo: el plan se extiende hacia el mar», en *Nuevo Derecho urbanístico: simplificación, sostenibilidad, rehabilitación*, Cizur Menor (Navarra): Thomson Reuters Aranzadi, 2020.

Maresca Cabot, J. C.: «Los principios generales del derecho urbanístico en especial el de desarrollo urbanístico sostenible», en *Comentarios a la Ley de Urbanismo de Cataluña*, 3.ª edición, Navarra: Aranzadi, 2008.

Menéndez Rexach, A.: «El desarrollo territorial y urbano sostenible como principio político y jurídico global», en *Nuevo Derecho urbanístico: simplificación, sostenibilidad, rehabilitación*, Cizur Menor (Navarra): Thomson Reuters Aranzadi, 2020.

Menkel-Meadow, C.: *Telling Stories in School: Using Case Studies and Stories to Teach Legal Ethics*, *Fordham Law Review* 69 (2001): 787.

Núñez Lozano, M.ª del C.: «El cambio climático y su repercusión en el cambio del derecho urbanístico», en *Nuevo derecho urbanístico: simplificación, sostenibilidad, rehabilitación*, Thomson Reuters Aranzadi, 2020, pp. 93-129.

Ponce Solé, J.: *El derecho a la ciudad y la Nueva Agenda Urbana una aproximación integrada y sistémica a los derechos en la ciudad con referencia al derecho a la vivienda*, Barcelona: Atelier libros jurídicos, 2019.

Portelli, S.: «Repensar Bonpastor: una intervención multidisciplinaria independiente en un barrio afectado por la transformación urbanística», *Perifèria: revista de recerca i formació en antropologia,* 12 (2010), pp. 1-28.

Quintiá Pastrana, A.: *Derecho a la vivienda y vulnerabilidad. Las medidas públicas de protección frente a la emergencia social*, Thomson Reuters Aranzadi, 2022.

Ramírez Sánchez, J. M.ª: *Urbanismo para una nueva ciudad. El principio de desarrollo urbano sostenible*, Cizur Menor (Navarra): Thomson Reuters Aranzadi, 2021.

Risueño Díaz, E.: «La consolidación del uso: ruptura de la viabilidad de restablecer en cualquier momento la situación originaria frente a un uso ilegal», en *Nuevo Derecho urbanístico: simplificación, sostenibilidad, rehabilitación*, Cizur Menor (Navarra): Thomson Reuters Aranzadi, 2020.

Siems, M. M.: *Comparative Law*, 3rd ed., Cambridge University Press, Cambridge, UK, 2022.

Trayter Jiménez, J. M.: *Derecho urbanístico de Cataluña*, 10.ª edición, Barcelona: Atelier libros jurídicos, 2022.

Villar Rojas, F. J.: *Sobre el dogma de la planificación (urbanística) previa, en Nuevo Derecho urbanístico: simplificación, sostenibilidad, rehabilitación*, Cizur Menor (Navarra): Thomson Reuters Aranzadi, 2020.

LOS ODS EN LA DOCENCIA DEL GRADO DE CIENCIA POLÍTICA Y DE LA ADMINISTRACIÓN: EXPERIENCIAS Y APRENDIZAJES DE UN CASO PRÁCTICO EN LA UDG

Kumba Sakoli Sakoli
Profesora asociada de Ciencia Política
Facultad de Derecho, Universitat de Girona

Macià Serra Serra
Profesor Lector Serra Húnter de Ciencia Política
Facultad de Derecho, Universitat de Girona

Resumen: Los Objetivos de Desarrollo Sostenible (ODS) son una guía para las políticas públicas de muchas administraciones. La mayoría de los objetivos tienen un alcance global, pero a la vez también se pueden aplicar a escala local. El presente texto muestra un ejemplo de aplicación de los ODS a escala local. En el marco de una asignatura del grado de ciencia política y de la Administración de la UdG, se simuló un debate electoral para las elecciones locales a partir de los ODS. El texto reflexiona sobre las potencialidades y los retos de trabajar los ODS en las aulas universitarias.

Palabras clave: Innovación docente, ODS, docencia en Ciencia política

Abstract: *The Sustainable Development Goals (SDGs) are a guide for the public policies of many administrations. Most of the objectives have a global scope but at the same time, they can also be applied on a local scale. This text shows an example of the application of the SDGs at a local level. Within the framework of a subject of the degree of political science and Administration of the UdG, an electoral debate for the local elections was simulated based on the SDGs. The text reflects on the potential and challenges of working on the SDGs in university classrooms.*

Keywords: *Teaching innovation, SDG, teaching in political science*

1. Introducción

Los ODS son un hito en la historia de la humanidad, donde por primera vez a escala planetaria se han acordado algunos objetivos a alcanzar como humanidad. Aprobados por la Asamblea General de las Naciones Unidas, la mayoría de los Estados los han adaptado a su escala y su realidad.

El objetivo de este capítulo es mostrar una experiencia docente de trabajo a los ODS y su adaptación a la escala local desde distintas perspectivas ideológicas.

La estructura del capítulo es la que sigue: en primer lugar, se contextualiza el grado de ciencia política y de la administración de la UdG, después se analizan algunas experiencias docentes en relación a los ODS, se expone el caso de estudio y se resaltan algunos aprendizajes y finalmente se apuntan algunas conclusiones tentativas.

2. El grado de Ciencia política y de la Administración en la UdG

La Universidad de Girona (UdG) es la única universidad catalana que ofrece una titulación de Ciencia Política fuera del área metropolitana de Barcelona, espacio en el que coexiste la oferta de la Universidad Autónoma de Barcelona, de la Universidad de Barcelona y de la Universidad Pompeu Fabra.

El Grado de Ciencias Políticas en Girona representa la voluntad de adaptar los conocimientos propios de este ámbito del conocimiento y vincularlos a un espacio territorial con realidades y necesidades propias. En este sentido cabe señalar que la mayoría de los estudiantes del grado son originarios de la provincia de Girona y de las comarcas más cercanas de Barcelona (el Maresme, Osona, Vallès), así como algunos de otras zonas como Tarragona, Lleida, Castellón, y de las Islas Baleares. Por lo tanto, algunos debates y realidades no se vinculan tanto a las realidades urbanas propias del área metropolitana de Barcelona, sino de territorios periurbanos, rurales o de ciudades pequeñas y medianas.

Por otro lado, la presencia de un Grado de Ciencias Políticas y de la Administración en la Universidad de Girona da acceso a estos estudios a algunas personas a las que, de otra forma, les sería imposible el acceso a los estudios en alguna de las instituciones que lo ofertan en Barcelona (mayoritariamente por los costes de desplazamiento y alojamiento que les conllevaría). Este colectivo está compuesto, sobre todo, por estudiantes que trabajan por las mañanas, generalmente jóvenes que necesitan los ingresos para costearse sus estudios y de funcionarios de administraciones locales que quieren obtener mayor formación. También cabe destacar la nutrida presencia de estudiantes de origen migrante, generalmente (aunque no siempre) mujeres de origen marroquí, senegalés, gambiano o del Este de Europa, que representan la primera generación de sus familias que accede a cursar estudios universitarios. Sobre este último tema es importante señalar que Girona es la segunda provincia con mayores índices de migración del estado español (sólo por debajo de Almería) y que la Universidad representa una institución fundamental para la integración y ascenso social de dicho colectivo que, de otra manera, difícilmente tendría acceso a la educación superior.

La Facultad de Derecho de la Universidad de Girona imparte el Grado en Ciencias Políticas y de la Administración desde el curso 2009-2010. El grado explicita algunos objetivos generales que deberán satisfacerse partiendo de la base de que este título de Grado en Ciencias Políticas y de la Administración toma en consideración:

- El contexto de la Unión Europea y el sistema político del Estado de las Autonomías español.
- Los estudios contemporáneos de Ciencias Políticas y de Administración, así como de Gestión y de Administración Pública.
- Las nuevas demandas profesionales del mercado laboral detectadas por los colegios profesionales, las asociaciones profesionales y las encuestas de inserción laboral, con el objetivo de facilitar la inserción de los titulados.
- La movilidad de estudiantes y profesores/as entre universidades y centros de investigación españoles y europeos.
- Las especificidades de las instituciones, el sistema político y la sociedad catalana.

El Plan de Estudios del Grado en Ciencias Políticas y de la Administración se compone de 240 créditos totales, distribuidos en 4 cursos académicos de 60 créditos cada uno. Los 60 créditos de primer curso corresponden a materias básicas de la rama de conocimiento. Globalmente, el Plan de Estudios prevé 60 créditos básicos, que corresponderían al primer curso; 147 créditos obligatorios, correspondiendo 60 al segundo curso, 48 al tercero y 39 al cuarto; 24 créditos optativos, entre los que se computarán las prácticas externas de 3 créditos; 9 créditos para el trabajo final de grado, y 6 créditos de reconocimiento.

El primer curso tiene una pretensión introductoria, metodológica e interdisciplinar. Se trata, por tanto, de combinar las tres lógicas con un alumnado que se acerca a la Universidad y pretende hacerse con una formación técnica y académica para su futuro ejercicio profesional. En este sentido, se combinan materias de introducción al Derecho; Introducción a la Sociología; a las Ciencias Políticas (con dos asignaturas semestrales); a la Economía Política; al estudio de la Administración y de las instituciones, dimensiones todas ellas necesarias para pertrecharse con un concepto sólido y complejo de las Ciencias Políticas.

La dimensión interdisciplinar, además, queda completada en este primer curso con una seria pretensión epistemológica: capacitar al/a la alumno/a con el instrumental metodológico de la investigación social necesario para analizar la realidad desde la perspectiva de la ciencia política, metodología necesaria también para su formación desde el punto de vista teórico y práctico. Todo ello se complementará con el desarrollo de capacidades y habilidades genéricas del/de la alumno/a, como la de comprender, analizar y evaluar críticamente la información; capacidad de gestionar, organizar y planificar, así como adquirir capacidades de comunicación oral y escrita.

3. Los ODS en la docencia

Los Objetivos de Desarrollo Sostenible (ODS) son 17 objetivos que se aprobaron en 2015 en la Asamblea General de las Naciones Unidas para alinear las políticas públicas de todos los estados del mundo hacia objetivos comunes[1]. Los ODS suceden a los Objetivos del Milenio (OM), que se aprobaron en el año 2000 y fueron los que marcaron los primeros hitos a conseguir como humanidad (Sanahuja y Tezanos, 2017).

Estos objetivos se pueden trabajar des de la docencia aplicándolos y adaptándolos a grados universitarios muy diferentes (Guillamón *et al.* 2021 y Merma-Molina *et al.* 2021).

La aproximación a los 17 Objetivos de Desarrollo Sostenible (ODS) puede ser multidisciplinar. En cuanto a las ciencias sociales, las investigaciones que se han llevado a cabo permiten un abordaje más próximo tanto a Objetivos a nivel individual como diferentes métodos de aplicabilidad. Esto señala la multiplicidad de métodos que existen para la implementación de los ODS.

De este modo, se recurre a la aplicabilidad de los Objetivos en proyectos concretos convirtiéndolos en una guía de referencia para la confección de agendas locales y globales, abriendo un amplio campo de localización de los mismos.

Por otro lado, se puede observar una visión común de los investigadores sobre los retos que supone la Agenda 2030 en cuanto a su contenido, los métodos y recursos que disponen los diferentes niveles de la administración para su efectividad.

3.1. Los ODS en la docencia de la ciencia política

Desde la ciencia política podemos acercarnos a los ODS para trabajar algunos conceptos propios de la disciplina, como políticas públicas,

1 https://www.un.org/sustainabledevelopment/es/objetivos-de-desarrollo-sostenible/

gobernabilidad, globalización, política exterior, diplomacia, cooperación internacional o resolución de conflictos (Hernández, A., Tamez, G. 2019). Y también en relación con las dinámicas de poder como el cambio de las dinámicas de la relación de poder entre distintos actores políticos, la relación del nuevo contexto político con la transformación de las prioridades globales, las diferentes perspectivas de aplicabilidad y el uso de un recurso global de esta dimensión por parte de los actores políticos. Además, con el cambio de conceptualización del desarrollo sostenible, se presenta una perspectiva más compleja que conlleva la intervención de una diversidad de actores políticos, abriendo otros escenarios de desafíos para el desarrollo de los objetivos que persigue.

La Agenda 2030 pone el énfasis en la inclusión social de las minorías, la erradicación de la pobreza, la participación ciudadana, la reducción de conflictos y la búsqueda de sociedades pacíficas, así como el respeto a los Derechos Humanos (Hernández, A., Tamez, G. 2019). Este enfoque nos sugiere algunas preguntas cómo ¿qué parámetros estudia la ciencia política en el marco de una agenda global de estas características? ¿Cuáles son los retos para su desarrollo? y, en lo que respecta la aportación de este capítulo, ¿cómo acompañamos a los estudiantes universitarios en el análisis?

Hay algunos ejemplos publicados de experiencias de trabajo docente en ciencia política en relación con los ODS como Huamanchumo y Valera (2021), que realizan una reflexión sobre los desafíos actuales de la extensión en América Latina específicamente en torno al Objetivo n.º 10 referido a la reducción de la desigualdad.

Asimismo, en el trabajo de Mante *et al.* (2019) se realiza un ejercicio comparativo entre las metas y los indicadores de medición propuestos por los ODS y aquellos de los que disponen en la provincia de Tierra del Fuego, para observar la relación que las agendas reciben en la elaboración, medición y seguimiento de las políticas públicas a nivel nacional y local.

Otro ejemplo de la aproximación politológica en los ODS podría ser el análisis de Estrada (2020), el cual, partiendo del enfoque de la teoría de los regímenes internacionales, nos ofrece un análisis de los canales y las formas que ha empleado los gobiernos de Colombia para desarrollar la tarea de cumplimiento de los Objetivos de Desarrollo Sostenible (ODS), en especial el objetivo 16, que se centra en la promoción y defensa de los derechos humanos. Esto, a pesar de la orientación política de los recientes gobiernos de Colombia, que se ha mostrado reticente a la aplicación de algunos de los puntos de sus obligaciones internacionales en la materia.

Podemos apreciar numerosas investigaciones des de las diferentes formas de entender la política contemporánea del siglo XXI a través de la Agenda 2030. Esto, pues, no sólo supone un recurso de análisis en el campo de la investigación de la ciencia política, también es útil en la educación superior para el desarrollo sostenible.

Otro ejemplo de ello lo podemos encontrar en el trabajo de Miranda *et al.* (2022), donde podemos exponen la mencionada importancia del papel docente cuando apuntan que «*aparte del conocimiento técnico, las universidades tienen un papel clave para incorporar un pensamiento crítico y unos principios y valores en los que la sostenibilidad, la inclusión social y la igualdad estén presentes, lo que se ha venido a llamar «educación para el desarrollo» o «ciudadanía global»,* Miranda *et al.*, (2022). En este mismo ejemplo podemos ver como la investigación plantea diferentes métodos de aplicabilidad de este acompañamiento docente en la educación sostenible a través de numerosas «*acciones de formación y sensibilización en sostenibilidad ambiental y desarrollo sostenible*».

Con todo esto, una pregunta relevante es ¿cómo llevar en la docencia una perspectiva teórica y práctica para entender la política contemporánea del siglo XXI a través de los ODS? En este capítulo presentaremos una metodología para la implementación de la Agenda 2030 en la docencia que se realizó con estudiantes de primero del Grado de Ciencias Políticas y de la Administración de la Universidad de Girona. El objetivo central de esta pràctica era que los estudiantes pensaran con la aplicación de los ODS en el entorno que más conocen, a escala local.

3.2. El caso práctico

El caso que mostramos de implementación de los ODS en la docencia fue una dinámica de *role playing* simulando un debate electoral municipal. Se desarrolló durante varias sesiones en el marco de las sesiones prácticas de la asignatura *Introducción a la Ciencia Política II* que se impartió en el segundo semestre del primer curso del *Grado en Ciencias Políticas y de la Administración* en la Universitat de Girona. En las sesiones prácticas de la asignatura, el grupo se divide en dos para poder trabajar de un modo más personalizado y profundizar más y mejor en las competencias.

La práctica consistió en preparar y realizar 8 debates electorales diferentes, cada uno en relación con un ámbito de los ODS:

1. El primer tema fue el de la SALUD en el marco de los retos sanitarios que se presentaron con la COVID-19. Se planteó con contenidos relacionados con las actuaciones políticas que se realizaron y abarcando la cuestión sanitaria relacionada con el hito 3.7 sobre el acceso a la salud y la promoción de la salud.
2. El debate sobre la ECONOMÍA se centró principalmente en los contenidos de los hitos 1.4 sobre la redistribución, el acceso a los recursos para el desarrollo individual de las personas, el hito 2.4 sobre la sostenibilidad de los sistemas de producción, y el 8.5 en relación con la desvinculación del crecimiento económico respecto de la degradación del medio ambiente.

3. La EDUCACIÓN se planteó acerca de la segregación escolar y el nuevo currículum para los alumnos, abarcando también los contenidos que plantea el hito 4.7.
4. El debate sobre la educación fácilmente condujo al de la VIVIENDA, principalmente por la segregación social y urbana, atendiendo la gestión que prevé del hito 11.1 sobre la degradación de los barrios segregados. También se planteó la problemática de la emancipación juvenil y los alquileres, etc.
5. Durante el desarrollo de estos temas ya se iniciaron debates alrededor de colectivos específicos. Es por ello que se trató específicamente la DIVERSIDAD, el GÉNERO y la CIUDADANÍA con los contenidos relacionados con el hito 5.5 sobre la participación y las oportunidades de los jóvenes, las mujeres, las personas migrantes, las personas con diversidad funcional...
6. En relación con el MEDIO AMBIENTE y RESIDUOS, se habló de la gestión de los recursos hídricos en el contexto de la sequía (hito 6.4) y los contenidos relacionados con el hito 7.1 sobre el acceso universal a servicios energéticos asequibles.
7. El último tema que se abordó se produjo alrededor del TRANSPORTE y la MOVILIDAD.
8. Concluimos con una reflexión de las propuestas políticas que plantearon alrededor de los hitos 11.b sobre la implementación de las políticas, estrategias planes que integren el cambio climático y 17.14, sobre la coherencia de las políticas para el desarrollo sostenible.

Los estudiantes fueron ubicados en grupos de 4 personas y les fue asignado por sorteo el partido político que iban a representar. Había representación de todos los partidos presentes en el Parlament de Catalunya y algunas marcas electorales locales. Una vez en grupo y antes de los debates tuvieron que prepararlos, y concretamente realizar algunas acciones:

a) análisis del programa electoral del partido, especialmente en lo referente a los ODS. ¿Se nombran expresamente algunos ODS, ya sea para alinear políticas locales con los ODS o para criticarlos? Si no se nombran explícitamente, ¿hay propuestas que pueden encajar en los retos de los ODS o van en la dirección opuesta?

b) Buscar indicadores que permitan saber la situación actual en el municipio, y poder comparar su situación con municipios cercanos y comprobar su evolución a lo largo del tiempo. En este apartado fueron muy útiles las fuentes de información estadísticas como IDESCAT[2] y XIFRA[3].

---

2 www.idescat.cat

3 www.xifra.ddgi.cat

c) Formular propuestas que no estuviesen explícitamente en el programa, pero que fueran coherentes con la ideología del partido político que les tocó representar.

d) Tratar de aproximar el coste que supondrían las ya incluidas en el programa o propuestas por el grupo. Aunque es difícil expresar una cifra concreta, el análisis comparativo con lo que se ha impulsado en otros municipios puede ayudar a señalar un intervalo.

e) Construir argumentos para defender sus propuestas, contando en los ODS como la referencia.

Los debates se desarrollaron en un aula con las sillas dispuestas en forma de «U» y con un alumno ejerciendo el rol de moderador. No todos los partidos participaron en los 8 debates porque no habría sido operativo y se habría perdido demasiado tiempo. Pero cada grupo participó en 4 debates y el portavoz tuvo que ir cambiando, para que así todos los miembros del grupo pudieran ejercer todos los roles: portavoz, consultor, y analista.

Una vez realizada la práctica y los debates en distintos grupos, podemos extraer algunos aprendizajes para futuras practicas:

La gestión del tiempo es muy importante. Es necesario que los miembros del grupo sean conscientes de cuánto tiempo disponen para presentar sus argumentos y después para rebatir los de los otros grupos. Asimismo, es clave que el moderador haga uso de su prerrogativa para que se cumplan los tiempos, porque si no, se hace inviable gestionar tantos grupos y temas de debate. Así, se pueden tratar todos los temas previstos y que todos los grupos puedan presentar.

Sin embargo, se observó cómo en algunos puntos en concreto los estudiantes se quedaron con poco tiempo para dar réplicas a las propuestas de sus compañeros, en este caso, a los otros grupos políticos. A medida que el avanzaba en el debate, se detectó la falta de tiempo para profundizar en algunos temas y la reflexión final del ejercicio.

Por lo tanto, proporcionar temas que se puedan tratar en un mismo punto puede ayudar a la relación de argumentos a nivel discursivo, y a facilitar la percepción del hilo conductor de las propuestas para que los estudiantes puedan profundizar sobre estas. Por otro lado, la reducción de temas puede permitir disponer de más tiempo en la reflexión final del debate, donde los estudiantes pueden exponer sus observaciones en el desarrollo del ejercicio.

Asimismo, realizar el debate desde un *rol* es un ejercicio dinámico y reflexivo, ya que después de un análisis de los actores políticos, ejercían el papel de los mismos, exponiendo argumentos, a la vez que tenían sus puntos de vista personales. Ello supuso un reto para los estudiantes, pero al mismo tiempo enriqueció el debate de manera que proporcionó una diversidad de formas de comunicación y planteamiento cuanto la argumentación de las propuestas.

El caso expuesto, plantea una metodología que pretende completar una visión teórica y práctica. Permite a los estudiantes desarrollar habilidades de comprensión, análisis y evaluación de la información críticamente con un análisis previo del contexto social, político, económico y cultural de su entorno. También entrena a los estudiantes en la capacidad de gestión, organización y planificación con la conversión de sus ideas a propuestas políticas des del punto del rol que cumplían, así como las capacidades de comunicación oral y escrita con la exposición de los argumentos a debatir con el resto de los compañeros.

La participación directa de los estudiantes en este modelo de trabajo en la docencia despierta curiosidad sobre el objeto propio de su formación. En este caso, se profundiza y les ayuda a entender de forma práctica los elementos configuradores de los sistemas políticos y las dinámicas resultantes de la acción política. El hecho de formular sus propuestas y adaptarlas a su forma de comunicación conlleva que los estudiantes empiecen a disponer de una base sólida de visión crítica de análisis, dando paso a una visión creativa tanto en el planteamiento de sus propuestas como en la reflexión final.

Además de la formación, esta metodología, que implica la participación directa de los estudiantes en el análisis, descripción y evaluación de los ODS refuerza la sensibilización y conciencia de, en suma, los valores democráticos y los valores propios de la cultura de la paz.

La comunicación permite a los estudiantes naturalizar la transversalidad y la coherencia de sus propuestas. Concretamente, buscaron experiencias próximas a su realidad, lo que se conoce como la localización de los ODS, para exponer la aplicabilidad de las políticas que proponían. Por tanto, tratándose del ámbito municipal, tuvieron la oportunidad de plantear con *quién*, *qué*, y *cómo* se aplicarían sus propuestas.

Un caso como el que se ha expuesto emplea a la vez un método de aplicabilidad de los ODS des de la perspectiva de la ciencia política, destaca el papel docente a la hora de acompañar a los estudiantes en su formación en la sostenibilidad e integra el entrenamiento de capacidades y habilitades para el desarrollo de las funciones en los cargos profesionales que ocuparan.

También se debe destacar el hecho de adaptar los ODS a una realidad local les permite entender los retos y desafíos que ello suponen. A veces no puede ganar todo el mundo y las propuestas tienen costes para grupos sociales concretos. El hecho de aplicarlo a su municipio permite entender las dificultades de la acción política.

Así mismo permite un mayor conocimiento de la realidad local. De hecho, éste es uno de los objetivos del grado dado que muchos egresados desarrollan su labor profesional en las administraciones locales, comarcales y provinciales, por lo tanto es clave familiarizar a los estudiantes con esta escala y estas administraciones.

4. Conclusiones

Los ODS son parte de la agenda política de la mayoría de gobiernos nacionales y regionales, pero cada vez más hay proyectos y propuestas para adaptarlos a escala local. El grado de Ciencia Política y de la Administración en la UdG tiene la voluntad de adaptar los debates al ámbito territorial de donde proceden la mayoría de los estudiantes y donde muchos de ellos desarrollaran su desempeño profesional.

Así, mientras ya hay 3 grados en Ciencia Política en el área metropolitana de Barcelona, el de la UdG es el único en Cataluña cuya realidad principal no es metropolitana. Y aunque la calidad de los contenidos y los programas son muy similares, en muchos ejercicios prácticos se trata de adaptar estos contenidos a la realidad de los estudiantes.

Este caso práctico es una muestra de ello, ya que compagina diferentes contenidos y busca que el estudiante trabaje varias competencias. Se trata de simular un debate electoral para las elecciones locales a partir de varios retos de los ODS. Para ello los estudiantes se distribuyeron en grupos y tuvieron que preparar y exponer sus argumentos, así como rebatir los de los otros grupos, siempre desde la perspectiva del partido que les toco por sorteo.

De esta práctica se pueden extraer varios aprendizajes. Por un lado, fue una manera de aproximarse y familiarizarse con los ODS, sus indicadores y los retos que plantean. Por otro lado, fue un ejercicio de adaptar los retos de los ODS a escala local, para poder ver las dificultades de la concreción de los principios a las realidades concretas. Así, los estudiantes pudieron ver como algunas propuestas favorecen a algunos colectivos y perjudican a otros, hecho habitual en muchas políticas públicas.

También fue una manera de conocer mejor su realidad local a través de indicadores, de los programas de los partidos que se presentaron a las elecciones y de los debates principales de la política local.

También fue un método para tratar algunos conceptos propios de la disciplina a través del ejercicio práctico. Así, permitió aproximarse a los debates electorales, coaliciones, consenso o políticas públicas.

Este ejercicio no sólo permitió trabajar contenidos sustantivos, sino también competencias necesarias para el desempeño de la mayoría de actividades profesionales relacionadas con la ciencia política. Así, tuvieron que recabar información, analizarla desde un punto de vista crítico, compararla con otras realidades, construir argumentos y debatir y contrarrestar otros argumentos. Todo ello enriqueció el proceso de aprendizaje y la mayoría de participantes valoraron muy positivamente la actividad, quejándose solamente de la falta de tiempo.

Así, para replicar la práctica en otros cursos o años, valoramos positivamente buscar una aplicación local o regional, lo más cercana posible a la realidad del estudiante y explicitar y controlar bien los tiempos asignados a cada fase de la práctica y a cada grupo.

Así mismo, el hecho de trabajar en grupo con un partido político asignado por sorteo obliga a un ejercicio crítico y de abstracción no siempre fácil para el estudiante, pero muy bien valorado al final de la práctica.

5. Referencias

Guillén, I.; Moreno, R.; Jiménez, A.; Cabedo, M.ª; Ferrando, M.; Calvet, S. y **Ibañez, S.**: «Desarrollo del binomio ODS-Competencias transversales en la docencia universitaria: una visión integral dentro de la UPV», in *IN-RED 2020: VI Congreso de Innovación Educativa y Docencia en Red* (pp. 1104-1117). Editorial Universitat Politècnica de València, 2021.

Hernández., A. y **Tamez, G.**: (Coords.), *La ciencia política en la agenda global*, Ciudad de México: Tirant lo Blanch, 2019.

Huamanchumo, L. E. y **Valera, A.**: «Desafíos actuales de la extensión en relación al ODS 10», *Masquedós — Revista de Extensión Universitaria*, 6 (6), 2021.

Manté, M. I.; Hermida, M.; Picón ,J.; Delgado, J. y **Guillamet, C.**: *La agenda de los ODS y su medición desde un enfoque integral*. El caso *de Tierra del Fuego*. *Divulgatio. Perfiles académicos De Posgrado*, *4* (10), 165-177, 2019.

Merma-Molina, G.; Gavilán-Martín D. y **Hernández-Amorós, M.ª**: «La integración del Objetivo de Desarrollo Sostenible 5 en la docencia de las universidades españolas». *Revisión sistemática. Santiago*, 2021, 154: 49-75. 2021.

Miranda, R.; Oliet, M.; Hopson, C.; Espada, E.; Villalba,M; Batanero, E.; Cambero, I.; Fernández, M.; Peña, J.; Ramos, M.l.; Sánchez, P.; López, R.; Gómez, C.; Cabañas, A.; Montero, J.: *Actividades de formación y sensibilización en sostenibilidad ambiental y Objetivos de Desarrollo Sostenible (ODS) de la Agenda 2030*. VI Congreso de Innovación Docente en Ingeniería Química, Madrid, 2022.

Sanahuja, J. A. y **Tezanos, S.**: *Del milenio a la sostenibilidad: retos y perspectivas de la Agenda 2030 para el desarrollo sostenible. Política y Sociedad,* 54 (2) 2017.

REPENSANDO LA PROPIEDAD EN LAS AULAS DE DERECHO CONSTITUCIONAL

PERSPECTIVAS Y DESAFÍOS DE SU FUNCIÓN ECOSOCIAL EN TIEMPOS DE EMERGENCIA CLIMÁTICA

Clara Esteve Jordà
Investigadora postdoctoral, Institut de Ciència i Tecnologia Ambientals (ICTA-UAB)
Investigadora asociada, Centre d'Estudis de Dret Ambiental de Tarragona (CEDAT)

Resumen: En este capítulo se destaca la importancia de cuestionar y analizar críticamente la institución de la propiedad en el aula. Si bien en las facultades de derecho españolas se suele impartir principalmente como un concepto de derecho privado, se argumenta aquí que la propiedad es un pilar fundamental de orden constitucional profundamente ligado a cuestiones ecosociales. Se señala que la concepción neoliberal de la propiedad privada ha conducido a dinámicas de explotación de recursos finitos, contribuyendo a la inequidad y a la insostenibilidad, y se plantean cuestiones clave, como los límites ecológicos de la propiedad, la posibilidad de formas alternativas de relacionarse con los recursos y la importancia de los bienes comunes. El enfoque pedagógico propuesto incluye el análisis de noticias actuales, el estudio del derecho de propiedad en la Constitución Española y una comparación con las constituciones andinas más recientes, así como una simulación parlamentaria, todo ello en aras a contribuir a la formación de las futuras generaciones de juristas que van a tener que desempeñarse en el contexto de la emergencia climática.

Palabras clave: Propiedad, función ecosocial, neoconstitucionalismo andino, bienes comunes, derecho comparado.

Abstract: *This chapter highlights the importance of critically questioning and analysing the institution of property in the classroom. Although in Spanish law schools it is often taught primarily as a private law concept, it is argued here that property is a fundamental pillar of constitutional order deeply linked to eco-*

social issues. It points out that the neoliberal conception of private property has led to dynamics of exploitation of finite resources, contributing to inequity and unsustainability, and raises key questions such as the ecological limits of property, the possibility of alternative ways of relating to resources, and the importance of the commons. The proposed approach includes the analysis of current news, the study of the right to property in the Spanish Constitution and a comparison with the most recent Andean constitutions, to contribute to the training of future generations of jurists who will have to work in the context of climate emergency.

Keywords: *Property, eco-social function, Andean neo-constitutionalism, commons, comparative law.*

1. Introducción

Sin duda alguna, la institución de la propiedad es un tema candente en el debate público actual, debido a su influencia en una serie de problemas críticos en la sociedad contemporánea. La monopolización privativa de bienes y servicios, impulsada por el neoliberalismo económico, ha exacerbado las desigualdades económicas y sociales, privando a una parte de la población del acceso adecuado a recursos básicos. Asimismo, la concentración de la propiedad ha contribuido a la emergencia climática, poniendo en grave riesgo la base biofísica que sustenta la vida humana y no humana. En efecto, la explotación desmedida de recursos naturales, como los combustibles fósiles, la tierra y el agua, ha conducido a la degradación del medio ambiente y al aumento de las emisiones de gases de efecto invernadero.

Ciertamente, la institución de la propiedad se puede explicar de muchas formas en las aulas de derecho, y no resulta una tarea exenta de dificultad el intentar no posicionarnos como docentes. La historia ha evidenciado que la propiedad, como tantas figuras jurídicas, no es neutra. Es, de hecho, una institución profundamente política, y un pilar fundamental de orden constitucional. A pesar de ello, en las guías docentes de las universidades españolas la propiedad se enmarca sobre todo dentro de las asignaturas de derecho civil, junto con los demás derechos reales. Ello es así porque normalmente, el foco se pone en la propiedad privada, pues es la que está reconocida constitucionalmente como un derecho fundamental —aunque, como se verá, no con todas las plenas garantías que a otros derechos fundamentales sí se les reconocen— y se parte de la institución como herencia del derecho romano.

Por supuesto, se habla de los límites de la propiedad: su función social, la posibilidad de que los bienes pasen a formar parte del Estado; esto es, la expropiación, que también se explica en derecho administrativo, así como las servitudes y otros derechos reales que pueden interferir en el pleno goce de la cosa. Pero siempre como una institución a la que hay que controlar mediante límites, cual bestia que debe ser domada, que requiere ser sujeta a restricciones y regulaciones.

2. La propiedad como pilar fundamental de orden constitucional

El constitucionalismo liberal del siglo XIX situó desde el inicio la propiedad como uno de sus pilares fundamentales, considerándola un derecho inviolable y sagrado[1]. Bajo esta perspectiva, se concibió la propiedad privada como un medio para garantizar la libertad individual y el desarrollo económico, desempeñando un papel esencial en la protección de la autonomía y la prosperidad de la ciudadanía. En muchas constituciones, incluida la Constitución Española de 1978, se reconoce y garantiza el derecho a la propiedad privada como un derecho fundamental. Tal reconocimiento protege la capacidad de los individuos y las entidades para poseer, utilizar y disfrutar de bienes y recursos de manera exclusiva. La propiedad, por lo tanto, se convierte en una base para el ejercicio de otros derechos, como la libertad económica y la seguridad jurídica.

La propiedad también desempeña un papel importante en el equilibrio de poderes dentro de un sistema político. Al limitar el poder del Estado para expropiar o interferir en la propiedad privada sin una justa compensación, se establece un contrapeso contra el posible abuso de autoridad gubernamental. Ello es esencial para garantizar la protección de la ciudadanía frente al poder del Estado y preservar sus intereses individuales y económicos.

Sin embargo, tal y como evoluciona nuestra comprensión de los desafíos contemporáneos, la propiedad privada puede ser un obstáculo para alcanzar objetivos constitucionales más amplios, como la equidad y la resiliencia. La resiliencia debe entenderse aquí como la capacidad de los seres vivos para adaptarse a las perturbaciones, condiciones adversas, situaciones y tensiones provocadas por los cambios ambientales[2].

En su forma puramente individualista y neoliberal, la concentración de la propiedad en manos de unos pocos puede llevar a desigualdades extremas y socavar la capacidad del Estado para garantizar el acceso a recursos y servicios básicos de toda la ciudadanía. Asimismo, en un contexto de emergencia climática y agotamiento de recursos, la propiedad privada ilimitada exacerba la explotación de la naturaleza y contribuye a la degradación ambiental.

---

1 Así, por ejemplo, en Francia, la Declaración de los Derechos del Hombre y del Ciudadano (1791) trató de reconocer los derechos naturales. El artículo 17 definía la propiedad como un «derecho inviolable y sagrado» del que «nadie puede ser privado», salvo que lo exigiera de forma evidente una «necesidad pública y legalmente comprobada», a cambio de una «justa y previa indemnización».

2 Stockholm Resilience Center (2015). What is resilience? *Stockholm University* https://www.stockholmresilience.org/research/research-news/2015-02-19-what-is-resilience.html consultado el 18 de Septiembre de 2023.

Así pues, se hace cada vez más evidente que la propiedad también debe ser contemplada en un contexto más amplio, donde la justicia social y la sostenibilidad ambiental desempeñen un papel central. El debate actual sobre la propiedad se debe centrar no tanto en su protección y promoción, sino también en su limitación y redistribución, con el objetivo de abordar las crecientes desigualdades y los impactos medioambientales que han surgido en los procesos de acaparamiento de recursos especialmente violentos de las últimas décadas. Desde esta perspectiva, se plantea la necesidad de revisitar y repensar las concepciones constitucionales tradicionales de la propiedad, buscando un equilibrio entre los derechos individuales y las crecientes demandas ecosociales de la sociedad.

3. La propiedad como fuente de inequidad e insostenibilidad

Como ya se ha avanzado, la concepción neoliberal de la propiedad (privada), ha contribuido a perpetuar la inequidad y ha acrecentado la insostenibilidad. Sin embargo, seguramente no se habla suficientemente en clase de este verdadero impacto que la propiedad implica en nuestra sociedad y en el medio ambiente. Por nombrar algunas cuestiones: el problema de acceso a la vivienda, la expulsión de comunidades locales de sus hogares y tierras, la monopolización de servicios esenciales, el acaparamiento y extracción de combustibles fósiles finitos, la generación de emisiones de CO2 y otros tipos de contaminación, la concentración de la riqueza en muy pocas manos y un sinfín de desigualdades socioeconómicas. Todo ello, derivado de la legitimidad otorgada por los viejos códigos civiles de corte napoleónico, pero también, por un número significativo de constituciones occidentales[3].

En este sentido, es cierto que las constituciones europeas del siglo XX se preocuparon por la función social de la propiedad. Influenciados por varios juristas y pensadores que promovieron la idea de incorporar derechos sociales y económicos en las constituciones y sistemas legales, como Duguit, Jellinek, von Gierke o Menger[4], los constitucionalismos sociales surgidos a

3 Doy cuenta de ello en Clara Esteve Jordà (2023), *Rethinking property towards equity and resilience. An ecofeminist proposal for the commons* (tesis doctoral, Dept. Derecho Público, Universitat Rovira i Virgili) https://www.tdx.cat/handle/10803/688814?locale-attribute=es.

4 *Vid.* por ejemplo: Anton Menger (1998), *El derecho civil y los pobres.* Editorial Comares. Trad. Adolfo Posada; Léon Duguit (2007), *Las transformaciones generales del Derecho privado desde el Código de Napoleón.* Ediciones Coyoacán; Léon Duguit (1921), *Traité de Droit Constitutionnel. Tome Premier: La règle de droit - Le problème de l'État.* 2a ed, Fontemoing & Cie / E. De Boccard; Otto von Gierke (2015), *La Función social del derecho privado y otros estudios,* Editorial Comares. Trad. José M. Navarro de Palencia; Georg Jellinek (2000), *Teoría General del Estado*. Fondo de Cultura Económica de España. Trad. Fernando de los Ríos Urruti.

principios del siglo XX intentaron frenar los abusos de la propiedad privada reconociendo su función social. Sin embargo, tropezaron con numerosos obstáculos. El dispositivo jurídico moderno de la propiedad privada, diseñado por la ideología hegemónica para garantizar la libertad y la autonomía del individuo, excluía a partes significativas de la sociedad del disfrute de unas condiciones de vida deseables. El pretendido orden social espontáneo que debía surgir de la libertad económica del mercado no parecía llegar. Las crecientes demandas de los movimientos obreros a medida que aumentaban las desigualdades —al ritmo del crecimiento capitalista— y los reveses de la Primera Guerra Mundial y la Revolución Rusa, dieron lugar en el primer tercio del siglo XX a una oleada de constituciones socialistas, entre ellas las soviéticas (1918, 1924), la alemana (1919) o la española (1931), denominada constitucionalismo social[5]. Estas constituciones pretendían limitar la propiedad privada liberal haciendo hincapié en la función social de la propiedad. Como resultado, estas constituciones ampliaron los poderes de los Estados y restringieron los del sector privado[6].

No obstante, dicha ola de constitucionalismo social se vio interrumpida por los regímenes fascistas y nacionalsocialistas de Europa y los conflictos geopolíticos que desembocaron en la Segunda Guerra Mundial. Más tarde, y paralelamente al reconocimiento universal de los derechos humanos, el concepto fundamental de propiedad dejó de estar restringido por los hechos y las prácticas sociales, y pasó a estar intrínsecamente limitado por los derechos inalienables e iguales de la ciudadanía, tanto civiles como políticos, económicos y sociales. Reconociendo que el socialismo también tenía sus límites, las constituciones de posguerra trataron de equilibrar la dicotomía Estado-mercado creando Estados del bienestar al tiempo que concedían amplios derechos a la propiedad privada.

Pero la transición del capitalismo industrial a su fase financiera en la década de los 70 debilitó el Estado social y condujo a la privatización de los recursos en detrimento de la función social de la propiedad. Mientras que el capitalismo industrial en su fase tardía necesitaba un Estado social para garantizar una mano de obra cualificada con capacidad de consumo en el centro de la economía mundial, esto dejó de ser esencial a partir de la década de los 70 con el auge del capitalismo financiero, lo que condujo al debilitamiento del Estado del bienestar[7]. El resultado ha sido un sistema neoliberal disfuncional que sigue generando insostenibilidad y desigualdad. Las crisis cíclicas, como la del petróleo (1973), el «crack» financiero (2008) y la pandemia del corona-

5 Gerardo Pisarello, *Un largo termidor. La ofensiva del constitucionalismo antidemocrático*. Editorial Trotta, p. 131.

6 *Vid.* Mª Josefa Rubio Lara (1991), *La formación del Estado Social*, Ministerio de Trabajo y Seguridad Social, p. 187.

7 Homero Galán Benítez (2009), «¿Qué crisis afecta al Estado de Bienestar? Dinámica general y lecciones del caso alemán», *Andamios*, 5 (10). doi: 10.29092/uacm.v5i10.179.

virus (2019), desde la financiarización del capitalismo son prueba de ello. En formas más refinadas, los Estados neoliberales han utilizado el sistema de crédito público —y la deuda pública resultante— como palanca para la apropiación oligopólica, una mayor privatización de bienes y servicios en manos de grandes propietarios y la financiarización de los bienes para despojar a quienes ya no tenían nada: la clase no propietaria.

La ideología neoliberal continúa ganando influencia, y con ella la creencia de que los límites a la propiedad, como su función social, tienen un impacto negativo en el mercado y perjudican el bienestar de la sociedad en su conjunto. Un sólido aparato teórico respalda la idea de que la propiedad privada es el sistema más eficiente para asignar recursos. No obstante, tanto algunas prácticas sociales y culturales del pasado como nuevas tendencias emergentes demuestran que la propiedad privada es solo una de las muchas formas de regular las relaciones sociales en torno a los bienes. Existen numerosos indicios que sugieren la necesidad de abrir un debate explícito sobre la función ecosocial de la propiedad. Sin embargo, esto también implica poner a prueba la solidez del proyecto constitucional global en un contexto en constante evolución que trasciende fronteras.

La búsqueda de respuestas adecuadas e inclusivas a la transición ecosocial requiere un replanteamiento del concepto hegemónico de propiedad y, muy probablemente, una reconceptualización del derecho constitucional a la propiedad. Las consecuencias económicas, políticas y jurídicas de la retórica de la propiedad privada individual son hoy dramáticamente evidentes: extienden el sometimiento y la dependencia y amenazan la noción misma de democracia de facto. Además, la dicotomía público/privado ha oscurecido la complejidad del debate sobre la propiedad. Ha impedido reconocer la naturaleza plural, abierta y cambiante de los derechos de propiedad y, sobre todo, la existencia de otras formas de propiedad, como los bienes comunes.

En la práctica, la noción de propiedad nunca ha sido absoluta ni estática a lo largo de la historia. Más bien, ha demostrado ser una entidad maleable y sujeta a diversas limitaciones y configuraciones jurídicas. La idea de propiedad no se limita a una única entidad que ostenta un derecho exclusivo e inmutable sobre un objeto. Por el contrario, en la realidad legal y social, es común encontrar múltiples derechos de propiedad que pueden coexistir en relación con un mismo activo, y estos derechos no son necesariamente excluyentes ni irreversibles. Pueden ser transferibles, compartibles y redistribuibles entre varias partes interesadas.

Es importante destacar que la falta de propiedad privada no implica necesariamente la carencia de derechos de disfrute y uso sobre un recurso. La gestión de los recursos no depende exclusivamente de la propiedad privada, y en muchos casos, sistemas de propiedad comunal o colectiva han demostrado ser eficaces para garantizar un uso sostenible y equitativo de los mismos. Esto pone de manifiesto que el enfoque debe desplazarse desde la mera apropiación de la propiedad hacia una consideración más profunda de la funcionalidad de los recursos y cómo se utilizan en beneficio de la sociedad en su conjunto.

En este contexto, el futuro podría encaminarse hacia la idea de «no apropiación», donde lo más importante sería cómo se utilizan y qué utilidad tienen los bienes, independientemente de quién ostente formalmente la propiedad. Esta perspectiva cuestiona la visión convencional de la propiedad y aboga por una perspectiva más colectiva y centrada en el beneficio social y ambiental. Va más allá de simplemente reconocer la función social de la propiedad, buscando crear una alternativa a la forma predominante de entenderla. En última instancia, este enfoque que desafía las corrientes dominantes promueve una reconsideración fundamental de cómo concebimos y gestionamos los recursos en una sociedad que busca ser más justa y resiliente ante la emergencia climática.

4. Formulación de preguntas en clase

Por todo lo expuesto, parece necesario plantear al alumnado ciertas cuestiones relacionadas con la propiedad, que permitan fomentar una comprensión más profunda y crítica de esta institución y su relación con la satisfacción de derechos básicos.

En primer lugar, se propone cuestionar si hay otras formas de relacionarse con los recursos más allá de la propiedad privada. Al poner en duda la suposición de que la propiedad privada es la única forma legítima de gestionar y utilizar recursos se invita al estudiantado a explorar alternativas, como la propiedad comunal, la gestión cooperativa de recursos o enfoques basados en el uso y la necesidad en lugar de la propiedad formal. Esta pregunta también fomenta la reflexión sobre la diversidad de sistemas de propiedad que ya existen en diferentes sistemas jurídicos formales e informales.

A raíz de esta primera pregunta, se propone traer a colación el concepto de bienes comunes, y preguntar al estudiantado por qué cree que se les ha dado tan poca importancia en nuestros sistemas jurídicos. Esta pregunta ha de servir para destacar la importancia de los bienes comunes como una forma de gestión colectiva de recursos naturales compartidos, como el aire, el agua o la biodiversidad, pero también bienes urbanos como parques, plazas, jardines y huertos comunitarios, playas o bibliotecas. La cuestión plantea un desafío a la percepción dominante de la propiedad privada y alude a la falta de atención que a menudo se presta a los sistemas de propiedad comunal en las estructuras legales y políticas. Así, se invita a considerar por qué se han pasado por alto los bienes comunes y a evaluar la relevancia que pueden tener en el presente y en el futuro.

La tercera pregunta sería si acaso no es cierto que la propiedad también tiene límites ecológicos. Aquí se subraya la idea de que la propiedad privada no debe —ni puede— ser ilimitada y que debe existir un reconocimiento de las barreras ambientales. Impulsa al alumnado a reflexionar sobre cómo la propiedad puede contribuir a la degradación ambiental y a los problemas ecológicos, y a considerar cómo se pueden establecer restricciones para garantizar la resiliencia a la que emergencia climática nos va a obligar.

A partir de estas preguntas, se plantean distintas actividades prácticas, que resultan adecuadas para asignaturas de derecho comparado y/o de derecho constitucional. En última instancia, esta metodología educa a quienes van a devenir futuros profesionales del derecho sobre la complejidad de la propiedad en un mundo cada vez más interconectado y con desafíos ambientales crecientes.

5. Metodología

A partir de las preguntas formuladas, se presenta aquí una batería de propuestas metodológicas docentes, que bien pueden ser aplicadas de forma independiente, aunque lo ideal es que sean aplicadas una tras otra a través de diversas clases prácticas de periodicidad semanal.

5.1. Análisis de noticias de actualidad

En primer lugar, se propone al estudiantado analizar distintas noticias de actualidad sobre cuestiones relativas a la propiedad, que pongan de manifiesto el impacto de la propiedad privada en la sociedad y el medio ambiente en España (por ejemplo, los desahucios, la subida de precios del alquiler, las emisiones generadas por jets privados, las restricciones de agua, etc.).

La propuesta de analizar cuestiones relativas a la propiedad mediante el análisis de noticias actuales tiene varios objetivos pedagógicos. En primer lugar, permite crear conciencia sobre problemas sociales y ambientales derivados o asociados con la propiedad privada, y comprender que la manera en que la propiedad se organiza en un sistema político puede tener un efecto considerable en la estructuración de las clases sociales, el sistema de bienestar, las desigualdades, el derecho a la vivienda, así como en problemas ambientales como la sequía, la contaminación y la generación de gases de efecto invernadero. Asimismo, dicho análisis fomenta el pensamiento crítico entre el estudiantado, les permite empezar a reflexionar sobre los temas más relevantes a los que tendrán que enfrentarse como profesionales y evaluar de forma crítica, considerando diferentes perspectivas, sus implicaciones en situaciones reales.

Una vez realizado el diagnóstico sobre las limitaciones de la propiedad privada, este ejercicio puede continuar con un análisis de noticias de prácticas comunitarias que hayan resultado exitosas, como cooperativas de vivienda, huertos urbanos, carsharing, etc. o relacionadas con bienes y servicios públicos que realicen una función ecosocial importante, como los carriles bici, el servicio de bicicletas públicas o las bibliotecas. Mediante este ejercicio, el alumnado descubre que existen otros tipos de titularidad que no implican necesariamente la existencia de propiedad privada. Por otra parte, debe conducirse al estudiantado a pensar creativamente y considerar modelos de propiedad y gestión más sostenibles y equitativos.

Otro ejercicio complementario o alternativo que también puede resultar útil es proponer al alumnado que busque pisos o habitaciones de alquiler en las ciudades españolas con problemas más graves de vivienda, como Barcelona, Madrid, Bilbao o Málaga[8], de forma que se puedan comprobar de primera mano las zonas tensionadas existentes, la problemática de la especulación y la volatilización de la oferta del alquiler. Esta actividad ofrece una experiencia práctica de los desafíos del mercado inmobiliario, y debe ir acompañada de una reflexión sobre los derechos de propiedad y la posibilidad de considerar la vivienda como un derecho humano básico. Al conectar la teoría con la realidad, esta metodología hace que el tema de la propiedad sea más relevante y significativo para el estudiantado. Les ayuda a comprobar cómo los conceptos legales y constitucionales impactan directamente en la vida cotidiana de las personas.

En resumen, las actividades propuestas permiten al jurista aterrizar el estudio de la institución de la propiedad en una realidad concreta, promoviendo una comprensión más profunda de los problemas asociados con la propiedad privada y fomentando el pensamiento crítico y la exploración de soluciones alternativas.

5.2. La propiedad a través del Derecho constitucional comparado

5.2.1. Análisis de la propiedad en la Constitución Española

A continuación, o subsidiariamente, se plantea analizar en el aula los preceptos de la Constitución Española (CE 1978)[9] relativos a la propiedad o que pueden tener implicaciones respecto a dicha institución. Para realizar esta actividad, se puede dividir el aula en seis grupos, cada uno de los cuales habrá de analizar un aspecto concreto relacionado con la propiedad. Así el

8 Agencias (6 septiembre 2023), «Barcelona, la ciudad más cara para alquilar una habitación, 590 euros, según Fotocasa», La Vanguardia https://www.lavanguardia.com/vida/20230906/9209405/barcelona-ciudad-mas-cara-alquilar-habitacion-590-euros-fotocasa.html consultado el 18 de septiembre de 2023.

9 Constitución Española. Boletín Oficial del Estado n.° 311, de 29 de diciembre de 1978.

grupo 1 deberá identificar cómo se define la propiedad constitucionalmente, o si es que existe tal definición. El grupo 2 examinará detenidamente qué derechos y garantías fundamentales se asocian con la propiedad, y qué implicaciones puede tener. El grupo 3 identificará qué formas de titularidad de la propiedad, como la propiedad privada, la propiedad colectiva o la propiedad estatal, están mencionadas o implícitas en la Constitución, cómo se regulan y cuáles reciben una mayor protección.

El grupo 4 estudiará las disposiciones constitucionales que establecen límites y restricciones al ejercicio de la propiedad, especialmente en lo que respecta a su relación con cuestiones sociales y ambientales. El grupo 5 investigará qué principios rectores relacionados con la propiedad puedan orientar su ejercicio de manera responsable y sostenible. Finalmente, el grupo 6 deberá evaluar si la Constitución reconoce la importancia de los bienes comunes y cómo se abordan en el contexto de la propiedad.

Una vez completado este ejercicio, que se puede realizar en el aula, los distintos grupos expondrán sus hallazgos y reflexiones acerca de la tarea encomendada. En los dos siguientes subepígrafes se exponen algunos de los resultados a los que el estudiantado deberá llegar.

5.2.1.1. Estudio del artículo 33 CE y sus límites

En primer lugar, el estudiantado debe advertir que los derechos de propiedad recogidos en el artículo 33 de la Constitución se situaron deliberadamente en el Título I, Capítulo II, Sección 2.ª. Esto significa que se consideran fuera del paquete de «derechos fundamentales y libertades públicas» que requieren de una mayor protección normativa y judicial (Sección 1.ª). En su lugar, se sitúan entre los «derechos y deberes de los ciudadanos». Por tanto, los derechos reconocidos en el artículo 33 CE no están protegidos por el procedimiento basado en los principios de prioridad y sumariedad. Su regulación no está reservada a ley orgánica, y no son susceptibles de recurso de amparo ante el Tribunal Constitucional (arts. 53.2 y 161.1.b CE)[10].

Entre las garantías constitucionales para la protección del derecho de propiedad se encuentra su preceptivo desarrollo mediante ley ordinaria (art. 53.1 CE)[11]. Esto significa que su aprobación requiere de mayoría simple en el Con-

10 Así, la vulneración del derecho de propiedad no es susceptible de amparo (art. 53.2), sino, en su caso, de recurso de inconstitucionalidad de la norma (art. 161.1.a) o de cuestión de inconstitucionalidad (art. 163), exclusivamente a través de un recurso de inconstitucionalidad de una ley o disposición reglamentaria con fuerza de ley que no haya respetado el contenido esencial de la propiedad privada.

11 En este sentido, sin embargo, el Tribunal Constitucional español no impide ni la delegación legislativa ni la regulación por decreto-ley (art. 82 C.E.), como declaró el Tribunal Constitucional en la STC 111/1983, de 2 de diciembre, FJ 10: «La expresión «mediante ley» que utiliza el mencionado precepto, además de ser comprensiva de Leyes genera-

greso de los Diputados —y no mayoría absoluta—, como ocurre con las leyes orgánicas, reservadas para materias de mayor trascendencia que requieren mayor consenso político. Asimismo, la posible reforma del derecho de propiedad, prevista en el art. 33 CE, seguiría el procedimiento ordinario (art. 167 CE) y no el procedimiento agravado (art. 168 CE). Ello implica que este derecho no es un contenido constitucional especialmente protegido, como lo son los derechos fundamentales contenidos en la Sección I del Capítulo II del Título I de la Constitución (arts. 15 a 29 CE). Cabe recordar que la diferencia entre los dos procedimientos radica en el quorum necesario para la aprobación: mientras que en el procedimiento ordinario la aprobación de la propuesta de reforma requiere tres quintas partes del Congreso de los Diputados y el Senado, en el procedimiento agravado se requieren una mayoría de dos tercios de cada cámara.

El estudiantado debe advertir que esta posición estratégica en el esquema constitucional español se debe a que la propiedad ha pasado a ser considerada como un bien jurídico y no como un derecho individual del Estado liberal clásico, como todavía proclama el Código Civil. En cualquier caso, no es exacto hablar de derechos de propiedad en general. El artículo 33 CE reconoce el derecho a la propiedad privada y a la herencia. También establece que ambos derechos están sujetos a la función social que debe limitar su contenido:

> 1. Se reconoce el derecho a la propiedad privada y a la herencia.
> 2. La función social de estos derechos delimitará su contenido, de acuerdo con las leyes.
> 3. Nadie podrá ser privado de sus bienes y derechos sino por causa justificada de utilidad pública o interés social, mediante la correspondiente indemnización y de conformidad con lo dispuesto por las leyes.

Así, el contenido esencial de la propiedad como derecho subjetivo se identifica con la decisión sobre el destino económico de la cosa. Quien ostenta la propiedad, a diferencia de cualquier otro titular de un derecho real, tiene per se la competencia para decidir sobre el destino económico de la cosa, para su inserción en el proceso económico, de una u otra forma. La propiedad es el dominio sobre la cosa, y el núcleo de tal dominio es su contenido esencial, que debe buscarse en el poder de goce. Lo que distingue al titular de la propiedad no es cualquier disfrute en cuanto al uso del bien o un determinado tipo de disfrute, sino la posibilidad de ordenar y decidir sobre el disfrute: la elección del tipo de disfrute.

---

les que disciplinan con carácter general la intervención, permite la Ley singularizada de intervención que mediando una situación de extraordinaria y urgente necesidad y, claro es, un interés general legitimador de la medida, está abierta al Decreto-ley, por cuanto la mención a la Ley no es identificable en exclusividad con el de Ley en sentido formal». *Vid.* también, STC 166/1986, de 19 de diciembre.

Sin embargo, el alumnado deberá observar que la determinación del contenido esencial del derecho de propiedad no puede ignorar la función social que debe incluir. El Tribunal Constitucional, en sus sentencias 37/1987 y 170/1989, señaló que la determinación del contenido esencial «debe incluir igualmente la necesaria referencia a la función social, entendida no como mero límite externo a su definición o a su ejercicio, sino como parte integrante del derecho mismo.»[12]

Además, puede resultar chocante que en el art. 33 CE sólo se mencione la propiedad «privada». Esto socavaría por completo la existencia de otros tipos de propiedad, como los bienes públicos, por no hablar de los comunes. Se ha hablado incluso de un derecho privado constitucional, ya que el artículo 33 está directamente relacionado con el derecho privado general, es decir, el derecho civil. Pero incluso esta definición no está exenta de dificultades, ya que no describe lo que es la propiedad privada. Así pues, las disposiciones constitucionales sobre la propiedad privada no representan, en realidad, una ruptura brusca con el sistema anterior, heredado de los postulados liberales franceses y de los padres de la independencia americana. La propiedad es un derecho subjetivo orientado a proporcionar seguridad a quien la ostenta y constituye uno de los fundamentos del sistema español de orden público económico.

Por otro lado, el análisis que se propone en el aula permite traer a colación la cuestión de la expropiación. Cabe recordar al estudiantado que la Constitución Española contempla la indemnización cuando la ciudadanía se ve privada de sus bienes y derechos por motivos justificados de utilidad pública o interés social, reconociendo la institución jurídica de la expropiación forzosa. Así, el artículo 33 CE representa un equilibrio entre los intereses individuales y el bien colectivo, reflejando la evolución del Estado constitucional hacia un Estado Social y Democrático de Derecho. La propiedad privada en España no se considera, pues, un derecho fundamental, sino estatutario, sujeto a las limitaciones impuestas por su función social.

El Tribunal Constitucional español ha destacado la función social de la propiedad y su diversificación en diferentes formas y significados jurídicos. La propiedad privada se concibe como un conjunto de facultades individuales sobre las cosas, unidas a derechos y obligaciones establecidos por las leyes para servir a los valores e intereses de la comunidad. Así pues, el TC reconoce:

> (...) la flexibilidad o plasticidad actual del dominio que se manifiesta en la existencia de diferentes tipos de propiedades dotadas de estatutos jurídicos diversos, de acuerdo con la naturaleza de los bienes sobre los que cada derecho de propiedad recae[13]

12 SSTC 37/1987, de 26 de marzo (FJ 2) y 170/1989, de 19 de octubre (FJ 8.b).

13 SSTC 152/2003, de 17 julio (FJ 5); 204/2004 (FJ 5), de 18 de noviembre y 281/2005, de 7 de noviembre (FJ 7), todas ellas citando la STC 37/1987, de 26 de marzo (FJ 2).

La expropiación es la restricción más severa de los derechos de propiedad, y exige una compensación justa por la pérdida sufrida debido a la privación forzosa de bienes o derechos. Ello cubre:

> (...) tanto a las medidas ablatorias del derecho de propiedad privada en sentido estricto como a la privación de los «bienes y derechos» individuales, es decir, de cualquier derecho subjetivo e incluso interés legítimo de contenido patrimonial[14]

La indemnización abarca, pues, todo tipo de derechos e intereses de propiedad y debe reflejar el valor económico de la propiedad expropiada. El valor justo puede incluso superar el precio de mercado, teniendo en cuenta el impacto subjetivo sobre la parte expropiada. La expropiación puede producirse mediante leyes preconstitucionales (1954) o especiales, pero debe respetar las garantías constitucionales, incluida la declaración de utilidad pública o interés social, la declaración de indemnización y el cumplimiento de los procedimientos legales establecidos.

Además de la referencia explícita del artículo 33 CE a la función social de la propiedad y a la expropiación por causa de utilidad pública e interés social, el artículo 128.1 CE establece que «Toda la riqueza del país en sus distintas formas y sea cual fuere su titularidad está subordinada al interés general». Se reconoce así la iniciativa pública en la actividad económica, la posibilidad de reservar al sector público recursos o servicios esenciales mediante ley, e incluso la intervención de empresas cuando el interés general así lo exija. Una vez más, los y las juristas deben corroborar la tensión entre la utilidad individual y la función social de la propiedad. Dos elementos que, precisamente, para el Tribunal Constitucional español, «definen, por tanto, inseparablemente el contenido del derecho de propiedad sobre cada categoría o tipo de bienes»[15].

5.2.1.2. Otras formas de propiedad reconocidas en la Constitución española

Por otro lado, el alumnado debe advertir que existen otras formas de propiedad más allá del derecho a la propiedad privada y a la herencia consagrados en el artículo 33 CE. Así, por ejemplo, el artículo 129.2 CE anima a los poderes públicos a promover diversas formas de participación en las empresas, incluidas las cooperativas, y a facilitar el acceso de los trabajadores a la propiedad de los medios de producción. El artículo 132.1 CE reserva a la ley el régimen jurídico de los bienes de dominio público y de los comunales, resaltando su inalienabilidad, imprescriptibilidad e inembargabilidad, así como su desafectación. No obstante, el o la docente debe inducir al estudiantado a

14 STC 227/1998, de 29 de noviembre.

15 STC 37/1987, de 26 de mayo (FJ 2).

la reflexión sobre la ubicación de este precepto en el texto constitucional, ya que al encontrarse dentro el Título VII (Economía y Hacienda) de la Constitución, dichas formas de propiedad no gozan de la misma protección que la propiedad privada en virtud del artículo 33.

Además, la Constitución permite, mediante ley, definir los bienes de dominio público, incluidas la zona marítimo-terrestre, las playas y los recursos naturales (art. 132.2 CE). Sin embargo, la propiedad común goza de un reconocimiento limitado y su definición no está prevista por la ley. Aunque esto sugiere un aspecto comunitario, está limitado por otros derechos de la Constitución, como el artículo 33 (propiedad privada) y el artículo 38 (libertad de empresa). Ciertamente, se puede sugerir en el aula que posiblemente la Constitución de 1978 pretendió armonizar la participación de la ciudadanía en el control de los medios de producción y de los recursos sin alterar el sistema de economía de mercado.

Finalmente, y no menos importante, cabe destacar que el artículo 45 CE contiene disposiciones que, a priori, deberían condicionar sustancialmente los derechos de propiedad privada. La Constitución Española aborda la cuestión medioambiental en el artículo 45, que garantiza el derecho a disfrutar de un medio ambiente adecuado para el desarrollo personal. Se encomienda a los poderes públicos el uso racional de los recursos para proteger y mejorar la calidad de vida y el medio ambiente. Sin embargo, los derechos ambientales no se consideran derechos fundamentales en la Constitución. El texto constitucional también incluye principios relacionados con la cultura (art. 44 CE), el patrimonio histórico (46 CE) y la vivienda (47 CE). Estos derechos, que en principio estarían totalmente reservados a la esfera pública del Estado, podrían sin embargo gestionarse de otra manera, teniendo en cuenta las funciones ecológicas y sociales que debe cumplir la propiedad.

5.2.2. Análisis de preceptos de las Constituciones andinas más recientes

Posteriormente, el objetivo es que el alumnado descubra la apertura, inspiración y originalidad que desprende el enfoque de los derechos de propiedad y la protección del medio ambiente en el denominado neoconstitucionalismo andino. Esto es, a través de una radiografía de la Constitución de la República de Ecuador (2008) y la Constitución Política del Estado de Bolivia (2009), debe observarse la multitud de disposiciones referentes a la propiedad colectiva y a las comunidades indígenas, así como el respeto por distintas cosmovisiones de la naturaleza.

Estas constituciones se convirtieron en precursoras del neoconstitucionalismo, un fenómeno constitucional surgido de los movimientos sociales. Reclaman la creación de espacios democráticos igualitarios y el respeto a los derechos humanos, con especial énfasis en los derechos de tercera y cuarta generación. La Constitución de Ecuador fue además la primera en reconocer constitucionalmente los derechos de la naturaleza. Materializó un régimen completamente nuevo y completo, marcando un antes y un después en la regulación constitucional del medio ambiente. En concreto, supuso la culminación de un proceso de constitucionalización del medio ambiente que se venía desarrollando en algunos países latinoamericanos, como Colombia, Bolivia, Argentina, Chile o Perú[16].

Para que el debate posterior en el aula sea más rico, se recomienda dividir la clase en grupos, y adjudicar a la mitad de los grupos el análisis de la propiedad en la Constitución de Ecuador y a la otra mitad en la Constitución de Bolivia. Por razones de espacio, este epígrafe se centra únicamente en la Constitución de Ecuador de 2008.

Ciertamente, la Constitución de la República del Ecuador (CRE) marca un nuevo paradigma de gobernabilidad en el continente. El texto no sólo reconoce los derechos de propiedad en el artículo 321 CRE, sino que también los menciona específicamente en relación con la ciudad (art. 31 CRE) y con la tierra (art. 282 CRE). Por un lado, la doctrina señala que la función social de la propiedad está vinculada al principio de solidaridad y, por tanto, a una estrecha relación entre los seres humanos. Por otro lado, la función ecológica de la propiedad es más amplia, profunda y compleja que la primera, pues implica una responsabilidad intergeneracional y una estrecha relación del ser humano con la naturaleza y las generaciones futuras[17].

La función social establecida por la Constitución Ecuatoriana modifica el concepto subjetivo clásico del derecho de propiedad. El titular del derecho de propiedad, sea individual o colectivo, está obligado, como parte de la sociedad, a utilizar la propiedad de la manera que mejor convenga al resto de la comunidad. De hecho, es el beneficio de la propia comunidad el que limita el ejercicio del derecho subjetivo de propiedad, al estar vinculado a una finalidad social. La Constitución Ecuatoriana establece una serie de condiciones para el ejercicio de la potestad y, en algunos casos, una obligación de ejercer el derecho de propiedad de una forma concreta. Así, conlleva tanto obligaciones de hacer (deberes) como obligaciones de no hacer (prohibiciones).

Desde un punto de vista constitucional, se debe explicar al estudiantado que el Estado tiene dos tipos de responsabilidades en relación con la propiedad. En primer lugar, debe tomar medidas concretas, como políticas públicas y protecciones legales, para garantizar que las personas tengan acceso a este derecho. En segundo lugar, el Estado debe proteger la propiedad pri-

---

16 Luis HUERTA GUERRERO (2013). Constitucionalización del derecho ambiental, *Derecho PUCP: Revista de la Facultad de Derecho*, (71), p. 477.

17 Carlos ALCÍVAR TREJO, Juan T. CALDERÓN CISNEROS y Mery Susana CUADRADO (2014). La función ambiental frente a la propiedad privada y su aplicación actual en la legislación ecuatoriana, *Revista Caribeña de Ciencias Sociales* (2014_08).

vada, colectiva y asociativa de sus ciudadanos, evitando especialmente cualquier acción que pueda confiscarla o expropiarla sin un pago justo[18]. La Corte Constitucional Ecuatoriana respalda esta idea, afirmando que el derecho a la propiedad impone dos obligaciones al Estado: promover el acceso a la propiedad y abstenerse de violar este derecho. Sin embargo, el Estado tiene la capacidad de restringir la propiedad a través de la expropiación, siempre y cuando siga las reglas y condiciones establecidas por la Constitución y las leyes, y esto no se considera una violación del derecho de propiedad[19].

En lo que respecta a la función ecológica de la propiedad, se entiende que la protección del medio ambiente es una restricción legal sobre lo que se puede hacer con la propiedad y una condición para ejercer ese derecho. Esto significa que, de acuerdo con la legislación ecuatoriana, se debe proteger el medio ambiente en todos los casos, incluso cuando se trata de la propiedad privada. El valor de la protección ambiental define y limita lo que se puede hacer con la propiedad. Los derechos constitucionales están respaldados por la obligación general de cuidar el medio ambiente, sin excepciones, pues, para la propiedad. La función ambiental de la propiedad implica, por un lado, que el ejercicio de los derechos de propiedad no dañe la naturaleza como entidad con sus propios derechos y, por otro lado, que no perjudique los derechos individuales, colectivos o comunitarios de otras personas a vivir en un entorno saludable, ecológicamente equilibrado, libre de contaminación y en armonía con la naturaleza.

Por lo tanto, es de interés general que las actividades de los agentes económicos no perjudiquen los recursos naturales ni, dentro del marco constitucional ecuatoriano, los derechos de la naturaleza. El medio ambiente y el derecho constitucional a vivir en un ambiente sano y no contaminado no pueden sacrificarse en aras del desarrollo económico. La Asamblea Constituyente fue consciente del interés privado que representa por excelencia la actividad económica, y por ello exigió constitucionalmente el cuidado y preservación de los ecosistemas[20]. Esta relación de subordinación entre la función ecológica y la propiedad conlleva dos dimensiones de la obligación de solidaridad: 1) intergeneracional, con las generaciones futuras, que tienen el mismo derecho a utilizar los recursos naturales de forma sostenible; y 2) intrageneracional, hacia las generaciones actuales, lo que implica que los colectivos pudientes reduzcan o modifiquen sus modos de producción, comercio y consumo (Arts. 317, 391, 397.5 y 400).

---

18 Sentencia de la Corte Constitucional de Ecuador, de 1 de octubre de 2014 (146-14-SEP-CC), FJ 2.

19 Sentencia de la Corte Constitucional de Ecuador, de 16 de octubre de 2019 (176-14-EP/19).

20 Santiago Andrade Mayorga (2019), *Tutela constitucional del derecho de propiedad en Ecuador*. Universidad Andina Simón Bolívar, p. 72.

Desde una perspectiva ecológica de la propiedad, es fundamental que el uso de los recursos naturales se realice de manera responsable, teniendo en cuenta las necesidades del país y de las comunidades afectadas por esa explotación. Esto se alinea con los principios del sumak kawsay o «buen vivir»[21], que destacan la importancia del cuidado de los ecosistemas y la biodiversidad (artículos 14, 250, 275 y 387 de la Constitución de 2008). Es relevante también mencionar el artículo 395.1 CRE, que establece la obligación del Estado de garantizar un modelo equilibrado desde el punto de vista ambiental, y que respete la diversidad cultural. Este modelo debe preservar la biodiversidad y la capacidad de recuperación natural de los ecosistemas, asegurando así que las necesidades de las generaciones actuales y futuras sean satisfechas.

En este contexto, la Constitución de 2008 también impone al Estado una serie de medidas, como la regulación de actividades que puedan afectar al agua y los ecosistemas (artículo 411), la adopción de medidas para conservar el suelo (artículo 409), la mitigación del cambio climático (artículo 414), la planificación del desarrollo urbano y la prohibición de la extracción de recursos no renovables en áreas protegidas (artículo 407). Todas estas disposiciones tienen como objetivo principal garantizar la coexistencia armoniosa entre los seres humanos y la naturaleza, promoviendo un equilibrio esencial para el bienestar de ambas[22].

El texto de la Constitución de Ecuador de 2008 claramente marca un cambio significativo en la concepción de cómo los seres humanos interactúan con la naturaleza y se desenvuelven en ella. Aprobada en pleno siglo XXI, aborda la propiedad desde múltiples perspectivas constitucionales. Se la considera un derecho de libertad, un derecho económico, un derecho social y un derecho colectivo, al mismo nivel que otros derechos reconocidos en la Constitución. Dado que el constitucionalismo ecuatoriano no hace una distinción jerárquica entre los derechos como fundamentales o no, el derecho a la propiedad, al ser un «derecho constitucional», tiene igual rango que los demás derechos y cuenta con las mismas garantías legales, políticas y judiciales.

21 *Sumak kawsay* es un neologismo quechua que surgió en la década de 1980 como una propuesta política y cultural respaldada por las organizaciones indígenas. En el siglo XXI, esta palabra fue adoptada por los gobiernos socialistas de Ecuador y Bolivia. Este término se refiere a la búsqueda de un socialismo que se desvincule en mayor medida de las teorías socialistas europeas y se conecte más estrechamente con la forma de vida comunitaria y ancestral de las etnias quechuas. Se promueve como un nuevo modelo de organización social y estatal. En Ecuador, se ha traducido como «vida buena», o más precisamente, «vida en plenitud». En Bolivia la palabra original en aimara es *suma qamaña* que se ha traducido como «vivir bien».

22 Pablo Egas Reyes (2009), «La propiedad en la constitución de 2008». En Santiago Andrade, Agustín Grijalva y Claudia Storini (eds.), *La nueva Constitución del Ecuador. Estado, derechos e instituciones*. Universidad Andina Simón Bolívar/Corporación Editora Nacional, p. 332.

La Constitución de Ecuador de 2008 asegura el derecho a la propiedad en todas sus formas, ya sea propiedad pública, privada, comunitaria, asociativa, cooperativa, mixta, intelectual o ancestral de la tierra. Es importante destacar que reconoce especialmente la propiedad comunal, que va más allá de la mera posesión y producción conjunta. Para la Constitución, la propiedad comunal es tanto un aspecto material como espiritual que debe ser disfrutado plenamente por las comunidades, pueblos y nacionalidades del país. El texto constitucional compromete al Estado a reconocer la profunda relación que estas comunidades tienen con la tierra, la cual constituye la base fundamental de su cultura, su vida espiritual, su integridad y su supervivencia económica[23]. Esto también implica el reconocimiento y la protección de la propiedad intelectual comunitaria y ancestral.

El requisito básico para garantizar cualquier forma de propiedad es cumplir con las funciones social y ecológica, según lo establecido en la Constitución y las leyes que rigen su contenido. Ambas funciones actúan como principios guía que regulan el ejercicio de la propiedad, contrarrestando enfoques individualistas residuales[24]. En términos sencillos, la función social implica que quienes poseen la propiedad deben adaptar su uso para contribuir a los objetivos económicos establecidos en la Constitución, especialmente en lo que respecta al desarrollo del país. Esto impone ciertas responsabilidades y obligaciones a los titulares de la propiedad, que están sujetas a supervisión para asegurar que su actividad sea coherente con esta característica fundamental de la institución de la propiedad.

Por otro lado, la función ecológica de la propiedad, reconocida en la Constitución Ecuatoriana, representa la culminación de esfuerzos constitucionales previos destinados a resaltar la relación entre la humanidad y la naturaleza. Además, esta función ecológica sirve como una fuente de inspiración valiosa para futuros procesos constitucionales, subrayando la importancia de armonizar las actividades humanas con la preservación del entorno natural.

En todo caso, la Constitución de 2008 refleja una notable tensión en su enfoque de la propiedad, que puede entenderse como una especie de triángulo con tres factores clave. En un vértice, tenemos la propiedad como un conjunto de derechos individuales. En otro vértice, está la propiedad en el contexto del desarrollo económico. En el tercer vértice, encontramos la función ecológica de la propiedad y el concepto del «buen vivir». Sin embargo, a pesar de que han transcurrido quince años desde su adopción, la situación en Ecuador con respecto a la propiedad no ha experimentado un cambio significativo. En lugar de ello, parece que el neoliberalismo se ha adaptado a los nuevos paradigmas, especialmente en el ámbito del desarrollo económico, lo que ha limitado el pleno ejercicio de los derechos colectivos y ambientales.

---

23 *Ibid.* 349.

24 Andrade Mayorga, op. cit., p. 61.

La incorporación de los derechos de la naturaleza tampoco parecer haber tenido un impacto positivo sustancial en esta dinámica. Ello demuestra que, quizás, contemplar la función ecológica de la propiedad y el «desarrollo sustentable» en el mismo texto constitucional no era compatible.

5.2.3. Ejercicio de Derecho constitucional comparado

Una vez realizados los dos análisis constitucionales de la propiedad, se propone al estudiantado comparar la institución entre el sistema constitucional español y los citados sistemas andinos.

Las diferencias clave en la forma en que la propiedad se aborda en la Constitución Española de 1978 y en las constituciones de Ecuador y Bolivia de 2008 y 2009, respectivamente, reflejan enfoques y contextos políticos, sociales y económicos distintos. En primer lugar, la naturaleza y el enfoque son diferentes. En la Constitución Española de 1978 se reconoce el derecho a la propiedad como un derecho fundamental —aunque no con las máximas garantías de protección— en el ámbito de las libertades individuales y económicas. Se considera un derecho patrimonial, si bien se establece que su ejercicio debe cumplir con una función social y económica. Las constituciones andinas reconocen la propiedad no sólo como un derecho individual, sino también como un derecho colectivo y social que ha de servir a fines más amplios, como el bienestar social, la preservación del medio ambiente y el respeto a los derechos de las comunidades indígenas y pueblos originarios.

Si bien la Constitución Española reconoce la función social de la propiedad, esta disposición no tiene un alcance tan amplio como en las constituciones de Bolivia y Ecuador. La Constitución de 1978 se centra más en la regulación de la propiedad desde una perspectiva económica, mientras que las Constituciones andinas de 2008 y 2009 establecen claramente que la propiedad debe cumplir una función social, pero también ambiental. Esto significa que los derechos de propiedad individuales pueden ser limitados o condicionados en interés del bienestar social y la protección del medio ambiente.

Asimismo, mientras que la Constitución Española solo menciona la propiedad comunitaria o colectiva de forma residual, las Constituciones de Bolivia y Ecuador reconocen y protegen la propiedad comunitaria y colectiva de las tierras. Estas constituciones otorgan derechos especiales a estas comunidades y reconocen la importancia de preservar sus territorios y formas de vida tradicionales.

Por otro lado, la Constitución de 1978 no aborda de manera tan detallada la propiedad de los recursos naturales ni prohíbe su privatización de la misma manera que lo hacen las Constituciones andinas, que establecen que los recursos naturales, incluyendo el petróleo, minerales y agua, son de propiedad estatal y deben ser gestionados para beneficiar al conjunto de la sociedad. También contienen disposiciones que prohíben la privatización de ciertos recursos naturales.

Además, si bien la Constitución Española garantiza la igualdad de género como un principio fundamental, no contiene disposiciones específicas sobre propiedad y género. En cambio, las Constituciones de Bolivia y Ecuador incluyen disposiciones específicas que promueven la igualdad de género en el acceso a la propiedad y la toma de decisiones relacionadas con la propiedad.

Como se mencionó, la Constitución de Ecuador es la primera en el mundo en reconocer los derechos de la naturaleza como un conjunto de derechos que deben ser respetados y protegidos[25]. De forma similar, la Constitución de Bolivia reconoce los derechos de la Madre Tierra y establece una visión holística de la relación entre los seres humanos y la naturaleza. Por supuesto, esto era cuando menos impensable en el contexto de elaboración de la Constitución Española de 1978.

Todas estas diferencias reflejan las prioridades y los valores de cada país en el momento de redactar sus constituciones respectivas, y se sitúan en línea con sus contextos políticos, económicos y culturales únicos.

5.3. Reflexión sobre los hallazgos

No menos importante será, finalmente, examinar la aplicación de estos derechos de propiedad. En efecto, la efectividad de los derechos reconocidos en las constituciones se ha visto desafiada por intereses comerciales en la explotación de recursos. Estas dinámicas han sido objeto de debate y de grandes desafíos, especialmente en lo que respecta a la explotación petrolera y minera en áreas sensibles desde el punto de vista ambiental. Tanto España como Ecuador y Bolivia han experimentado conflictos sociales relacionados con la propiedad y la explotación de recursos naturales, que a menudo han resultado en litigios legales y protestas, algunos con resultados más exitosos que otros. Ello pone de manifiesto que la protección de los derechos de propiedad en medio de estos conflictos depende en buena parte de la capacidad del sistema legal y del Gobierno para abordar las preocupaciones de todas las partes involucradas, y no solamente de lo que dictan los mandatos constitucionales.

25 La preservación de la naturaleza y los recursos naturales es un objetivo que recorre toda la Constitución de 2008, estableciéndose un modelo que exige un disfrute adecuado y sostenible no sólo por parte de los seres humanos, sino también de la propia naturaleza, bajo el enfoque de un paradigma biocéntrico. En otras palabras, se reconoce explícitamente que la naturaleza tiene derechos, como el de ser respetada, mantenida, regenerada, restaurada y a no ser destruida ni alterada de manera permanente. Esta noción no solo se basa en el derecho ambiental internacional y comparado, sino también en la cosmovisión de las culturas indígenas, que conciben al ser humano como parte integral y circular de un sistema natural llamado Pacha Mama. Esto representa una innovación significativa en el ámbito constitucional.

El contexto económico, especialmente en Ecuador y Bolivia, incluyendo la dependencia de los ingresos petroleros y las fluctuaciones en los precios del petróleo, también ha limitado la efectividad de los derechos de propiedad. La estabilidad económica y la capacidad del Gobierno para financiar programas sociales están a menudo relacionadas con la gestión de los recursos naturales y la propiedad estatal y privada, lo que no contribuye necesariamente de forma positiva en las formas de vida comunitaria. Asimismo, a pesar de que la aplicación de la perspectiva de género en la propiedad a nivel constitucional es un paso importante hacia la protección de los derechos de propiedad de las mujeres, la efectividad de estas disposiciones puede depender de la implementación efectiva de políticas y leyes relacionadas con la igualdad de género.

En resumen, la efectividad de los derechos de propiedad está sujeta a una serie de factores y desafíos, incluyendo la necesidad de equilibrar los derechos de propiedad con el bienestar social y la protección ambiental. La aplicación efectiva de la constitución y las leyes, así como la capacidad del Gobierno para abordar conflictos y desafíos relacionados con la propiedad también son elementos clave en la determinación de la efectividad de estos derechos. En efecto, si se recuperan las noticias de actualidad que analizó inicialmente, el estudiantado debe reparar en que las buenas intenciones de un texto constitucional no son suficientes para asegurar el respeto de los derechos consagrados en él, y que las constituciones pueden resultar un límite insuficiente para el capitalismo global.

5.4. Simulación sobre la aprobación parlamentaria de una ley de vivienda

Otra actividad docente que también puede resultar interesante para el estudiantado es la posibilidad de realizar una simulación sobre la aprobación parlamentaria de nueva ley de vivienda. Este es un ejercicio complejo, pero permite alcanzar distintos objetivos a la vez, por lo que resulta muy pedagógico. En primer lugar, favorece la reflexión sobre la institución de la propiedad y la problemática de la vivienda. En segundo lugar, permite al alumnado comprender en profundidad el proceso legislativo y las complejidades involucradas en la formulación y aprobación de una ley en España —o en una Comunidad Autónoma— por lo que resulta una práctica adecuada para asignaturas de derecho constitucional y/o derecho parlamentario. En tercer lugar, favorece el desarrollo de habilidades de argumentación y negociación, algo que resulta importante para la formación de los futuros y futuras profesionales del derecho. Finalmente, debe resaltarse que este ejercicio permite al alumnado experimentar el trabajo en equipo y la toma de decisiones en un entorno simulado, algo especialmente relevante en la mayoría de profesiones jurídicas.

Las fases de la simulación son varias. En primer lugar, hay un periodo de preparación, consistente en dividir al estudiantado en grupos y asignar a cada uno de ellos un papel específico en el parlamento. Pueden ser sólo diputados y diputadas de diferentes partidos políticos, pero también pueden incluirse representantes de ONGs, como la PAH o sindicatos de inquilinos, miembros del gobierno, personas expertas en la materia que harán comparecencias, etc. Cada grupo debe recabar información sobre la institución de la propiedad, la situación actual de la vivienda y los principales problemas que presenta. El grupo parlamentario mayoritario debe elaborar la propuesta de ley y presentarla dentro de una fecha en un repositorio habilitado a tal efecto en el Moodle o plataforma docente que se utilice en la asignatura. Puede introducirse también la figura de la presidencia del parlamento, así como de un equipo de personas letradas que asesoren a la mesa de parlamento.

En segundo lugar, se desarrolla un debate preliminar, en el que se permite que los grupos se reúnan para discutir su posición sobre la propuesta de ley presentada por el grupo mayoritario y elaborar argumentos a favor o en contra, en función de la ideología o partido que haya decidido simular. Ello simula la preparación que el parlamento hace antes de un debate real.

A continuación, se realiza la simulación del debate en el aula. Cada grupo deberá presentar sus argumentos y propuestas relacionadas con la nueva ley de vivienda. El estudiantado debe respetar los procedimientos parlamentarios, como pedir la palabra y seguir un orden del día. La persona que ocupa el cargo de presidenta del parlamento supervisa el debate y garantiza un ambiente ordenado y respetuoso. Aquí se debe recordar a los grupos, que deberán elegir una persona representante o portavoz, que introduzcan en el debate los argumentos sobre la propiedad estudiados anteriormente.

Después del debate inicial, se llega a la fase de negociación y enmiendas a la ley. Estas pueden presentarse también en un espacio habilitado en Moodle. A continuación, se debaten las enmiendas y se procura llegar a un consenso. Posteriormente se lleva a cabo la votación simulada para determinar si la nueva ley de vivienda se aprueba o no. El estudiantado debe votar según la posición de sus grupos. Finalmente, después de la simulación, es interesante que se lleve a cabo una discusión en clase, pera reflexionar sobre el proceso y los resultados, pero también sobre las dificultades, posiciones encontradas y problemas que entraña la cuestión de la propiedad. El alumnado puede analizar cómo dichas posiciones afectaron el resultado de la votación y qué lecciones se pueden extraer de la experiencia.

El alumnado puede ser evaluado en función de su participación en el debate, la calidad de sus argumentos y enmiendas, su capacidad para trabajar en equipo y su comprensión del proceso legislativo, así como su capacidad por introducir los conceptos de derechos de propiedad estudiados o explicados anteriormente. También se puede evaluar su capacidad para adaptarse a las circunstancias cambiantes durante el ejercicio.

Como se señalaba, este ejercicio de simulación ofrece al estudiantado la oportunidad de experimentar de cerca el proceso legislativo, comprender los desafíos y las consideraciones involucradas en la aprobación de una ley y mejorar sus habilidades de comunicación y negociación, lo que resulta en una experiencia enriquecedora para los y las futuras juristas, cualquiera que sea la profesión que vayan a ejercer.

6. A modo de conclusión

En el contexto de emergencia climática en el que nos encontramos, un escenario altamente probable será la escasez de recursos. La concepción neoliberal de la propiedad privada ha demostrado ser insostenible y ha contribuido a la desigualdad y la explotación de recursos finitos. Si la propiedad privada ha concentrado la riqueza en unas pocas manos, las nuevas generaciones de juristas deberán contemplar otras formas de propiedad que favorezcan la resiliencia ecosocial en todos los estrados sociales y reduzcan así las desigualdades.

En este capítulo se ha subrayado la urgente necesidad de una adaptación en la docencia del derecho que refleje la complejidad y relevancia de la institución de la propiedad ante la situación que se avecina. Si bien la propiedad ha sido tradicionalmente explicada desde una perspectiva de derecho privado, dicha figura jurídica merece ser abordada de manera integral y crítica también en las aulas de derecho constitucional.

Para ello, es necesario el empleo de metodologías que permitan al estudiantado de derecho comprender que la gobernanza ambiental requerirá de la participación equitativa e integradora de todas las personas en la formulación, aplicación y cumplimiento de las decisiones sobre el cambio climático. Una de las premisas clave para reconceptualizar la propiedad es observarla como un medio para avanzar hacia la resiliencia y la gobernanza ambiental, y no como un fin en sí mismo. En este sentido, resulta importante no dar nada por sentado. Es esencial fomentar en las aulas el cuestionamiento de suposiciones arraigadas y alentar a las futuras generaciones de juristas a explorar alternativas más justas y sostenibles.

El enfoque pedagógico propuesto aquí ha involucrado el análisis de noticias actuales, el estudio de la Constitución Española y la comparación con las constituciones de Ecuador y Bolivia, así como una simulación parlamentaria introduciendo elementos relacionados con la institución de la propiedad. Estas actividades docentes pueden ofrecer a quienes en un futuro próximo van a ejercer profesiones jurídicas una base sólida para abordar los desafíos legales y éticos en un mundo marcado por la inestabilidad y la impredecibilidad. En última instancia, al enfocar la docencia del derecho hacia la equidad y la resiliencia, estamos preparando a las generaciones futuras de juristas para que devengan agentes de cambio en la construcción de un sistema jurídico más justo y sostenible que aborde los desafíos urgentes de nuestro tiempo.

7. Referencias

Agencias: (6 de septiembre de 2023). «Barcelona, la ciudad más cara para alquilar una habitación, 590 euros, según Fotocasa», *La Vanguardia.* https://www.lavanguardia.com/vida/20230906/9209405/barcelona-ciudad-mas-cara-alquilar-habitacion-590-euros-fotocasa.html consultado el 18 de septiembre de 2023.

Alcívar Trejo, C.; Calderón Cisneros, J. T. y **Cuadrado, M. S.:** (2014).«La función ambiental frente a la propiedad privada y su aplicación actual en la legislación ecuatoriana». *Revista Caribeña de Ciencias Sociales,* (2014_08).

Andrade Mayorga, S.: (2019). *Tutela constitucional del derecho de propiedad en Ecuador.* Universidad Andina Simón Bolívar.

Constitución Española: Boletín Oficial del Estado n.° 311, de 29 de diciembre de 1978.

Duguit, L.: (2007) *Las transformaciones generales del Derecho privado desde el Código de Napoleón.* Ediciones Coyoacán.

— (1921) *Traité de Droit Constitutionnel. Tome Premier: La règle de droit — Le problème de l'État* (2a ed.). Fontemoing & Cie / E. De Boccard.

Egas Reyes, P.: (2009) «La propiedad en la Constitución de 2008». En Santiago Andrade, Agustín Grijalva y Claudia Storini (Eds.), *La nueva Constitución del Ecuador. Estado, derechos e instituciones* (pp. 329-352). Universidad Andina Simón Bolívar/Corporación Editora Nacional.

Esteve Jordà, C.: (2023) *Rethinking property towards equity and resilience. An ecofeminist proposal for the commons* (Tesis doctoral, Universitat Rovira i Virgili). https://www.tdx.cat/handle/10803/688814?locale-attribute=es

Galán Benítez, H.: (2009) «¿Qué crisis afecta al Estado de Bienestar? Dinámica general y lecciones del caso alemán». *Andamios,* 5(10). doi: https://doi.org/10.29092/uacm.v5i10.179

Huerta Guerrero, L.: (2013) «Constitucionalización del derecho ambiental», *Derecho PUCP: Revista de la Facultad de Derecho* (71) https://doi.org/10.18800/derechopucp.201302.017

Jellinek, G.: (2000) *Teoría General del Estado*. Fondo de Cultura Económica de España. Trad. Fernando de los Ríos Urruti.

Menger, A.: (1998) *El derecho civil y los pobres*. Editorial Comares. Trad. Adolfo Posada.

Pisarello, G. (2011). *Un largo termidor. La ofensiva del constitucionalismo antidemocrático*. Editorial Trotta.

Rubio Lara, M.ª J. (1991). *La formación del Estado Social.* Ministerio de Trabajo y Seguridad Social.

Sentencia del Tribunal Constitucional (español) 111/1983, de 2 de diciembre.

Sentencia del Tribunal Constitucional 166/1986, de 19 de diciembre.

Sentencia del Tribunal Constitucional 37/1987, de 26 de marzo.

Sentencia del Tribunal Constitucional 170/1989, de 19 de octubre.

Sentencia del Tribunal Constitucional 227/1998, de 29 de noviembre.

Sentencia del Tribunal Constitucional 152/2003, de 17 de julio.

Sentencia del Tribunal Constitucional 204/2004, de 18 de noviembre.

Sentencia del Tribunal Constitucional 281/2005, de 7 de noviembre.

Sentencia de la Corte Constitucional de Ecuador, de 1 de octubre de 2014 (146-14-SEP-CC).

Sentencia de la Corte Constitucional de Ecuador, de 16 de octubre de 2019 (176-14-EP/19).

Stockholm Resilience Center: (2015) What is resilience? *Stockholm University* https://www.stockholmresilience.org/research/research-news/2015-02-19-what-is-resilience.html consultado el 18 de Septiembre de 2023.

Von Gierke, O.: (2015) *La función social del derecho privado y otros estudios*. Editorial Comares. Trad. José M. Navarro de Palencia.

UNA BREVE APROXIMACIÓN A LA CONTRIBUCIÓN DE LAS RELIGIONES ORIENTALES A LA SOSTENIBILIDAD

María Jesús Gutiérrez del Moral
Profesora Titular de Derecho eclesiástico del Estado
Facultad de Derecho, Universitat de Girona

Resumen: La Agenda 2030 de las Naciones Unidas y los Objetivos de Desarrollo Sostenible (ODS) fueron adoptados para lograr una sociedad de paz y prosperidad, caracterizada por el equilibrio entre la sostenibilidad social, económica y ambiental, con base en los derechos humanos. Las confesiones religiosas y las religiones pueden contribuir al desarrollo sostenible. Este trabajo ofrece una breve aproximación a la contribución de las religiones orientales a la sostenibilidad, especialmente al cuidado del medio ambiente y a la igualdad de género.

Palabras clave: Religiones orientales, sostenibilidad, mujer, igualdad de género, medio ambiente.

Abstract: *The United Nations' 2030 Agenda and the Sustainable Development Goals were adopted to achieve a society of peace and prosperity, characterized by a balance between social, economic, and environmental sustainability, based on human rights. Religions can contribute to sustainable development. This work offers a brief approach to the contribution of Eastern religions to sustainability, especially to care for the environment and gender equality.*

Keywords: *Eastern religions, sustainability, woman, gender equality, environment.*

1. Introducción. Las religiones y el desarrollo sostenible

Los Objetivos de Desarrollo Sostenible, también conocidos como Objetivos Globales, fueron adoptados por las Naciones Unidas en 2015 como un llamamiento universal para poner fin a la pobreza, proteger el planeta y garantizar que para el 2030 todas las personas disfruten de paz y prosperidad. Los 17 Objetivos están interrelacionados, de manera que las acciones en un área tendrán consecuencias en las demás y el objetivo final es conseguir el equilibrio en sostenibilidad social, económica y ambiental, con la prioridad de atender en primer lugar a los países menos desarrollados. Cada objetivo tiene metas específicas que deben alcanzarse antes de 2030[1].

Las confesiones religiosas y las religiones, en general, pueden contribuir al desarrollo sostenible. Es más, no se puede prescindir de ellas, pues la religión forma parte de la persona cuando libremente elige unas convicciones religiosas y dichas convicciones determinan sus valores, principios y su concepción de lo que debería ser la sociedad. El interés de las propias confesiones religiosas en la sostenibilidad es un hecho y no falta literatura académica que así lo demuestra[2]. Tal como es reconocido por la doctrina, «las tradiciones religiosas han entrado a lo largo de los últimos 50 años en un ámbito relativamente nuevo —el de la sostenibilidad— entablando un diálogo fecundo con

1 https://www.undp.org/es/sustainable-development-goals (30/3/2023). Los ODS son. 1. Fin de la pobreza. 2. Hambre cero. 3. Salud y bienestar. 4. Educación de calidad. 5. Igualdad de género. 6. Agua limpia y saneamiento. 7. Energía asequible y no contaminante. 8. Trabajo decente y crecimiento económico. 9. Industria, innovación e infraestructura. 10. Reducción de las desigualdades. 11. Ciudades y comunidades sostenibles. 12. Producción y consumo responsables. 13. Acción por el clima. 14. Vida submarina. 15. Vida de ecosistemas terrestres. 16. Paz, justicia e instituciones sólidas. 17. Alianzas para lograr los objetivos.

2 J. Tatay, «Sustainability and interrreligious dialogue», *ISLAMOCHRISTIANA*, 43 (2017), 123-139: «... dialogue, cooperation and action among and within religions are not just means but ends in themselves in the quest for sustainability» (p. 125). Sobre esta temática puede verse también: CD. Ives - J. Kidwell, «Religion and social values for sustainability», *Sustainability Science* 14 (2019), 1355-1362, J. Koehrsen, «Religious agency in sustainability transitions: Between experimentation, upscaling, and regime support», *Environmental innovation and societal transition,* 27 (2018), 4-15; J. Tatay, *De la cuestión social (RN) a la cuestión socio-ambiental (LS). La recepción católica del reto de la sostenibilidad: 1891-2015*, Tesis Doctoral, Universidad de Comillas, Madrid, 2016, https://repositorio.comillas.edu/xmlui/handle/11531/20841 (19/4/2023); M. Gas-Aixendri - S. Albareda-Tiana, «The Role of Religion in Global Sustainability: A Study on Catalonia's Contribution to Sustainable Development Goals», *Sustainability and the Humanities*, Canterbury, 2019, 1-18; S. Albareda-Tiana - M. Gas-Aixendri, «Religions and Global Sustainability. A research study in Catalonia (Spain)», *European Journal of Sustainable Development*, 5, 4 (2016), 61-71; S. Albareda-Tiana, *Reconciliarse con el planeta. La sostenibilidad como nuevo paradigma*, Pamplona, 2015; P. L. Daniels, «Climate change, economics and Buddhism - Part 1: New views and practices for sustainable world economies», *Ecological Economics*, 69 (2010), 952-961; P. L. Daniels, «Climate change, economics and Buddhism - Part 2: New views and practices for sustainable world economies», *Ecological Economics*, 69 (2010), 962-972; G. T. Gardner, *Inspiring Progress: Religions' Contributions to Sustainable Development*, Washington DC, 2006.

la sociedad civil, la comunidad científica y el mundo empresarial. Un diálogo de marcado carácter ecuménico e interreligioso en el que su voz está siendo escuchada con creciente interés»[3].

Las religiones se han manifestado sobre la sostenibilidad desde hace años[4] y, como veremos, algunas han firmado documentos sobre medio ambiente y la protección del planeta. No se puede dejar de citar la *Climate, Faith and Hope: Faith traditions together for a common future*[5], Nueva York, 21 de septiembre de 2014, firmada por 154 líderes religiosos[6]. Un documento en el que diferentes creencias y tradiciones religiosas se unen para expresar su profunda preocupación por las consecuencias del cambio climático en la Tierra y sus habitantes. Se reconoce que el cambio climático es un gran obstáculo para erradicar la pobreza, contra el que no puede luchar un solo Estado, sino que se necesita la cooperación de la comunidad de Estados, basada en los principios de confianza mutua, justicia y equidad, precaución, justicia intergeneracional y común, pero con responsabilidades y capacidades diferenciadas. Se insta a los Estados ricos a apoyar a los pobres y vulnerables de manera significativa y en todas partes, especialmente a los países menos desarrollados, los pequeños Estados insulares y el África subsahariana. Asimismo, se llama a todos los gobiernos para que identifiquen las necesidades de adaptación a medio y largo plazo y desarrollen estrategias para abordarlas, basadas en enfoques participativos, sensibles al género, e impulsados por los países para gestionar mejor las pérdidas y daños residuales debidos a los impactos climáticos adversos.

En definitiva, la religión puede considerarse una fuente fértil de valores sociales para la sostenibilidad, para cuidar la dimensión ecológica, económica y social, sin olvidarnos de los derechos humanos y también del derecho de las mujeres y la igualdad de género, presentes en la Agenda 2030. Como institución, la religión suele combinar creencias, prácticas y estructuras, y puede llegar a una gran parte de la población mundial, de manera que tiene

---

3 J. Tatay, «La Agenda 2030 para el desarrollo y las religiones», *La Civiltà Cattolica*, (25 de junio de 2021), https://www.laciviltacattolica.es/2021/06/25/la-agenda-2030-para-el-desarrollo-y-las-religiones/ (30/3/2023).

4 S. Albareda-Tiana, *Reconciliarse con el planeta. La sostenibilidad como nuevo paradigma*, 60-61.

5 https://www.interfaithclimate.org/the-statement/#:~:text=Climate%2C%20Faith%20and%20Hope%3A%20Faith,reveal%2C%20to%20our%20common%20care. (30/3/2023).

6 M. Gas-Aixendri - S. Albareda-Tiana, «The Role of Religion in Global Sustainability: A Study on Catalonia's Contribution to Sustainable Development Goals», 4: «presented to the UN before the COP 21, also explicitly shows the interconnection between social, ecological and economic aspects of SD. For instance, the concept of «climate justice», defended in the Interfaith Declaration, shows environmental aspects (climate) are related to social and economic aspects (justice) (World Council of Churches 2015)».

un gran potencial para marcar e impulsar actuaciones para la sostenibilidad[7]. Por tanto, las creencias religiosas pueden ayudar a instaurar prácticas y actitudes en favor de dicha sostenibilidad, pues tienen una gran capacidad para efectuar cambios en la sociedad.

En este trabajo, de carácter teórico, expongo una aproximación a las confesiones religiosas orientales tradicionales: hinduismo, budismo, sijismo y taoísmo, así como la Fe Bahá'í y la Universidad Espiritual Mundial Brahma Kumaris, sobre las que ofrezco una muy breve explicación sobre cómo contribuyen o pueden contribuir a la sostenibilidad, es decir, a que todas las personas puedan gozar de paz y prosperidad, con una mención especial al cuidado y mantenimiento del medio ambiente y a la posición de la mujer en dichas comunidades religiosas.

2. El hinduismo

El hinduismo nace en la India hace más de 5000 años. Hoy en día se habla de más de 900 millones de seguidores[8]. Es un sistema de creencias y de prácticas de una extraordinaria diversidad y de una complejidad muy notable[9].

El pensamiento hindú se centra en cinco elementos fundamentales: la tierra, el agua, el fuego, el aire y el espacio. La meditación y ritos hinduistas implican el conocimiento y el respeto de estos componentes materiales en el culto diario, lo que sugiere una especial sensibilidad ecológica. También la protección de los animales es considerada como un deber sagrado. Son nueve las tesis principales del hinduismo sobre el medio ambiente[10]:

1. La presencia de la Divinidad en todas las cosas, de ahí que la creación deba ser tratada con el máximo respeto.
2. La interconexión de todas las cosas. La sociedad es un organismo vivo en continuo movimiento. El hinduismo es una cosmovisión.

---

7 CD. Ives - J. Kidwell, «Religion and social values for sustainability», 1357 y 1359; J. Koehrsen, «Religious agency in sustainability transitions: Between experimentation, upscaling, and regime support», 4-5: Los aspectos sociológicos de la religión pueden facilitar actuaciones en favor de la sostenibilidad.

8 D. Self, *Enciclopedia de las religiones del mundo*, Madrid, 2010, 62; P. Wilkinson - D. Charing, *Enciclopedia de las religiones*, Madrid, 2005, 28.

9 J. Estruch - J. Gómez i Segalà - M. del M. Griera - A. Iglesias, *Las otras religiones*, Barcelona 2007, 234.

10 C. Padinjarenudumparambil, «Hinduismo y budismo: entre la benevolencia hacia todos los seres y el abandono del mundo como negativo. Elementos de contraste con el cristianismo», *La cuestión ecológica. La vida del hombre en el mundo*, Madrid 2009, 157-160. Véase también W. Menski, «Hinduism», *Ethical Issues in Six Religions Traditions*, Edinburgh 2007, 55-56.

3. La «Sarva Bhuta Hita»: la norma del bienestar de todos los seres vivos. Es decir, el bien común prevalece sobre lo privado, lo cual lleva a la protección del medio ambiente, el apoyo a los pobres y necesitados, la protección de los menores y los no nacidos.
4. Doctrina del Karma: El obligado efecto de las acciones presentes en el futuro.
5. Los «Bishnois» son una rama del hinduismo, defensores del medio ambiente como parte de su deber religioso diario. El principal de sus mandamientos es la prohibición de la tala de árboles y el asesinato de animales. Fue fundado por Gurú Maharajá Jambeshwar, en el siglo IV.
6. La concepción hindú del desarrollo sostenible nos muestra una noción de administración fiduciaria de los recursos naturales. Estos están para el uso de las personas, pero le son cedidos en fideicomiso.
7. La naturaleza que Dios proporciona al hombre siempre es prestada y debe ser pasada de generación en generación. Esquilmar los recursos naturales se considera un sacrilegio, un robo de la herencia de las futuras generaciones.
8. La filosofía hindú obliga al respeto a la Tierra, la naturaleza, los bosques, los ríos y las montañas. El medio ambiente está vivo. Los árboles y las rocas están vivos y son santuarios. Los ríos son fuente y apoyo para la vida física y espiritual.
9. Los gobernantes tienen la responsabilidad de proteger el medio ambiente. En algunos casos reciben el título que lo demuestra: «Bhupalana» (protector de la tierra), «Bupala» (tutor de la tierra), o «Bhubharata» (marido de la tierra).

Esta vinculación del hinduismo con el cuidado de toda la creación es evidente en la *Hindu Declaration on Climate Change,* de 23 de noviembre de 2015[11], que muestra la preocupación por el medio ambiente y la responsabilidad de todos en su cuidado y mantenimiento.

El cuidado de la creación debería conllevar de igual modo el cuidado de la mujer y de sus derechos y un trato no discriminatorio frente al varón, pero la sociedad hinduista es patriarcal y la mujer tradicionalmente ha mantenido una situación inferior y de subordinación al varón, reservándosele el ámbito privado, pues se encarga de la familia y la educación de los hijos, también religiosa. Dicha subordinación podría explicarse por motivos de tradición histórica y social, más que por la exacta interpretación de la doctrina religiosa. Esta situación debe ir evolucionando hacia la igualdad y el reconocimiento y protección de los derechos de la mujer en el ámbito público[12]. Sin embargo,

11 https://hinduclimatedeclaration2015.org/english (30/3/2023).

12 Al respecto véase S. Rungachary, «La mujer en el hinduismo», *La mujer según las escrituras. La imagen de la mujer en los libros sagrados de las religiones más importantes del*

hay que diferenciar a la mujer en la India y en el hinduismo que ha llegado a Occidente, en este caso ocupa un lugar de igualdad y se acepta, por ejemplo, que se convierta en guía espiritual. Por otra parte, en India igualmente existen monasterios hindúes formados solo por mujeres[13]. La realidad es que la influencia occidental en la India ha llevado a una evolución hacia el reconocimiento de la igualdad en las comunidades hinduistas[14].

3. El budismo

El budismo surge en la India hace unos 2500 años[15]. A pesar de la diversidad del budismo, de la amplia literatura budista se pueden extraer numerosos principios ecológicos o de protección del medio ambiente. Se pueden resumir en nueve puntos[16]:

1. La humanidad es única. La familia humana ocupa un lugar común y de ahí deriva el deber de hacer el bien y proteger su medio ambiente y las especies que lo habitan.
2. Todas las entidades y eventos son interdependientes. Todo el cosmos está interconectado y toda acción tiene consecuencias respecto a lo demás.
3. El objetivo del budismo es la emancipación del sufrimiento, alejándose del materialismo. El camino es la coexistencia con exclusión de cualquier forma de dominación.

---

mundo, México, 1976, 10-12, https://sandbox.colmex.mx/~asmartinez/genero/files/migra/La_mujer_en_el_hinduismo_1976-6(1).pdf (12/4/2023); X. Pikaza, *La mujer en las grandes religiones*, Bilbao, 1991, 89, 98-99; M. Ormaetxe, *Hinduismo y feminismo. Entre la idealización y la marginación*, http://fundacionellacuria.org/wp-content/uploads/2018/05/HINDUISMO-Y-FEMINISMO-2.pdf (12/4/2023); D. Golani, «Posición de las mujeres en la sociedad india», *La India con cara de mujer. DDHH, Género y Desarrollo*, San Sebastián, 2011, 23-26. J. Ruiz Calderón, *La mujer y lo femenino en el hinduismo*, 2012, 1-2, https://www.jruizcalderon.com/wp-content/uploads/articulos/Lamujerylofemeninoenelhinduismo.pdf (14/4/2023).

13 VVAA. *El mapa de les minories religioses a Catalunya. Informe d'actualització sobre les confessions minoritàries a Catalunya. Novembre 2014*. Direcció d'Afers Religiosos, Generalitat de Catalunya, 103, https://justicia.gencat.cat/web/.content/afers-religiosos/documents/20150511_informe_mapa_religios.pdf (12/4/2023).

14 J. Ruiz Calderón, *La mujer y lo femenino en el hinduismo*, 2012, 4-5.

15 Al respecto véase J.-N. Robert, «El budismo», *El hecho religioso. Enciclopedia de las grandes religiones,* Madrid 1995, 430-435.

16 C. Padinjarenudumparambil, «Hinduismo y budismo: entre la benevolencia hacia todos los seres y el abandono del mundo como negativo. Elementos de contraste con el cristianismo», 160-162. Véase, asimismo, P. Morgan, «Buddhism», *Ethical Issues in Six Religious Traditions*, Edinburgh 2007, 110-111; M. González Campos, «El Árbol del Mundo: una visión de la naturaleza y la ecología desde la óptica del budismo», *Papeles de relaciones ecosociales y cambio global*, 125 (2014), 95-100.

4. Los gobernantes deben caracterizarse por las virtudes de la generosidad, la moralidad, la no violencia y la amistad (Dasa Raja Dharmaya). Proteger todo ser viviente.
5. Es necesaria la educación ambiental, pues en muchos casos las faltas son la consecuencia de la ignorancia, no de la maldad. Por tanto, es deber de los defensores del medio ambiente difundir los conocimientos acerca de las consecuencias perjudiciales de su destrucción.
6. La filosofía budista cree en la administración fiduciaria del medio ambiente.
7. La Tierra no es de propiedad del hombre y siempre hay que pensar en las generaciones futuras que también tienen derechos sobre ella.
8. El budismo defiende un activismo útil de protección del medio ambiente.
9. Es necesario que la persona asuma su responsabilidad y cambie su actitud personal ante el medio ambiente para luchar contra la crisis ambiental universal.

Se puede decir que «el budismo juega un papel indudable en la configuración de las políticas sociales y en la estructura de la sociedad, porque busca la armonía y la paz entre los hombres. El budismo busca la superación del sufrimiento y de la impermanencia. La idea de nirvana promueve en el hombre una espiritualidad de la compasión hacia todos los seres, con el consiguiente compromiso con el mundo»[17].

En el budismo, en la línea de lo expuesto, el 14 de mayo de 2015, se emitió *A Buddhist Declaration on Climante Change*[18], que habla de emergencia ecológica, y la necesidad de cuidar la Tierra y a nosotros mismos.

En cuanto a la mujer en el budismo, Buda enseñó que los hombres y las mujeres son iguales y en el budismo mahayana acepta que la mujer pueda ser monja budista[19]. La doctrina reconoce que una de las reformas sociales más importantes realizadas por Buda es la emancipación de la mujer, aunque dada la época, es lógico que recayera en ella la responsabilidad del hogar y de guiar a los hijos en la religión budista, si bien se permitía el libre movimiento de la mujer fuera del ámbito privado y familiar, sin distinción de casta o rango. Buda predicaba a hombres y mujeres de toda condición por

17 C. Padinjarenudumparambil, «Hinduismo y budismo: entre la benevolencia hacia todos los seres y el abandono del mundo como negativo. Elementos de contraste con el cristianismo», 163.

18 https://fore.yale.edu/files/buddhist_climate_change_statement_5-14-15.pdf (30/3/2023).

19 D. P. Gunewardene, «La mujer en el budismo», *La mujer según las escrituras. La imagen de la mujer en los libros sagrados de las religiones más importantes del mundo*, México, 1976, 15. Véase también MJ. Alonso Seoane, «La discriminación de la mujer en las órdenes budistas», ÉNDOXA: Series Filosóficas. UNED, 42 (2018), 147-152.

igual, sobre el servicio hacia otros como la forma de vida más noble. Pero eso no ha evitado que se haya discriminado a la mujer históricamente dentro del budismo, sobre todo en el budismo theravada[20]. En Catalunya, la mujer budista es mayoría frente al hombre, está plenamente reconocida y ocupa puestos de autoridad y responsabilidad[21].

4. El sijismo

El Gurú Nanak (1469-1539) fundó el sijismo en el norte de la India (hoy Pakistán)[22]. De origen hindú, no creía en el sistema de castas, sino que todos los hombres y mujeres son iguales. Conocedor de la religión islámica, tampoco esta le satisfacía. Por tanto, el sijismo se desarrolla en el contexto existente entre ambas religiones. Enseña que las personas deben trabajar duro y ayudar a los demás[23].

En cuanto al tema de la sostenibilidad, para los sijs, Dios es el único creador del universo y de la naturaleza y los seres vivos. La naturaleza es un reflejo de Dios[24]. Sólo Dios diseña y entiende perfectamente la naturaleza que participa de su divinidad. El hombre no es co-creador. Debe aceptar el orden natural de las cosas y los seres. La autorrealización, como meta espiritual del sij, implica un profundo sentido de la interconexión del universo y el amor por la creación[25], lo que conlleva importantes consecuencias respecto a la protección del medio ambiente y de todos los seres vivos[26].

---

20 D. P. GUNEWARDENE, «La mujer en el budismo», 15-16; X. PIKAZA, *La mujer en las grandes religiones*, 110-112. Véase también MJ. ALONSO SEOANE, «La discriminación de la mujer en las órdenes budistas», 145.

21 VVAA. *El mapa de les minories religioses a Catalunya. Informe d'actualització sobre les confessions minoritàries a Catalunya. Novembre 2014,* 79. Ver asimismo MJ. ALONSO SEOANE, «Los géneros imaginarios de lo sagrado. El budismo en el marketing publicitario», *Aposta. Revista de Ciencia Sociales*, 46 (2010), 4 y 8-10.

22 J. ESTRUCH - J. GÓMEZ I SEGALÀ - M. DEL M. GRIERA - A. IGLESIAS, *Las otras religiones*, 313-314. Ver también L. KAPANI, «El sijismo», *El hecho religioso. Enciclopedia de las grandes religiones*, Madrid 1995, 415-419.

23 D. Self, *Enciclopedia de las religiones del mundo*, 92-95; P. WILKINSON - D. CHARING, *Enciclopedia de las religiones*, 118-120; J. ESTRUCH - J. GÓMEZ I SEGALÀ - M. DEL M. GRIERA - A. IGLESIAS, *Las otras religiones*, 315-316; L. KAPANI, «El sijismo», 419-420.

24 G. VATINNO, *Ecologia politica. La fine del nucleare*, Roma 2011, 236.

25 E. NESBITT, «Sikhism», *Ethical Issues in Six Religions Tradicions*, Edinburgh 2007, 158.

26 S. SANTOS-FRAILE, «Sikhs en Barcelona. Características, idiosincrasias y causalidades de la creación y establecimiento de una Comunidad en el marco global de las migraciones transnacionales», *Disparidades. Revista de Antropología*, 76-2 (2021), https://dra.revistas.csic.es/index.php/dra/article/view/903/1085 (14/4/2023).

Respecto al papel de la mujer[27], el sijismo supone una fuerza liberadora para ella en la sociedad india. La afirmación de la dignidad del ser humano, tanto masculino como femenino, fue central en las enseñanzas de Guru Nanak, defendiendo la igualdad entre varón y mujer. Todas las criaturas son iguales ante Dios y no cabe hacer distinciones entre ellas por motivos de nacimiento o sexo. Y recomendó la igualdad del marido y la mujer en la familia. Para asegurar la igualdad de condiciones para las mujeres, los gurús no hicieron distinción entre los sexos en materia de iniciación, instrucción o participación en sangat (compañerismo sagrado) y pangat (comensalidad). En el sistema sij, las mujeres son iguales a los hombres en todos los aspectos, en el ámbito público y privado y también el religioso[28].

5. El taoísmo

El taoísmo fue fundado por Lao Tse, en China, en el siglo VI a. C., autor de una de las dos colecciones importantes de escritos taoístas, el libro Tao Te Ching, aunque hay quien duda de la existencia del fundador y se cree que el libro fue escrito por una serie de ancianos sabios de aquel tiempo[29]. El taoísmo es difícil de entender y de explicar desde la lógica occidental pues va más allá de una religión, se basa en la práctica de técnicas físicas y mentales y las comunidades suelen practicar un sincretismo entre el taoísmo y el budismo (sobre todo de origen chino), o incluso otras religiones[30].

Respecto al tema ecológico, la doctrina taoísta incluye muchas reglas ecológicas que proceden del siglo III, como por ejemplo[31]:

- No atentéis contra la vida de un ser vivo, sea el que sea.
- No incendiéis los campos ni los bosques.
- No derribéis árboles sin razón.
- No cojáis hierbas o flores sin razón.
- No arrojéis sustancias tóxicas a las fuentes, los lagos, los ríos y los mares.

---

27 VVAA. *El mapa de les minories religioses a Catalunya. Informe d'actualització sobre les confessions minoritàries a Catalunya. Novembre 2014,* 115-117

28 «Women in sikhism», *The Sikh Encyclopedia*, https://www.thesikhencyclopedia.com/biographical/famous-women/women-in-sikhism/ (14/4/2023).

29 D. Self, *Enciclopedia de las religiones del mundo*, 108-113; P. Wilkinson - D. Charing, *Enciclopedia de las religiones*, 112-113. Véase también K. Schipper, «El taoísmo», *El hecho religioso. Enciclopedia de las grandes religiones,* Madrid 1995, 505-520.

30 VVAA. *El mapa de les minories religioses a Catalunya. Informe d'actualització sobre les confessions minoritàries a Catalunya. Novembre 2014,* 132. J. Estruch - J. Gómez i Segalà - M. Del M. Griera - A. Iglesias, *Las otras religiones*, 388.

31 K. Schipper, «El taoísmo», 536.

- No cavéis la tierra erróneamente ni de través, no aplanéis las colinas, ni colméis las hondonadas.
- No destruyáis los insectos en hibernación.
- No subáis a los árboles para buscar los huevos en los nidos de los pájaros.
- No contaminéis las fuentes y los pozos.

La mujer y su papel en las comunidades taoístas es muy importante, pueden impartir enseñanza religiosa y se ocupa de cuestiones de logística en los centros[32]. El taoísmo concede gran importancia a la mujer, pero prima el ideal andrógino sobre el ideal femenino, la mujer se subordina al varón[33], lo que obedece a la lógica de la sociedad en la que surge el taoísmo.

6. La fe bahá'í

La fe bahá'í se autodefine «como el sistema global de creencias independiente más nuevo del mundo, enseña la unidad de Dios, la unidad de la humanidad y la armonía esencial de todas las religiones». Considerada la segunda religión geográficamente más extendida del mundo, después del cristianismo, abarca todo el mundo y trabaja por su unidad. Promueve la armonía entre ciencia y religión, la igualdad de género y la eliminación de todo prejuicio y racismo. Los bahá'is reconocen a cada uno de los fundadores y profetas de las principales religiones del mundo (Abraham y Moisés, Buda, Zoroastro, Jesús y Mahoma) y creen en la revelación progresiva. Todas las fes forman parte de un gran sistema espiritual revelado de modo progresivo y conforman un gran libro que relata la historia de Dios para la humanidad[34].

Las enseñanzas de la fe bahá'í en el ámbito social son[35]:

- Investigación independiente de la verdad.
- Eliminación de prejuicios de todo tipo.

---

32 VVAA. *El mapa de les minories religioses a Catalunya. Informe d'actualització sobre les confessions minoritàries a Catalunya. Novembre 2014,* 129.

33 X. Pikaza, *La mujer en las grandes religiones*, 80-81; VVAA. *Filosofía de la religión: Taoísmo*, Argentina, https://www.academia.edu/33337030/An%C3%A1lisis_filos%C3%B3fico_del_tao%C3%ADsmo (14/4/2023).

34 ¿Qué es la fe bahá'í?, https://bahaiteachings.org/es/fe-bahai/ (12/4/2023). Ver también A. E. Egea Farzannejad, *Paz, igualdad y justicia "Abdu'l-Bahá en Occidente, 1911-1913*, Tesis Doctoral, Universitat Autònoma de Barcelona, 2016, 4-18, https://www.tdx.cat/handle/10803/399379#page=1 (19/4/2023); *La Fe Bahá'í*, https://www.bahai.org/es/ (12/4/2023); *Fe Bahá'í*, Afers Religiosos, Generalitat de Catalunya, https://afersreligiosos.gencat.cat/ca/diversitat-religiosa/coneixer-les-religions/fe_bahai/ (12/4/2023); J. Estruch - J. Gómez i Segalà - M. Del M. Griera - A. Iglesias, *Las otras religiones*, 219-222.

35 ¿Qué es la fe bahá'í?, op. cit.

- La unidad de la humanidad.
- Una base esencial para todas las religiones.
- La religión debe causar amor, afecto y alegría.
- La armonía de la ciencia y la religión.
- Un idioma auxiliar universal.
- Educación obligatoria universal.
- Igualdad de género.
- Establecimiento de un parlamento mundial.
- La abolición de los extremos de la riqueza y la pobreza.
- La no participación de la religión en la política.
- Derechos humanos para todos.

Las comunidades bahá'is, por tanto, llevan a cabo una importante labor social, que se ajusta muy bien a los objetivos de la Agenda 2030 e interactúan con otros grupos y comunidades religiosas. De hecho, la Comunidad Internacional Bahá'í ha sido reconocida como Organización No Gubernamental por las Naciones Unidas y colabora con el Consejo Económico y Social de la ONU, con UNICEF y con la OMS[36]. Sostienen que la mujer debe tener el mismo trato y oportunidades que el varón, defendiendo la igualdad entre ambos. Lo que define a las personas es su naturaleza espiritual y los seres humanos no deben distinguirse por el género, la nacionalidad o el idioma que hablan[37].

7. Universidad Espiritual Mundial Brahma Kumaris

La Universidad Espiritual Mundial Brahma Kumaris[38] es un nuevo movimiento religioso que se originó en Hyderabad, en el noroeste de la India (hoy en día Pakistán), durante la década de 1930. El movimiento Brahma Kumaris, en un inicio conocido como «OM Mandali», fue fundado por Dada Lekhraj Kripalani, tras una serie de visiones, que más tarde tomó el nombre de Brahma Baba[39]. Se caracteriza por el destacado papel que desempeñan

36 J. Estruch - J. Gómez i Segalà - M. del M. Griera - A. Iglesias, *Las otras religiones*, 232.

37 Al respecto, véase AE. Egea Farzannejad, *Paz, igualdad y justicia "Abdu'l-Bahá en Occidente, 1911-1913*, 88-97.

38 Al respecto ver especialmente: http://www.brahmakumaris.org/home (12/4/2023); http://www.brahmakumaris.org/spain (12/4/2023).

39 https://www.brahmakumaris.org/es/acerca/la-historia-de-brahma-kumaris/brahma-baba-el-fundador (12/4/2023).

las mujeres en él y el reconocimiento de los derechos de éstas[40]. El liderazgo y pertenencia al movimiento sigue siendo principalmente femenino[41].

Es una organización sin ánimo de lucro, con más de 8.500 centros en 100 países del mundo. El objetivo común de la red es ofrecer una educación en calidad de vida para el desarrollo del ser humano, con el fin de lograr una sociedad en armonía. «La Asociación tiene una perspectiva humanista, espiritual y de trabajo voluntario. Uno de sus principios fundamentales es el respeto al ser humano y a sus creencias, y el servicio altruista»[42]. En un inicio fueron perseguidos por la postura adoptada respecto a las mujeres, entre otros motivos.

En 1980, el Brahma Kumaris se afilió al Departamento de Relaciones Públicas de las Naciones Unidas como una organización no gubernamental. Tiene estatus consultivo ante el Consejo Económico y Social de las Naciones Unidas y en UNICEF, y está afiliada al Departamento de Información Pública de la ONU. Asimismo, ostenta estatus de Observadora de la Asamblea de las Naciones Unidas para el Medio Ambiente de UNEP; es Organización Observadora de la Convención Marco de las Naciones Unidas sobre el Cambio Climático (CMNUCC); es miembro insigne de Educación para la Población Rural (ERP); y miembro de la Organización de las Naciones Unidas para la Agricultura y la Alimentación (FAO). Tiene un espacio en la oficina permanente en Nueva York por su trabajo con las Naciones Unidas[43].

Brahma Kumaris ya respaldaba los Objetivos de Desarrollo del Milenio de las Naciones Unidas mediante un amplio abanico de programas que fomentaban la educación, la igualdad de género y el fortalecimiento de la mujer, la salud y el bienestar mental, físico y espiritual, y la sostenibilidad medioambiental, y sigue haciéndolo con los Objetivos de Desarrollo Sostenible. Su competencia especial en el ámbito de los valores sociales y humanos le permite aportar un planteamiento particularmente espiritual y ético en lo concerniente a las preocupaciones mundiales. Asimismo, esta cualidad permite a sus centros trabajar regularmente con comités y grupos de ONG, agencias especializadas y misiones gubernamentales, así como participar de forma activa mediante declaraciones verbales y escritas en congresos y reuniones de las Naciones Unidas. Los centros de Brahma Kumaris se esfuerzan por fomentar la concienciación y hacen hincapié en las grandes aspiraciones de

---

40 *Ibidem*. Ver también https://www.brahmakumaris.org/es/acerca/la-historia-de-brahma-kumaris/lideres-actuales y https://www.brahmakumaris.org/es/esperanza/mujeres-y-hombres/empoderando-a-mujeres (12/4/2023); VVAA. *El mapa de les minories religioses a Catalunya. Informe d'actualització sobre les confessions minoritàries a Catalunya. Novembre 2014*, 103.

41 J. Estruch - J. Gómez i Segalà - M. del M. Griera - A. Iglesias, *Las otras religiones*, 309.

42 https://www.brahmakumaris.es/ (12/4/2023).

43 https://www.brahmakumaris.org/es/acerca/onu (12/4/2023); J. Estruch - J. Gómez i Segalà - M. del M. Griera - A. Iglesias, *Las otras religiones*, 309.

los propósitos y objetivos de las Naciones Unidas. De este modo, llevan a cabo proyectos internacionales para brindar a personas de todo el mundo la oportunidad de participar en actividades con fines sociales y humanitarios[44].

Su compromiso con la igualdad de género y el empoderamiento de la mujer, el medio ambiente, y la salud es una realidad desde hace años, de modo que su actividad se ajusta a los Objetivos de las Naciones Unidas para el Desarrollo Sostenible, y la Agenda 2030.

8. A modo de conclusión

La religión, en general, puede considerarse productora de valores sociales para la sostenibilidad, para cuidar la dimensión ecológica, económica y social, sin olvidarnos de los derechos humanos y también del derecho de las mujeres y la igualdad de género, por su gran capacidad para conseguir cambios sociales.

Las religiones asiáticas tradicionales, hinduismo, budismo, taoísmo, dan más importancia al compromiso personal de la religión que a la parte social. Son reconocidas como religiones místicas[45], en las que destaca la búsqueda individual de la verdad, «así como la aspiración a la trascendencia de los propios límites: la unión con el Tao (taoísmo), la unión con el Uno, o la Unión con Bhrama (hinduismo), o la realización de la mente búdica (budismo)». El interés de estas religiones en el ámbito social es el altruismo y la ética, como forma de superación personal y avance en la práctica espiritual, de ahí que se tienda a una práctica individualizada y restringida al ámbito familiar y no sean tan visibles socialmente[46].

Como ya se ha destacado por la doctrina, es evidente la preocupación real de estas religiones sobre la conservación y cuidado del planeta, de la creación en su conjunto, así como del medio ambiente. Las religiones orientales tienen un gran respeto por la naturaleza, a la que otorgan casi un valor sagrado, de manera que para ellas la sostenibilidad, en general, es un objetivo por conseguir, incluido el cuidado de las personas. Sin embargo, quizás falta una concreción de medidas específicas en este sentido[47].

En la línea de lo expuesto, en la práctica, parece evidente que las religiones orientales tradicionales, como el hinduismo, el sijismo y el taoísmo, no prestan

---

44 https://www.brahmakumaris.org/es/acerca/onu/onu-faq (12/4/2023).

45 J. Ruiz Calderón, «Las místicas orientales», 2002, 3, https://www.jruizcalderon.com/wp-content/uploads/articulos/Lasmisticasorientales.pdf (14/4/2023).

46 M. J. Alonso Seoane, «La implantación del budismo», *Mareas de pluralismo. Minorías religiosas en Galicia*, Madrid, 2014, 181-182.

47 S. Albareda-Tiana - M. Gas-Aixendri, «Religions and Global Sustainability. A research study in Catalonia (Spain)», 67-68.

especial atención a los derechos humanos en el ámbito público[48], ni a los derechos de la mujer en particular, si bien, sus doctrinas permiten una lectura de igualdad entre varón y mujer, con su fundamento en el reconocimiento de la igualad de las almas o la igualdad espiritual. El hinduismo se está abriendo poco a poco a la igualdad de género, pues su doctrina permite esta lectura, lo que es más visible en Occidente. En el sijismo, la mujer es liberada de la opresión que sufría en la India y desde sus inicios se recomendó la igualdad de marido y mujer en la familia. En el taoísmo la mujer ha quedado tradicionalmente sometida al varón, pero hoy en día su papel en la comunidad es cada vez más importante. Finalmente, en el budismo, la mujer es considerada igual al hombre, según las palabras de Buda, si bien la situación social e histórica llevó a que se dieran diferencias de género que deben ser superadas en su totalidad.

Por otra parte, la fe bahá'í y la Universidad Espiritual Mundial Brahma Kumaris (aunque no se autodefine como una religión, sino como un estilo de vida), además de preocuparse por el medio ambiente y el cambio climático, ponen un especial interés en el cuidado y protección de los derechos humanos y en la igualdad de la mujer, llevando a cabo una importante labor al respecto en Naciones Unidas.

9. Agradecimientos

Esta comunicación forma parte del proyecto de I+D+i, Referencia: PID2020-114400GB-I00, «Igualdad de género y creencias en el marco de la Agenda 2030», dirigido por la Dra. Francisca Pérez Madrid, financiado por el MCIN/AEI/10.13039/501100011033.

Esta Comunicación es una versión reducida de un trabajo ya publicado en: Gutiérrez del Moral, M.J., «Una aproximación a las religiones orientales desde Catalunya y su contribución a la sostenibilidad», *Revista General de Derecho Canónico y Derecho Eclesiástico del Estado*, 62 (2023), 1-39.

A su vez, este trabajo tiene su base en otro anterior que realicé en el marco del Proyecto RELIG 2014, de la Direcció d'Afers Religiosos de la Generalitat de Catalunya, como parte del estudio cualitativo de la contribución a la sostenibilidad de las confesiones orientales presentes en Catalunya. Unos años más tarde se publicó parte del estudio cuantitativo correspondiente: M. Gas-Aixendri —S. Albareda-Tiana, «The Role of Religion in Global Sustainability: A Study on Catalonia's Contribution to Sustainable Development Goals», *Sustainability and the Humanities*, Canterbury, 2019, 1-18; S. Albareda-Tiana— M. Gas-Aixendri, «Religions and Global Sustainability. A research study in Catalonia (Spain)», *European Journal of Sustainable Development*, 5,4 (2016), 61-71.

---

48 En el mismo sentido, M. Gas-Aixendri - S. Albareda-Tiana, «The Role of Religion in Global Sustainability: A Study on Catalonia's Contribution to Sustainable Development Goals», 11-12.

10. Referencias

Albareda-Tiana, S.: *Reconciliarse con el planeta. La sostenibilidad como nuevo paradigma*, Pamplona, 2015.

Albareda-Tiana, S. y **Gas-Aixendri, M.**: «Religions and Global Sustainability. A research study in Catalonia (Spain)», *European Journal of Sustainable Development*, 5, 4 (2016), 61-71.

Alonso Seoane, M. J.: «La implantación del budismo», *Mareas de pluralismo. Minorías religiosas en Galicia*, Madrid, 2014, 161-204.

Alonso Seoane, M. J.: «La discriminación de la mujer en las órdenes budistas», ÉNDOXA: Series Filosóficas. UNED, 42 (2018), 137-157.

Alonso Seoane, M. J.: «Los géneros imaginarios de lo sagrado. El budismo en el marketing publicitario», *Aposta. Revista de Ciencia Sociales*, 46 (2010), 1-23.

Daniels, P. L.: «Climate change, economics and Buddhism — Part 1: New views and practices for sustainable world economies», *Ecological Economics*, 69 (2010), 952-961.

Daniels, P. L.: «Climate change, economics and Buddhism — Part 2: New views and practices for sustainable world economies», *Ecological Economics*, 69 (2010), 962-972.

Egea Farzannejad, AE.: *Paz, igualdad y justicia «Abdu'l-Bahá en Occidente», 1911-1913*, Tesis Doctoral, Universitat Autònoma de Barcelona, 2016, https://www.tdx.cat/handle/10803/399379#page=1 (19/4/2023).

Estruch, J.; Gómez i Segalà, J.; Griera, M. del M. y **Iglesias, A.**: *Las otras religiones*, Barcelona 2007.

Gardner, G. T.: *Inspiring Progress: Religions' Contributions to Sustainable Development*, Washington DC, 2006.

Gas-Aixendri, M. y **Albareda-Tiana, S.**: «The Role of Religion in Global Sustainability: A Study on Catalonia's Contribution to Sustainable Development Goals», *Sustainability and the Humanities*, Canterbury, 2019, 1-18.

Golani, D.: «Posición de las mujeres en la sociedad india», *La India con cara de mujer.* DDHH, *Género y Desarrollo*, San Sebastián, 2011, 23-26.

González Campos, M.: «El Árbol del Mundo: una visión de la naturaleza y la ecología desde la óptica del budismo», *Papeles de relaciones ecosociales y cambio global*, 125 (2014), 91-100.

Gunewardene, D. P.: «La mujer en el budismo», *La mujer según las escrituras. La imagen de la mujer en los libros sagrados de las religiones más importantes del mundo*, México, 1976, 15-16.

Ives, C. D. y **Kidwell, J.**: «Religion and social values for sustainability», *Sustainability Science* 14 (2019), 1355-1362.

Kapani, L.: «El sijismo», *El hecho religioso. Enciclopedia de las grandes religiones,* Alianza Editorial, Madrid 1995, 415-426.

Koehrsen, J.: «Religious agency in sustainability transitions: Between experimentation, upscaling, and regime support», *Environmental innovation and societal transition,* 27 (2018), 4-15.

Menski, W.: «Hinduism», *Ethical Issues in Six Religions Tradicions*, Edinburgh 2007, 1-60.

Morgan, P.: «Buddhism», *Ethical Issues in Six Religions Tradicions*, Edinburgh 2007, 61-117.

Nesbitt, E.: «Sikhism», *Ethical Issues in Six Religions Tradicions*, Edinburgh 2007, 118-167.

Ormaetxe, M.: *Hinduismo y feminismo. Entre la idealización y la marginación*, 1-14, http://fundacionellacuria.org/wp-content/uploads/2018/05/HINDUISMO-Y-FEMINISMO-2.pdf (12/4/2023).

Padinjarenudumparambil, C.: «Hinduismo y budismo: entre la benevolencia hacia todos los seres y el abandono del mundo como negativo. Elementos de contraste con el cristianismo», *La cuestión ecológica. La vida del hombre en el mundo*, Madrid 2009.

Pikaza, X.: *La mujer en las grandes religiones*, Bilbao, 1991.

Robert, J.-N.: «El budismo», *El hecho religioso. Enciclopedia de las grandes religiones,* Madrid 1995, 427-503.

Ruiz Calderón, J.: *La mujer y lo femenino en el hinduismo*, 2012, 1-2, https://www.jruizcalderon.com/wp-content/uploads/articulos/Lamujerylofemeninoenelhinduismo.pdf (14/4/2023).

Ruiz Calderón, J.: «Las místicas orientales», 2002, 3, https://www.jruizcalderon.com/wp-content/uploads/articulos/Lasmisticasorientales.pdf (14/4/2023).

Rungachary, S., «La mujer en el hinduismo», *La mujer según las escrituras. La imagen de la mujer en los libros sagrados de las religiones más importantes del mundo*, México, 1976, 10-12.

Santos-Fraile, S.: «Sikhs en Barcelona. Características, idiosincrasias y causalidades de la creación y establecimiento de una Comunidad en el marco global de las migraciones transnacionales», *Disparidades. Revista de Antropología*, 76-2 (2021), https://dra.revistas.csic.es/index.php/dra/article/view/903/1085 (14/4/2023).

SCHIPPER, K. «El taoísmo», *El hecho religioso. Enciclopedia de las grandes religiones,* Madrid 1995, 505-550.

SELF, D. *Enciclopedia de las religiones del mundo*, Madrid, 2010.

TATAY, J. *De la cuestión social (RN) a la cuestión socio-ambiental (LS). La recepción católica del reto de la sostenibilidad: 1891-2015*, Tesis Doctoral, Universidad de Comillas, Madrid, 2016, https://repositorio.comillas.edu/xmlui/handle/11531/20841 (19/4/2023).

TATAY, J. «La Agenda 2030 para el desarrollo y las religiones», *La Civiltà Cattolica*, (25 de junio de 2021), https://www.laciviltacattolica.es/2021/06/25/la-agenda-2030-para-el-desarrollo-y-las-religiones/ (30/3/2023).

TATAY, J. «Sustainability and interrreligious dialogue», ISLAMOCHRISTIANA, 43 (2017), 123-139.

VATINNO, G. *Ecologia politica. La fine del nucleare*, Roma 2011.

WILKINSON, P. y **CHARING, D.** *Enciclopedia de las religiones*, Madrid, 2005.

VVAA. *El mapa de les minories religioses a Catalunya. Informe d'actualització sobre les confessions minoritàries a Catalunya. Novembre 2014*. Direcció d'Afers Religiosos, Generalitat de Catalunya. https://justicia.gencat.cat/web/.content/afers-religiosos/documents/20150511_informe_mapa_religios.pdf (12/4/2023).

VVAA. *Filosofía de la religión: Taoísmo*, Argentina, https://www.academia.edu/33337030/An%C3%A1lisis_filos%C3%B3fico_del_tao%C3%ADsmo (14/4/2023).

LA APLICACIÓN DE METODOLOGÍAS ACTIVAS (APS Y ABR) EN LAS ASIGNATURAS DE TFG Y PRÁCTICAS CURRICULARES DEL GRADO DE DERECHO EN EL MARCO DEL ODS 11 (CIUDADES Y COMUNIDADES SOSTENIBLES)

Judith Gifreu Font[1]
Profesora Titular de Derecho Administrativo
Universidad Autónoma de Barcelona

Resumen: Este proyecto aborda la incorporación de objetivos de desarrollo sostenible (ODS) al Trabajo de Fin de Grado y a las Prácticas Curriculares del Grado de Derecho a través de un modelo sustentado en la aplicación de dos metodologías activas –Aprendizaje-Servicio (ApS) y Aprendizaje Basado en Retos (ABR)–, así como el trabajo en equipo, a partir del diseño de retos reales a los cuales se enfrentan las ciudades del siglo XXI, adaptados a la composición multidisciplinaria de cada grupo de trabajo y desarrollados coordinadamente con los ayuntamientos y la comunidad local.

Palabras clave: Objetivos de Desarrollo Sostenible, Aprendizaje-Servicio, Aprendizaje Basado en Retos, responsabilidad social, Trabajo Final de Grado.

Abstract: *This project addresses the incorporation of sustainable development goals (SDGs) into the Final Degree Project and External Practices of the Bachelor's Degree in Law through a model sustained on the application of two active methodologies —Service-Learning (SL) and Challenge-Based Learning (CBL)— as well as teamwork, based on the design of real challenges faced by 21st century cities, adapted to the multidisciplinary composition of each working group and developed in coordination with municipalities and the local community.*

Keywords: *Sustainable Development Goals, Service-Learning, Challenge-Based Learning, social responsibility, Final Degree Project.*

1 IP del Proyecto Desarrollo de metodologías activas, Aps y ABR, aplicadas a las asignaturas de Prácticas Externas y TFE. Una acción tutorial transversal e interdisciplinaria hacia los ODS.

1. Introducción

Este trabajo presenta un proyecto de innovación y mejora de la calidad docente en la Universidad Autónoma de Barcelona que fue seleccionado en la convocatoria de 2022 (con fecha de finalización a finales de 2024) y que aborda la incorporación del Objetivo de Desarrollo Sostenible relativo a lograr ciudades y comunidades sostenibles (ODS 11) en el Trabajo de Fin de Grado i/o en las Prácticas Externas Curriculares del Grado de Derecho a través de un modelo fundamentado en la aplicación de dos metodologías activas —que son el Aprendizaje-Servicio (ApS) y el Aprendizaje Basado en Retos (ABR)—. Ambas técnicas de aprendizaje activo innovador coinciden en la estrategia de situar al alumnado no ante casos ficticios de laboratorio sino ante problemas del mundo real que deben resolver, involucrándoles y haciéndoles partícipes de la búsqueda de soluciones específicas y tangibles. A grandes rasgos, el Aprendizaje-Servicio es una metodología docente que combina, dentro de un mismo proyecto, objetivos de aprendizaje de conocimientos, habilidades, actitudes, valores y competencias con el servicio a la comunidad, de manera que el estudiante aprende de manera colaborativa, mediante su implicación activa en una necesidad social real vinculada con el entorno, al objeto de proporcionar una solución en beneficio de la comunidad. El Aprendizaje Basado en Retos mantiene el binomio (contenidos y competencias / servicio directo a la comunidad) y, asimismo, involucra activamente al estudiante en los retos y necesidades reales que presenta el entorno con el fin de implementar una solución que transforme y mejore la comunidad. No obstante, en este método formativo, el problema qué se plantea es mucho más general y abierto que el formulado en el Aprendizaje-Servicio (lo que permite que el estudiante pueda determinar qué reto concreto abordará dentro del conjunto de problemas que se le plantean), aunque en la práctica es difícil diferenciar estas dos metodologías.

En el momento de escribir estas líneas, el proyecto ha finalizado la primera fase de planificación de las necesidades detectadas y se encuentra a punto de abordar la segunda fase (diseño del reto-proyecto) y de iniciar la fase de ejecución, por lo que no pueden presentarse resultados relativos al cumplimiento de objetivos y valoración del proyecto.

2. La responsabilidad social y la sostenibilidad como funciones estratégicas de la Universidad

En el marco de la actualización de las funciones y objetivos formativos del sistema universitario, la relación con el entorno y las personas es clave. La Universidad tiene una proyección exterior que se materializa en su compromiso con el bienestar, la cohesión y el progreso de la sociedad para conseguir un modelo de desarrollo que sea socialmente responsable y más sostenible y equilibrado. Su papel es esencial en la generación de conocimiento que permita analizar y superar los desafíos existentes y avanzar en el crecimiento inteligente. Esa centralidad y dimensión social le impiden permanecer de espaldas a la evolución y las inquietudes de la sociedad, y por ello han sido múltiples las voces que, desde dentro y fuera de los campus universitarios, abogan por que las instituciones universitarias incrementen el esfuerzo en su contribución al progreso socioeconómico y al avance de la sociedad actual así como de las generaciones venideras —para no comprometer su capacidad de acción futura—, colaborando y aportando valor en ámbitos como el voluntariado, la sostenibilidad ambiental, la integración social, la igualdad de género, la protección de los derechos humanos y la cooperación al desarrollo, entre otros muchos[2]. La Estrategia Universidad 2015 califica la responsabilidad social universitaria como un eje estratégico transversal que debe ser tenido en cuenta en todas las actividades y funciones desarrolladas por las universidades y que se encuentra íntimamente unido al compromiso del desarrollo sostenible[3]. De hecho, ambos conceptos —responsabilidad social y sostenibilidad— pueden entenderse como conceptos complementarios, puesto que para lograr el objetivo de la sostenibilidad es imprescindible adoptar conductas responsables que atiendan los riesgos de las políticas que implementan los gobiernos y su impacto a escala local, regional, nacional, e incluso mundial. De otra parte, también pueden considerarse términos sinónimos, en la medida en que la sostenibilidad lleva implícita una dimensión social. Esa proyección social (protección de la diversidad, igualdad de oportunidades, lucha contra la pobreza, etc.) es una de las caras de la sostenibilidad, que aúna también una dimensión ambiental —cada vez más identificada con el cambio climático— y una dimensión económica. Así pues, una de las formas de potenciar la responsabilidad social /sostenibilidad es promover y fomentar la incorporación de iniciativas y proyectos responsables y sostenibles que generen valor social, ambiental y económico.

La Universidad ha dejado de ser un compartimento estanco ajeno a la realidad y a lo que sucede en su entorno, circunscrita su actividad a una mera función de creación, desarrollo, transmisión y difusión de cultura y conocimiento dentro de sus «fronteras». La relación y el intercambio de ideas y reflexiones con los agentes sociales, administraciones y empresas situadas en el territorio son necesarias para la completa formación de los estudian-

---

2 *Vid.*, por todos, Etzkowitz, H., Webster, A., Genhardt, C. y Terra, B., «The future of the University and the university of the future: evolution of ivory tower to entrepreneurial paradigm», *Research Policy* 29, 2000; y Clark, B. *Creating Entrepreneurial Universities: Organisational pathway of transformation*, International Association of Universities (IAU) and Elsevier Science, New York, 1998.

3 La aprobación de la Ley 2/2011, de 4 de marzo, de economía sostenible (hoy parcialmente derogada) representó un hito en la plasmación del principio de responsabilidad social en el ámbito público y privado y, particularmente, en el ámbito universitario (artículos 60 y siguientes).

tes, preparándolos para el ejercicio real de actividades profesionales. De ahí el acierto en incorporar en su momento la realización de prácticas profesionales curriculares en las distintas licenciaturas y grados, como fórmula para acercar a los estudiantes a los problemas reales que se dan en el mercado y proporcionarles herramientas para su resolución sobre la base de la aplicación de los conocimientos teóricos adquiridos en las aulas, además de proporcionar una orientación e incluso una posible salida laboral a los egresados. Asimismo, esta apertura no se ha producido únicamente a nivel de su alumnado; por el contrario, ha significado también una ampliación de las metas perseguidas por el sistema universitario, convirtiéndose en una institución emprendedora y dinámica en materia de acción social, cultural, ambiental y económica que transfiere y comercializa sus conocimientos al servicio del desarrollo social y económico y de la innovación. Esta estrategia de «aggiornamento» de la actividad universitaria a la luz de los nuevos valores de responsabilidad social y sostenibilidad en sus distintas dimensiones (ambiental, social y económica), que va más allá de las clásicas funciones de enseñar e investigar, no solo ha calado hondo en los métodos de enseñanza —por la interacción y el conocimiento reciproco que brinda el contacto con empresas e instituciones, enriqueciendo la formación que las universidades dispensan al alumnado—, sino que, en sentido inverso, también ha beneficiado a la comunidad e instituciones locales, por la vía de la transferencia de conocimiento generado en la investigación universitaria. No obstante, debe señalarse que no siempre esta transferencia de conocimiento universitario se asocia al desarrollo de actividades que generen un rédito económico para la Universidad, adquiriendo una creciente envergadura el número de proyectos en sintonía con la sostenibilidad ambiental, social y económica cuya finalidad es exclusivamente la creación de valor social, sin contraprestación económica. El impacto de esta nueva acción dinamizadora se pone de manifiesto en la cantidad de planes, programas e iniciativas desarrollados por las universidades españolas e impulsados conjuntamente por ellas y distintos partners (agentes sociales y económicos, sector público, etc.). A destacar, asimismo, que esa implicación y esfuerzo por contribuir a la mejora en el terreno de la responsabilidad social y el desarrollo sostenible en el entorno físico circundante de la universidad también ha sido objeto de auto-aplicación interna por las instituciones universitarias, utilizando su propio campus como laboratorio de experiencias[4]. Así pues, en los últimos años, hemos asistido a la implementación de iniciativas hoy plenamente consolidadas, como la revisión de los contenidos curriculares para incorporar la dimensión ambiental (respeto al medio ambiente) —muy especialmente, tras la Declaración de Rio (1992)— y, más recientemente, de la social (igualdad de género); la proliferación de clínicas jurídicas involucradas en proyectos solidarios; la incorporación de

4 Aplicando en el campus universitario los mismos compromisos ambientales, sociales y económicos que informan los proyectos desarrollados en el entorno local, con la participación del conjunto de la comunidad universitaria, como si se tratara de una microciudad.

buenas prácticas dirigidas especialmente al alumnado, como las campañas comunicativas centradas en fomentar el ahorro energético (cierre de la iluminación y refrigeración de las aulas a la finalización de las clases); la aprobación de planes de igualdad y de códigos de conducta; la implementación de políticas centradas en la accesibilidad universal o la atención a la diversidad, entre otras[5].

Responsabilidad social y sostenibilidad constituyen los ejes fundamentales del desarrollo de nuestra sociedad. Son cuestiones que están en la agenda de muchas universidades desde hace años, que las han incorporado en sus objetivos estratégicos, yendo incluso más allá, al institucionalizarlas dentro de sus estructuras organizativas. Un ejemplo de ello es la Universidad Autónoma de Barcelona (UAB), que cuenta con una organización específica responsable de coordinar y gestionar los proyectos vinculados a estas iniciativas (Oficina ApS[6] y, asimismo, en un marco de internacionalización de la metodología ABR, también puede mencionarse su participación en ECIU University)[7, 8]. No obstante, sin perjuicio de apreciar positivamente el esfuerzo realizado y las metas alcanzadas, las universidades deben seguir avanzando en la búsqueda de iniciativas para contribuir a ese desarrollo, reforzando su protagonismo, consolidando una manera de funcionar en beneficio de todos y para la satisfacción del interés general y reconociendo y poniendo en valor todas las actividades que respondan a estos objetivos. No debe olvidarse que, en cuanto instituciones públicas que se integran en el sector público institucional, los objetivos de responsabilidad social que incumben a las universidades pueden diferir de los que atañen al sector empresarial privado; por ello,

5 En el programa lanzado por la Asamblea General de Naciones Unidas titulado «Decenio de las Naciones Unidas de la Educación para el Desarrollo Sostenible» (Resolución 57/254, 2002) se hacía hincapié en la necesidad de integrar los valores, las actividades y los principios vinculados intrínsecamente al desarrollo sostenible en todas las formas de la educación y el aprendizaje.

6 https://www.uab.cat/ca/aprenentatge-servei

7 ECIU University es una iniciativa del Consorcio Europeo de Universidades Innovadoras basada en la innovación, la creatividad y el impacto en la sociedad, que aplica el Aprendizaje Basado en Retos (*Challenge-Based Learning*) y en la que participan 14 universidades: Universidad Autónoma de Barcelona, Dublin City University (Irlanda), Hamburg University of Technology (Alemania), Institut National des Sciences Appliquées (Francia), Kaunas University of Technology (Lituania), Linköping University (Suecia), Lodz University of Technology (Polonia), Tampere University (Finlandia), Universidade de Aveiro (Portugal), University of Stavanger (Noruega), Università degli Studi di Trento (Italia), University of Twente (Holanda), Aalborg University (Dinamarca) y Tecnológico de Monterrey (México). https://www.uab.cat/web/eciu-university-1345821747756.html

8 Asimismo, la UAB participa en redes de universidades que investigan en experiencias basadas en el Aprendizaje-Servicio, como la red catalana Xarxa ApS(U)Cat y, a nivel estatal, la Red Universitaria Española de Aprendizaje-Servicio (ApS-U).

las universidades resultan un complemento perfecto a la hora de abordar las distintas perspectivas (pública y privada) de la responsabilidad social[9].

En 2011, y en el marco de la Estrategia Universidad 2015, la Secretaría General de Universidades publicó un estudio que ponía énfasis en la necesidad de impulsar la institucionalización, generalización y sistematización de la sostenibilidad y la responsabilidad social de las universidades y promover la incorporación de estructuras e instrumentos en aras a favorecer su institucionalización. De acuerdo con este documento, la prosecución de estos objetivos debe garantizar una adecuada combinación del dinamismo económico con la cohesión social y la igualdad de oportunidades; de la innovación tecnológica y científica con la visión crítica y reflexiva; de la calidad y la excelencia con la responsabilidad y la sostenibilidad. Los valores cosmopolitas, humanistas y científicos característicos del modelo universitario europeo, vinculados a la libertad de pensamiento, a la tolerancia, el respeto y el compromiso con el bienestar social, económico y ambiental, así como con el enriquecimiento de nuestro patrimonio cultural, deben presidir las tareas de esta tercera misión, orientada a llevar más lejos la frontera del conocimiento y a facilitar que el entorno y el conjunto de la sociedad se beneficien de esta tarea[10].

3. La puesta en valor de la sostenibilidad: los ODS

El proyecto que se explica en este trabajo consiste en la incorporación de contenidos de sostenibilidad en el Grado de Derecho mediante la aplicación del Objetivo de Desarrollo Sostenible (ODS) n.º 11, relativo a lograr ciudades inclusivas, seguras, resilientes y sostenibles. En consecuencia, en este apartado se expone muy someramente el principio de desarrollo sostenible y el contenido de dicho ODS.

9 Sobre la responsabilidad social empresarial, *vid.* el pionero Libro Verde de la Comisión Europea titulado *Fomentar un marco europeo para la responsabilidad social de las empresas* (2001), que distingue entre una dimensión interna y otra externa de dicha responsabilidad y las comunicaciones de la Comisión *Hacer de Europa un polo de excelencia de la responsabilidad social en las empresas* [COM(2006) 136 final] y *Estrategia renovada de la UE para 2011-2014 sobre la responsabilidad social de las empresas* [COM(2011) 681 final de 25.10.2011]. A nivel español, *vid.* la *Estrategia Española de Responsabilidad Social de las Empresas 2014-2020* (2014).

10 Secretaría General de Universidades, *La responsabilidad social de la universidad y el desarrollo sostenible*, Secretaría General Técnica. Centro de Publicaciones. Ministerio de Educación, 2011, p. 18. *Vid.*, para profundizar en esta cuestión, González Alcántara, O. J., Fontaneda González, I. y Camino López, M. A., «Responsabilidad social universitaria: el caso de las universidades españolas. Herramientas para su comunicación», *Visual Review*, 2022, p. 2-25.

3.1. La necesidad de alcanzar un desarrollo sostenible

En un mundo en constante crecimiento en el que no todos tienen las mismas oportunidades, el objetivo de la sostenibilidad y las formas de comportamiento responsable para darle cumplimiento han pasado a ocupar un papel protagonista en la educación y la formación a todos los niveles. Aunque, en un primer momento, la sostenibilidad se asimilaba solamente con la protección ambiental, las instituciones internacionales y europeas han enriquecido el concepto con la incorporación de las vertientes social y económica, de manera que el crecimiento económico, la cohesión social y la protección del medio ambiente se aúnen de forma combinada en un solo objetivo holístico e integral que incumbe al conjunto del planeta en una suerte de responsabilidad colectiva e individual y que se materializa bajo la rúbrica del «desarrollo sostenible».

El desarrollo sostenible deviene un principio estructural al que se someten los sectores público y privado, que sirve al fortalecimiento y garantía del Estado social, armonizando y conciliando la necesidad de crecimiento económico con la mejora de la cohesión y prestaciones sociales y la protección del medio ambiente. Aparece por primera vez en el Informe Brundtland (1987)[11] que lo definía como «el desarrollo que satisface las necesidades del presente sin comprometer la capacidad de las generaciones futuras para satisfacer las suyas» y alertaba sobre el impacto ambiental negativo del modelo actual de desarrollo económico y la globalización. El término se oficializa en la Cumbre de la Tierra (Río de Janeiro, 1992) y se va abriendo a las vertientes social y económica que, junto con la ambiental, se consideran pilares interdependientes que se refuerzan mutuamente[12].

En el año 2000, se avanza hasta un tratamiento global del problema con el establecimiento, por la Asamblea General de las Naciones Unidas, de 8 Objetivos de Desarrollo del Milenio (ODM)[13], a los que se da continuidad en 2015, con la aprobación de la Agenda 2030[14], que contiene 17 «Objetivos de Desa-

---

11 Comisión Brundtland, *Nuestro futuro común* (Informe de la Comisión Mundial sobre Medio Ambiente y Desarrollo, 1987).

12 *Vid.*, por todos, el Documento Final de la cumbre Mundial 2005 (Resolución aprobada por la Asamblea General de Naciones Unidas el 24 de octubre de 2005) y la Conferencia de la ONU para el desarrollo sostenible en Río de Janeiro (2012) que se reafirma en el compromiso sobre desarrollo sostenible y se centra en la erradicación de la pobreza.

13 La Declaración del Milenio, adoptada en la Cumbre del Milenio celebrada en la ciudad de Nueva York en septiembre de 2000 planteó una serie de objetivos, la mayoría de los cuales debían ser alcanzados en 2015: Erradicar la pobreza extrema y el hambre; acceso universal a la enseñanza primaria; promover la igualdad de géneros y la autonomía de la mujer; reducir la mortalidad infantil; mejorar la salud materna; combatir el VIH/sida, el paludismo y otras enfermedades; asegurar la sostenibilidad medioambiental; y desarrollar asociaciones globales

14 Naciones Unidas, *Transformar nuestro mundo: la Agenda 2030 para el Desarrollo Sostenible*, Resolución de la Asamblea aprobada el 25 de septiembre de 2015. En la misma, se

rrollo Sostenible» (ODS), consistentes en un conjunto de 169 metas comunes a todos los países del mundo para transitar hacia un nuevo modelo de desarrollo que garantice el equilibrio entre la preservación del medio ambiente, el desarrollo económico y el progreso social. Estas metas deberían alcanzarse en 2030, aunque difícilmente se van a lograr, dados los resultados obtenidos hasta ahora. Dichos ODS, que tienen un carácter global e integrado, se centran en la erradicación de la pobreza y del hambre (1 y 2), salud y bienestar (3), educación de calidad (4), igualdad de género (5), agua limpia y saneamiento (6), energía asequible y no contaminante (7), trabajo decente y crecimiento económico (8), industria, innovación e infraestructura (9), reducción de desigualdades (10), ciudades y comunidades sostenibles (11), producción y consumo responsables (12), acción por el clima (13), vida submarina (14), vida de ecosistemas terrestres (15), paz, justicia e instituciones sólidas (16) y alianzas para lograr los objetivos (17).

3.2. Ciudades sostenibles (ODS 11)

No hay duda de que habitamos un mundo cada vez más urbanizado. En la actualidad, más de la mitad de la población mundial vive en ciudades y esta proporción aumentará paulatinamente hasta llegar al 60 % en 2030 y al 70 % en 2050, sin perspectivas de que estas cifras y tendencia vayan a frenar o invertirse. Aunque los desafíos a los que se enfrentan las ciudades de los países occidentales no tienen parangón con los de las ciudades de los países subdesarrollados, en términos generales, se puede afirmar que las ciudades (especialmente las grandes áreas urbanas densamente pobladas) conforman la cara y la cruz de una misma moneda. De una parte, son grandes consumidoras de recursos, emisoras de gases de efecto invernadero y los niveles de calidad del aire son bajos, a la vez que ofrecen unos servicios públicos infradotados y concentran pobreza y desigualdades sociales, con notables contrastes entre barrios pudientes y barrios marginales. No obstante, también son polos de crecimiento económico y poseen una gran potencialidad para solucionar estas deficiencias si se aplican las medidas oportunas, orientadas a evitar el crecimiento urbano desordenado, crear espacios verdes, fomentar la inclusividad social, garantizar el acceso a los servicios básicos y la vivienda, diseñar una movilidad sostenible, etc. Aunque estas políticas involucran a los tres niveles

establece que «Estamos decididos a proteger el planeta contra la degradación, incluso mediante el consumo y la producción sostenibles, la gestión sostenible de sus recursos naturales y medidas urgentes para hacer frente al cambio climático, de manera que pueda satisfacer las necesidades de las generaciones presentes y futuras. (...) a velar por que todos los seres humanos puedan realizar su potencial con dignidad e igualdad y en un medio ambiente saludable. Estamos decididos a velar por que todos los seres humanos puedan disfrutar de una vida próspera y plena, y porque el progreso económico, social y tecnológico se produzca en armonía con la naturaleza. (....) No puede haber desarrollo sostenible sin paz, ni paz sin desarrollo sostenible.» (p. 40) que componen la administración pública territorial, son los ayuntamientos los directamente interpelados, en atención al conjunto de competencias que les reconoce el ordenamiento jurídico, para dar el giro hacia un desarrollo urbano netamente sostenible[15]. En este sentido, uno de los principales problemas a los que se enfrentan y ante el cual están reaccionando es el cambio climático y sus consecuencias en las áreas urbanas (islas de calor, inundaciones por elevación del nivel del mar o fenómenos meteorológicos, etc.) a través de políticas de prevención, mitigación y adaptación[16].

Se ha demostrado que existe un interés creciente en las universidades de todo el mundo por la asimilación del cambio, centrado en resolver los retos a los que nos enfrentamos en todo el mundo, que bien pueden representarse en objetivos de desarrollo sostenible[17]. El ODS 11 se centra en «Lograr que las ciudades sean más inclusivas, seguras, resilientes y sostenibles». Las metas que deben alcanzarse para el año 2030 son las siguientes, según las Naciones Unidas:[18]

11.1.- Asegurar el acceso de todas las personas a viviendas y servicios básicos adecuados, seguros y asequibles y mejorar los barrios marginales.

11.2.- Proporcionar acceso a sistemas de transporte seguros, asequibles, accesibles y sostenibles para todos y mejorar la seguridad vial, en particular mediante la ampliación del transporte público, con especial atención a las necesidades de las personas en situación de vulnerabilidad, mujeres, niños, personas con discapacidad y personas mayores.

11.3.- Aumentar la urbanización inclusiva y sostenible y la capacidad para la planificación y la gestión participativas, integradas y sostenibles de los asentamientos humanos en todos los países.

11.4.- Redoblar esfuerzos para proteger y salvaguardar el patrimonio cultural y natural mundial.

11.5.- Reducir significativamente el número de muertos y afectados por desastres, incluidos los relacionados con el agua, así como reducir considerablemente

---

15 Conscientes desde hace años de la necesidad de orientar las políticas locales hacia la sostenibilidad y la lucha contra el cambio climático, los gobiernos locales se han asociado en distintas organizaciones, como ICLEI (Gobiernos Locales por la Sostenibilidad): https://iclei.org

16 IPCC (2022), *Climate Change 2022. Impacts, Adaptation and Vulnerability*, 2022, accessible en: https://www.ipcc.ch/report/ar6/wg2/. *Vid.*, asimismo, Cramer, W. *et al., Climate change and interconnected risks to sustainable development in the Mediterranean, Nature Climate Change*, 8, 2018 (accessible en: https://www.medecc.org/first-mediterranean-assessment-report-mar1/).

17 Van Den Beemt, A., *et al.*, «Taking the Challenge: An Exploratory Study of the Challenge-Based Learning Context in Higher Education Institutions across Three Different Continents», *Educ. Sci.,* 13, 234, 2023, p. 19.

18 Fuente: https://2030.mainel.org/objectiu-11-ciutats-i-comunitats-sostenibles/

las pérdidas económicas directas provocadas por los desastres en comparación con el producto interno bruto mundial, haciendo un especial hincapié en la protección de los pobres y las personas en situaciones de vulnerabilidad.

11.6.- Reducir el impacto ambiental negativo per cápita de las ciudades, prestando especial atención a la calidad del aire y la gestión de los desechos municipales y de otro tipo.

11.7.- Acceso universal a zonas verdes y espacios públicos seguros, inclusivos y accesibles, en particular para las mujeres y los niños, las personas mayores y las personas con discapacidad.

11.a.- Apoyar los vínculos económicos, sociales y ambientales positivos entre las zonas urbanas, periurbanas y rurales fortaleciendo la planificación del desarrollo nacional y regional.

11.b.- De aquí a 2020, aumentar considerablemente el número de ciudades y asentamientos humanos que adoptan e implementan políticas y planes integrados para promover la inclusión, el uso eficiente de los recursos, la mitigación y adaptación al cambio climático y la resiliencia ante los desastres, y desarrollar y poner en práctica, en consonancia con el Marco de Sendai para la Reducción del Riesgo de Desastres 2015-2030, la gestión integral de los riesgos de desastre a todos los niveles.

11.c.- Proporcionar apoyo a los países menos adelantados, incluso mediante asistencia financiera y técnica, para que puedan construir edificios sostenibles y resilientes utilizando materiales locales.

Ciertamente es difícil abordar los ODS por separado, puesto que todos están interconectados. Concretamente, este ODS es claramente transversal, al englobar cuestiones propias de otros objetivos, como la igualdad de género, la pobreza, la energía no contaminante, la prevención climática, etc. y posibilita integrar la responsabilidad social en la docencia desde un enfoque transversal e interdisciplinario, con la incorporación —en el proceso formativo que incumbe al proyecto— de elementos que no son propios del contenido curricular del alumno (por ejemplo, cuestiones propias de la sociología, la ecología, la economía, etc.) pero que enriquecen su desarrollo y aprendizaje, al permitirle pensar en global y proponer soluciones relacionadas con los conocimientos específicos de la asignatura del Grado de Derecho que conecten y estén en armonía con las soluciones propuestas por los estudiantes de otras disciplinas que también participan en el proyecto.

4. El marco general de actuación: la aplicación de metodologías docentes activas

La modernización de las universidades no ha sido, pues, ajena a las inquietudes que se reflejan en la sociedad y a sus demandas para conseguir una mayor cohesión social, dinamismo económico y una mayor protección del planeta frente a los embates y amenazas del cambio climático. La universidad está plenamente capacitada para adoptar principios y crear condiciones favorables a la sostenibilidad. En este marco de actuación, debe adoptar un rol de liderazgo ante los objetivos de desarrollo social, económico, cultural y ambiental sostenible, reduciendo la generalidad al caso concreto con el fin de contextualizar esta problemática global en un ámbito determinado (el territorio local y regional) y de analizar su situación de partida, sus especificidades y las metas pretendidas. Sin embargo, cabe replantearse si es suficiente con que cuestiones con pretensión de generalidad como la igualdad efectiva entre hombres y mujeres, la inclusión de cláusulas ambientales y sociales en la contratación, la optimización del consumo energético, la movilidad sostenible y la innovación en el sector de la construcción y la arquitectura sostenibles, por poner algunos ejemplos, sean tratados exclusivamente en el aula. En la medida de lo posible, puesto que los recursos personales y materiales de que dispone la universidad son limitados, todas estas cuestiones deberían ser trabajadas «a pie de calle», en un trabajo de campo (barrio, ciudad) que involucre a las autoridades y a los agentes sociales y que permita al alumnado conocer de primera mano y, por tanto, valorar en primera persona sus impactos y consecuencias. Cabe recordar, a estos efectos, que el Espacio Europeo de Educación Superior (EEES) ha enmarcado a escala continental un cambio de paradigma de conocimiento, que ha pasado de estar focalizado en la disciplina académica a centrarse en el desarrollo de competencias profesionales vinculadas al mundo real, al entorno cotidiano, donde el estudiante se desarrollará profesionalmente y también como ciudadano[19].

Estas experiencias prácticas se pueden canalizar mediante el recurso a metodologías docentes activas, como el Aprendizaje-Servicio (ApS) y el Aprendizaje Basado en Retos (ABR). Ambas combinan el aprendizaje con el compromiso social para contribuir a la mejora del entorno y de la comunidad. Se trata de aprender de manera práctica mediante la prestación de un servicio a la comunidad de carácter solidario y potencialmente sostenible. Su versatilidad permite que puedan utilizarse tanto en el marco de una asignatura troncal u optativa —que integre esta metodología formativa en la docencia— como en las prácticas curriculares y extracurriculares y en trabajos de fin de estudios (TFG, extensible asimismo a los TFM).

Mediante el ApS, los estudiantes se forman a través de la participación en un proyecto orientado a resolver necesidades reales del entorno —previamente identificadas— con la voluntad de elaborar propuestas de interés que introduzcan mejoras constatables tras un proceso de diagnosis y análisis crítico. Los estudiantes no se limitan a aplicar el contenido curricular asimilado en el aula, sino que incrementan su aprendizaje con nuevos conceptos y principios generados en la práctica, a la par que adquieren competencias (espe-

19 Xarxa d'Aprenentatge Servei de les Universitats Catalanes, *Fer aprenentatge servei a la universitat*, ACUP, Barcelona, 2019, p. 5.

cíficas y transversales) y desarrollan habilidades (toma de decisiones, ética, liderazgo, trabajo colaborativo…) mientras ofrecen un servicio a la comunidad. En este sentido, se trata de un método de aprendizaje muy eficaz y completo, que combina compromiso social con aprendizaje de conocimientos, actitudes, valores y habilidades, integrando aspectos cognitivos y actitudinales. El Aprendizaje-Servicio fomenta la toma de conciencia respecto de asuntos reales que afectan a la comunidad y que no necesariamente deben haber sido propuestos por la entidad externa colaboradora (empresas, administraciones públicas, entidades del Tercer Sector, etc.) sino que pueden haber sido inicialmente planteados por la propia universidad o incluso por el estudiante. En estos últimos casos, y puesto que debe tratarse de una actividad focalizada en un reto real, es imprescindible que la entidad externa participe en el diseño del proyecto y en su implementación y valoración, junto con los docentes y el alumnado implicados para que las aportaciones de los estudiantes se adecuen al marco de actuación de la entidad social o pública proponente del reto[20].

Los requisitos esenciales para que una actividad pueda catalogarse como ApS, así como los indicadores para valorar la actividad cualitativamente (valor añadido) son los siguientes[21]:

Estudiantes

Requisitos: aporta a la comunidad; toma conciencia de que participa en beneficio de la comunidad; obtiene evidencias de aprendizaje sobre competencias del currículum; muestra evidencias de un proceso reflexivo; participa en el ajuste de la intervención en el marco del ApS.

Valor añadido: participa en la detección de necesidades; participa en el diseño de la intervención; prioriza la elección de ApS en detrimento de otras opciones.

20 Sobre ApS, *vid.*, Batlle, R. *El Aprendizaje-Servicio en España: El contagio de una revolución pedagógica necesaria*, Educar, 2013; Blanch, S., Blanes, I., Bosco, A., Campoy, S., Casillas, S., Castells, E., *et al.*, *Experiències docents d'Aprenentatge i Servei a la UAB. Eines d'innovació docent en educació superior*, n.º 9, Bellaterra: Universitat Autònoma de Barcelona. Servei de publicacions, 2022; Escofet. A. y Fuertes, M. T., *Construint vincles entre universitat i societat: 20 experiències d'aprenentatge servei a les universitat catalanes*, Barcelona: Edicions de la Universitat de Barcelona, 2018; García-Romero, D. y Lalueza, J. L., «Procesos de aprendizaje en Aprendizaje-Servicio universitario: una revisión teórica» *Educación XX1*, 22(2), 2019; García-Romero, D., Lalueza, J. L. y Blanch-Gelabert, S., «Análisis de un proceso de institucionalización del Aprendizaje-Servicio universitario», *Athenea Digital,* 21(3), 2021; Hernández Escolano, C. y Figueras-Maz, M., «El Aprendizaje Servicio como estrategia de innovación social en la UPF: la perspectiva del profesorado», *Educación y Diversidad*, 10(2), 2016; Martínez, M., *Aprendizaje servicio y responsabilidad social de las universidades*, Barcelona: Octaedro/ICE, 2018; Martín, X. y Puig, J. M., «Aprendizaje servicio: conceptualización y elementos básicos», en Rubio, L. y Escofet, A. (coords.). *Aprendizaje-servicio (ApS): claves para su desarrollo en la universidad*, Barcelona: Octaedro, ICE-UB, 2017.

21 Información extraída de ApS-UAB: https://www.uab.cat/ca/aprenentatge-servei/com-entenem-aps-uab

Proyecto comunitario

Requisitos: el servicio se hace en un contexto de actividades sin ánimo de lucro; responde a una necesidad real y reconocida; se orienta a una mejora comunitaria; hay evidencia del impacto del servicio comunitario

Valor añadido: implica activamente a los miembros de la comunidad; es sostenible más allá de la intervención de los estudiantes; hay un reconocimiento explícito de la comunidad.

Por su parte, la metodología ABR constituye una evolución respecto de enfoques como el Aprendizaje Basado en Problemas (ABP), el Aprendizaje Basado en Proyectos (ABP) y el Aprendizaje Basado en el Diseño (ABD). Una de las principales diferencias entre el ABR y los demás enfoques es que se centra en el diseño del problema, el proceso y la solución, para que encajen con el futuro profesional de los estudiantes. Lo mismo que el ApS, el Aprendizaje Basado en Retos promueve el autoaprendizaje del alumno, que trata de solucionar un problema de su entorno con espíritu crítico y reflexivo. El alumno se enfrenta de forma autónoma a problemas reales, participando en el desarrollo de soluciones específicas y convirtiéndole en el protagonista de la construcción de su aprendizaje[22]. Sin embargo, los retos planteados en la metodología ABR son más generales y abiertos y pueden ser investigados desde distintas perspectivas, ya que se parte de una gran idea (sostenibilidad, pobreza, cambio climático...) que conduce, tras una puesta en común de ideas entre los alumnos, al planteamiento de una pregunta esencial o troncal que defina el problema y el consiguiente reto. En este sentido, y a diferencia del aprendizaje basado en proyectos, se le ofrecen al alumno diversas problemáticas abiertas y complejas y es el estudiante el que determina el reto a abordar. El marco de aprendizaje es colaborativo y demanda a todos los participantes (estudiantes, profesores, familias y miembros de la comunidad) que identifiquen grandes ideas, formulen buenas preguntas, identifiquen y resuelvan retos, adquieran un conocimiento profundo de la materia, desarrollen habilidades del siglo XXI y compartan sus ideas con el mundo[23]. Los alumnos abordarán el análisis de dicho reto con el fin de explorar posibles opciones de mejora e idear una solución abierta y creativa que, puesta en práctica, de lugar a acciones concretas (que generen impacto). La experiencia de aprendizaje suele ser multidisciplinar, implica diferentes perspectivas de las partes interesadas y busca hallar una solución —desarrollada en colaboración— que sea medioambiental, social y económicamente sostenible. Las experiencias de ABR, situadas en un contexto social, se han beneficiado y han impulsado la aparición de un nuevo tipo de entorno de aprendizaje, el laboratorio social o de innovación abierta, entendida como una organización

22 Van Den Beemt, A., *et al.*, op. cit., p. 2.

23 Perna, S., Recke, M. P., y Nichols, M., *Challenge Based Learning. A Comprehensive Survey of the Literature*, 2023, p. 8.

semiautónoma que involucra a largo plazo a diversos participantes en una colaboración abierta con el fin de crear, elaborar y crear prototipos de soluciones radicales a desafíos sistémicos abiertos[24].

5. La experiencia de aprendizaje mediante un proyecto interdisciplinar conectado al ODS 11 con uso de metodologías educativas activas

5.1. El proyecto

Se trata de un proyecto de innovación y mejora de la calidad docente en la Universidad Autónoma de Barcelona que fue seleccionado en la convocatoria de 2022 (con fecha de finalización a finales de 2024) y que aborda la incorporación del Objetivo de Desarrollo Sostenible relativo a lograr ciudades y comunidades sostenibles (ODS 11) en las Prácticas Externas Curriculares y/o el Trabajo de Fin de Grado de Derecho a través de un modelo sustentado en la aplicación de dos metodologías activas —que son el Aprendizaje-Servicio (ApS) y el Aprendizaje Basado en Retos (ABR)—, así como el trabajo en equipo (creación de grupos multidisciplinarios), a partir del diseño de retos reales a los cuales se enfrentan las ciudades del siglo XXI, adaptados a la composición multidisciplinaria de cada grupo y trabajados directamente con los ayuntamientos y la comunidad local.

El grupo impulsor del proyecto de innovación docente es multidisciplinar, formado por 20 docentes pertenecientes a distintas facultades y titulaciones (Derecho, Bioquímica y Biología Molecular, Relaciones Laborales, Geografía, Sociología, Empresa, Geología, Biología Animal, Ciencias de la Computación, Genética y Microbiología, Ingeniería de la Información y las Comunicaciones, Matemáticas, Publicidad, etc.), con experiencia en proyectos de innovación docente en materia de prácticas curriculares.

5.2. La planificación del reto

El proyecto se desarrolla en tres etapas, la planificación, la ejecución y la evaluación[25]. En general, la detección de las necesidades sociales que conformarán el proyecto acostumbra a proceder mayormente de los agentes

24 Kohn Rådberg, K. *et al.*, «From CDIO to Challenge-based learning experiences expanding student learning as well as societal impact?», *European Journal of Engineering Education*, 45(1), 2020, p. 22 y 24.

25 En relación con las fases de diseño e implementación de un proyecto ApS, *vid.* Fuertes, M. T., «Modelo de sistematización en los proyectos sociales de ApS (UIC)», *Historia y Comunicación Social*, 19, 2014.

sociales, aunque también puede ser formulado por el docente responsable de la asignatura o, en el caso de los trabajos finales de estudios, por el estudiante. En la UAB, la propuesta proviene de la organización institucionalizada de la universidad (Oficina ApS, ECIU) que actúa como canal de entrada de las propuestas de las entidades externas, haciéndolas llegar a las distintas facultades o titulaciones y estas, a su vez, a los docentes que asumirán la función de tutorizar los TFG. En el proyecto piloto, en cambio, la propuesta presenta dos notas discordantes:

a) En primer lugar, es el docente/coordinador responsable de las prácticas o del TFG el que propone a la facultad una problemática social determinada, en atención a sus conocimientos teórico-prácticos, para que la oferte a los estudiantes. Por tanto, se trata de una propuesta *bottom-up* planteada, a ser posible, en términos abiertos (lo que la haría más susceptible de aplicación del método ABR), aunque no es un requisito esencial. Detectada la problemática y disponiendo del tutor académico, para poder incluir el reto en la oferta general de prácticas curriculares o TFG que oferta la universidad a principio de curso, es necesario contar previamente con el *partner* externo. En este caso, el proyecto cuenta con la colaboración de la Asociación Catalana de Municipios y Provincias (ACM), entidad privada asociativa que agrupa a la práctica totalidad de ayuntamientos (99 %), así como a todos los consejos comarcales (41) y las diputaciones de Cataluña(4)[26]. Este *lobby* local actúa de puente entre los responsables del proyecto piloto y las distintas entidades locales, encargándose de gestionar las demandas de captación de ayuntamientos / consejos comarcales / diputaciones interesadas en acoger los retos que previamente se han presentado.

b) En segundo lugar, se posibilita que la necesidad o reto social pueda ser trabajado en el ámbito de las prácticas curriculares o bien del trabajo final, dependiendo de lo que se considere más factible en relación con el calendario académico, incluso podría llegar a plantearse la opción de que el tema fuera trabajado por el alumno en dos asignaturas: primero en las prácticas (esencialmente, trabajo de campo) y, después, tuviera continuidad en el TFG, donde el estudiante volcaría los conocimientos teórico-prácticos adquiridos en el correspondiente trabajo de investigación.

En todo caso, aun cuando el esbozo de reto haya sido inicialmente propuesto por el docente que tutorizará el proyecto, su diseño y concreción debe ser una tarea colectiva, logrando la máxima implicación de las partes interesadas, internas (estudiantes y tutor universitario) y externas a la comunidad universitaria (institución proponente y tutor externo). Por ello, cuando más

26 https://www.acm.cat

global sea la cuestión (pobreza, medio ambiente, salud ...), más capacidad y libertad de acción tendrán la entidad local y el estudiante para plantearse interrogantes y determinar el aspecto o problema que va a ser objeto de análisis y resolución, así como para trabajar acciones locales concretas y ofrecer una solución específica a las mismas, solución que será implementada en el entorno real. Para dar voz a las partes es importantes planificar una serie de reuniones que permitan trabajar conjuntamente en el proceso de diseño del reto como fundamento de una mayor implicación de todos, así como en su seguimiento, desarrollo y evaluación.

Durante el curso 2022-23, los miembros del proyecto de innovación docente han abordado la fase de detección de necesidades, elaborando y poniendo en común sus propuestas, en atención a un formulario igual para todos, partiendo de la detección de las problemáticas que concurren en las áreas urbanas y la voluntad de darles respuesta (diagnóstico). Es un paso previo al diseño de retos reales a los cuales se enfrentan las ciudades del siglo XXI, adaptados a la composición multidisciplinaria de cada grupo y trabajados directamente con los ayuntamientos y la comunidad local. Como ya se ha comentado, de entre todos los ODS, el proyecto se centra en el ODS 11, esto es, «Conseguir que las ciudades y los asentamientos humanos sean inclusivos, seguros, resilientes y sostenibles»[27].

La amplitud del ODS seleccionado (ODS 11 «Conseguir que las ciudades y los asentamientos humanos sean inclusivos, seguros, resilientes y sostenibles») permite profundizar en las necesidades reales del entorno, de muy diverso contenido, para integrar los procesos de aprendizaje con el servicio en la comunidad. Este proyecto pretende fomentar la vinculación entre las prácticas externas y el TFG y, a su vez, estas asignaturas con los agentes y grupos de interés de las entidades locales y del territorio, mediante el ODS 11 que, al integrar aspectos sociales, jurídicos, económicos y medioambientales, puede generar fácilmente retos adecuados a los perfiles del alumnado de Derecho, muy especialmente de Derecho Administrativo. Este tipo de iniciativas refuerza la red de relaciones de la universidad con su entorno más inmediato, haciéndola partícipe de las prioridades y desafíos locales que se plantean en las ciudades que circundan el campus universitario —primera o segunda corona— e incorporando a su análisis criterios de responsabilidad social. Este objetivo está plenamente identificado con la actuación y competencias de las administraciones locales[28], muy especialmente los ayunta-

27 Quien escribe estas páginas ya tiene una cierta experiencia práctica con el ODS 11 al haberlo trabajado en las asignaturas optativas de cuarto curso del grado de Derecho, en concreto en Derecho Local y Derecho Urbanístico, aunque desde otra metodología activa, el aprendizaje por proyectos.

28 *Vid.* el artículo 25 de la Ley 7/1985, reguladora de las bases de régimen local, según el cual los municipios ostentan competencias en materias como el urbanismo, el medio ambiente urbano, el abastecimiento de agua potable a domicilio y evacuación y tratamiento de aguas residuales, la infraestructura viaria y otros equipamientos de su titularidad, evalua-

mientos, que son la administración más próxima a los ciudadanos y, por lo tanto, la que representa más palmariamente la necesidad de reorientar las políticas públicas versus una triple sostenibilidad (ambiental —lucha y adaptación al cambio climático, eficiencia energética—, económica —mixticidad de usos, reactivación económica, economía circular, etc.— y social —cohesión social, provisión de servicios y vivienda a los colectivos más vulnerables, envejecimiento de la población, etc.—), que obliga a repensar las actuales estrategias públicas en el marco de las agendas urbanas locales y la Agenda Europea 2030.

En el caso del Grado de Derecho, las propuestas presentadas han sido dos:

1	**Garantizar el derecho a la vivienda**
Persona promotora	JGF
Disciplina	Derecho Administrativo
ODS implicados	ODS 11. Conexiones con otros ODS con dimensión urbana: Fin de la pobreza (ODS1) y Salud y bienestar (ODS3).
Disciplinas implicadas	Derecho, economía, ciencia política, sociología, geografía humana, ingeniería, matemáticas, ciencia política
Finalidades/resultados que se quieren lograr: Proponer soluciones al problema de la escasez de vivienda asequible y social en el municipio objeto del trabajo para garantizar el derecho a la vivienda, fomentar la cohesión y la equidad sociales y luchar contra la exclusión residencial	
Propuesta de plan de trabajo de los alumnos: a.- Análisis del marco normativo aplicable b.- Estudio de campo (parque residencial social, planeamiento urbanístico, composición social del municipio, papel de los servicios sociales municipales, convenios con la Generalitat o Mesa del Tercer Sector, sinhogarismo, gentrificación, etc.) c.- Análisis de los instrumentos jurídicos previstos en la normativa urbanística y de vivienda y de las posibilidades presupuestarías del ayuntamiento para plantear nuevas estrategias. d.- Hacer propuestas para mejorar el acceso a la vivienda y evitar la segregación residencial.	

ción e información de situaciones de necesidad social y atención inmediata a personas en situación o riesgo de exclusión social, protección civil, prevención y extinción de incendios, movilidad, promoción de la actividad turística local, ferias y mercados, salubridad pública, promoción de la cultura, participación en la vigilancia del cumplimiento de la escolaridad obligatoria, promoción de la igualdad entre hombres y mujeres, etc.

2	Sostenibilidad urbana: Planificación y diseño urbano en un contexto de cambio climático (Agenda urbana local)
Persona promotora	JGF
Disciplina	Derecho Administrativo
ODS implicados	ODS11.Conexiones con otros ODS con dimensión urbana: Salud y bienestar (ODS3), Agua limpia y saneamiento (ODS6), Energía limpia y asequible (ODS7) y Acción por el clima (ODS13).
Disciplinas implicadas	Derecho, geografía, ciencias ambientales, biología, economía, sociología, salud, ingeniería, biología, ciencia política

Finalidades/resultados que se quieren lograr:

Hacer propuestas centradas en la prevención y reducción de los impactos del cambio climático y en el refuerzo de la resiliencia urbana. Se pretende facilitar el logro de viviendas y entornos urbanos sostenibles en un contexto de amenaza de cambio climático que afectará especialmente a las ciudades (aumento del nivel del mar, islas de calor, etc.).

Propuesta de plan de trabajo de los alumnos:

a. Análisis del marco normativo aplicable + *soft law* (internacional, europeo, nacional, autonómico y local).

b. Estudio de campo para analizar la realidad del municipio: situación geográfica, población, disponibilidad de recursos hídricos, etc.

c. Evaluación de los riesgos ambientales a los que tendrá que enfrentarse el municipio: infraestructuras básicas, prestación de servicios, inundaciones, olas de calor, epidemias, temporales que afectarán a los municipios costeros, etc.

d. Hacer propuestas innovadoras y ecológicas con el fin de reducir el impacto del cambio climático (prevención del riesgo) e incrementar la capacidad de adaptación y resiliencia. Por ejemplo: infraestructura verde, conectividad ecológica, preservación del suelo frente a los procesos de urbanización, etc. Estas estrategias y acciones se pueden incorporar a la agenda urbana o al planeamiento urbanístico municipal para lograr un desarrollo que sea sostenible, justo y equitativo, en el marco de las estrategias e instrumentos de planificación y programación impulsados a nivel internacional y europeo.

El grupo puede optar por trabajar en algunos de estos objetivos, en función de su formación universitaria:

- Contención de la dispersión urbana y fomento de ciudades compactas y mixtas que faciliten la proximidad a los bienes y servicios.
- Mejora del paisaje urbano y periurbano y protección de los espacios naturales más próximos a la ciudad.
- Promoción de espacios públicos accesibles, seguros e inclusivos.
- Rehabilitación edificatoria para mejorar la eficiencia energética, para fomentar el uso de renovables y limitar las emisiones de gases de efecto invernadero en las ciudades. Se pueden tratar cuestiones como las redes energéticas inteligentes, distritos de frío y calor, consumo racional de energía, domótica, etc.

- Revitalización de la ciudad consolidada (renovación física, economía, turismo...). Mejora de barrios y reciclaje urbano.
- Promoción de la movilidad sostenible.
- Fomento de la colaboración público-privada en las políticas urbanísticas sostenibles del municipio mediante estrategias consensuadas y colaborativas.
- Fomento de la salud y el bienestar ciudadano (calidad del aire...).
- Utilización racional y aprovechamiento eficiente de los recursos naturales (suelo, agua) .
- Fomento de la innovación digital en las ciudades y de las estrategias de especialización inteligente en el marco de una política sostenible a nivel ambiental.
- Mejora de la gestión institucional (política, procesos administrativos...) para desplegar políticas verdes y sostenibles: gobierno abierto, gobernanza, participación ciudadana... Las propuestas pueden ir encaminadas a conseguir una mayor implicación ciudadana en los asuntos públicos locales, mejorar la calidad democrática, fomentar la igualdad de género en el liderazgo público, transparencia y acceso a la información, control de la corrupción pública, transición digital y gobierno en red, *city branding*, etc.

Estas propuestas esbozan un macro-reto, identificando la problemática o necesidad social que debe atenderse y los posibles servicios a realizar. Como puede observarse, son propuestas más aptas para el uso de la metodología ABR, que involucran a otros miembros del proyecto pertenecientes a disciplinas universitarias distintas y que serán abordadas por un equipo interdisciplinario de estudiantes. Esta primera «sub-fase» de la planificación se ha desarrollado como sigue: durante el primer cuatrimestre del curso 2022-23 los miembros del proyecto de innovación docente han trabajado en el esbozo del proyecto educativo:

a) En una primera fase a nivel interno (UAB)[29] debatiendo sobre problemáticas globales que afectan a las ciudades (obesidad, gente mayor, urbanismo, sinhogarismo, participación ciudadana, pobreza, derroche alimentario, prevención de dolencias infecciosas, control sanitario de establecimientos abiertos al público, análisis de datos, etc.) para trasladarlas a los campos de conocimiento específicos de cada docente, identificando y pergeñando la idea global que deberá materializarse en el proyecto. Asimismo, en el debate se puso de manifiesto que cada facultad estructura y calendariza la oferta de prácticas externas y TFG de forma diferente y que, para la mayoría de docentes, era más factible proponer el proyecto en el marco del TFG, sin perjuicio de que pudiera ofrecerse a los estudiantes en ambas actividades, indistintamente (aunque ningún miembro del equipo de innovación docente se ha acogido a esta posibilidad, poniéndose de relieve la dificultad de construir equipos de estudiantes en la asignatura de prácticas curriculares, atendiendo a los diferentes calendarios de oferta y ejecución de estas).

29 Además de con los miembros del equipo impulsor, también se han programado reuniones con el equipo rector de la Universidad, la Oficina ApS UAB, Oficina de Retos UAB y ECIU.

b) En una fase posterior, trabajando en colaboración con la ACM, para identificar las entidades locales interesadas en trabajar en las propuestas seleccionadas (del total de 21 retos elaborados por el equipo impulsor, se han priorizado seis, dada la imposibilidad de abordarlos todos). Con carácter previo, y para facilitar la ejecución del proyecto, se acordó limitar el nombre de entidades locales participantes, puesto que en estos momentos se desconoce el número de alumnos interesados en realizar un TFG con metodologías activas de aprendizaje, que sin duda exigen mayor implicación que la realización de un TFG ordinario. Se solicitó a la ACM que aportara un máximo de 10 entidades locales situadas en el espacio físico de influencia de la UAB, esto es, comarcas del Vallès Occidental y Vallès Occidental.

El diseño definitivo del proyecto se realizará una vez completada la selección de los estudiantes (que elegirán de entre las entidades locales seleccionadas), puesto que este diseño requiere, como decíamos, la participación del grupo de estudiantes, de docentes y del agente social, para identificar la necesidad y definir el servicio. Es fundamental concretar los objetivos de aprendizaje y de servicio que se pretenden conseguir, determinar la viabilidad del proyecto, definir las actividades que deben realizarse y atribuir responsabilidades a los participantes, así como concretar el *tempus* de ejecución.

El recurso a las metodologías ApS y ABR en asignaturas que se desarrollan fuera del aula y en el estadio final de los estudios universitarios de grado (cuarto curso) permite aprovechar mucho mejor los conocimientos y competencias adquiridas para su aplicación al proyecto. Así, las prácticas curriculares permiten al alumno incorporar alguna mejora constatable en la entidad en que las realiza, a la vez que desarrolla las competencias y resultados de aprendizaje propias de esta asignatura[30]. En el caso del TFG, estas técnicas permiten la realización de trabajos de investigación sobre temáticas acordadas con las entidades participantes para resolver problemas y retos con derivadas sociales, contribuyendo a la generación de conocimiento teórico básico[31].

A la vez, este proyecto de innovación docente también incorpora la aplicación de distintas competencias y habilidades, como el liderazgo y el trabajo en equipo (pues este proyecto parte de la creación de grupos multidisciplinarios de alumnos procedentes de diversos grados universitarios). Los pro-

---

30 Edo, M., y Blanch, S., «El patio de los deseos. Un proyecto de aprendizaje y servicio», en J. Gairín e I. Vizcaíno, *Manual de Educación Infantil. Orientaciones y Recursos (0-6 años)*, Barcelona: Wolters Kluwer, 2016. *Vid.*, asimismo, Muñoz Carril, P.C., Raposo-Rivas, M., González Sanmamed, M. *et al.* (coords.), *Un Prácticum para la formación integral de los estudiantes*, Santiago de Compostela: Andavira, 2013.

31 Universitat de Lleida, *La metodologia ApS aplicada a la realització dels TFG en l'àmbit de la FDET*, 2017.

yectos interdisciplinarios posibilitan la creación de entornos de aprendizaje innovadores para acercarse a un problema desde multitud de ángulos, aportando riqueza al debate y propuestas integradoras. Así, se ha afirmado que:

> El diseño de un entorno interdisciplinario de aprendizaje servicio permite atender la complejidad de la realidad aprovechando la mirada complementaria de las disciplinas para darle respuesta. La experiencia curricular integrada desde titulaciones, asignaturas y niveles educativos diversos, desde el compromiso social común, da respuesta a partir de la necesidad real y compleja, y plantea un impacto significativo en las entidades y a sus usuarios.
>
> La innovación social transversal e interdisciplinaria implica un abordaje diferente de la docencia y del aprendizaje a partir de una necesidad real (Hernández y Figueras, 2016) y permite atender una situación o un problema desde perspectivas diversas, con una visión global y compleja de la situación. De esta manera, se facilita la hibridación del enfoque metodológico de cada situación, la combinación de fórmulas desde la aproximación directa y presencial al trabajo de campo y la resolución de necesidades como parte de la solución, y la participación de estudiantes de especialidades diversas, lo cual genera un valor añadido, ya que obliga a plantearse la problemática desde perspectivas más amplias que las del ámbito específico de una especialidad y de una materia[32].

Esta nueva perspectiva amplía el alcance de las competencias involucradas en el aprendizaje en la medida que los conocimientos teóricos tienen que ser complementados con otras herramientas de gestión personal (*soft skills*), como la inteligencia emocional, las habilidades de comunicación, el trabajo en equipo, etc. De esta manera, se promueven valores y actitudes éticos entre los estudiantes que, como resultado, van a fortalecer su responsabilidad para con la sociedad.

5.3. La ejecución y evaluación del programa piloto

La ejecución del proyecto piloto va a realizarse durante el curso 2023-24 en la asignatura de TFM del Grado de Derecho. Previamente, deberá completarse la fase de diseño del proyecto, una vez determinado el equipo multidisciplinar de estudiantes, seleccionado a partir de la oferta de TFG ApS-ABR presentada por la docente, con este contenido:

> *Oferta TFG APS en colaboración con un ayuntamiento del Vallès Oriental/Occidental para trabajar sobre sostenibilidad urbana (planificación y diseño urbano en un contexto de cambio climático)*
>
> Profesor tutor: Judith Gifreu Font, profesora titular de Derecho Administrativo
>
> ¿Qué es el ApS? Las actividades formativas en formato APS comportan la ejecución de una acción formativa, en este caso un TFG, en colaboración con una

32 Xarxa d'Aprenentatge Servei de les Universitats Catalanes, *op. cit.,* p. 13.

Administración Pública (en concreto, con un ayuntamiento). En este sentido, el trabajo se propone a partir de un proyecto de mejora de la calidad docente que ha recibido subvención por parte de la UAB como parte de su reconocimiento como proyecto de innovación docente y que involucra diferentes facultades de esta Universidad, de forma que se crearán grupos multidisciplinarios de alumnos. Aunque trabajarán conjuntamente, cada alumno redactará su propio TFG. El estudiante del Grado de Derecho desarrollará en su trabajo final de Grado los aspectos jurídicos relacionados con el urbanismo y/o la sostenibilidad ambiental y social en las áreas urbanas (normativa aplicable, jurisprudencia, etc.) mientras que los alumnos de otras facultades implicadas (Geografía, Ingeniería de la Información y las Comunicaciones, Informática, Biología, Microbiología, Sociología) se centrarán en las competencias y contenidos propios de su titulación para redactar sus respectivos TFG. Se trata de un programa piloto que, por primera vez, pretende hacer una aproximación al estudio de los problemas urbanos desde una perspectiva integral, como pasa en la realidad. En este sentido, se analizará un problema real que tenga el municipio (como por ejemplo el diseño de una ciudad más sostenible ambientalmente, la carencia de viviendas sociales, etc.). Asimismo, el trabajo en grupo permite un intercambio de opiniones y enriquece el conocimiento multidisciplinar del tema.

En el programa piloto colabora la Asociación Catalana de Municipios y Comarcas (https://www.acm.cat/acm), entidad municipalista que agrupa la práctica totalidad de los ayuntamientos catalanes, así como todas las diputaciones y consejos comarcales, y que actúa de enlace entre la Universidad y las entidades locales. Los ayuntamientos que han mostrado su disponibilidad a colaborar en el proyecto y acoger un grupo de estudiantes en este programa piloto pertenecen a municipios de las comarcas del Vallès Oriental y Vallès Occidental: Barberà del Vallès, Cardedeu, Cerdanyola del Vallès, La Llagosta y Mollet del Vallès. El ayuntamiento que resulte escogido por el estudiante planteará, en colaboración con este y con el tutor académico, un reto real para que el grupo lo analice y pueda hacer propuestas de mejora del diseño urbano de la ciudad. El grupo estará compuesto de un máximo de 4-6 miembros, en el cual puede haber un máximo de 1 estudiante de Derecho.

Se podrán formar un máximo de dos grupos (y 2 ayuntamientos de los propuestos, a elección del alumno), de tal manera que el máximo de alumnos del Grado de Derecho admitidos en esta oferta será de 2.

El trabajo será tutorizado y supervisado por el profesor tutor de la UAB y por un tutor del ayuntamiento, que darán indicaciones sobre el desarrollo del mismo. El ayuntamiento contribuirá a orientar el trabajo y a complementar la tarea del estudiante, facilitando información y documentación. Se realizarán un máximo de 3-4 reuniones de grupo para discutir el planteamiento y desarrollo del tema.

La UAB reconocerá la participación de los estudiantes y ayuntamientos en este programa piloto con un certificado acreditativo. La ACM también reconocerá la participación de los estudiantes y ayuntamientos en este programa piloto.

Por último, en cuanto a la evaluación de los proyectos interdisciplinarios, cabe realizar algunas reflexiones. Por tratarse de un grupo multidisciplinar e implicar asimismo al partenariado, el desiderátum es favorecer entornos de *coevaluación*, aun cuando somos conscientes de la enorme dificultad en términos administrativos y de gestión universitaria que supone implementar esta solución. Lo ideal sería que el tribunal estuviera conformado por los tutores académicos de cada estudiante del grupo (por tanto, docentes de distintas facultades) y un representante de la entidad social acogedora del reto, preferentemente el tutor externo. A partir de este punto, se pueden plantear dos escenarios distintos. En el primero, la evaluación de las prácticas curriculares o del trabajo final de grado sería única para todo el grupo, con una nota común determinada por el conjunto del tribunal. En el segundo, se tendría en cuenta el contexto interdisciplinar del proyecto, pero cada estudiante sería valorado independientemente por el docente del grado universitario correspondiente, cuya nota se ponderaría con la propuesta por el representante de le entidad, de manera que la calificación final de cada alumno del grupo se compondría en un 50 % por la nota del tutor académico y en el otro 50 % por la nota del representante de la entidad proponente del reto.

También resulta interesante abrir un proceso de autoevaluación para que los estudiantes componentes del equipo puedan valorar su implicación y aportaciones al resultado conseguido.

6. Conclusiones

Es evidente que nos movemos en un mundo cada vez más urbanizado, de tal manera que las ciudades se han convertido en centros neurálgicos de crecimiento y de creación de oportunidades, pero a la vez también arrastran impactos negativos, como la desigualdad social y la pobreza, con la creación de barrios marginales, la contaminación del aire y la pérdida de suelo destinado al cultivo, etc. La Universidad no puede desaprovechar la oportunidad de transferir conocimiento mediante la colaboración con los gobiernos locales para analizar datos y ofrecer propuestas y orientaciones que puedan ayudar a la toma de decisiones a nivel local y regional. Por otro lado, es un ruego generalizado del alumnado la necesidad y conveniencia de dotar de mayor aplicabilidad a los estudios universitarios y de ofrecer conocimientos más ajustados a las necesidades reales de las instituciones y empresas (Informe ADECCO 2021). Así pues, este proyecto quiere innovar en el planteamiento tradicional de las prácticas que se desarrollan en las entidades y del TFG, a menudo articuladas alrededor de un mismo esquema teórico, dotando al alumno de un papel más activo, basado en la toma de decisiones autónomas a partir de la valoración y análisis de los retos diseñados en el seno del proyecto. El reto planteado fomenta la receptividad del alumnado a las realidades locales y le proporciona un aprendizaje sustentado en principios y valores (equidad, justicia, etc.) que lo capacita para plantear soluciones superadoras de los conocimientos meramente teóricos adquiridos en el aula. Y, de manera destacada, se quiere hacer hincapié en la necesidad de que estas asignaturas no se desarrollen de manera individual sino grupal, con la constitución de equipos multidisciplinarios de alumnos para resolver problemáticas que, como la realidad, son complejos y transdisciplinarios. Todo ello posibilita integrar la responsabilidad social en la docencia desde un enfoque transversal e interdisciplinario, integrando en el proceso formativo elementos que no son propios del contenido curricular del alumno (por ejemplo, cuestiones propias de la sociología, la ecología, la economía, etc.) pero que enriquecen su desarrollo y aprendizaje, al permitirle pensar en global y proponer soluciones relacionadas con los conocimientos específicos de la asignatura del Grado de Derecho que conecten y estén en armonía con las soluciones propuestas por los estudiantes de otras disciplinas que también participan en el proyecto.

La colaboración de la universidad con organizaciones externas en el desarrollo de un proyecto de transformación social conlleva múltiples ventajas para todas las partes. Así, el proyecto permite la creación de vínculos con los ayuntamientos y agentes sociales del entorno de la universidad, estableciendo sinergias entre estos y la comunidad universitaria y poniendo las bases para futuras colaboraciones. Los estudiantes saben que están ante una demanda real formulada por un ayuntamiento y que la solución que aporten puede redundar en una mejora de la calidad de vida de los vecinos. Por ello, el grado de motivación, participación e implicación es mucho mayor que en un TFG al uso. El estudiante se empodera al verse convertido en un agente de transformación y cambio social. El esfuerzo por plantear soluciones que van más allá del tradicional trabajo jurídico —consistente en analizar la normativa aplicable y unas cuantas sentencias representativas— y que, de implementarse en un contexto real, van a tener unos efectos también reales sobre las personas, refuerza el compromiso social con el proyecto y favorece la formación de la ciudadanía en principios y valores de justicia social. Además, al tratarse de un equipo multidisciplinar, se potencian las competencias específicas y transversales de la titulación y los estudiantes introducen en el conocimiento de las competencias propias de otras titulaciones. A su vez, el estudiante también puede recibir retroalimentación, valorando el nivel de comprensión y resolución logrado en el proyecto. Por su parte, la entidad colaboradora se beneficia del trabajo de los estudiantes, que aportan, como decimos, soluciones reales y tangibles susceptibles de ser aplicadas; su participación en el seguimiento del trabajo le permite asimismo reconducir la demanda planteada, ampliando o restringiendo su objeto a lo largo de su desarrollo en función de las circunstancias concurrentes. Finalmente, desde la perspectiva docente, estos proyectos también favorecen la retroacción formativa, al permitir a los docentes evaluar la eficacia de su enseñanza, contribuyendo así a la innovación y mejora de la docencia, puesto que el docente podrá evaluar el impacto de los conocimientos teóricos en un entorno real, además de otros factores ajenos al contenido curricular —como la actitud y las habilidades del alumno— (evaluación por competencias) y valorar, si procede, un cambio de orientación o una revisión del enfoque educativo.

7. Referencias

Batlle, R.: *El Aprendizaje-Servicio en España: El contagio de una revolución pedagógica necesaria*, Educar, 2013.

Blanch, S.; Blanes, I.; Bosco, A.; Campoy, S.; Casillas, S. y **Castells, E.**: *et al.*, *Experiències docents d'Aprenentatge i Servei a la UAB. Eines d'innovació docent en educació superior*, n.º 9, Bellaterra: Universitat Autònoma de Barcelona. Servei de publicacions, 2022.

Clark, B.: *Creating Entrepreneurial Universities: Organisational pathway of transformation*, International Association of Universities (IAU) and Elsevier Science, New York, 1998.

Cramer, W.: *et al., Climate change and interconnected risks to sustainable development in the Mediterranean*, *Nature Climate Change*, 8, 2018.

Edo, M., y **Blanch, S.**: «El patio de los deseos. Un proyecto de aprendizaje y servicio», en J. Gairín e I. Vizcaíno, *Manual de Educación Infantil. Orientaciones y Recursos (0-6 años),* Barcelona: Wolters Kluwer, 2016.

Escofet, A. y **Fuertes, M. T.**: *Construint vincles entre universitat i societat: 20 experiències d'aprenentatge servei a les universitat catalanes*, Barcelona: Edicions de la Universitat de Barcelona, 2018.

Etzkowitz, H., Webster, A., Genhardt, C. y **Terra, B.**: «The future of the University and the university of the future: evolution of ivory tower to entrepreneurial paradigm», *Research Policy* 29, 2000.

Fuertes, M. T.: «Modelo de sistematización en los proyectos sociales de ApS (UIC)», *Historia y Comunicación Social*, 19, 2014.

García-Romero, D. y **Lalueza, J. L.**: «Procesos de aprendizaje en Aprendizaje-Servicio universitario: una revisión teórica» *Educación XX1,* 22(2), 2019.

García-Romero, D., Lalueza, J. L. y **Blanch-Gelabert, S.**: «Análisis de un proceso de institucionalización del Aprendizaje-Servicio universitario», *Athenea Digital,* 21(3), 2021.

González Alcántara, O. J., Fontaneda González, I. y **Camino López, M. A.**: «Responsabilidad social universitaria: el caso de las universidades españolas. Herramientas para su comunicación», *Visual Review*, 2022.

IPCC: *Climate Change 2022. Impacts, Adaptation and Vulnerability*, 2022.

Hernández Escolano, C. y **Figueras-Maz, M.:** «El Aprendizaje Servicio como estrategia de innovación social en la UPF: la perspectiva del profesorado», *Educación y Diversidad*, 10(2), 2016.

Kohn Rådberg, K.: *et al.*, «From CDIO to challenge-based learning experiences expanding student learning as well as societal impact?», *European Journal of Engineering Education*, 45(1), 2020.

Martínez, M.: *Aprendizaje servicio y responsabilidad social de las universidades*, Barcelona: Octaedro/ICE, 2018.

Martín, X. y **Puig, J. M.:** «Aprendizaje servicio: conceptualización y elementos básicos», en Rubio, L. y Escofet, A. (coords.). *Aprendizaje-servicio (ApS): claves para su desarrollo en la universidad*, Barcelona: Octaedro, ICE-UB, 2017.

Muñoz Carril, P. C.: Raposo-Rivas, M., González Sanmamed, M. *et al.* (coords.), *Un Prácticum para la formación integral de los estudiantes*, Santiago de Compostela: Andavira, 2013.

Naciones Unidas, *Transformar nuestro mundo: la Agenda 2030 para el Desarrollo Sostenible*, 2015.

Perna, S., Recke, M. P., y **Nichols, M.:** *Challenge Based Learning. A Comprehensive Survey of the Literature*, 2023, p. 8.

Secretaría General de Universidades, *La responsabilidad social de la universidad y el desarrollo sostenible*, Secretaría General Técnica. Centro de Publicaciones. Ministerio de Educación, 2011.

Universitat de Lleida, *La metodologia ApS aplicada a la realització dels TFG en l'àmbit de la FDET,* 2017.

Van Den Beemt, A.: *et al.*, «Taking the Challenge: An Exploratory Study of the Challenge-Based Learning Context in Higher Education Institutions across Three Different Continents», *Educ. Sci.,* 13, 234, 2023, p. 2.

EL EMPRESARIO SOSTENIBLE EN EL PROGRAMA DE DERECHO MERCANTIL

Paola Rodas Paredes[1]
Profesora de Derecho Mercantil
Facultad de Derecho y Relaciones Internacionales, Universidad Antonio de Nebrija

Resumen: Este trabajo expondrá de manera sucinta los elementos del proceso de enseñanza-aprendizaje que se deberían tener en cuenta para una correcta introducción del contenido de los deberes legales del empresario mercantil en materia de sostenibilidad en las asignaturas de Grado que incluyen contenidos de Derecho Mercantil. El estudio se enfoca, en particular, en la exposición de las metodologías más efectivas para evaluar los conocimientos adquiridos en esta materia. Con esta finalidad, en primer término, se expondrá de manera sucinta, el contenido actual del deber de información que ha de cumplir el empresario en este ámbito. A continuación, se hará hincapié en la situación anterior en la que se carecía de evidencias de evaluación de estos contenidos, prosiguiendo con una propuesta de contenidos concretos que debería incluirse en el programa general de Derecho Mercantil. Posteriormente, se dará a conocer la implementación de actividades individuales en una asignatura del Grado en derecho, a modo de ejemplo aplicativo que permita conocer y valorar si el futuro profesional abogado ha adquirido la competencia necesaria para instar el cumplimiento normativo de estos objetivos generales de la actividad económica organizada a través de estructuras empresariales.

Palabras clave: Empresario mercantil, informes sobre sostenibilidad, grado en Derecho, evaluación de competencias, actividades formativas con TICs.

Abstract: *This paper will succinctly expose the elements of the teaching-learning process that should be considered for a correct introduction of the content of the legal duties of the commercial entrepreneur in terms of sustainability in the undergraduate courses that include contents of Commercial Law. The study focuses on the exposure of the most effective teaching methodologies to assess the knowledge acquired in this subject. To this end, first, the current content of the duty of information to be fulfilled by the employer in this area will be succinctly presented. Next, emphasis will be placed on the previous situation in which there*

1 ORCID ID: 0000-0001-5711-9035

was a lack of evidence of evaluation of these contents, continuing with a proposal of specific contents that should be included in the general program of Commercial Law. Subsequently, the implementation of individual activities in a subject of the Bachelor's Degree in Law will be presented, as an applied example that will allow to know and assess whether the future professional lawyer has acquired the necessary competence to urge the regulatory compliance of these general objectives of the economic activity organized through business structures.

Keywords: *Business entrepreneur, sustainability reporting, law degree, competency-based assessment, competency assessment*

1. Introducción

La correcta implementación de los objetivos de desarrollo sostenible (ODS) es una necesidad cada vez más ineludible. No solo por motivos de los principios que los han inspirado, sino también por el mero hecho de la finalidad última que persiguen, cual es la de permitir, al ser humano, alcanzar todo su potencial manteniendo el respeto por el medio en el que se inserta[2]. La enseñanza universitaria no puede ser ajena a la inserción de estos paradigmas en la sociedad. Si bien es cierto que su recepción en algunas ramas del conocimiento puede ser más indirecta, habrá otras —y las ciencias jurídicas son unas de ellas— que, por razón de su contenido y finalidad intrínseca, están directamente relacionadas con una efectiva aplicación de estos objetivos. De hecho, en el caso que aquí analizamos, la asignatura Derecho Mercantil I es, creemos, de las más directamente relacionadas con la correcta interpretación del alcance conductual que el respeto a los ODS, puede alcanzar pues, como sabemos, en el concepto de Derecho mercantil la conducta del empresario está entre los elementos centrales[3], siendo este, sin duda, el sujeto ideal de nuestra sociedad moderna para implementar y respetar los ODS.

Por todo ello, en este trabajo, expondremos una propuesta de modificación del programa de contenidos de la asignatura Derecho mercantil I en el Grado en Derecho, para resaltar tanto los medios pedagógicos generales, como evaluativos que permitirán a los juristas en formación, conocer y utilizar como marco de referencia estos principios de conducta para insertarlos

2 Adela Serra Rodríguez, «Los objetivos de desarrollo sostenible» en Juan Bataller Grau, Josefina Boquera Matarredona, *Responsabilidad social y sostenibilidad. El marco de actuación de la empresa,* Valencia: Tirant lo Blanch, 2023, p. 205.

3 Guillermo Jiménez Sánchez, «Aproximación al tema del concepto del Derecho Mercantil» en AAVV, *Estudios de Derecho Mercantil en Homenaje a* Rodrigo *Uría*, Madrid: Civitas, 1978, p. 348; Fernando Sánchez Calero; Juan Sánchez-Calero Guilarte, *Instituciones de Derecho Mercantil* Vol. 1, Ed. 35.°, Pamplona: Aranzadi, 2013, p. 68; Aurelio Menéndez, Rodrigo Uría, *Lecciones de Derecho Mercantil*, vol. 1, 15.ª Ed., Pamplona: Aranzadi, 2017, p. 29.

en su futuro hacer profesional. Antes de realizar esta propuesta, dedicaremos un brevísimo apartado a la exposición del contenido regulatorio que debe ser —a nuestro entender— objeto de estudio.

2. El contenido material de la información de sostenibilidad empresarial

La información sobre la sostenibilidad empresarial en materia medioambiental, social y de gobernanza[4] en los últimos tiempos ha pasado de ser un elemento de comunicación voluntaria de cierto tipo de empresas[5] a tomar un papel cada vez más relevante en el debate de la política legislativa en materia societaria[6] y de finanzas corporativas[7]. Si bien es cierto que, como veremos más adelante, el concepto de responsabilidad social corporativa (RSC) dista mucho de haber adquirido sustantividad jurídica clara[8], no lo es menos que su receptación por las normas de Derecho mercantil societario ha alcanzado, poco a poco, un contenido normativo de alcance significativo. A ello ha contribuido la gran difusión que ciertos estándares generales de organización de la información de sostenibilidad, ha ido adquiriendo poco a poco[9].

---

4 También conocida como *triple bottom line*, ZAHARIA, R., ZAHARIA, R., «Triple bottom line» en CROWTHER D., SEIFI, S., *The Palgrave Handbook of Corporate Social Responsibility,* Leicester: Palgrave, 2021, p. 76

5 Habitualmente aquéllas configuradas con fines no necesariamente de rentabilidad económica, ONGs o del tercer sector o, en el otro extremo, multinacionales de diversos sectores que buscan mejorar la recepción general, entre el público, de sus actividades empresariales. Al respecto, BRUNELLI, S., RANALLI, F., «SDGs Achievement: Commitment, Channels of Action and the role of integrated reporting in the disclosure mechanisms» en BRUNELLI, S., DI CARLO, E. (eds.) *Accountability, ethics and sustainability of organizations*, Cham: Springer, 2020, p. 47.

6 Josefa BRENES CORTES, «La evolución del gobierno corporativo en España: compliance y normas de implicación efectiva y sostenible de los accionistas como último revulsivo», en AAVV, *Gobernanza y gestión de entidades aseguradoras*, Valencia: Tirant Lo Blanch, 2022, p. 24.

7 En este sentido, Alberto TAPIA HERMIDA, *Sostenibilidad financiera*, Madrid: Ed. Reus, 2021, p. 14.

8 En nuestro ámbito geográfico más inmediato, las definiciones de RSC tampoco han sido adecuadamente coordinadas: el Libro Verde de la Comisión Europea del 2001, incluye en este ámbito a «las preocupaciones sociales y medioambientales», mientras que la Comunicación de la Comisión Europea de 2011 sobre Estrategia renovada de la UE para 2011-2014 sobre responsabilidad social de las empresas, centrándola en el «impacto en la sociedad» que la actividad social pudiera tener. En cuanto a la interpretación doctrinal, se había calificado hasta hace poco, como una declaración unilateral de la que nace un deber jurídico, Juan BATALLER GRAU, «Un concepto de Responsabilidad Social de la Empresa desde el Derecho Mercantil», *Revista de Derecho Mercantil*, n.º 310, 2018, p. 3 y sigs.

9 En este contexto, entre los más conocidos y utilizados, los estándares GRI [disponibles es https://www.globalreporting.org/how-to-use-the-gri-standards/gri-standards-english-lan-

2.1. Ampliación del deber de contabilidad del empresario mercantil

Esta información no financiera de las empresas, sistematizada hasta muy recientemente a través de estándares de diversa índole y estructura[10] de manera voluntaria, ha venido a reconfigurar el contenido del deber de contabilidad del empresario mercantil.

El primer antecedente normativo podemos encontrarlo en la Ley 2/2011, de 4 de marzo, de economía sostenible que tuvo, en el ámbito del derecho privado, la virtud de incorporar, aunque de manera escueta, al ordenamiento jurídico español, una referencia concreta a las políticas de responsabilidad social de la actividad económica privada, como un elemento necesario para garantizar el funcionamiento de la sostenibilidad del modelo económico productivo[11]. A pesar de ello, este antecedente tenía como receptores al sector público, pues se esperaba que fueran las Administraciones Públicas quienes debían aplicar políticas que incentiven a los particulares —en particular Pymes— a incorporar o desarrollar esas políticas de responsabilidad social[12].

En fechas más recientes, las sociedades anónimas cotizadas también han sido receptoras de indicaciones respecto al deber indelegable del Consejo de administración de aprobar la política de responsabilidad social corporativa[13], aunque ello no ha sido óbice para dejar en manos de la voluntariedad corporativa el establecimiento o adscripción a alguno de los estándares, por ejemplo, de los GRI, en las grandes empresas capitalistas[14].

---

guage/, último acceso, 14 de octubre, 2023] juegan un papel preponderante en esta materialización de la juridicidad normativa de la RSC, pues merced a su amplia implantación global han coadyuvado a generar, no solo en nuestro medio, una progresiva aceptación de la necesidad de reflejar —y comunicar al público— las políticas *no financieras* adoptadas por grandes empresas y que pueden afectar a intereses de diversa categoría.

10 Una descripción más detallada del desarrollo histórico de este tipo de instituciones y marcos de sistematización de información empresarial puede encontrarse en SENGUR, F., «Corporate social Responsibility Reporting: evolution, institutionalization, and current state» en CROWTHER D., SEIFI, S., *The Palgrave Handbook of Corporate Social Responsibility,* Palgrave, Leicester, 2021, p. 1327.

11 *Vid.*, Art. 39.3 Ley 2/2011; Disp. Final 5.° de modificación de la Ley 24/1988, de 28 de julio, del mercado de Valores, que —entre otras— añadía a la LMV el art. 61 bis (en la actualidad de referencia mucho más difusa en el Art. 161 de la Ley 6/2023, de 17 de marzo, de los Mercados de Valores y de los Servicios de Inversión).

12 Estableciéndose, también, que los indicadores y modelos de referencia a ser utilizados para medir el cumplimiento de la RSE, debía ser puestos al alcance de las administraciones públicas por el gobierno, siguiendo estándares internacionales en la materia.

13 Véase el Texto Refundido de la Ley de Sociedades de Capital, Art. 529 ter, 1, a), en su redacción vigente desde la aprobación de la Ley 31/2014, de 3 de diciembre, por la que se modifica la Ley de Sociedades de Capital para la mejora del gobierno corporativo.

14 Tal como se ha señalado, Adolfo SEQUEIRA, «El desarrollo de la responsabilidad social

Con este panorama, y siguiendo la estela iniciada a nivel comunitario por la Directiva 2013/34/UE de 26 de junio de 2013, sobre estados financieros anuales[15] y la subsiguiente Directiva 2014/95/UE[16], el legislador español aprueba la Ley 11/2018, de 28 de diciembre, en materia de información no financiera y diversidad[17] dando contenido expreso a los datos que, hasta entonces, habían formado parte de estos informes de sostenibilidad que habitualmente utilizan los GRI u otros estándares conocidos, y que merced a la calificación del Estado de información no financiera (EINF), como elemento integrante del Informe de gestión de grupos consolidados de sociedades mercantiles, ha devenido, elemento integrante de las Cuentas Anuales consolidadas de grupos de sociedades de gran tamaño. A pesar de ello, la falta de concreción en las medidas coercitivas para asegurar el cumplimiento de la norma descrita es negativamente destacable, aunque no sorprendente[18].

Con todo, hay que señalar que, en relación con los estándares aquí comentados, la Ley 11/2018 les ha concedido carta de naturaleza como fuente auxiliar directa de su contenido normativo del deber de contabilidad al incluirlos, de manera expresa, dentro del listado de los marcos internacionales[19] que las

---

corporativa versus sostenibilidad, y su relación con el gobierno corporativo en las directivas comunitarias y en el derecho español de sociedades cotizadas», *Revista de Derecho de Sociedades* 61, 2021, BIB 2021/1421, p. 5, la difícil categorización dogmática de este concepto jurídico indeterminado ha sido un elemento central en su limitada inserción en la estructura y competencias de los órganos societarios de las grandes sociedades de capital.

15 Directiva 2013/34/UE del Parlamento Europeo y del Consejo, de 26 de junio de 2013, sobre los estados financieros anuales, los estados financieros consolidados y otros informes afines de ciertos tipos de empresas, por la que se modifica la Directiva 2006/43/CE del Parlamento Europeo y del Consejo y se derogan las Directivas 78/660/CEE y 83/349/CEE del Consejo (DO L 182 de 29.6.2013, p. 19-76).

16 OJ L 330, 15.11.2014, p. 1-9, que vino a modificar la Directiva 2013/34/UE en lo que respecta a la divulgación de información no financiera e información sobre diversidad por parte de determinadas grandes empresas y determinados grupos.

17 Ley 11/2018, de 28 de diciembre, por la que se modifica el Código de Comercio, el texto refundido de la Ley de Sociedades de Capital aprobado por el Real Decreto Legislativo 1/2010, de 2 de julio, y la Ley 22/2015, de 20 de julio, de Auditoría de Cuentas, en materia de información no financiera y diversidad.

18 Se ha decidido mantener la interacción entre *soft Law* y *hard Law* que ya se venía aplicando a este tipo de información, Robles-Elorza, D., San Jose, L., Urionabarrenetxea, S., «Regulation of CSR from international, European and Spanish viewpoints» en Crowther D., Seifi, S., *The Palgrave Handbook of Corporate Social Responsibility,* Palgrave, Leicester, 2021, p. 891 y sigs.

19 El Sistema de Gestión y Auditoría Medioambientales (EMAS), el Pacto Mundial de las Naciones Unidas, los Objetivos de Desarrollo Sostenible de las Naciones Unidas, el Acuerdo de París sobre cambio climático, los Principios Rectores sobre las empresas y los derechos humanos que ponen en práctica el marco de las Naciones Unidas para «proteger, respetar y remediar», las Líneas Directrices de la Organización de Cooperación y Desarrollo Económicos para Empresas Multinacionales, la norma (ISO) 26000 de la Orga-

empresas obligadas deberán emplear para facilitar la información sobre los procedimientos de diligencia debida, tanto respecto de su actividad directa como, cuando sea pertinente y proporcionado, en relación con sus cadenas de suministro y subcontratación[20].

A pesar de ello, no podemos dejar de resaltar que, incluso en este ámbito —el de las sociedades de grupo— este deber jurídico nace debilitado al permitir que el destinatario pueda, no solamente determinar el contenido que ha de hacer público, sino que también puede optar por una justificación general que le permita omitir alguna de las cuestiones previstas en el apartado 6[21]. A imagen de las omisiones previstas por los estándares GRI, el legislador español, también se ha decantado por el principio cumplir o explicar, tan familiar en el ámbito de los Códigos de Buen Gobierno Corporativo[22], de manera que, nuevamente, será el mercado el que materialice la sanción, tan siquiera social, al incumplimiento de estas obligaciones de transparencia[23].

Por último, al igual que otros elementos de las Cuentas Anuales, el Estado de Información No Financiera deberá ser objeto de verificación por los mismos profesionales independientes llamados a verificar el cumplimiento del deber de contabilidad del empresario[24].

---

nización Internacional de Normalización, la norma (SA) 8000 de la Responsabilidad Social Internacional, o la Declaración tripartita de principios sobre las empresas multinacionales y la política social de la OIT.

20 También al respecto, Josefa Brenes Cortes, «La evolución del gobierno corporativo en España...» cit., p. 54, y Paola Rodas Paredes., «La *global reporting initiative* como elemento de la responsabilidad social de la empresa» en Juan Bataller Grau, Josefina Boquera Matarredona, *Responsabilidad social y sostenibilidad. El marco de actuación de la empresa,* Valencia: Tirant lo Blanch, 2023, p. 113.

21 Art. 49, 6.° CCom.

22 Un visión general de este ámbito, Gaudencio Esteban Velasco, «Una aproximación a los códigos de buen gobierno en el marco del complejo y heterogéneo fenómeno de los códigos de conducta» en Real Pérez, A. (coord..), *Códigos de conducta y actividad económica: una perspectiva jurídica*, 2010, p. 279, Antonio Martinez Cañellas, «Alcance del principio de voluntariedad en el cumplimiento del Código de Buen Gobierno: la regla de cumplir o explicar y la información sobre seguimiento de las recomendaciones» en Fernando Rodríguez Artigas, *et al.* (dirs.) *Sociedades cotizadas y transparencia en los mercados: (participaciones significativas, autocartera, información financiera contable, página web corporativa, información sobre gobierno corporativo, implicación accionarial de inversores institucionales, gestores de activos, asesores de voto y deberes de transparencia)*, Aranzadi, 2019, versión electrónica, RB-22.3

23 Un interesante análisis del valor económico que puede generar el cumplimiento de la RSC, Badia, G., Cortez, M., Ferruz, L., «Socially responsable investing worldwide: Do markets value corporate social responsibility?» *Corp Soc Responsib Environ Manag*. Vol 27, 2020, p. 2761.

24 Art. 5.1.f) de la Ley 22/2015 de 20 de julio, de Auditoría de Cuentas.

2.2. La responsabilidad y lealtad del empresario mercantil

De todo lo explicado con anterioridad, parece inevitable señalar que, al menos de momento, el deber impuesto al empresario mercantil en este ámbito solo alcanza a esa categoría jurídica[25]. De manera que, no parece que terceros ajenos a la organización empresarial ostenten legitimación jurídica para obstar —ante la empresa, u órgano competente— el cumplimiento de cualquier tipo de política de sostenibilidad que se hubiera adoptado.

En este sentido, se puede discutir si la comunicación a terceros de adopción de políticas sociales, de género, medioambientales o de gobiernos corporativo —por medios de comunicación o, por ej., en foros especializados a los que pueda pertenecer o participar la empresa de turno— tendría categoría de promesa unilateral y por lo tanto resultaría exigible[26], sin embargo, salvo en el caso de las entidades financieras[27], no parece que pueda aplicarse ninguna interpretación nueva al marco ya existente de responsabilidad contractual y/o extracontractual del empresario mercantil, ya sea este industrial, comercial o de servicios.

Con todo —y desde el punto de vista pedagógico que aquí nos interesa— la implementación de los ODS y su posterior control de aplicación, parecen tener mejor cabida en la normativa reguladora de los signos distintivos de las

25 Como sabemos, el *deber jurídico* no conlleva acción dirigida al cumplimiento forzoso, ni a la reparación por incumplimiento, Joaquín Garrigues, *Contrato de seguro terrestre*, 2.ª ed., Madrid, 1973, p. 209, sino que se encuentra más cerca de la *carga* en el sentido entendido por la doctrina alemana (*Obliegenheit*) para aquellas conductas determinadas cuya realización está subordinada la satisfacción de un interés propio (cfr Luis Suarez-Llanos, *Derecho, Economía, Empresa. J. Elementos de teoría general del Derecho patrimonial,* Madrid, 1988, p. 84). El cumplimiento de la carga no puede ser exigido coactivamente y sólo trae corno consecuencia la pérdida total o parcial del beneficio potencial subordinado a su cumplimiento. Mientras que la obligación (*Verbindlichheit*) es un deber de conducta impuesto a un sujeto en tutela de un interés ajeno cuyo titular puede exigir su cumplimiento coactivo o su equivalente económico, *vid.*, Luis Díez Picazo, *Fundamentos del Derecho civil patrimonial,* 6.ª ed., T. II, Civitas, Madrid, 2008, p. 134 y sigs.

26 Esta es la propuesta de Juan Bataller Grau, «Un concepto de Responsabilidad Social de la Empresa desde el Derecho Mercantil», *Revista de Derecho mercantil*, n.° 310, 2018, págs. 3.

27 No solo hay un marco regulatorio mucho más desarrollado, Alberto Tapia Hermida, *Sostenibilidad financiera*, cit., p. 66., sino que hay organizaciones profesionales de sectores muy concretos que han adoptado estos principios en su estructura normativa interna —estatutos sociales— de manera que sí podrían, en determinadas circunstancias, ser objeto de control de cumplimiento.

empresas[28] y la competencia desleal[29], tanto pensado en la capacidad de instar las pertinentes acciones legales por parte de empresarios, consumidores o el mismo mercado[30], cuestión que probablemente será mucho más eficaz en su alcance práctico que las herramientas de cumplimiento previstas por la legislación societaria en relación con el ámbito de gobernanza interna que trataremos a continuación.

2.3. El gobierno corporativo del empresario socialmente responsable

La renovación del Código de Buen Gobierno de las Sociedades Cotizadas (CBGSC) en 2020, ha permitido introducir en este cuerpo normativo una serie de mejoras en su configuración, destinadas a «revisar y clarificar» algunas de las recomendaciones que la Comisión Nacional del Mercado de Valores ha considerado introducir para adaptarlas a diversas modificaciones legales aprobadas desde su publicación inicial, y aclarar el alcance de otras que habían suscitado ciertas dudas; además —en línea con la implementación de los ODS en la gobernanza de estas sociedades— la nueva versión ha permitido incorporar novedades relevantes en relación con la inclusión, en el informe anual de gobierno corporativo, de áreas como la diversidad de género, información sobre riesgos no financieros, la atención a aspectos medioambientales, sociales y de gobierno corporativo, o las remuneraciones de los miembros del Consejo de Administración[31].

También se ha considerado necesario modificar los modelos de informe anual de gobierno corporativo y de informe anual de remuneraciones establecidos en dos circulares de la CNMV[32] para adaptarlas al Código de Buen Gobierno del

---

28 Así la propuesta de Eduardo MIRANDA RIBERA, «Etiqueta RSE: hacia un signo distintivo de entidades socialmente responsables» en Juan BATALLER GRAU, Josefina BOQUERA MATARREDONA, *Responsabilidad social y sostenibilidad. El marco de actuación de la empresa,* Valencia: Tirant lo Blanch, 2023, p. 578, que destaca las enormes ventajas del control de cumplimiento que esta opción permitiría.

29 Concordamos con lo expresado en este sentido por Jaume MARTÍ MIRAVALLS, «Instituciones financieras, sostenibilidad y los principios del ecuador y de banca responsable» en Juan BATALLER GRAU, Josefina BOQUERA MATARREDONA, *Responsabilidad social y sostenibilidad. El marco de actuación de la empresa,* Valencia: Tirant lo Blanch, 2023, p. 397.

30 *Vid.* Art. 5.2 (Actos de engaño) y Art. 37-39 [Códigos de conducta], de la Ley 3/1991, de 10 de enero, de Competencia Desleal.

31 A esta actuación se suma la ampliación del alcance de la reforma del Código para incluir, entre otras materias, la referencia expresa a la corrupción (Recomendaciones 42, 45 y 55), como consecuencia de las presuntas prácticas ilegales en algunas cotizadas de las que se tuvo conocimiento en el segundo semestre de 2019.

32 Circular 1/2020, de 6 de octubre, de la Comisión Nacional del Mercado de Valores, por la que se modifican la Circular 5/2013, de 12 de junio, que establece los modelos de informe anual de gobierno corporativo de las sociedades anónimas cotizadas, de las cajas de

2020 y a la Directiva 2017/828, que ha sido adoptada parcialmente en la legislación sectorial de las entidades aseguradoras y de los planes y fondos de pensiones, y transpuesta en su totalidad a través de la Ley 5/2021[33].

El ámbito de aplicación de este Código se circunscribe a las sociedades cotizadas (art. 495.1 LSC). A ellas van dirigidas las recomendaciones incluidas en el CBGSC con independencia de su tamaño y capitalización[34]. No obstante, en el supuesto de que el cumplimiento de algunas recomendaciones resulte excesivamente oneroso para las empresas de menor envergadura, la propia compañía haciendo uso de su autonomía de organización y siempre que esté debidamente justificado pueden no aplicarlas.

En relación con la responsabilidad social de la empresa, el nuevo texto introduce, en la comisión de auditoría una serie de modificaciones —entre otras la sustitución de esta terminología a favor de la «información de sostenibilidad»— para dar cabida al EINF en el cual se deberán reflejar los datos de aspectos medioambientales, sociales y de gobierno corporativo[35].

3. Elementos pedagógicos de la sostenibilidad empresarial en la enseñanza del Derecho Mercantil

Tal y como puede colegirse del contenido expuesto en la primera parte de este trabajo, el contenido normativo de la inserción de políticas de sostenibilidad en las empresas mercantiles no solo es un tema en constante desarrollo, sino que creemos que su correcta transmisión a las nuevas generaciones de juristas juega un papel primordial en su efectividad como parámetro de la conducta económica presente y futura.

En este sentido, la correcta identificación de las competencias de aprendizaje necesarias para conseguir el éxito en la inserción de estos conocimientos concretos en el programa académico de Derecho Mercantil I del Grado en Derecho juega un papel esencial.

---

ahorros y de otras entidades que emitan valores admitidos a negociación en mercados oficiales de valores; y la Circular 4/2013, de 12 de junio, que establece los modelos de informe anual de remuneraciones de los consejeros de sociedades anónimas cotizadas y de los miembros del consejo de administración y de la comisión de control de las cajas de ahorros que emitan valores admitidos a negociación en mercados oficiales de valores (Boe n.° 270, de 12 de octubre de 2020).

33 Ley 5/2021, de 12 de abril, por la que se modifica el texto refundido de la Ley de Sociedades de Capital, aprobado por el Real Decreto Legislativo 1/2010, de 2 de julio, y otras normas financieras, en lo que respecta al fomento de la implicación a largo plazo de los accionistas en las sociedades cotizadas.

34 Salvo que el texto prevea su aplicación exclusiva a las cotizadas de mayor capitalización.

35 *Vid.*, Recomendaciones 39, 41, 42, 43, 53, 54 y 55.

Así pues, a continuación, nuestra propuesta de configuración de éstas, unido a la identificación de las que consideramos como actividades formativas más efectivas, para incentivar al alumno a tomar parte activa en su proceso de enseñanza-aprendizaje. Por último, y fieles al criterio que señala que aquello que no se evalúa no existe, nuestra propuesta en relación con la configuración de los criterios de evaluación de las actividades formativas propuestas.

3.1. Competencias específicas

De las competencias actualmente en vigencia en la memoria de la titulación, la Guía docente de nuestra asignatura incluye como competencias específicas:

- CE4 Analizar y comprender cuestiones jurídicas complejas.
- CE7 Conocer y aplicar los conceptos básicos y las técnicas instrumentales de la planificación estratégica, planificación de riesgos y valoración de empresas.
- CE9 Aplicar la teoría a supuestos prácticos complejos, especialmente los correspondientes al ámbito jurídico.
- CE14 Gestionar la información jurídica y aplicarla en el contexto exigido.
- CE15 Interpretar y entender textos especializados en inglés, aplicados al ámbito del Derecho.
- CE18 Identificar los elementos de un problema jurídico, planteando alternativas para su solución.
- CED26 Comunicar oralmente y por escrito ideas, argumentaciones y razonamientos jurídicos usando los registros adecuados en cada contexto.
- CED27 Utilizar las tecnologías de la información y las comunicaciones para la búsqueda y obtención de información jurídica (bases de datos de legislación, jurisprudencia, bibliografía, etc.), así como herramientas de trabajo y comunicación.

Sin embargo, creemos que sería oportuno incluir entre ellas una competencia que señale:

CEXX - Identificar e interpretar los aspectos normativos que rigen el funcionamiento de las organizaciones, bajo el criterio de la sostenibilidad y la responsabilidad social, aplicándolos a su práctica profesional.

En el caso de los Resultados de aprendizaje, en la actualidad estos están enumerados como:

- Conoce las fuentes del Derecho mercantil y la contratación.
- Dentro de un contexto de comercio identifica el problema, opta por una solución y fundamenta la decisión adoptada
- Identifica y aplica perfectamente las líneas jurisprudenciales en el ámbito del derecho mercantil y tributario
- Conoce las normas concursales y cuando aplicarlas
- Comprende la normativa sobre competencia y mercados regulados.

Creemos que debería tomarse en cuenta:

Identificar e interpretar el ámbito normativo aplicable al empresario en sus actividades en el mercado de acuerdo con los principios y criterios de sostenibilidad y responsabilidad social.

Con esta nueva configuración de los objetivos de aprendizaje de la asignatura, el docente podrá configurar de mejor manera las actividades formativas que permitan alcanzar las competencias descritas.

3.2. Actividades formativas

3.2.1. Contenido material

En la actualidad el contenido material de la asignatura es el siguiente[36]:

Tema 1. Antecedentes del Derecho Mercantil. Fuentes
Tema 2. Empresa, establecimiento mercantil y empresario individual I
Tema 3. Empresa, establecimiento mercantil y empresario individual II
Tema 4. Mercantilidad, consumidores y publicidad registral
Tema 5. Derecho de la competencia I
Tema 6. Derecho de la competencia II
Tema 7. Signos distintivos del empresario
Tema 8. Propiedad industrial
Tema 9. Teoría general de sociedades
Tema 10. Tipología de las sociedades mercantiles
Tema 11. Sociedades personalistas
Tema 12. Sociedades de capital
Tema 13. Constitución de las sociedades de capital y esencialidades de su desarrollo
Tema 14 Financiación de las sociedades: aportaciones, partes alícuotas, derechos de los socios y emisión de obligaciones
Tema 15. Órganos sociales, modificación de estatutos, toma de decisiones y modificaciones estructurales
Tema 16. Disolución, liquidación y extinción de la sociedad

Visto el contenido regulatorio que se pretende introducir en el programa, a nuestro entender, los cambios —a través de actividades formativas que incidan en este contenido específico— deberían introducirse en los temas 3 (Empresa, establecimiento mercantil y empresario individual II); 4 (Mercantilidad, consumidores y publicidad registral), 6 (Derecho de la Competencia II); 7 (Signos distintivos del empresario); 13 (Constitución de las sociedades

36 El contenido detallado puede encontrarse en: https://www.nebrija.com/carreras-universitarias/grado-derecho/pdf-asignaturas/derecho-mercantil-1.pdf, último acceso 15 de octubre, 2023.

de capital y esencialidades de su desarrollo); y 14 (Financiación de las sociedades: aportaciones, partes alícuotas, derechos de los socios y emisión de obligaciones)

3.2.2. Herramientas pedagógicas

Con carácter preliminar, es preciso partir de la base de que la cuestión del método docente se encuentra subordinada a la finalidad perseguida con la actividad metódica, en nuestro caso, la adquisición de unos conocimientos básicos del estatuto del empresario mercantil y su papel en la implementación de políticas de sostenibilidad de las empresas.

En el ámbito de la intervención específica del docente universitario para dar forma y cumplimiento a los objetivos generales de la enseñanza universitaria[37], es necesario abordar el aprendizaje en las aulas como un modo de instrucción de múltiples facetas y transdisciplinar, a fin de que los estudiantes puedan, a lo largo de su avance y finalización de estudios, integrar el conocimiento adquirido en una estructura básica sólida pero ser, al mismo tiempo, conscientes de la necesidad de seguir aprendiendo de manera permanente utilizando para ello las estructuras mentales y metodologías empleadas en las aulas que al fin, serán las que les permitirán afrontar nuevos problemas según el marco jurídico de referencia sea actualizado o modificado.

Por lo que se refiere a tipología fundamental de enseñanza habitualmente utilizada en esta asignatura, podemos distinguir las clases teóricas[38] y clases prácticas[39]. Dentro de éstas últimas, sin duda, las actividades formativas que integren tecnologías de la información y comunicación (TICs)[40], nos resultan

37 Como sabemos, desde la aprobación del Real Decreto 1393/2007, de 29 de octubre, por el que se establece la ordenación de las enseñanzas universitarias oficiales, los Sistemas de Garantía de la Calidad, de los planes de estudios son el fundamento para que la organización de las enseñanzas universitarias funcione eficientemente y para crear la confianza sobre la que descansa el proceso de acreditación de títulos.

38 A.k.a. *clase magistral*, arquetipo de la enseñanza de las clases teóricas, cumple la insustituible misión de ayudar al estudiante a discernir entre lo básico y lo importante en la materia, pues no puede haber participación activa del estudiante en la clase si éste no posee todavía los conocimientos necesarios para ello.

39 La enseñanza práctica tiene por objeto, proporcionar al estudiante una base jurídica para que en el futuro pueda desenvolverse de forma autónoma. Y también proporciona la oportunidad de aprender a exponer de manera clara y ordenada los problemas y las soluciones que la realidad jurídica plantea. Además, permite que el estudiante se ejercite en el manejo de las Fuentes legales, jurisprudenciales y doctrinales para que obtenga un mayor y mejor conocimiento de la realidad práctica.

40 Quintero Gallego A.; Hernández Martin, A., «La innovación con TIC en la enseñanza univesitaria» en García-Valcarcel Muñoz-Repiso, A., (coord.), *Integración de las TIC en la docencia universitaria*, La Coruña: Netbiblio, 2011, p.11.

más adecuadas para exponer al alumno a la complejidad de la regulación y permitirle tomar la iniciativa en la identificación del ámbito normativo de la sostenibilidad empresarial.

En concreto, tomando como presupuesto básico la previa adquisición por parte de los docentes de las necesarias competencias digitales[41], la implementación de materiales didácticos desarrollados a través de las TICs al establecer una comunicación fluida con el estudiante permite su implicación auténtica en el progreso y desarrollo del proceso de enseñanza-aprendizaje[42]. Ello redunda, sin duda, en la mejora del rendimiento académico de los alumnos[43].

A pesar de que, como sabemos, los resultados de este parámetro de medición son difíciles de armonizar debido al uso de diferentes metodologías aplicadas en distintos contextos relacionados con contenidos no uniformes y aplicados a alumnos de características personales y sociales de diferente procedencia[44], no está de más señalar que tan sólo por la necesidad de adaptar los contenidos docentes a la realidad profesional práctica de un sin número de titulaciones[45], estaría más que justificada la inclusión de TICs en los catálogos de metodologías docentes a los que nos hemos referido con anterioridad.

En nuestro caso, la enseñanza de materias jurídicas plantea ciertos retos que otras áreas de conocimiento no deben afrontar, sin embargo, existen metodologías innovadoras que incorporan herramientas tecnológicas idóneas para la discusión y análisis de problemas jurídicos[46], por tanto, no

---

41 Luis Torres Barzabal, «El rol del profesorado en los nuevos escenarios tecnológicos: competencias digitales», en Julio Barroso Osuna, Julio Cabero Almenara; (coords.), *Nuevos escenarios digitales: las tecnologías de la información y la comunicación aplicadas a la formación y desarrollo curricular*, Madrid: Pirámide, 2013, p. 391.

42 Noguera Fernández, «La aplicación de las nuevas tecnologías en la docencia del Derecho» en Villca Pozo, M., Carreras Casanovas, A., *Docencia virtual y experiencias de innovación docente*, Barcelona: Huygens, 2014, p. 55.

43 Una pequeña muestra de ello, Rosa Isern Salvat, Paola Rodas Paredes, «Retos del uso de las TIC en el aprendizaje del Derecho Mercantil» en Roser Casanova Martí, Cristina Villó Travé, (coords.), *Reflexiones sobre innovación docente en ciencias sociales y jurídicas*, Barcelona: Huygens, 2017, p. 348.

44 A modo de ejemplo, el análisis propuesto por Tejedor Tejedor, F. J., «Uso de las TIC y rendimiento académico de los alumnos univesitarios» en García-Valcarcel Muñoz-Repiso, A., (coord.), *Integración de las TIC en la docencia universitaria*, Netbiblio, La Coruña, 2011, p. 141 y sigs.

45 González Pérez, A., «Claves pedagógicas para la mejor de la calidad del EEEs», op. cit., p. 267, resalta esta necesidad permanente.

46 Sirva como muestra la creación de foros interactivos de opinión, creación de blogs temáticos, (Virginia Múrtula Lafuente, «Una alternativa a los manuales tradicionales de derecho civil: el libro de enlaces elaborado por los alumnos», en Fernando Miró Llinares, José Antonio Pérez Juan (dirs.) *Innovación docente y ciencia jurídica*, Cizur Menor: Aranzadi, 2017), etc.

puede decirse que nuestro ámbito de conocimiento cuente con particulares desventajas a la hora de articular la integración de herramientas didácticas tecnológicas.

En este sentido, optaríamos por los tests de conocimientos teóricos o prácticos a los que los alumnos tendrían acceso a través de la plataforma digital del centro. La experiencia nos ha demostrado que este medio es altamente adaptable a las necesidades docentes: tanto en su vertiente de actividad evaluativa[47] como en el caso de su uso para reforzar los conocimientos teóricos impartidos en el aula[48] al ser una herramienta programable su uso y aprovechamiento recae exclusivamente en la disposición personal que para ello se logre crear en el alumno, sin embargo, al ser un medio de uso personal que permite a los alumnos un acceso claro a los datos objeto de la actividad es un medio que suele ser bien recibido como herramienta pedagógica.

Como sabemos, los grupos de Derecho —en particular en ciertas asignaturas principales— suelen ser especialmente numerosos. El empleo de una actividad como la aquí reseñada, genera especiales ventajas para este tipo de grupo pues, como ya hemos resaltado, la retroalimentación al alumno, al menos de los resultados directos, es totalmente programable, de manera que resulta plausible, desde el punto de vista docente, realizar un número elevado de pruebas a lo largo del curso, sin que ello requiera la inversión de una cantidad de tiempo exagerada. En su versión de entrenamiento, de hecho, es posible el empleo de esta herramienta para cada unidad del temario[49].

Por último, cabe resaltar que el empleo de este tipo de recurso permite alcanzar otro de los objetivos generales marcados por el plan Bolonia, como es la evaluación continua. En efecto, por este medio, ese objetivo concreto es perfectamente realizable en tanto que la programación de los tests depende del contenido que se quiera dar a los mismos y del tiempo y temporalización de la accesibilidad que se permita a estas pruebas por parte del profesorado hacia los alumnos[50]. Con todo, una vez realizado este esfuerzo inicial de pro-

47 A modo de ejemplo la programación de los parámetros de la plataforma Moodle para realizar esta labor son altamente favorables, pues permiten limitar tanto el número de «intentos», como el tiempo dado al alumno para elegir la mejor opción entre las que se plantean, además de permitir la programación de una retroacción inmediata al alumno de forma automática, ya sea después de haber respondido a cada pregunta o a todas las que compongan el examen test. Respecto a los cuestionarios de evaluación en Moodle, Lòpez, J., Romero, E., Ropero, E., «Utilización de Moodle...» op. cit., p. 49.

48 Rosa Isern Salvat, Paola Rodas Paredes, «Retos del uso de las TIC en el aprendizaje del Derecho Mercantil» cit., p. 360. También sobre los cuestionarios de entrenamiento, Lòpez, J., Romero, e., Ropero, E., «Utilización de Moodle...» cit., p. 49.

49 Las experiencias docentes en estos casos señalan que los alumnos suelen escoger realizar los tests sólo de aquellos temas que consideran «difíciles».

50 Obviamente, a mayor extensión del temario a evaluar —y por tanto mayor número de preguntas a realizar por los tests— mayor deberá ser el número de preguntas del respectivo *banco de preguntas* de creación necesaria en Moodle, Milenka Villca Pozo, «Utilidades del

gramación de los contenidos, y otros parámetros, de las pruebas, resta en el alumno la responsabilidad de realizarlos y obtener como resultado el refuerzo de sus conocimientos teóricos o prácticos, o directamente el resultado de la evaluación de estos.

3.3. Criterios de evaluación

Dentro de los sistemas de evaluación adoptados por la Facultad de Derecho y Relaciones Internacionales, las actividades formativas descritas se enmarcarían en la correspondiente a presentación de trabajos y proyectos pues es en esta categoría de actividades que podría configurarse de mejor manera el desarrollo, manejo y referencia a los test que nuestros alumnos puedan realizar —ya sea fuera del aula o como actividad complementaria durante la misma— durante la impartición de la asignatura.

4. Conclusiones

Desde el punto de vista material, tal cual ha quedado expuesto en la primera parte del trabajo, la inserción de las políticas de sostenibilidad empresarial como contenido regulatorio de la actividad del empresario mercantil contiene muy poca normativa imperativa, además de encontrarse dispersa en, por lo menos tres ámbitos de actuación distintas: la organización del empresario y su deber de contabilidad, la defensa de la competencia leal entre empresario en el mercado, y la organización del gobierno corporativo de las grandes sociedades anónimas cotizadas.

En relación con las herramientas pedagógicas más efectivas para introducir este nuevo marco de regulación del empresario mercantil, nuestra propuesta parte de la necesidad de incluir —en el programa de la asignatura Derecho Mercantil I del Grado en Derecho— una competencia específica que permita concentrar las actividades formativas de la asignatura en los aspectos necesarios para una correcta transmisión del conocimiento técnico y científico en esta materia.

Por último, en relación con las más adecuadas metodologías docentes llamadas a reforzar la efectiva inclusión de los temas materiales aquí tratados, creemos que un primer paso es emplear actividades formativas adicionales a las «habituales», para de esa manera mantener el nivel de motivación adecuado en el alumno de manera que éste, en el futuro, pueda emplear correctamente los conocimientos adquiridos.

---

cuestionario Moodle para la evaluación: una experiencia de evaluación en grupos numerosos» en Milenka Villca Pozo, Antonio Carreras Casanovas, *Docencia virtual y experiencias de innovación docente*, Huygens, Barcelona, 2014, p. 143.

5. Referencias

Badia, G.: *et al.*, «Socially responsable investing worldwide: Do markets value corporate social responsibility?» *Corp Soc Responsib Environ Manag*. Vol 27, 2020, p. 2761.

Bataller Grau, J.: «Un concepto de Responsabilidad Social de la Empresa desde el Derecho Mercantil», *Revista de Derecho Mercantil*, n.º 310, 2018, p. 3 y sigs.

Brenes Cortes, J.: «La evolución del gobierno corporativo en España: compliance y normas de imlicación efectiva y sostenible de los accionistas como último revulsivo», en AAVV, *Gobernanza y gestión de entidades aseguradoras*, Valencia: Tirant Lo Blanch, 2022, p. 24.

Brunelli, S. y **Ranalli, F.**: «SDGs Achievement: Commitment, Channels of Action and the role of integrated reporting in the disclosure mechanisms» en Brunelli, S., Di Carlo, E. (eds.) *Accountability, ethics and sustainability of organizations*, Cham: Springer, 2020, p. 47.

Esteban Velasco, G.: «Una aproximación a los códigos de buen gobierno en el marco del complejo y heterogéneo fenómeno de los códigos de conducta» en Real Pérez, A. (coord..), *Códigos de conducta y actividad económica: una perspectiva jurídica*, 2010.

Díez Picazo, L.: *Fundamentos del Derecho civil patrimonial*, 6.ª ed., T. II, Civitas, Madrid, 2008.

Isern Salvat, R. y **Rodas Paredes, P.**: «Retos del uso de las TIC en el aprendizaje del Derecho Mercantil» en Roser Casanova Martí, R. y Villó Travé, C. (coords.), *Reflexiones sobre innovación docente en ciencias sociales y jurídicas,* Barcelona: Huygens, 2017.

Jiménez Sánchez, G.: «Aproximación al tema del concepto del Derecho Mercantil» en AAVV, *Estudios de Derecho Mercantil en Homenaje a Rodrigo Uría,* Madrid: Civitas, 1978, p. 348;

Menéndez, A. y **Uría, R.**: *Lecciones de Derecho Mercantil,* vol. 1, 15.º Ed., Pamplona: Aranzadi, 2017.

Robles-Elorza, D., **San Jose, L.** y **Urionabarrenetxea, S.**: «Regulation of CSR from international, European and Spanish viewpoints» en Crowther D., Seifi, S., *The Palgrave Handbook of Corporate Social Responsibility*, Palgrave, Leicester, 2021.

Martí Miravalls, J.: «Instituciones financieras, sostenibilidad y los principios del ecuador y de banca responsable» en Juan Bataller Grau, Josefina Boquera Matarredona, *Responsabilidad social y sostenibilidad. El marco de actuación de la empresa*, Valencia: Tirant lo Blanch, 2023.

Martinez Cañellas A.: «Alcance del principio de voluntariedad en el cumplimiento del Código de Buen Gobierno: la regla de cumplir o explicar y la información sobre seguimiento de las recomendaciones» en Rodriguez Artigas, F., *et al.* (dirs.) *Sociedades cotizadas y transparencia en los mercados: (participaciones significativas, autocartera, información financiera contable, página web corporativa, información sobre gobierno corporativo, implicación accionarial de inversores institucionales, gestores de activos, asesores de voto y deberes de transparencia)*, Aranzadi, 2019.

Miranda Ribera, E.: «Etiqueta RSE: hacia un signo distintivo de entidades socialmente responsables» en Bataller Grau, J. y Boquera Matarredona, J., *Responsabilidad social y sostenibilidad. El marco de actuación de la empresa*, Valencia: Tirant lo Blanch, 2023.

Múrtula Lafuente, V.: «Una alternativa a los manuales tradicionales de derecho civil: el libro de enlaces elaborado por los alumnos», en Miró Llinares, F. y Pérez Juan, J. A. (dirs.), *Innovación docente y ciencia jurídica,* Cizur Menor: Aranzadi, 2017.

Noguera Fernández: «La aplicación de las nuevas tecnologías en la docencia del Derecho» en Villca Pozo, M., Carreras Casanovas, A., *Docencia virtual y experiencias de innovación docente*, Barcelona: Huygens, 2014

Quintero Gallego A.; **Hernández Martin, A.**: «La innovación con TIC en la enseñanza univesitaria» en García-Valcarcel Muñoz-Repiso, A., (coord.), *Integración de las TIC en la docencia universitaria*, La Coruña: Netbiblio, 2011.

Rodas Paredes, P.: «La global reporting initiative como elemento de la responsabilidad social de la empresa» en Bataller Grau, J. y Boquera Matarredona, J., *Responsabilidad social y sostenibilidad. El marco de actuación de la empresa*, Valencia: Tirant lo Blanch, 2023.

Serra Rodríguez, A.: «Los objetivos de desarrollo sostenible» en Bataller Grau, J. y Boquera Matarredona, J., *Responsabilidad social y sostenibilidad. El marco de actuación de la empresa*, Valencia: Tirant lo Blanch, 2023, p. 205.

Sánchez Calero, F. y **Sánchez-Calero Guilarte, J.**: *Instituciones de Derecho Mercantil*, vol. 1, Ed. 35.ª, Pamplona: Aranzadi, 2013.

Sengur, F.: «Corporate social Responsibility Reporting: evolution, institutionalization, and current state» en Crowther D., Seifi, S., *The Palgrave Handbook of Corporate Social Responsibility*, Palgrave, Leicester, 2021.

SUAREZ-LLANOS, L.: *Derecho, Economía, Empresa. J. Elementos de teoría general del Derecho patrimonial,* Madrid, 1988.

TAPIA HERMIDA, A.: *Sostenibilidad financiera*, Madrid: Ed. Reus, 2021.

TEJEDOR TEJEDOR, F. J.: «Uso de las TIC y rendimiento académico de los alumnos univesitarios» en GARCÍA-VALCARCEL MUÑOZ-REPISO, A., (coord.), *Integración de las TIC en la docencia universitaria*, Netbiblio, La Coruña, 2011.

TORRES BARZABAL, L.: «El rol del profesorado en los nuevos escenarios tecnológicos: competencias digitales», en Julio Barroso Osuna, Julio Cabero Almenara; (coords.), *Nuevos escenarios digitales: las tecnologías de la información y la comunicación aplicadas a la formación y desarrollo curricular*, Madrid: Pirámide, 2013.

ZAHARIA, R. y **ZAHARIA, R.:** «Triple bottom line» en CROWTHER D., SEIFI, S., The Palgrave Handbook of Corporate Social Responsibility, Leicester: Palgrave, 2021.

REFORZAR LA JUSTICIA SOCIAL EN LAS COMUNIDADES LOCALES SUDAFRICANAS: UNA TRANSICIÓN ALIMENTARIA JUSTA, ESTRATEGIAS Y OBSTÁCULOS

Alois Aldridge Mugadza

Investigador Postdoctoral, Centro Groningen de Derecho de la Energía
Facultad de Derecho, Universidad de Groningen

Resumen: La pobreza y la desigualdad siguen siendo omnipresentes en Sudáfrica; las comunidades padecen inseguridad alimentaria, mientras que las jornadas laborales son largas y las condiciones en las granjas no son propicias para los trabajadores agrícolas. Además, el sector alimentario sudafricano contribuye a las emisiones de gases de efecto invernadero, y es necesaria una transición hacia energías más limpias. El presente trabajo analiza la necesidad de un enfoque holístico para una transición alimentaria justa que reconozca la justicia social y fortalezca la democracia en Sudáfrica.

Palabras clave: Sistemas alimentarios, Transición Alimentaria Justa, Desigualdad alimentaria, Igualdad de género, Justicia social.

Abstract: *Poverty and inequality remain pervasive in South Africa; Communities are food insecure, while work hours are long and conditions on farms are not conducive to agricultural workers. Furthermore, the South African food sector contributes to greenhouse gas emissions, and a transition to cleaner energy is necessary. The paper explores the need for a holistic approach to a just food transition that recognizes social justice and strengthens democracy in South Africa.*

Keywords: *Food systems, Just Food Transition, Food inequality, Gender equality, Social justice.*

1. Introducción

La industria alimentaria es uno de los principales responsables de las emisiones de gases de efecto invernadero (GEI) y del cambio climático, y supone una importante amenaza para la biodiversidad. La industria convierte los bosques en tierras de cultivo y pastos para el ganado y los cultivos, por lo que resulta crucial para la seguridad de la especie humana. La ONU ha hecho hincapié en la adaptación al clima en todos los ámbitos, incluidos los cambios socioeconómicos y ecológicos para mejorar la resiliencia y la capacidad de hacer frente a las consecuencias del cambio climático. Para fomentar una resiliencia transformadora, se necesita una estrategia de transición justa y completa para el sistema y el sector alimentarios, junto con una clara participación pública y métodos creativos para garantizar la sostenibilidad. También es esencial la participación local en ámbitos como la igualdad de género, el empoderamiento de los jóvenes, la propiedad de la tierra y los conocimientos tradicionales y grupos indígenas.

A pesar de ser considerado un país con seguridad alimentaria, Sudáfrica presenta graves desigualdades sociales, con más de una quinta parte de los hogares clasificados en situación de inseguridad alimentaria. La producción agroalimentaria y los sistemas de propiedad son increíblemente desiguales, lo que contribuye a estas desigualdades. A escala nacional, la industria agrícola genera alimentos suficientes para alimentar a toda la población. Sin embargo, en términos de accesibilidad a los alimentos, precio y suficiencia nutricional, el sistema alimentario actual no está a la altura de las necesidades sociales de la mayoría de la población. Esto limita la capacidad de Sudáfrica para adaptarse de forma que promueva la resiliencia ecológica y social. Al mismo tiempo, la cadena alimentaria es extremadamente sensible al cambio climático. La región del sur de África es un «punto caliente» del cambio climático y se prevé que se caliente a un ritmo dos veces superior a la media mundial, al tiempo que se prevén grandes caídas en la producción de alimentos debido a los efectos del clima. Los precios de la energía y la seguridad energética tienen un impacto aún mayor en la agricultura sudafricana. Sin embargo, el sector agrícola tiene importantes efectos negativos sobre el medio ambiente y contribuye significativamente a las emisiones de gases de efecto invernadero y a la pérdida de biodiversidad de la nación, por lo que necesita tanto adaptación como mitigación. Dando prioridad a las demandas de las comunidades y los interlocutores sociales, la investigación podría hacer avanzar la agenda de una transición alimentaria justa en Sudáfrica, articulando al mismo tiempo los prerrequisitos estratégicos y las vías para desarrollar una resiliencia transformadora en nuestro sistema alimentario. El presente trabajo examina los importantes problemas ecológicos y sociales a los que se enfrenta el sistema alimentario sudafricano y defiende la necesidad de una estrategia global de adaptación que fomente la resiliencia de forma socialmente equitativa. Asimismo, examina la necesidad de una agenda de transición integral y justa para el sistema alimentario en términos de política pública y retórica, un enfoque de la sostenibilidad y los procesos de participación a través de los cuales se desarrolla y se pone en marcha dicha agenda.

2. Fondo

La necesidad urgente de abordar los impactos climáticos y las vulnerabilidades del sistema alimentario es una preocupación creciente, y Sudáfrica se centra en la transición justa de los alimentos hacia un sistema alimentario descarbonizado, una mejor nutrición, medios de vida equitativos y sostenibilidad. Sin embargo, las leyes y políticas alimentarias sudafricanas carecen de una orientación adecuada sobre la transición hacia una alimentación justa, la futura estrategia de descarbonización y la percepción de la población local de una transición «justa». Este trabajo pretende analizar los problemas socioecológicos a los que se enfrenta el sistema alimentario sudafricano y promover una agenda de transición justa en el sector alimentario a través del discurso público y político, la sostenibilidad y los procedimientos participativos.

La investigación subraya la necesidad de políticas integrales de adaptación al clima que promuevan la sostenibilidad y la resiliencia de una manera socioecológicamente justa. Una transición justa debe reconocer la equidad, mejorar las condiciones laborales y tener en cuenta a las comunidades dependientes de estos sectores para que abandonen las industrias inadecuadas y ecológicamente insostenibles. En Sudáfrica, una transición justa debe ser inclusiva e igualitaria en todos los aspectos de la sociedad.

3. Metodología

Para esta investigación se empleó una metodología cualitativa. Se refiere al proceso de lectura de leyes y políticas ya publicadas. Los artículos revisados por pares sobre el tema de investigación procedentes de diversas revistas constituyen la base del estudio. Además, la lectura de libros de texto y diversas fuentes o materiales de Internet que ayudaron en la lectura y redacción de la investigación formaron parte del proceso de investigación. A continuación, el trabajo analiza esas conclusiones para sugerir diversos métodos para que se produzca la transición hacia una alimentación justa en Sudáfrica.

Analiza el contexto sudafricano y establece comparaciones con otras naciones mientras examina las estrategias más notables para una transición alimentaria justa. El estudio examina diversos conceptos, como el «decrecimiento», la «producción inteligente descarbonizadora» y la «justicia alimentaria». Según se concluye, una transición justa debe basarse en una transformación más profunda y sistemática de las relaciones socioecológicas en varios sectores. El estudio aboga por un nuevo sistema jurídico que regule la alimentación.

4. Antecedentes históricos y desigualdad en Sudáfrica

Antes de 1994, en Sudáfrica se introdujeron medidas de segregación y apartheid, y la primera legislación formal se promulgó en 1910. La Ley de Tierras Negras 27 de 1913 creó «zonas reservadas» para las comunidades tradicionales africanas, restringiendo el número de personas que vivían en granjas y aboliendo la propiedad de la tierra por parte de los negros. La Development Land and Trust Act 18 de 1936 se introdujo para comprar o expropiar tierras que añadir a estas zonas reservadas, conocidas como «zonas programadas». En 1948, el Partido Nacionalista llegó al poder, intensificando la introducción de medidas segregacionistas. La Ley de Zonas Agrupadas 41 de 1950 reservó terrenos segregados en zonas urbanas y pueblos para grupos de blancos, negros, indios y de color.

La Ley de Restitución de los Derechos sobre la Tierra 22 de 1994 permitió a las comunidades que fueron expulsadas de sus tierras después del 19 de junio de 1913 presentar reclamaciones por las tierras expropiadas. Algunas tierras fueron restituidas a particulares, comunidades, comunidades tradicionales o asociaciones de propiedad comunal (APC), pero no todas las APC gestionan eficazmente sus tierras. El gobierno también introdujo un programa de redistribución, que asignaba tierras a los agricultores individualmente o en grupo. Sin embargo, no todos los programas de redistribución son viables y a veces dan lugar a disputas sobre quiénes son los ocupantes legítimos de la tierra.

El acceso a la tierra y la participación en la toma de decisiones dentro de una comunidad pueden variar en función de la cultura o las prácticas de la comunidad. En las comunidades tradicionales, el cabeza de familia (inicialmente una persona de sexo masculino), tiene la obligación de velar por los intereses de todos los miembros de la familia, existiendo muchos hogares encabezados por mujeres. La división entre propiedad familiar, propiedad de la casa y propiedad personal influye en la herencia de tierras y propiedades, y los miembros de la familia deben comunicarse con el cabeza de familia a través de la esposa principal. Después de 1994, la Constitución de 1996 (la Constitución) introdujo la igualdad y sometió el derecho consuetudinario africano a la Carta de Derechos y a la Constitución.

Al menos la mitad de la población de Sudáfrica depende de la asistencia social y las subvenciones del gobierno, lo que la convierte en una de las naciones más desiguales del mundo. Esta brecha de desigualdad ha aumentado desde que se aprobó la Constitución en 1996. Es evidente y comprensible que Sudáfrica tenga problemas de inseguridad alimentaria, dado que la mitad de la población depende de las ayudas. Las poblaciones cercanas son susceptibles de sufrir escasez de alimentos, energía y agua.

La desigualdad en la industria alimentaria incluye disparidades en la propiedad de la tierra, la nutrición alimentaria, el género y prácticas laborales deficientes e injustas, como son los salarios bajos para los trabajadores. Debido a las importantes disparidades socioeconómicas del sector alimentario, sus efectos negativos sobre el medio ambiente y su vulnerabilidad al cambio climático, unos salarios razonables, la sostenibilidad y una dieta sana son requisitos fundamentales para todas las comunidades. En consecuencia, la industria alimentaria debe someterse a una transición significativa e integral. Sin embargo, otras industrias como la del agua, la agricultura y la energía también influyen en la misma.

5. Alimentos, desigualdad e injusticia

En Sudáfrica, los efectos del cambio climático aumentarán y ampliarán las disparidades sociales[1]. Es decir, siempre habrá una disparidad significativa en las comunidades locales mientras Sudáfrica atraviesa una transición justa. El sistema agroalimentario sudafricano muestra una marcada tendencia paralela de desigualdad socioeconómica.

5.1. Contexto agroeconómico

La industria agrícola sudafricana aporta el 3,2 % de la economía en 2021 y está en rápida expansión. Genera ingresos, crea empleo y apoya los medios de vida locales, empleando al 6 % de los sudafricanos y proporcionando trabajo temporal estacional[2]. Con 15,9 millones de empleos formales, el sector reduce la pobreza en las zonas rurales[3]. Sin embargo, el sector se ve impulsado por la injusticia y las disparidades socioeconómicas y medioambientales. Las comunidades rurales de Sudáfrica se enfrentan a retos históricos debido a la falta de tierras fértiles y de producción de alimentos por parte del gobierno del apartheid. El gobierno no ha ayudado a estas comunidades a ser autosuficientes, lo que ha llevado a muchos a marcharse en busca de trabajos serviles. Para adaptarse al cambio climático, las tribus deben aplicar sus conocimientos tradicionales y adoptar un sistema alimentario equitativo. Esto exigirá cambios en la propiedad de la tierra, ayudas públicas a los pequeños agricultores y la integración de los conocimientos tradicionales en los sistemas agrícolas y alimentarios.

1 Cambio climático, desarrollo y problemas energéticos en Sudáfrica: Otro mundo es posible (2009). Véase el sitio web https://policy-practice.oxfam.org/resources/climate-change-development-and-energy-problems-in-south-africa-another-world-is-111981/ [Consultado el 25 de julio de 2023].

2 Makgetla N., Inequality in South Africa: An Overview (2020). Disponible en: https://www.tips.org.za/images/TIPS_Working_Paper_Inequality_in_South_Africa_An_Overview_September_2020.pdf.

3 *Ibid.*

5.2. Propiedad de la tierra y producción

El sistema agroalimentario dualista de Sudáfrica contribuye a las desigualdades: las explotaciones de los blancos se destinan predominantemente a la agricultura y 2,3 millones de agricultores negros de subsistencia proporcionan alimentos a sus familias y apoyan el comercio local[4]. Sólo el 1 % de los agricultores son mujeres, y estos pequeños agricultores producen alrededor del 25 % del total[5].

La Ley 47 de Comercialización de Productos Agrícolas de 1996 pretendía abrir el mercado a los agricultores negros y redistribuir el poder en el sector agrícola. Sin embargo, los esfuerzos de la administración del Congreso Nacional Africano (ANC) se han topado con resistencia, y las empresas agrícolas controlan la industria agraria y las cooperativas financiadas por el gobierno evolucionan hacia empresas privadas[6]. Los agricultores negros han sido los más perjudicados por la debilidad de los programas de reforma agraria y el inadecuado apoyo gubernamental, mientras que la agricultura comercial ha desarrollado y reforzado su forma privatizada de apoyo[7].

El sector minorista de alimentos está muy consolidado, con solo cinco minoristas corporativos que representan aproximadamente el 64 % de la industria minorista de comestibles en 2019[8]. La economía informal, principalmente propiedad de empresas privadas, representa el 30 % de todas las ventas minoristas de alimentos[9]. Alrededor de 655.000 sudafricanos trabajan como vendedores ambulantes, vendiendo verduras y frutas[10].

4 Greenberg S., «Agrarian reform and South Africa's agro-food system», (2015) 42 (5), *Journal of Peasant Studies*, pp. 957-979.

5 Tekwa N. y Adesina O. J., «Land, Water, and Gender Questions in South Africa: A Transformative Social Policy Perspective», (2023) 12 (1), *Agrarian South: Journal of Political Economy,* pp. 72-97. También, Aliber M y Mdoda L, «The direct and indirect economic contribution of small-scale black agriculture in South Africa», (2015) 54 (2), *Agrekon, pp*. 18-37.

6 Vink N. y Van Rooyen J., «The Economic Performance of Agriculture in South Africa since 1994: Implications for Food Security», (2009), *Development Planning Division Working Paper Series No. 17*. Midrand: Banco de Desarrollo de África Austral.

7 Cousins B., «Land reform and agriculture uncoupled: The political economy of rural reform in post-apartheid South Africa», en Hebinck P y Cousins B, (eds.) *In the Shadow of Policy: Everyday Practices in South African Land and Agrarian Reform*, (2013), Johannesburgo: Wits University Press.

8 Comisión de la Competencia, *The Grocery Retail Market Inquiry: Final Report.* Pretoria: Comisión de la Competencia (2019).

9 *Ibid.*

10 Rogan M. y Skinner C., «Employment in the South African Informal Sector: Interrogating Trends, Identifying Opportunities», en Fourie F (ed.) *Tackling Unemployment and Poverty in South Africa: The Contribution of the Informal Sector.* (2017), Ciudad del Cabo: HSRC. Véase también Masojada M, «The South African retail landscape», en Lappeman J *et al* (eds.), *Marketing to South African consumers*, (2019), Ciudad del Cabo: UCT Liberty Institute of Strategic Marketing & UCT Libraries.

El gobierno no subvenciona ni ayuda adecuadamente al sector informal, lo que provoca acoso y detenciones de vendedores ambulantes.

5.3. Desigualdad en el acceso a los alimentos

Los problemas de nutrición alimentaria persisten en los hogares, las escuelas y las comunidades negras, con un acceso desigual a los alimentos, la nutrición y la calidad de los alimentos. Muchas familias negras carecen de medios económicos para comprar alimentos nutritivos y sanos, lo que provoca hambre y malnutrición generalizadas. El gobierno desempeña un papel importante en los subsidios sociales y auxiliares de bienestar para abordar estos problemas.

Sudáfrica se enfrenta a la inseguridad alimentaria, que sufrirá el 24 % de su población en 2019[11]. La pandemia y los cortes de carga han afectado significativamente a la seguridad alimentaria, y los sudafricanos negros se han visto especialmente afectados[12]. Además, la malnutrición es un importante problema de salud pública en el sur de África, con 21 millones de personas con sobrepeso u obesidad, de las cuales el 68 % son mujeres y el 31 % hombres. Muchos sudafricanos se exceden en el consumo de alimentos procesados, ricos en grasas, azúcar, sal y almidones[13]. En 2016, el 27 % de los niños vivían en una de las naciones más industrializadas de África, y las desigualdades de clase daban lugar a prácticas laborales injustas[14].

5.4. Prácticas laborales desleales

El sistema alimentario sudafricano está plagado de altos índices de explotación y precariedad de los trabajadores, sobre todo en las industrias agrícola y alimentaria[15]. Aproximadamente el 10 % de los empleados agrícolas están sindicados y cobran 1,40 dólares la hora[16]. Muchos viven en chabolas y tienen dificultades para comprar fruta, lo que les lleva a la inseguridad alimentaria. Los empleados temporales suelen carecer de contrato, seguro

11 FAO, Unión Europea, CIRAD y DST-NRF Centro de Excelencia en Seguridad Alimentaria (CoE-FS), (2022). *Perfil de los sistemas alimentarios - Sudáfrica: Catalizar la transformación sostenible e inclusiva de los sistemas alimentarios.* Véase el sitio web en https://foodsecurity.ac.za/publications/food-systems-pro_le-southafrica-catalysing-the-sustainable-and-inclusive-transformation-of-food-systems/ [Consultado el 26 de julio de 2023].

12 Van der Berg S., *et al* «Food Insecurity in South Africa: Evidence from NIDS-CRAM Wave 5», (2021), Coronavirus Rapid Mobilise Survey 2020.

13 *Ibid.*

14 *Ibid.*

15 Trust for Community Outreach and Education (TCOE). *Hablan los campesinos: Esperanza, heroísmo, determinación.* (2016), Ciudad del Cabo: TCOE.

16 *Ibid.*

médico y capacidad de negociación. Muchas empleadas obtienen los ingresos más bajos, trabajan menos horas y se enfrentan a despidos después de cada cosecha[17].

El resto de Sudáfrica recibe aproximadamente la mitad de los pagos, salarios y remuneraciones que se hacen a los trabajadores agrícolas, frente a una cuarta parte del valor creado en el sector agrícola[18]. Los jornaleros agrícolas sudafricanos están mal pagados, se ven obligados a vivir en viviendas insalubres y están sometidos a pésimas condiciones de trabajo. El sistema alimentario es desigual para muchos trabajadores y consumidores, debido principalmente a la disparidad de riqueza entre quienes pueden permitírselo y quienes no. La ausencia de un convenio colectivo fuerte, los poderosos actores empresariales y el dominio del sector alimentario son las principales causas de la desigualdad en las explotaciones agrícolas sudafricanas. La industria alimentaria debe someterse a una transformación integral para abordar estos aspectos sociales y mitigar su impacto en las características ecológicas de Sudáfrica, sobre todo en respuesta al cambio climático.

6. Alimentación, cambio climático y sostenibilidad

La industria alimentaria contribuye de forma significativa a las emisiones de gases de efecto invernadero (GEI) y al cambio climático. Para reducir los GEI, hay que hacer ajustes en el sector y en otros sectores. La producción y el consumo de alimentos deben modificarse, y la transición a un nuevo sistema alimentario debe incluir medidas de adaptación. El sector alimentario contribuye al cambio climático a través de la deforestación, el uso de fertilizantes y el laboreo de la tierra. El ganado, especialmente el vacuno y el porcino, también contribuye a los gases que provocan el calentamiento global. Un sistema alimentario de transición sostenible requiere transformar el uso del agua por parte de la industria alimentaria sudafricana.

6.1. Vulnerabilidades del sistema alimentario

El cambio climático afecta al sector alimentario sudafricano, provocando factores de estrés como plagas, inundaciones, olas de calor y sequías[19]. La región es un «punto caliente» del cambio climático: Zimbabue, Botsuana,

17 Visser M., «Going nowhere fast? Changed working conditions on Western Cape fruit and wine farms: A state of knowledge review», (2016), Belville: PLAAS.

18 Makgetla *et al.*, «National Employment and Vulnerability Assessment: Analysis of potential climate— change related impacts and vulnerable groups», (2021), Trade and Industrial Policy Strategies (TIPS).

19 Carter S. y Gulati M., *Climate change, the Food Energy Water Nexus and food security in South Africa. Understanding the Food Energy Water Nexus*, (2014), WWF-SA, Sudáfrica.

Namibia, Mozambique y Malaui sufren sequías e inundaciones[20]. Sudáfrica y sus provincias se ven muy afectadas por el cambio climático, con inundaciones, olas de calor y sequías que afectan a la región. Esto conduce a la inseguridad alimentaria y al descenso de la producción de alimentos[21].

Los alimentos básicos, como el maíz y el trigo, se ven afectados por el aumento de las temperaturas y los regímenes de lluvias, lo que provoca importantes carencias en las líneas de producción[22]. El sector agrícola también se enfrentará a los retos de las olas de calor, que pueden causar fatiga y mareos a los trabajadores agrícolas. De aquí a 2030, se perderán más horas de trabajo debido a las jornadas laborales y a las malas condiciones de sueño[23].

6.2. Transición energética en el sector alimentario

El Global Change Institute[24] prevé una reducción de la calidad y el rendimiento de la leche y la carne debido al cambio de las estaciones de crecimiento. Las condiciones de aridez y sequía reducirán la disponibilidad de agua para la producción agrícola. Sudáfrica ya es uno de los países más secos del mundo, ocupando el puesto 30 en cuanto a escasez de agua. El cambio climático provocará la pérdida de cosechas, el aumento de los costes de producción y de los precios de los alimentos, lo que afectará a los trabajadores agrícolas y obligará a los agricultores a adaptar sus métodos de producción[25].

El sector agrícola comercial sudafricano consume al menos el 2 % de la energía del país, y Eskom depende de los combustibles fósiles para producir electricidad[26]. La agricultura utiliza el 38 % de la energía, principalmente para las bombas de riego, los abrevaderos del ganado, la refrigeración de

20 Richardson *et al.*, «Climate risk report for the Southern Africa region», (2022), Met Office, ODI, FCDO.

21 MacKellar N. *et al.*, «Observed and modelled trends in rainfall and temperature for South Africa: 1960-2010», (2014) 110 (7-8), *South African Journal of Science*. doi:10.1590/sajs.2014/20130353.

22 Johnston P. *et al.*, «South Africa», en *Southern African Agriculture and Climate Change: A Comprehensive Analysis*, Hachigonta S. (ed) *et al.* Instituto Internacional de Investigación sobre Políticas Alimentarias (IFPRI) (2013).

23 Global Change Institute (2020).

24 *Ibid.*

25 Johnston P., *Modelling Impacts of Climate Change on Selected South African Crop Farming Systems*, (2016), Comisión de Investigación del Agua. Disponible en: http://www.wrc.org.za/wp-content/uploads/mdocs/1882-1-161.pdf. [Consultado el 26 de julio de 2023].

26 Departamento de Recursos Minerales y Energía (2021). *Informe sobre el sector energético sudafricano 2021*. Pretoria: DMRE.

los productos y el envasado[27]. Las frutas y verduras del país se venden sobre todo en el extranjero, lo que requiere frigoríficos más grandes para su almacenamiento y transporte. La crisis climática ha provocado un aumento de las disposiciones medioambientales y los acuerdos comerciales, y los consumidores se centran en las emisiones de agua/dióxido de carbono en la producción de alimentos. Los compradores minoristas de mercados como la Unión Europea exigen a los sectores agrícola y alimentario sudafricanos que adopten prácticas bajas en carbono, lo que podría afectar al acceso a los mercados de exportación.

6.3. Impactos indirectos en las industrias agrícolas

Se prevé que el cambio climático repercuta en la alimentación y la dieta de los sudafricanos, ya que las dificultades de crecimiento de los cultivos y la escasez de lluvias afectarán a los pastizales. Esto podría repercutir en la producción de leche y carne, afectando a los nutrientes y a los medios de subsistencia. La Comisión EAT-Lancet (2020) prevé un descenso del 50 % en la producción y el consumo de carne roja a escala mundial[28]. Este cambio también afecta a los trabajadores de la ganadería, aumentando la pobreza y afectando a los ingresos. La industria cárnica sigue siendo importante en Sudáfrica, ya que contribuye al 50 % de los ingresos agrícolas en seis de las nueve provincias[29]. Para hacer frente al cambio climático, se necesitan medidas de adaptación amplias y planificadas, que incluyan enfoques de justicia contextualmente específicos que refuercen las comunidades locales, los ingresos, la calidad del empleo y garanticen a todos el derecho a la alimentación. Además, reducir las emisiones de los sectores agrícola y alimentario es crucial para un sistema alimentario sostenible.

6.4. Contribución de los sistemas alimentarios a las emisiones de GEI

El sistema alimentario es responsable de un tercio de las emisiones mundiales de gases de efecto invernadero (GEI), siendo la deforestación, el cambio de uso del suelo, la producción agrícola, el uso de combustibles fósiles, el transporte y la producción de residuos los principales responsables[30]. Sud-

27 *Ibid.*

28 EAT-Lancet, «Dietas saludables a partir de sistemas alimentarios sostenibles», (2020). Véase el sitio web en https://eatforum.org/eat-lancet-commission/eat-lancet-commission-summary-report/ [Consultado el 26 de julio de 2023].

29 Ver nota 18.

30 Tubiello F. N. *et al.,* «Greenhouse gas emissions from food systems: building the evidence base», (2021) 16, *Environmental Research Letters*, pp. 1-13.

áfrica, en particular, es responsable de al menos una quinta parte de estas emisiones[31]. La agricultura contribuye al cambio de uso del suelo, a la preproducción y postproducción de alimentos, a la transformación y el envasado, al transporte, a la venta al por menor, al consumo y a los residuos alimentarios, lo que supone un total aproximado del 19 % de las emisiones de GEI[32].

El sector agrícola produce metano, nitrógeno y otros gases de efecto invernadero, que contribuyen al cambio climático y amenazan la biodiversidad de agua dulce[33]. La producción de energía, generada principalmente con carbón sucio, genera una cantidad significativa de emisiones de GEI. La industria agrícola sudafricana se enfrenta al reto de reducir las emisiones de GEI y la pérdida de biodiversidad. Para hacer frente a estos problemas, hay que empezar por la industria agrícola.

El sector alimentario sudafricano es vulnerable al cambio climático, es necesario adaptarlo y una transición justa deberá centrarse en medidas que reduzcan la desigualdad y la injusticia. Esto podría implicar el fortalecimiento de las comunidades alimentarias, el reconocimiento de los conocimientos indígenas y la implantación de más energía solar en las granjas y las zonas rurales. Además, un cambio en la configuración institucional de los mercados alimentarios, la propiedad de la tierra y la producción y procesamiento de alimentos en los sistemas alimentarios sudafricanos, así como permitir a las comunidades rurales acceder a fondos para cooperativas alimentarias, puede ayudar a reducir las emisiones de GEI y la pérdida de biodiversidad.

7. Marco jurídico y político sudafricano en materia alimentaria

Como ya se ha dicho, Sudáfrica sufre una inseguridad energética e hídrica generalizada, que también afecta a la seguridad alimentaria. Varias organizaciones no gubernamentales (ONG) nacionales y organizaciones donantes extranjeras, como USAID, CARE y World Vision, distribuyen actualmente cestas de alimentos[34]. Al menos 30 millones de los aproximadamente 60 millones de habitantes del país reciben ayuda social del gobierno. Según la Organización de las Naciones Unidas para la Agricultura y la Alimenta-

31 CRIPPA M. *et al.,* «Food systems are responsible for a third of global anthropogenic GHG emissions», (2021) 2, *Nat Food*, 198-209.

32 *Ibid.*

33 TIAN H. *et al.,* «A comprehensive quantification of global nitrous oxide sources and sinks», (2020) 586 (7828), *Nature*, pp. 248-256.

34 Kgothatso MADISA y Mawande AMASHABALALA, «Half of South Africa's population are 100% dependent on state welfare», Sowetan Live. https://www.sowetanlive.co.za/news/south-africa/2023-01-06-half-of-south-africas-population-are-100-dependent-on-state-welfare/ [Consultado el 06 de enero de 2023].

ción (FAO), una ley marco dedicada a la seguridad alimentaria, la legislación marco y la legislación sectorial son los tres niveles legislativos que deben incluir disposiciones sobre seguridad alimentaria[35].

En Sudáfrica, el derecho a una alimentación adecuada se considera un derecho socioeconómico. Esto implica que el gobierno debe facilitar a los sudafricanos el acceso a los bienes sociales y a una alimentación suficiente. El artículo 27(1)(b) de la Constitución garantiza el acceso a una alimentación suficiente. La sección 27 (2) impone al Estado la obligación de tomar medidas razonables, que pueden ser legislativas, para lograr la realización progresiva del derecho a tener acceso a una alimentación suficiente.

En virtud del artículo 27(2), el Estado debe aplicar la legislación adecuada y otras medidas para ampliar gradualmente el acceso a los bienes sociales, en este ejemplo, alimentos suficientes. Por lo tanto, el Estado tiene dos obligaciones en virtud de esta sección: (i) el deber de ayudar, y (ii) el deber de proporcionar. Para garantizar que las comunidades locales tengan acceso a alimentos suficientes, el Estado debe ayudar a crear las condiciones favorables. La disponibilidad de un sistema de leyes y reglamentos que ayuden a las personas y a los grupos a ejercer el llamado derecho podría constituir ese entorno favorable. Dado que la seguridad alimentaria es una cuestión multidisciplinar, un entorno favorable abarcaría los sistemas alimentarios, la economía y el comercio, el medio ambiente, la tierra y la agricultura, el trabajo, el acceso a la atención sanitaria, el agua y el saneamiento, y otras cuestiones. Además, el Estado tiene la responsabilidad de apoyar a los que no pueden hacerlo; para cumplir con esta obligación debe ponerse a su disposición el tipo de ayuda necesario. Para ello podrían utilizarse subvenciones sociales, bancos de alimentos, programas de alimentación escolar, etc.

Sin embargo, el sector alimentario sudafricano no se beneficia de una legislación marco establecida que contemple la realización del derecho a tener acceso a alimentos suficientes, la regulación de los asuntos relacionados con la alimentación y la consecución de la seguridad alimentaria, a diferencia de la legislación marco aplicable a los sectores de la energía y el agua. Como consecuencia, a menudo se produce una evidente duplicación de esfuerzos y resultados ineficaces en la gobernanza y los enfoques jurídicos de la seguridad alimentaria.

La falta de un marco legislativo integral en materia de alimentos significa que la alimentación se gobierna de forma fragmentada en Sudáfrica. La gobernanza de los asuntos relacionados con la alimentación está repartida entre los mandatos del Departamento de Agricultura, Desarrollo Rural y

---

35 Organización de las Naciones Unidas para la Agricultura y la Alimentación, Guía para legislar sobre el derecho a la alimentación (Organización de las Naciones Unidas para la Agricultura y la Alimentación 2009), disponible en https://www.fao.org/3/i0815e/i0815e00.pdf página 3. [Consultado el 26 de julio de 2023].

Reforma Agraria, el Departamento de Silvicultura, Pesca y Medio Ambiente, el Departamento Nacional de Sanidad y el Departamento de Comercio e Industria. Sin embargo, en 2001 se hizo un intento con el proyecto de Ley Nacional de Seguridad Alimentaria de 2001. Nunca superó la fase de proyecto de ley. La alimentación está regulada por una variedad de leyes, políticas, estrategias e iniciativas gubernamentales específicas de cada sector, en medio de este enfoque fragmentado y de la falta de un marco jurídico alimentario.

Ahora existen dos políticas importantes: la Política Nacional de Seguridad Alimentaria y Nutricional (2013) y la Estrategia Integrada de Seguridad Alimentaria para Sudáfrica (2002)[36]. Como resultado, los organismos gubernamentales dieron mayor prioridad al acceso de las personas históricamente desfavorecidas a suficientes alimentos ricos en nutrientes. El Plan Nacional de Desarrollo Visión 2030[37], reforzó el compromiso del Gobierno de seguir abordando las preocupaciones relacionadas con la seguridad alimentaria (y nutricional) y las cuestiones alimentarias conexas. El NPFNS se esfuerza por proporcionar un marco de orientación general para maximizar la sinergia entre las numerosas iniciativas y programas del gobierno y la sociedad civil. El NPFNS se apoya en dos programas interdepartamentales, a saber, la *Estrategia de Seguridad Alimentaria y Nutricional de los Hogares* (que se centra en los retos relacionados con la escasez de alimentos en los hogares) y la *Intervención de Producción Alimentaria Fetsa Tlala* (que se centra en los retos relacionados con el aumento de la producción de alimentos).

El objetivo de la Estrategia Integrada de Seguridad Alimentaria de Sudáfrica (IFSSSA)[38] es garantizar que todos los sudafricanos tengan acceso a suficientes alimentos inocuos y nutritivos para satisfacer sus necesidades nutricionales diarias. El artículo 27(2)[39] de la Constitución ordena que el Estado adopte (2)

---

36 Departamento de Agricultura de la República de Sudáfrica, Integrated Food Security Strategy for South Africa (Departamento de Agricultura de la República de Sudáfrica 2002), disponible en https://www.gov.za/sites/default/files/gcis_document/201409/foodpol0.pdf; Véase el sitio web https://extranet.who.int/nutrition/gina/sites/default/filesstore/ZAF%202013%20National%20Policy%20on%20Food%20and%20Nutrition%20Security.pdf [Consultado el 15 de marzo de 2023]. Véase el sitio web https://faolex.fao.org/docs/pdf/saf149624.pdf [Consultado el 15 de marzo de 2023].

37 Plan Nacional de Desarrollo 2030. Véase el sitio web https://www.gov.za/sites/default/files/Executive%20Summary-NDP%202030%20-%20Our%20future%20-%20make%20it%20work.pdf [Consultado el 27 de marzo de 2023].

38 Estrategia Integrada de Seguridad Alimentaria de Sudáfrica (IFSSSA) (2002).

39 Sección 27 de la Constitución de Sudáfrica - «atención sanitaria, alimentación, agua y seguridad social: (1) Toda persona tiene derecho a tener acceso a (a) servicios de atención sanitaria, incluida la atención sanitaria reproductiva; (b) alimentos y agua suficientes; y (c) seguridad social, incluida, si no puede mantenerse a sí misma y a las personas a su cargo, una asistencia social adecuada. (2) El Estado debe adoptar medidas legislativas y de otro

«medidas legislativas y de otro tipo razonables, dentro de los recursos de que disponga, para lograr la realización progresiva de cada uno de estos derechos»; además, (3) «No podrá negarse a nadie un tratamiento médico de urgencia».

Los procedimientos o medidas legislativas o de otro tipo necesarios para hacer efectivo gradualmente el derecho a la alimentación. En sus borradores y en su forma no vinculante, las políticas agrícolas han reconocido que la alimentación es una cuestión integrada y cooperativa que se ve afectada por el cambio climático. El borrador del Marco Estratégico de Agricultura Climáticamente Inteligente para la Agricultura, la Silvicultura y la Pesca[40], determina que: «*los responsables políticos y todas las partes interesadas deben prestar más atención a las interrelaciones entre los alimentos, el agua y la energía. La prioridad política en este caso sería permitir y mejorar la gestión de los complejos vínculos entre los sistemas hídricos, energéticos y alimentarios. Comprender las conexiones entre las demandas alimentarias básicas y la accesibilidad al agua y la energía es importante cuando se trata del cambio climático y su impacto sobre los sistemas agrícolas y los medios de subsistencia. El reto que hay que superar a este respecto es que los sistemas hídrico, energético y alimentario suelen tratarse de forma independiente. Sudáfrica, como la mayoría de los demás países, tiene políticas aisladas en materia de agua, alimentos y energía. Hay pruebas de que las políticas que ignoran el vínculo entre ambos pueden ser ineficaces e incluso contraproducentes. El enfoque de los nexos puede ayudar a transformar las políticas aisladas en planes de desarrollo integrados, que son fundamentales para países con grave estrés hídrico como Sudáfrica*.»

Sin embargo, el marco jurídico de la alimentación en Sudáfrica no reconoce la transición justa. El sistema jurídico sudafricano que regula la alimentación sigue fragmentado en leyes, reglamentos, planes e iniciativas. Es incuestionable la necesidad de una gobernanza cooperativa en este ámbito a todos los niveles de gobierno, incluida la comunidad.

8. Perspectivas de un sistema sostenible de transición alimentaria

La transición justa es un concepto ampliamente aplicado en Sudáfrica, sobre todo en el sector alimentario. La economía necesita una profunda transición justa, teniendo en cuenta la interconexión de los alimentos, el agua, la tierra y la energía[41]. Una transición alimentaria justa en Sudáfrica implicaría desarro-

---

tipo razonables, dentro de los recursos de que disponga, para lograr la realización progresiva de cada uno de estos derechos. (3) No podrá negarse a nadie un tratamiento médico de urgencia».

40 *Ibid.*

41 Institute for Economic Justice, *Towards a Just Transition for Workers and Affected Communities,* (2022), IEJ Position Paper. Johannesburgo: Instituto para la Justicia Económica.

llar un sistema alimentario sostenible, saludable y neutro para el clima, que sea social, cultural, económica y ecológicamente aceptable. Esta transición implicaría combinar la justicia alimentaria y medioambiental, la economía, las ciencias sociales y de la nutrición, y temas como la nutrición, el consumo, el empleo, los ingresos familiares y el coste de la vida. Los sistemas de transición alimentaria justa deben contrarrestar las desigualdades sociales, las disparidades sanitarias y los daños medioambientales. Involucrar a las partes interesadas en la creación de conocimientos y las intervenciones prácticas es crucial para fomentar una transición alimentaria justa en Sudáfrica.

9. Enfoques para un sistema de transición alimentaria

La transición alimentaria requerirá la necesidad de construir una resiliencia transformadora que comprenda todos los principios de la democracia, y los cambios tecnológicos, socio-ecológicos que subrayan el verdadero cambio y la resiliencia. Estos cambios conllevan cuatro grandes enfoques que deben cambiar: el centrado en el mercado, la ecologización del sistema alimentario, la justicia alimentaria y el cambio sistemático.

9.1. Enfoque centrado en el mercado

En Sudáfrica, el enfoque centrado en el mercado se centra en la reducción de emisiones, la promoción de prácticas alimentarias sostenibles y la mejora de la eficiencia económica. La tecnología es esencial en este enfoque, centrándose en la reducción de las emisiones del ganado, los OMG, los fertilizantes más limpios y la vigilancia del suelo. Este enfoque refuerza las relaciones agrarias y socioeconómicas, abordando la inseguridad alimentaria y mejorando las prácticas alimentarias sostenibles. Para hacer frente a la baja productividad y al impacto medioambiental, las soluciones pasan por aumentar la productividad, aportar capital e intensificar la tecnología. La gran agroindustria comercial y la elección de los consumidores influyen en la agricultura climáticamente inteligente, la intensificación sostenible y la participación de agentes como Agri South African y la Cámara de Empresas Agrícolas.

9.2. Un sistema alimentario más ecológico

Enverdecer las relaciones de producción y consumo mediante métodos ecológicamente armoniosos, como la agricultura regenerativa, puede reducir el uso de compuestos orgánicos nocivos y mejorar la salud del suelo. Este enfoque también puede responder a las necesidades de seguridad alimentaria de las comunidades pobres. Sin embargo, las transiciones verdes no abordan problemas sociales más profundos del sistema alimentario, como el hambre, la inseguridad alimentaria, las condiciones laborales marginales y la desigualdad. Para abordar estos problemas es necesario un cambio en las relaciones sociales y en las prácticas de producción sostenible de alimentos.

9.3. Justicia alimentaria

La justicia alimentaria en Sudáfrica se centra en garantizar que los hogares tengan acceso a alimentos seguros, nutritivos y asequibles. La alimentación es un derecho humano en Sudáfrica. Así lo reconoce el artículo 27 de la Constitución. Reconocido como derecho humano, el gobierno debe aplicar medidas como la seguridad social, la mejora de los salarios y la desmercantilización de los servicios básicos para reducir los costes de los hogares. Esto incluye organizar y representar a los trabajadores agrícolas y de la alimentación, centrándose en los salarios y las condiciones laborales. La cuestión ecológica sigue siendo un reto, pero incluye objetivos y perspectivas cruciales para lograr el derecho a la alimentación para todos y un trabajo decente para los trabajadores del sistema alimentario. Factores como la precarización, la precariedad y la fragmentación política ponen de relieve las complejidades de cualquier enfoque progresista de la transición ecológica en el sistema alimentario.

9.4. Cambio de sistema

Sudáfrica necesita un cambio sistémico más profundo en los sistemas de producción y consumo para lograr sistemas alimentarios sostenibles y justos, principalmente en el contexto de la soberanía alimentaria. La soberanía alimentaria se refiere al derecho de las personas a producir y consumir alimentos de forma ecológica y culturalmente apropiada, en lugar del poder desmesurado de las empresas y los mercados[42]. Este enfoque se centra en la democratización del sistema alimentario, centrándose en las necesidades de los pequeños productores y consumidores de alimentos, en lugar de en las prioridades económicas de intereses poderosos como las corporaciones alimentarias.

La agroecología, un sistema de producción que recicla nutrientes y recursos, minimiza los insumos agrícolas externos y da prioridad a la salud ecológica y la nutrición humana, es una técnica crucial para el cambio sistémico[43]. Combina el conocimiento campesino e indígena con la ciencia formal y hace hincapié en la justicia en las relaciones agrarias y sociales.

---

42 Foro Nyeleni, «Declaración de Nyeleni», (2007). Disponible en https://nyeleni.org/IMG/pdf/DeclNyeleni-en.pdf [Consultado el 26 de julio de 2023].

43 Giménez E. H. y Shattuck A., «Food crises, food regimes and food movements: rumblings of reform or tides of transformation?» (2011) 38 (1), *The Journal of Peasant Studies*, pp. 109-144.

En Sudáfrica, los movimientos sociales, los pequeños agricultores, los trabajadores agrícolas y las organizaciones de la sociedad civil reclaman la adopción de la agroecología y la soberanía alimentaria. Esto incluye reclamar el apoyo del Estado a las cadenas alimentarias agroecológicas a través de insumos, prácticas de producción y mercados localizados para vincular a productores y consumidores. Estos movimientos a menudo vinculan la agroecología con la exigencia de un cambio sistémico más amplio, como la reforma agraria y medidas para desafiar el poder corporativo en el sistema alimentario.

La transición justa de los alimentos requerirá diferentes enfoques en el sistema alimentario, su asociación con las relaciones de poder y la fragmentación de la organización desde una posición descentralizada. Una noción profunda y transformadora de transición justa podría proporcionar un marco de pensamiento y acción entre los actores progresistas del sistema alimentario, contrarrestando las soluciones tecnosolucionistas centradas en el mercado que refuerzan los patrones existentes de propiedad, control y desigualdad.

10. Enfoques de transición hacia una alimentación justa

La investigación propone un enfoque profundo y transformador de la transición del sistema alimentario en Sudáfrica, centrado en una economía solidaria basada en los derechos humanos que priorice el bienestar humano y planetario. Este enfoque va más allá de las propuestas centradas en el mercado y en el tecnosolucionismo (*technofix*) y se centra en principios y medidas para lograr un cambio sistémico y transformador. Se proponen seis principios rectores:

1. Una transición alimentaria justa en Sudáfrica debería aspirar a una economía basada en los derechos humanos que se centre en el bienestar humano y planetario, invirtiendo en las necesidades de reproducción social, infraestructuras y satisfacción de las necesidades ecológicas.
2. Una transición justa debe adoptar un enfoque que abarque toda la economía para lograr una economía baja en carbono y resistente al cambio climático, teniendo en cuenta las relaciones entre sectores.
3. Es necesaria una transformación de la propiedad, la distribución y el acceso a los recursos para garantizar la satisfacción de las necesidades y el bienestar.
4. El proceso de planificación y puesta en práctica de una transición justa debe ser democrático, empoderador y adaptado al contexto, garantizando que la toma de decisiones sea democrática y participativa.
5. Es necesaria una perspectiva feminista interseccional para abordar los desequilibrios de poder en la toma de decisiones y los resultados.
6. Los derechos humanos y los movimientos basados en los derechos son fundamentales para abordar el cambio climático como un reto que afecta a todo el sistema. El marco rector de la justicia debería

ser un eslabón clave a la hora de enmarcar las acciones para pasar de donde estamos ahora a los resultados que una transición en el sistema alimentario debería conseguir en cuanto a mejora de la nutrición, medios de vida equitativos y armonía ecológica.

La justicia distributiva es necesaria para conciliar la sostenibilidad con la equidad social en la distribución de riesgos y beneficios en el proceso de transición. Esto requiere diseñar una política industrial, una política social y unos mecanismos reguladores eficaces que minimicen las compensaciones distributivas, compensen a los perdedores, adapten las industrias existentes de forma inclusiva y apoyen la innovación y la creación de empleo en actividades ecológicamente sostenibles. La justicia procedimental debe garantizar la igualdad de oportunidades para todos, independientemente de su sexo o raza, para participar en la toma de decisiones que les conciernen. Esto también requiere abordar las asimetrías de poder, las disparidades de capacidad y los procesos de participación inadecuados. La justicia de reconocimiento es esencial para garantizar que los actores marginados cultural y económicamente tengan voz en la configuración de una transición justa.

El desarrollo de capacidades es necesario para garantizar las diversas formas de aplicación de la transición justa. Es necesario reforzar la capacidad de adaptación de los agentes pertinentes para responder a las exigencias del cambio climático y la transición justa en la producción y el consumo de alimentos, y para participar activamente en los procesos de toma de decisiones y hacer frente a los intereses poderosos.

Muchos de estos principios y elementos de justicia ya aparecen y son defendidos por algunos de los sistemas alimentarios existentes. El enfoque sistémico subraya la necesidad de cambiar las estructuras y los resultados insostenibles e injustos del sistema alimentario existente, mientras que el enfoque de justicia alimentaria hace hincapié en la búsqueda de la igualdad en el acceso y el consumo de alimentos saludables, abordando las desigualdades de clase, raza y género como condición previa para lograr una mejor nutrición.

11. Enfoques de alineación con un marco de transición justa

La transición justa hacia sistemas alimentarios sostenibles exige abordar retos tanto tecnocráticos como políticos. Crear una coalición viable en torno a una estrategia de desarrollo es crucial para impulsar cambios a largo plazo frente a difíciles compensaciones, costes y fuerzas compensatorias. La inercia institucional y política para lograr esta transición requiere una coalición social amplia y progresista que pueda impulsar propuestas concretas de descarbonización y adaptación socialmente justas. El IPES-Food de 2018 afirma que la acción institucional hacia las transiciones hacia la sostenibilidad suele producirse gracias a un compromiso estratégico que surge de una organización colectiva previa y que se construye desde abajo y desde un nivel descentralizado.

El equilibrio de poder en el sistema alimentario sigue estando dominado por la agricultura comercial organizada y los actores dominantes del sector alimentario corporativo. El papel del Estado en la gobernanza del sector alimentario ha sido en gran medida de abdicación en la gobernanza del sistema alimentario desde 1994. Los poderosos actores corporativos desempeñan un papel clave en la gobernanza del sistema alimentario y moldean las normas de consumo y el entorno alimentario de los consumidores a través de la comercialización y la imposición de sus propias normas alimentarias.

Sudáfrica cuenta con un impulso político relacionado con el cambio climático y la transición justa, como la Comisión Presidencial sobre el Clima, la Asociación para la Transición Energética Justa y la prerrogativa de desarrollar planes de adaptación sectoriales, tal y como exige la Ley de Cambio Climático. Sin embargo, el Marco de Transición Justa de la PCC tiene un marco limitado para la transición justa en la agricultura, y otras políticas pueden seguir reforzando el statu quo económico.

Los grupos progresistas del sistema alimentario, como las ONG, los movimientos y las campañas de apoyo a los pequeños agricultores y a los campesinos sin tierra, los sindicatos y las asociaciones de comerciantes informales, tienen el potencial de desafiar el actual sesgo político a favor de la estructura predominante del sistema alimentario y de los intereses dominantes. Sin embargo, se plantean dos posibles retos en relación con una transición justa del sistema alimentario: conceptualizaciones y capacidades desiguales sobre las conexiones entre los grupos de interés, la estructura del sistema alimentario y el cambio climático.

Para abordar estos retos, un marco progresivo para la sostenibilidad del sistema alimentario podría proporcionar este marco. Estudiosos como Tribaldo y Kortetmäki[44] han sugerido un marco de principios y criterios para las transiciones justas de los sistemas alimentarios. Sin embargo, la consolidación de dicho marco en Sudáfrica exige una mayor deliberación entre los actores progresistas que representan y apoyan a los trabajadores del sistema alimentario para seguir definiendo y elaborando principios y medidas de forma continua, colaborativa y democrática. Esto podría conducir a un marco para evaluar la justicia de las políticas y programas gubernamentales y privados, la coordinación y la colaboración en la acción política, y los vínculos permanentes entre la investigación, la creación de coaliciones y la defensa.

44 Tribaldos T. y Kortetmäki T., «Just transition principles and criteria for food systems and beyond», *Environmental Innovation and Societal Transitions,* (2022) 43, pp. 244-256.

12. Conclusión

Para establecer una resiliencia transformadora en nuestro sistema alimentario, existe una clara necesidad de una transición justa en el sistema alimentario sudafricano que dé prioridad a las necesidades de las comunidades y los interlocutores sociales, al tiempo que identifique las demandas y las vías estratégicas. Sin embargo, la investigación que pone de relieve los peligros actuales y potenciales para la justicia social derivados de las numerosas vías de transición hacia la sostenibilidad en las agroindustrias puede ayudar a construir una poderosa coalición para el cambio transformador. Para ello es necesario realizar estudios adicionales dirigidos a comprender las actuales tácticas de adaptación utilizadas por los actores clave de las distintas agroindustrias y cuáles son sus efectos, especialmente sobre los trabajadores de esas cadenas de valor. Por lo tanto, una transición justa en las agroindustrias puede lograrse considerando alternativas políticas y planes de desarrollo basados en los derechos. Estas iniciativas podrían verse reforzadas por un marco de transición justa que se desarrolle de forma descentralizada y colaborativa. Al dar prioridad a las necesidades de las comunidades y los interlocutores sociales y esbozar los requisitos estratégicos y las vías para crear una resiliencia transformadora en nuestro sistema alimentario, estas sugerencias pueden hacer avanzar la causa de una transición justa en el sistema alimentario de Sudáfrica.

13. Referencias

LEGISLACIÓN Y POLÍTICA

- Ley de Tierras Negras 27 de 1913.
- Constitución de Sudáfrica de 1996.
- Ley 18 de 1936 sobre terrenos urbanizables y fideicomisos.
- Ley 41 de 1950 relativa a las zonas colectivas.
- Estrategia Integrada de Seguridad Alimentaria de Sudáfrica (2002).
- Ley 22 de 1994 de restitución de los derechos sobre la tierra.

ARTÍCULOS, INFORMES, Y REVISTAS

Aliber M. y **Mdoda L.**: «The direct and indirect economic contribution of small-scale black agriculture in South Africa», (2015) 54(2), *Agrekon*, pp. 18-37.

Carter S. y **Gulati M.**: *Climate change, the Food Energy Water Nexus and food security in South Africa. Understanding the Food Energy Water Nexus*, (2014), WWF-SA, Sudáfrica.

Comisión de la Competencia: *The Grocery Retail Market Inquiry: Final Report.* Pretoria: Comisión de la Competencia (2019).

Cousins B.: «Land reform and agriculture uncoupled: The political economy of rural reform in post-apartheid South Africa», en Hebinck P. y Cousins B., (eds.) *In the Shadow of Policy: Everyday Practices in South African Land and Agrarian Reform*, (2013), Johannesburgo: Wits University Press.

Crippa M.: *et al* «Food systems are responsible for a third of global anthropogenic GHG emissions», (2021) 2, *Nat Food*, 198-209.

Departamento de Recursos Minerales y Energía: (2021) *Informe sobre el sector energético sudafricano 2021*. Pretoria: DMRE.

EAT-Lancet: «Dietas saludables a partir de sistemas alimentarios sostenibles», (2020). Véase el sitio web en https://eatforum.org/eat-lancet-commission/eat-lancet-commissionsummary-report/ [Consultado el 26 de julio de 2023].

Giménez E. H. y **Shattuck A.:** «Food crises, food regimes and food movements: rumblings of reform or tides of transformation?» (2011) 38 (1), *The Journal of Peasant Studies*, pp. 109-144.

Greenberg S.: «Agrarian reform and South Africa's agro-food system», (2015) 42 (5), *Journal of Peasant Studies*, pp. 957-979.

Johnston P.: *Modelling Impacts of Climate Change on Selected South African Crop Farming Systems*, (2016), Comisión de Investigación del Agua. Disponible en: http://www.wrc.org.za/wp-content/uploads/mdocs/1882-1-161.pdf. [Consultado el 26 de julio de 2023].

Johnston P.: *et al.* «South Africa», en *Southern African Agriculture and Climate Change: A Comprehensive Analysis*, Hachigonta S (ed) *et al.* Instituto Internacional de Investigación sobre Políticas Alimentarias (IFPRI) (2013).

Institute for Economic Justice: *Towards a Just Transition for Workers and Affected Communities,* (2022), IEJ Position Paper. Johannesburgo: Instituto para la Justicia Económica.

MacKellar N.: *et al.,* «Observed and modelled trends in rainfall and temperature for South Africa: 1960-2010», (2014) 110 (7-8), *South African Journal of Science*.

Makgetla: *et al.,* «National Employment and Vulnerability Assessment: Analysis of potential climate— change related impacts and vulnerable groups», (2021), Trade and Industrial Policy Strategies (TIPS).

Masojada M.: «The South African retail landscape», en Lappeman J. *et al* (eds.), *Marketing to South African consumers*, (2019), Ciudad del Cabo: UCT Liberty Institute of Strategic Marketing & UCT Libraries.

Richardson: *et al.,* «Climate risk report for the Southern Africa region», (2022), Met Office, ODI, FCDO.

Rogan M. y **Skinner C.:** «Employment in the South African Informal Sector: Interrogating Trends, Identifying Opportunities», en Fourie F. (ed.) *Tackling Unemployment and Poverty in South Africa: The Contribution of the Informal Sector.* (2017) Ciudad del Cabo: HSRC.

Tekwa N. y **Adesina O. J.:** «Land, Water, and Gender Questions in South Africa: A Transformative Social Policy Perspective», (2023) 12(1), *Agrarian South: Journal of Political Economy,* pp. 72-97.

Trust for Community Outreach and Education (TCOE): *Hablan los campesinos: Esperanza, heroísmo, determinación* (2016), Ciudad del Cabo: TCOE.

Tubiello F.N: *et al* «Greenhouse gas emissions from food systems: building the evidence base», (2021) 16, *Environmental Research Letters*, pp. 1-13.

Tian H: *et al* «A comprehensive quantification of global nitrous oxide sources and sinks», (2020) 586 (7828), *Nature*, pp. 248-256.

Van der Berg S.: *et al* «Food Insecurity in South Africa: Evidence from NIDS-CRAM Wave 5», (2021), Coronavirus Rapid Mobilise Survey 2020.

Vink N. y **Van Rooyen J.:** «The Economic Performance of Agriculture in South Africa since 1994: Implications for Food Security», (2009), *Development Planning Division Working Paper Series n.° 17*. Midrand: Banco de Desarrollo de África Austral.

Visser M.: «Going nowhere fast? Changed working conditions on Western Cape fruit and wine farms: A state of knowledge review», (2016), Belville: PLAAS.

FUENTES DE INTERNET

«Cambio climático, desarrollo y problemas energéticos en Sudáfrica: Otro mundo es posible» (2009). Véase el sitio web https://policy-practice.oxfam.org/resources/climate-change-development-and-energy-problems-in-south-africa-another-world-is-111981/ [Consultado el 25 de julio de 2023].

Departamento de Agricultura de la República de Sudáfrica: «Integrated Food Security Strategy for South Africa (Departamento de Agricultura de la República de Sudáfrica 2002)». Disponible en https://www.gov.za/sites/default/files/gcis_document/201409/foodpol0.pdf; Véase el sitio web https://extranet.who.int/nutrition/gina/sites/default/filesstore/ZAF%202013%20National%20Policy%20on%20Food%20and%20Nutrition%20Security.pdf [Consultado el 15 de marzo de 2023].

Organización de las Naciones Unidas para la Agricultura y la Alimentación: «Guía para legislar sobre el derecho a la alimentación (Organización de las Naciones Unidas para la Agricultura y la Alimentación 2009)». Disponible en https://www.fao.org/3/i0815e/i0815e00.pdf página 3. [Consultado el 26 de julio de 2023].

FAO, Unión Europea, CIRAD y Centro de Excelencia en Seguridad Alimentaria DST-NRF (CoE-FS): (2022) *Perfil de los sistemas alimentarios - Sudáfrica: Catalizar la transformación sostenible e inclusiva de los sistemas alimentarios.* Véase el sitio web en https://foodsecurity.ac.za/publications/food-systems-pro_le-southafrica-catalysing-the-sustainable-and-inclusive-transformation-of-food-systems/ [Consultado el 26 de julio de 2023].

Kgothatso Madisa y **Mawande Amashabalala:** «Half of South Africa's population are 100 % dependent on state welfare», *Sowetan Live*. https://www.sowetanlive.co.za/news/south-africa/2023-01-06-half-of-south-africas-population-are-100-dependent-on-state-welfare/ [Consultado el 06 de enero de 2023].

Makgetla N.: (2020). «Inequality in South Africa: An overview. Estrategias de política comercial e industrial». Disponible en: https://www.tips.org.za/images/TIPS_Working_Paper_Inequality_in_South_Africa_An_Overview_September_2020.pdf [Consultado el 26 de julio de 2023].

Plan Nacional de Desarrollo 2030. Véase el sitio web https://www.gov.za/sites/default/files/Executive%20Summary-NDP%202030 %20-%20Our%20future%20-%20make%20it%20work.pdf [Consultado el 27 de marzo de 2023].

SOSTENIBILIDAD EN LA LITIGACIÓN CLIMÁTICA. EN PARTICULAR, EL PROBLEMA DE LA CAUSALIDAD

Albert Ruda González
Profesor agregado de Derecho civil
Facultad de Derecho, Universitat de Girona

Resumen: Este estudio analiza la litigación climática en conexión con el requisito de la causalidad. Como es sabido, la causalidad es uno de los requisitos o presupuestos tradicionales de la responsabilidad civil. Si se pretende que las personas asuman la reparación de los daños que causan, es evidente que el nexo causal es una de las piedras angulares de esa institución. Sin embargo, en materia medioambiental la realidad es que el requisito de la causalidad es uno de los más problemáticos y, en cambio, menos analizados. Concretamente, en el ámbito más particular de la litigación por el cambio climático, donde las demandas se basan principalmente en la idea de la sostenibilidad, el nexo causal suele ser una de las facetas menos estudiadas. El presente trabajo pone en conexión ese requisito tradicional de la RC con el nuevo paradigma de los ODS. La conclusión es que cierta tensión entre lo viejo y lo nuevo es inevitable. Algunas soluciones novedosas parecen difícilmente reconciliables con los paradigmas clásicos. No obstante, es posible que el carácter colectivo del cambio climático ofrezca la clave para salir de ese atolladero.

Palabras clave: Sostenibilidad, Objetivos de Desarrollo Sostenible (ODS), responsabilidad civil, causalidad.

Abstract: *This paper analyzes climate litigation in connection with the condition of causation. As is well known, causation is one of the traditional requirements or conditions of tort liability. If it is intended that people assume the reparation of the damages they cause, the causal link is one of the cornerstones of that institution. However, in environmental matters the reality is that the requirement of causation is one of the most problematic and, rather paradoxically, also less analyzed. In particular, in the specific area of climate change litigation, where judicial claims filed are mainly based on the idea of sustainability, the causal link is usually one of the least studied issues. This paper thus connects this traditional requirement of tort law with the new paradigm introduced by the SDGs. The conclusion is that a* *certain tension between the old and the new is inevitable. Some novel solutions seem difficult to reconcile with classic paradigms. However, it is possible that the collective nature of climate change offers the key to getting out of that quagmire.*

Keywords: *Sustainability, Sustainable Development Goals (ODS), tort liability, causation.*

1. Introducción

Este estudio analiza la litigación climática en conexión con el requisito de la causalidad. Como es sabido, la causalidad es uno de los requisitos o presupuestos tradicionales de la responsabilidad civil (RC). Si se pretende que las personas asuman la reparación de los daños que causan, es evidente que el nexo causal es una de las piedras angulares de esa institución. Sin embargo, en materia medioambiental la realidad es que el requisito de la causalidad es uno de los más problemáticos y, en cambio, menos analizados.

Concretamente, en el ámbito más particular de la litigación por el cambio climático, donde las demandas se basan principalmente en la idea de la sostenibilidad, el nexo causal suele ser una de las facetas menos estudiadas. Como luego se verá, una de las críticas más recurrentes que recibió la sentencia holandesa que constituye el *leading case* europeo en esta materia es, precisamente, que no analizó correctamente la causalidad. En otro caso, este alemán, la causalidad se ha relevado, quizás de modo no del todo sorprendente, como el punto principal de la controversia, y que ha estado a casi nada de dar al traste con la reclamación. Parecidamente, en otra demanda contra una conocida empresa multinacional, es evidente que la empresa demandada puede plantear muy legítimamente por qué se la demanda precisamente a ella cuando hay otras muchísimas que hacen fundamentalmente lo mismo.

El presente trabajo pone en conexión ese requisito tradicional de la RC con el nuevo paradigma de los ODS. Como se plantea en otros lugares de este volumen, las ideas de sostenibilidad y desarrollo sostenible invitan, si no hacen necesaria, una revisión de los viejos conceptos, reglas e instituciones. La RC es también una de ellas. Se trata de un mecanismo de atribución de daños, mediante el cual se obliga a su autor a asumir las consecuencias de los mismos. Pero los daños sobre los que la RC es interpelada actualmente distan mucho de ser los daños de los que tradicionalmente se ocupó esa institución. A los daños tradicionales, individuales o clásicos de la RC, podríamos decir, de tipo «micro», esto es, generalmente derivados de las molestias causadas por un vecino y que afectan a bienes o intereses individuales claramente identificados y protegidos por el Derecho civil, se añaden ahora otros daños, colectivos o públicos, de tipo «macro», que desbordan los esquemas hasta ahora comúnmente aceptados.

El potencial responsable ya no es la granja cercana o un vecino ruidoso, sino un Estado que incumple sus compromisos internacionales en materia medioambiental, o una gran multinacional a la que se culpa de destruir el medio ambiente. Además, buena parte de esos daños resultan de conductas que es difícil parametrizar o cuantificar para, con ello, poder determinar de qué, o de cuánto, daño, tiene que responder el demandado. Para empeorar las cosas, esos mismos Estados adoptan esas políticas con el beneplácito de la población, que tampoco está dispuesta a cambiar sus modos de vida, por mucho que los mismos también contribuyan decisivamente al cambio climático; y cuando se trata de compañías, por muy contaminantes que sean, sus productos o servicios se siguen contratando masivamente, por inercia, o por la ausencia de una alternativa real, o simplemente por mero desinterés hacia la problemática de fondo. Incluso, en muchas situaciones ni siquiera es del todo posible concretar cual ha sido la contribución concreta de un demandado al supuesto daño, de tal manera que la RC se enfrenta a un problema de incertidumbre y de indeterminación.

El presente trabajo se asoma a esta problemática de modo necesariamente breve. Como enseguida se verá, las facetas del problema son muchísimas, y muy complejas, de modo que no se podrán analizar todas ellas aquí. Con todo, sí cabe interrogarse si la RC puede adoptar algún posicionamiento novedoso, o más bien puede continuar con su utillaje y dinámica habituales, para hacer frente al desafío. Ante la llamada emergencia climática, en general, y los litigios climáticos, en particular, conviene preguntarse si la RC tiene capacidad de adaptación y margen para evolucionar. Incluso, si se concluye que ello es así, cabría preguntarse si, dada la novedad del problema, cabe aplicar también soluciones novedosas, sin que ello suponga una quiebra de la coherencia interna del sistema.

La hipótesis que aquí se somete a examen es que cierta tensión entre lo viejo y lo nuevo resulta inevitable en este ámbito. Algunas soluciones novedosas parecen difícilmente reconciliables con los paradigmas clásicos. No obstante, es posible que el carácter colectivo del cambio climático ofrezca alguna pista o incluso una clave para salir de ese atolladero.

2. Sostenibilidad en la litigación climática

El progresivo empeoramiento de la situación del medio ambiente planetario, unido a la mayor concienciación ciudadana al respecto, han encontrado un reflejo en los órganos judiciales, en forma de demandas climáticas. Estas demandas no surgen de la nada ni operan en el vacío, sino que derivan de un caldo de cultivo que se ha ido gestando a lo largo de muchos años. Los factores que contribuyen a ello son muchos seguramente, y entre ellos se encuentra una mejor percepción de la importancia del medio ambiente y de su valor. El medio ambiente ya no se valora solo como el soporte o el marco en el cual existimos como seres vivos, sino como algo valioso por sí mismo. Del antropocentrismo tradicional, que concebía el medio ambiente como valioso por referencia a los seres humanos, en tanto que requisito o instrumento para la consecución de nuestros fines, se ha ido pasando a una concepción «ecocéntrica», para la cual la protección del medio ambiente es un fin en sí mismo. Del valor relativo del medio ambiente, que lo hacía depender del que tuviese para los seres humanos, se ha pasado a un valor absoluto o independiente[1]. Una manifestación o concreción de esa perspectiva consiste en atribuir personalidad jurídica al medio ambiente[2]. Un ejemplo concreto en el Derecho español es la ley que confiere personalidad a la laguna del Mar menor[3].

Esa evolución se ha ido produciendo en paralelo al desarrollo de una mejor comprensión del cambio climático. Es tal el bombardeo informativo al respecto de la gravedad de la situación actual que casi resultan sobreros los comentarios al respecto. El cambio climático es hoy en día una realidad constatada científicamente, cuyos efectos ya comienzan a sentirse. Sus consecuencias pueden ser verdaderamente terribles, sin miedo a exagerar y, lo que posiblemente sea peor, se van a manifestar de manera desigual. El cambio climático no solo va a golpear a nuestra generación y a las futuras, sino que va a ser un multiplicador de las desigualdades y acaso el generador de otras nuevas[4].

Dado que las iniciativas internacionales para ponerle fin parecen haber fracasado de modo estrepitoso, la justicia climática se presenta, así, como una solución alternativa a las desigualdades creadas o agravadas por el cambio climático[5]. En efecto, las voces que sucesivamente alertaban de los riesgos han sido sistemáticamente ignoradas, y los instrumentos de prevención han brillado por su ausencia. La regulación no se ha cumplido, de lo que es buena

1 Entre otros muchos, puede verse sobre este cambio en la ética medioambiental Mark Rowlands, *The Environmental Crisis. Understanding the Value of Nature,* Houndmills (etc.): MacMillan Press, 2000, p. 1 ss. Sobre el valor intrínseco del medio ambiente, véanse sus p. 17 ss.

2 Al respecto, puede verse las distintas contribuciones en Daniel P. Corrigan / Markku Oksanen (eds.), *Rights of Nature. A Re-Examination,* London/New York: Routledge, 2021, 1 ss.

3 Ley 19/2022, de 30 de septiembre, para el reconocimiento de personalidad jurídica a la laguna del Mar Menor y su cuenca (Boletín Oficial del Estado [BOE] n.° 237, de 3.10.2022). Sobre ello puede verse Albert Ruda, «Spain», en Ernst Karner / Barbara C. Steininger (eds.), *European Tort Law 2023,* Wien/New York: De Gruyter (en prensa). A parte, en este mismo volumen, alude a ese desarrollo el capítulo de Benoît Saïdi, «Docencia universitaria, Derecho y Compliance: impulsores de sostenibilidad».

4 Puede verse al respecto Sabine Lavorel / Marta Torre-Schaub, *La justice climatique. Prévenir, surmonter et réparer les inegalités liées au changement climatique,* Paris: Charles Léopold Mayer, 2023, p. 13.

5 Lavorel/Torre-Schaub, *La justice climatique,* cit., p. 41.

prueba la propia litigación climática. Si falla la prevención, es lógico y natural que se produzca el daño, de modo que no puede a sorprender a nadie que salga a escena la responsabilidad civil[6]. La «justicia climática» de la que se está dando en hablar, emerge en ese escenario como un movimiento o una causa ciudadanos[7].

A grandes rasgos, las acciones ejercitadas ante los tribunales pretenden obligar a los Estados a cumplir con los compromisos internacionales y a ajustar sus políticas medioambientales con el fin de evitar o, al menos, mitigar el cambio climático. Las demandas sirven además de poderosa caja de resonancia, de modo que, bien manejadas por sus impulsores, pueden contribuir a dar a conocer la problemática de fondo y a sumar adeptos a la causa climática. De hecho, los demandantes suelen publicitar las demandas y acompañarlas de campañas mediáticas, recogidas de firmas incluidas. Por tanto, al objetivo de doblegar a los Gobiernos renuentes y hacerles entrar en vereda ambientalmente hablando, se une el de la publicidad para la causa ambientalista y la propia organización impulsora. Se ha hablado también por ello de una «litigación estratégica»[8]. Dicho concepto de usa a veces con desdén, como si se tratase de un abuso del recurso a los tribunales. Se achaca a esa litigación que se haga un uso político de los tribunales. En efecto, existe en la misma una combinación de Derecho y de política[9]. Pero al usar ese dardo tal se olvida que la distinción entre Derecho y política no es tan clara como se pretende. La opción de no hacer nada o de mantener a los tribunales al margen del problema es también política. En el fondo, política lo es todo.

La novedad de ese fenómeno consiste, pues, en exigir a los Estados que, en virtud de sus obligaciones de proteger a la ciudadanía, respondan ante éstos por la pasividad negligente de aquel, o de la lentitud del propio Estado a la hora de emprender medidas o acciones para luchar contra el cambio climático. Los litigios así planteados demuestran una gran creatividad, al articular una reclamación sin precedentes. En ella se combinan de modo ingenioso ciencia y Derecho, el estudio del medio ambiente con el del Derecho. Dichas reclamaciones no pretenden que se reconozca derecho nuevo alguno, sino que se aplique el Derecho ya existente[10].

---

6 Con una orientación parecida, puede verse Jiunn-rong Yeh, «Climate Change: From Mitigation, to Adaptacion, and to Liability and Beyond», en Jiunn-rong Yeh (ed.), *Climate Change. Liability and Beyond,* Taipei: National Taiwan University Press, 2017, 13-24, p. 14.

7 Véase, entre otros, Marta Torre-Schaub, *Justice climatique. Procès et actions,* Paris: CNRS Éditions, 2023, p. 9.

8 Entre otros muchos, puede verse Lavorel/Torre-Schaub, *La justice climatique,* cit., p. 187.

9 Lo reconoce sin ambages Torre-Schaub, *Justice climatique,* cit., p. 14.

10 En ese sentido también Torre-Schaub, *Justice climatique,* cit., p. 11.

3. La causalidad en la litigación climática

3.1. El laberinto de la causalidad climática

Resulta ya un lugar común señalar que la causalidad es uno de los aspectos más complejos de la responsabilidad medioambiental. Esto no puede sorprender a nadie, ya que la causalidad es, de por sí, un problema diabólicamente complejo, en el que se entremezclan cuestiones fácticas con otras valorativas. Además, en la arena ambiental, la causalidad tropieza con un sinnúmero de dificultades, muchas de ellas relativas a nuestra deficiente comprensión de la realidad natural, y otras derivadas de la dificultad de probar el nexo causal en los procesos de que se trate[11]. No importa si la demanda se fundamenta en los principios del Derecho internacional público, en el Acuerdo de París[12], en una vulneración de los derechos humanos, etc., la dificultad de establecer el nexo causal es la misma. Tampoco importa en este sentido si la demanda se interpone contra un Estado o contra un sujeto de Derecho privado, como suele ser una compañía mercantil: en ambos casos es necesario establecer el nexo causal[13].

Sin embargo, el análisis del nexo causal ha llegado a un callejón sin salida jurídico[14]. De hecho, todas o casi todas las dificultades imaginables en materia de causalidad se dan en el caso del cambio climático[15].

---

11 Sobre la causalidad en la responsabilidad ambiental en general, puede verse Albert RUDA GONZÁLEZ, *El daño ecológico puro,* Cizur menor: Thomson Reuters Aranzadi, 2008, p. 292 ss.

12 Acuerdo sobre el cambio climático, adoptado en el contexto de la Convención Marco de las Naciones sobre el Cambio Climático. Fue adoptado por 196 Partes en la COP21 (Conferencia de las Partes n.° 21) en París, el 12 de diciembre de 2015; entró en vigor el 4 de noviembre de 2016. Véase https://unfccc.int/es/acerca-de-las-ndc/el-acuerdo-de-paris. Sobre la importancia de este Acuerdo en el contexto de la litigación climática, puede verse Pau DE VILCHEZ MORAGUES, «The Paris Agreement: A Significant New Thread in the Legal Tapestry of Climate Change Domestic Litigation», en Christel COURNIL / Leandro VARISON, *Les procès climatiques,* Paris: Pedone, 2018, 47-65, para quien dicho acuerdo marca un antes y un después en un sentido político y añade un elemento más al mosaico de instrumentos jurídicos manejados en esa litigación (p. 65).

13 Así también Lydia Akinyi OMUKO-JUNG, «Applying the Precautionary Principle to Address the "Proof Problem" in Climate Change Litigation», *Tilburg Law Review,* 2016, n.° 1, 52-71, https://tilburglawreview.com/articles/10.1163/22112596-02101003, p. 56.

14 Parecidamente, Julia PLEIEL / Kirsten SCHMALENBACH, «Climate change responsibility and liability in international law», en Eva SCHULEV-STEINDL / Monika HINTEREGGER / Gottfried KIRCHENGAST / Lukas H. MEYER / Oliver C. RUPPEL / Gerhard SCHNEDL / Karl W. STEININGER (Eds.), *Climate Change, Responsibility and Liability,* Baden-Baden: Nomos, 2022, 105-131, p. 126.

15 Parecidamente, Monika HINTEREGGER, «Climate change and tort law», en Eva SCHULEV-STEINDL / Monika HINTEREGGER / Gottfried KIRCHENGAST / Lukas H. MEYER / Oliver C. RUPPEL / Gerhard SCHNEDL / Karl W. STEININGER (Eds.), *Climate Change, Responsibility and Liability,* Baden-Baden: Nomos, 2022, 383-413, p. 403.

En ese sentido, suele señalarse que el establecimiento del nexo causal entre el daño climático sufrido por la parte demandante, de un lado, y el hecho del Estado, por el otro, constituye un obstáculo mayúsculo en la articulación de las reclamaciones por justicia climática. En efecto, es muy complicado determinar un vínculo de causalidad entre una acción o una omisión de un Estado, de una parte, y el daño por el cambio climático, de la otra[16]. Esa misma complejidad también puede darse, *mutatis mutandis*, si la demanda se interpone contra una compañía u otro sujeto jurídico-privado. En particular, existe una gran preocupación en el sector asegurador, por la incertidumbre relativa a la causalidad y otras fuentes de inseguridad en la litigación climática. Esa incertidumbre complica la estimación del riesgo y, por ende, el cálculo de las primas de los seguros[17].

En la litigación climática, la dificultad del nexo causal radica en el hecho de que tiene que probarse la causalidad directa entre las emisiones de gases de efecto invernadero (GEI) del Estado demandado y el daño alegado por la parte demandante. Establecer tal cosa resulta harto dificultosa, ya que el cambio climático es un fenómeno de carácter antrópico o antropogénico, de modo que la contribución humana a su producción tiene que deslindarse respecto de otros factores, de naturaleza no humana, como puede ser la actividad volcánica, huracanes, fenómenos como El Niño, o la mera variabilidad natural del clima, que se habría producido de todos modos con independencia de las contribuciones humanas al mismo[18]. Por esta y otras razones, la prueba del nexo causal del cambio climático suele considerarse extremadamente difícil[19].

En ese sentido, es cierto que, en la mayoría de las reclamaciones, la cuestión de la causalidad no ha sido un verdadero obstáculo, pero ello ha sido porque en muchas ocasiones —al menos en los EE.UU.— las demandas han tropezado antes incluso de examinar la cuestión de fondo[20]. Al suceder así las cosas, la cuestión de la causalidad ha quedado, por decirlo de algún modo, en el aire.

16 Entre otros, Torre-Schaub, *Justice climatique,* cit., p. 36.

17 Puede verse Hsin-Chun Wang, «Adaption to Climate Change and Insurance Mechanism: A Feasible Proposal Based on a Catastrophe Insurance Model», en Jiunn-rong Yeh (ed.), *Climate Change. Liability and Beyond,* Taipei: National Taiwan University Press, 2017, 259-277, p. 264.

18 Así, Lavorel/Torre-Schaub, *La justice climatique,* cit., p. 200.

19 Entre otros, véase Yann Kebrat, «State Reponsibility and Liability for Climate Change Induced Environmental Damages», en Jiunn-rong Yeh (ed.), *Climate Change. Liability and Beyond,* Taipei: National Taiwan University Press, 2017, 61-77, p. 74 o Brian Preston, «Climate Change Litigation (Part 1)», *Carbon & Climate Law Review,* 2011, Vol. 5, n.° 1, 3-14, https://cclr.lexxion.eu/article/CCLR/2011/1/156 y https://www.jstor.org/stable/24324006, p. 8.

20 El fracaso lo ocasiona generalmente el argumento de la separación de poderes (*political question doctrine*). Puede verse Martin Spitzer / Bernhard Burtscher, «Liability for Climate Change: Cases, Challenges and Concepts», *Journal of European Tort Law,* 2017, n.° 2, 137-176, https://www.wu.ac.at/fileadmin/wu/d/i/privatrecht/Spitzer/Publikationen/burtscher_spitzer__JETL_2017.pdf, p. 147. A este respecto, sería interesante comparar

A pesar de ello, suele considerarse que el nexo causal es la barrera más significativa que habría que superar para que triunfasen las reclamaciones de responsabilidad por el cambio climático[21]. Incluso en los EE.UU., la causalidad fue una de las razones que llevó al fracaso de la reclamación interpuesta en 2006 por el Estado de California contra la compañía General Motors[22]. Según el tribunal concluyó en 2007, éste carecía de «orientación a la hora de determinar qué es una contribución irrazonable a la suma de dióxido de carbono asociado con el cambio climático global que se admite que resulta de múltiples fuentes en todo el planeta»; además, se trataba, concluye, de una cuestión más política que jurídica[23]. La dificultad radica, pues, en que no se puede atribuir la causación del daño a una persona concreta[24].

Otro caso concreto en el que la causalidad (o la ausencia de la misma) determinó el fracaso de la pretensión se encuentra en la litigación climática en Nueva Zelanda. En el caso *Smith v. Fonterra Co-Operative Group Limited*[25], conforme al esquema habitual en este tipo de reclamaciones, una organización ecologista demandó a varias compañías por el cambio climático. Pero el órgano judicial desestimó la demanda, precisamente por considerar que el nexo causal no había quedado acreditado. Aunque los demandados podían considerarse, en principio, como causantes o autores de grandes emisiones, en la medida en que eran productores de energía (si bien también se incluía una granja láctea), para la sentencia no había nexo causal, porque el cambio climático solo se producía a través de una cadena de pasos indirectos (*chain of consequential and indirect steps*). La demanda también fracasó por falta de culpa, dado que no había quedado acreditado que los demandantes llevasen a cabo emisiones ilegales.

---

cómo difieren los enfoques en los EE.UU. y en Europa. Se ha sugerido que en esta última el argumento político no es tan determinante como en aquel país: Karsten WEIGELT, *Haftung Privater für Beiträge zum Klimawandel*, Baden-Baden: Nomos, 2022, p. 67. Cabría preguntarse por qué.

21 Así por ejemplo Lydia A. OMUKO-JUNG, «A rights-basis for climate compensatory claims in Kenya», en Eva SCHULEV-STEINDL / Monika HINTEREGGER / Gottfried KIRCHENGAST / Lukas H. MEYER / Oliver C. RUPPEL / Gerhard SCHNEDL / Karl W. STEININGER (Eds.), *Climate Change, Responsibility and Liability*, Baden-Baden: Nomos, 2022, 179-200, p. 187.

22 *People of the State of California v. General Motors Corporation et al.*, C06-05755 MJJ. La demanda se encuentra en https://climatecasechart.com/wp-content/uploads/case-documents/2006/20060920_docket-06-cv-05755_complaint.pdf.

23 United States District Court for the Northern District of California, *Order Granting Defendants Motion to Dismiss*, No. C06-05755 MJJ, 17.9.2007, https://climatecasechart.com/wp-content/uploads/case-documents/2007/20070917_docket-06-cv-05755_order.pdf. Sobre el caso puède verse, resumidamente, UNEP-LEAP, «People of the State of California v. General Motors Corporation *et al.*», https://leap.unep.org/en/countries/us/national-case-law/people-state-california-v-general-motors-corporation-et-al.

24 En ese sentido, OMUKO-JUNG, «Applying the Precautionary Principle...», cit., p. 57.

25 [2020] NZHC 419; [2021] NZCA 552; [2022] NZSC 35. Un resumen puede encontrarse en: https://climatecasechart.com/non-us-case/smith-v-fonterra-co-operative-group-limited/.

La dificultad de la empresa consistente en probar el nexo causal deriva, pues, del hecho de que las demandas climáticas se interponen normalmente contra un Estado determinado (o una o varias compañías). Por ello, el nexo causal tiene que establecerse con respecto a ese Estado o compañía(-s). Sin embargo, resulta evidente que el cambio climático no es algo de una entidad solo, sino que probablemente todos los Estados del planeta están contribuyendo al mismo, aunque sea de manera desigual. No se va a entrar ahora en la cuestión, obvia por otro lado, de que unos Estados han contribuido históricamente más que otros. Lo que interesa subrayar ahora es que la responsabilidad civil exige que se individualice la contribución de la parte demandada al daño. Por ello, en principio habría que determinar cuál es la medida en que el Estado demandado ha contribuido al cambio climático. Lo mismo cabe predicar, con las debidas adaptaciones, en el caso de demandas contra compañías[26].

Las dificultades que de ahí derivan son muchas. En primer lugar, el cambio climático no resulta de una contribución aislada de ningún Estado en particular, sino que en buena medida es el fruto de una manera de proceder, un *modus operandi* o, si se quiere, un estilo de vida, que los seres humanos en general han (hemos) adoptado en la mayor parte de lugares del planeta. Ese estilo de vida es el propio de las sociedades capitalistas y consiste en concebir el medio ambiente como un recurso, no como algo a conservar o proteger. Así pues, los Estados no dejan de ser sino un reflejo de las decisiones que adoptan sus ciudadanos, a los cuales tampoco les ha preocupado demasiado el medio ambiente históricamente hablando.

Dicho de otro modo, todos contaminamos el medio ambiente y todos contribuimos al cambio climático. Reclamar contra los Estados supone, desde ese punto de vista, un recurso que tiene una minoría social contra la posición de la mayoría, siendo esta la responsable última del deterioro progresivo del medio ambiente. Como no es posible demandar a la mayoría de la población, la demanda contra el Estado supone una instrumentalización judicial de un debate que podría y debería tener lugar en el terreno político.

Ello no significa que las acciones judiciales que se interponen contra los Estados no estén legitimadas o no sean pertinentes. Lo que se quiere decir es que la judicialización del conflicto, por así llamarlo, implica la elección de un mecanismo de resolución que no es particularmente rápido o ágil, ni tampoco barato, ni acaso el mejor. En ese sentido, el debate sobre el cambio climático se plantea en sede judicial porque al parecer están fallando los otros foros, seguramente preferibles, en los que dicho debate debería tener

26 Parecidamente, Mareike RUMPF, «Climate change litigation and the private sector», en Eva SCHULEV-STEINDL / Monika HINTEREGGER / Gottfried KIRCHENGAST / Lukas H. MEYER / Oliver C. RUPPEL / Gerhard SCHNEDL / Karl W. STEININGER (Eds.), *Climate Change, Responsibility and Liability,* Baden-Baden: Nomos, 2022, 441-490, p. 476.

lugar. Ello podría dar que pensar sobre por qué razón se está produciendo ese fracaso sistémico y cuál sería la posible solución —si la hay—.

Relacionado con lo anterior, es evidente que el cambio climático no resulta de una acción reciente por un Estado concreto, sino que es el producto cumulativo de muchos años de un proceder descuidado. El cambio climático no aparece por arte de Birlibirloque, como un efecto inmediato, salido de la nada, sino que es la culminación, el punto de llegada, tal vez irreversible, de años y años de falta de consideración hacia el medio ambiente. Los efectos de la contaminación ambiental no se notan todos ellos en el instante mismo de la producción de la polución concreta, sino que se manifiestan a menudo con mucha posterioridad. En el caso particular del cambio climático, los daños resultan de décadas de contaminación por unos, y de tolerancia y pasividad de otros. Por poner un ejemplo, un glaciar no se deshiela en cuatro días. Pero esa supuesta contribución causal no es tangible, no está a ojos vista, se trata, en todo caso, de una causalidad invisible, que se lleva a cabo mediante actividades intangibles, incorporales[27], a gran escala y a un paso muy lento.

Además, el nexo causal tendría que demostrarse a dos niveles:

a) Por un lado, habría que establecer que la contaminación ambiental destruye o deteriora el clima, lo que puede considerarse un nivel «macro» o general de la causalidad. Esto es problemático, en buena medida, porque el cambio climático puede estar producido también por causas naturales. De ese modo, puede haber un cambio climático, llamémosle, natural, de fondo, que se habría producido igualmente, aunque los seres humanos no contaminasen el medio ambiente. Y ese cambio climático natural puede ser difícil de deslindar respecto del de origen humano, también llamado antrópico o antropogénico[28];

b) Pero, además, el cambio climático es un fenómeno de tipo macro o global, no individual. Los gases que afectan a la atmósfera no afectan a personas concretas; se trata de una acumulación gradual o paulatina. Gases como el metano, el dióxido de carbono, y otros parecidos, no afectan particularmente a los demandantes individuales, sino que se van acumulando en la atmósfera y es con el tiempo que acaban causando el aumento de las temperaturas planetarias. Lo que daña a los demandantes y a otras personas son eventos individuales, como puede ser un huracán, una inundación, etc., acontecimientos que vienen determinados por aquella acumulación atmosférica de gases[29].

---

27 En ese sentido, Laura CANALI, «Les contentieux climatiques contre les entreprises: bilan et perspectives», en Christel COURNIL / Leandro VARISON, *Les procès climatiques,* Paris: Pedone, 2018, 67-84, p. 73.

28 Nuevamente, OMUKO-JUNG, «A rights-basis...», cit., p. 187.

29 Véase Monika HINTEREGGER, «Climate change and tort law», en Eva SCHULEV-STEINDL /

Así pues, por el otro lado, o en un segundo nivel, hace falta también determinar el nexo causal con el daño individualmente alegado por la parte demandante, esto es, la causalidad en el plano «micro», particular o individual. Aunque esto pueda parecer un obstáculo insuperable a primera vista, lo cierto es que seguramente no es tal. Hoy en día, no hay persona en el planeta que no se vea afectada por el cambio climático, por el simple hecho de que se trata de un fenómeno o proceso global, planetario. Como se ha puesto de relieve en el caso célebre holandés de Urgenda[30], todos los ciudadanos, no importa el país, están en riesgo a causa del cambio climático[31].

En cualquier caso, la parte demandante es quien tiene normalmente la carga de probar lo que afirma, conforme al conocido adagio según el cual incumbe la prueba a quien afirma, no a quien niega (*incumbit probatio ei qui dicit, non ei qui negat*), regla que con carácter general recoge en el Derecho español la Ley de Enjuiciamiento Civil (art. 217.4)[32] y que se sigue también en muchos otros sistemas[33]. En definitiva tiene que ser el órgano judicial el que valore, en esa incerteza, quién tiene que soportar la carga de probar y, una vez hecho esto, cómo se prueba el nexo causal. Si los científicos consideran que el nexo causal se puede probar mediante estudios de observación y simulaciones, la contraparte tendrá que desvirtuar esos estudios, sin poder escudarse en un reparo general del tipo «la causalidad es demasiado compleja». Por el mero de que se utilicen modelos, estadísticas o probabilidades, no necesariamente la reclamación tiene que estar condenada al fracaso[34].

Monika HINTEREGGER / Gottfried KIRCHENGAST / Lukas H. MEYER / Oliver C. RUPPEL / Gerhard SCHNEDL / Karl W. STEININGER (Eds.), *Climate Change, Responsibility and Liability,* Baden-Baden: Nomos, 2022, 383-413, p. 394. Parecidamente, RUMPF, «Climate change litigation and the private sector», cit., p. 462.

30 *Hoge Raad* (Tribunal Supremo holandés), 20-12-2019, Zaaknummer 19/00135, ECLI:NL:-GHDHA:2018:2591 (*Urgenda Foundation v. The State of the Netherlands*). Disponible en holandés en https://uitspraken.rechtspraak.nl/#!/details?id=ECLI:NL:HR:2019:2006.

31 Así TORRE-SCHAUB, *Justice climatique,* cit., p. 37.

32 Ley 1/2000, de 7 de enero, de Enjuiciamiento Civil (BOE n.° 7, de 8.1.2000).

33 Entre otros, para Alemania y Austria, Daniel ENNÖCKL / Judith FITZ, «Climate change litigation in Germany and Austria - an overview», en Eva SCHULEV-STEINDL / Monika HINTEREGGER / Gottfried KIRCHENGAST / Lukas H. MEYER / Oliver C. RUPPEL / Gerhard SCHNEDL / Karl W. STEININGER (Eds.), *Climate Change, Responsibility and Liability,* Baden-Baden: Nomos, 2022, 281-298, p. 289; puede verse también SPITZER/BURTSCHER, «Liability for Climate Change...», cit., p. 166.

34 Parecidamente, Philipp SEMMELMAYER, «Climate Change and the German Law of Torts», *German Law Journal*, 2021, n.° 22, 1569-1582 https://www.cambridge.org/core/journals/german-law-journal/article/climate-change-and-the-german-law-of-torts/6B269BB-58B46B7CFB62BA1353B56DFC8, p. 1575.

3.2. Ciencia de la atribución

Aparte de lo anterior, para que quede bien establecido el nexo causal hace falta que se individualice la conducta de la parte demandada que se supone que ha causado el cambio climático. Esto resulta harto difícil, ya que dicho fenómeno obviamente no resulta de una sola contribución, sino de un océano de innumerables aportaciones contaminantes. La individualización de la conducta parece llegar aquí a su límite lógico.

Conforme a lo que se acaba de apuntar, la parte demandante tendría que establecer que el Estado demandado ha contribuido al cambio climático, así como la medida en que lo ha hecho. Aunque, como se ha apuntado, la tarea puede parecer hercúlea, los desarrollos científicos pueden acudir al socorro de los demandantes. En particular, se ha venido desarrollando en los últimos años un campo de la investigación llamado «ciencia de la atribución» (*attribution science*), cuyo cometido consiste precisamente en relacionar con una mayor certidumbre científica eventos específicos con los cambios en el clima. De ese modo, la ciencia de la atribución pretende determinar si, por ejemplo, una inundación, una ola de calor, o un huracán, están relacionados con el cambio climático. Este tipo de avances podrían facilitar la tarea de las partes demandadas, antes referida[35]. Parte de la doctrina considera que se trata de un desarrollo «prometedor» que podría dar sus frutos en futuras reclamaciones de responsabilidad civil a la hora de establecer el nexo causal[36].

La ciencia de la atribución identifica a los causantes o «autores» del cambio climático mediante la separación o distinción de las causas naturales respecto de las causas de origen humano, a partir de las llamadas firmas (*signatures*) o huellas dactilares (*fingerprints*). Se considera que el calentamiento global se puede atribuir claramente a las concentraciones crecientes de GEI en la atmósfera, principalmente por la combustión de los combustibles fósiles, y que es innegable que la causa principal del mismo es antropogénica[37].

---

35 Así también LAVOREL/TORRE-SCHAUB, *La justice climatique,* cit., p. 200.

36 Véase Julia WALLNER, «The first Austrian climate lawsuit», en Eva SCHULEV-STEINDL / Monika HINTEREGGER / Gottfried KIRCHENGAST / Lukas H. MEYER / Oliver C. RUPPEL / Gerhard SCHNEDL / Karl W. STEININGER (Eds.), *Climate Change, Responsibility and Liability,* Baden-Baden: Nomos, 2022, 361-380, p. 376. La autora sostiene, seguramente con razón, que en el futuro la ciencia estará mucho más presente en este tipo de reclamaciones en juicio.

37 Véase Andrea K. STEINER / Mastawesha M. ENGDAW, «Climate change, its impacts, and attribution of causes: Current status and challenges», en Eva SCHULEV-STEINDL / Monika HINTEREGGER / Gottfried KIRCHENGAST / Lukas H. MEYER / Oliver C. RUPPEL / Gerhard SCHNEDL / Karl W. STEININGER (Eds.), *Climate Change, Responsibility and Liability,* Baden-Baden: Nomos, 2022, 21-40, p. 21.

En esa línea, el llamado Informe Heede[38] cuantifica y traza la parte global del dióxido de carbono (CO2) y de metano emitidos por los grandes grupos petroleros. Conforme a lo anterior, establece que dichos grupos son responsables de la principal fuente de emisiones de GEI en todo el planeta.

Más concretamente, la base de datos de Richard Heede (del llamado *Climate Accountability Institute*)[39] mostraría que un pequeño número de compañías (menos de 100: 90, para ser exactos) son responsables de la mayoría (un 63 %) de emisiones de esos gases. La lista de emisores incluye a compañías como BP, Exxon, Chevron, o BHP. El primer informe, de 2014, incluye las emisiones acumuladas del período comprendido entre 1854 y 2010[40], y ha sido objeto de actualizaciones posteriores. Según Heede, los emisores pueden dividirse entre grandes compañías privadas (50), empresas estatales (31) y Estados nación productores de combustibles fósiles (9); cada grupo sería responsable aproximadamente de un tercio de las emisiones. La mayoría de las mismas serían atribuibles a las compañías petroleras y gasísticas (56), luego vendrían las del sector carbón (37) y, finalmente, las productoras de cemento (7).

Así pues, según Heede, la parte del león de las emisiones de GEI puede atribuirse a las compañías de combustibles fósiles y unas cuantas compañías cementeras. Sin embargo, resulta ilusorio pensar que dichas compañías, de modo puramente voluntario, van a reducir sus emisiones; de hecho, la mayoría de esas compañías se encuentran en países donde la litigación climática es complicada y poco probable que triunfe[41].

En la misma estela del informe Heede, en 2018 se elaboró un informe por parte de Carbon Disclosure Project (CDP), una organización británica sin

38 Se atribuye ese nombre a un informe basado en una base de datos de los principales emisores de CO2 (los llamados usualmente *carbon majors*). La base de datos la creó Heede en 2013: Véase Paul Griffin, *Carbon Majors Database,* CDP Carbon Majors Report 2017 https://cdn.cdp.net/cdp-production/cms/reports/documents/000/002/327/original/Carbon-Majors-Report-2017.pdf.

39 Se trata de una entidad sin ánimo de lucro constituida por el citado Heede junto con Naomi Oreskes y Greg Erwin. Con anterioridad podía consultarse su página en Internet en: https://climateaccountability.org/, aunque en el momento de redactar este trabajo (noviembre de 2023) aparece como ya no disponible.

40 Véase Richard Heede, «Carbon Majors: Accounting for carbon and methane emissions», 2014 https://www.greenpeace.org/static/planet4-philippines-stateless/2020/06/16f918f3-exhibit-d-2-carbon-majors-accounting-for-carbon-and-methane-emissions-1854-2010-methods-and-results-report.pdf.

41 En ese sentido, Jaap Spier, «From blabla to concrete obligations: The Oslo Principles and the Principles on Climate Obligations of Enterprises», en Eva Schulev-Steindl / Monika Hinteregger / Gottfried Kirchengast / Lukas H. Meyer / Oliver C. Ruppel / Gerhard Schnedl / Karl W. Steininger (Eds.), *Climate Change, Responsibility and Liability,* Baden-Baden: Nomos, 2022, 133-159, p. 145.

ánimo de lucro[42], que contabilizó las emisiones de GEI atribuibles a la extracción de petróleo, de carbón o de gas, de manera directa e indirecta, por los productos fabricados gracias a esas energías. Las partes reclamantes en los litigios climáticos echan mano de esas informaciones, que son públicas, para fundamentar sus demandas. Aun así, parte de la doctrina considera que estas innovaciones, pese a ser útiles, no son suficientes, y que tal vez haría falta modificar las reglas del sistema en relación con la causalidad[43]. Otras organizaciones han elaborado informes parecidos de un ámbito geográfico limitado[44].

Sobre la base de esos desarrollos, se ha argumentado que es ya la hora de reclamar a los responsables de las emisiones que han causado el cambio climático. Algunos autores (incluyendo al propio Heede) han defendido que se constituya un fondo de compensación para las víctimas[45]. Ese fondo no sustituiría o excluiría la posibilidad de exigir indemnizaciones por otras vías, sino que sería un complemento de los mecanismos que ya puedan existir. La propuesta cuantifica el daño total causado y lo distribuye, conforme a la ciencia de la atribución antes referida, entre los principales emisores de GEI, de modo que se sepa lo que le correspondería pagar a cada uno según el modelo en cuestión. Por poner algunos ejemplos, la compañía Saudi Aramco se estima que sería responsable del 4,78 % de las emisiones consideradas por el modelo, y por tanto le correspondería pagar 1.110 billones de dólares[46].

Ese tipo de fondos no necesariamente constituyen la panacea al cambio climático, para empezar, porque se trata de un mecanismo de reparación, seguramente parcial o fragmentario, y no de prevención. Además, el fondo supone una carga de gestión de riesgos. Si esa tarea se atribuye a un Gobierno, no necesariamente va a estar preparado para llevarla a cabo[47].

Además de lo anterior, el enfoque de Heede no es propiamente jurídico. La atribución basada en «su» ciencia no necesariamente coincide con la atribución e imputación que es propia del Derecho de la responsabilidad civil. Para

42 Puede verse su página en Internet: https://www.cdp.net/en.

43 Puede verse TORRE-SCHAUB, *Justice climatique,* cit., p. 52.

44 Puede verse por ejemplo Jeremy Moss / Persephone FRASER, «Australia's Carbon Majors», Practical Justice Initiative, University of South Wales (UNSW, Australia), 2019 https://climatejustice.co/wp-content/uploads/2019/10/Australias-Carbon-Majors-Report-2019-1.pdf.

45 Véase Marco GRASSO / Richard HEEDE, «Time to pay the piper: Fossil fuel companies' reparations for climate damages,» *One Earth,* Volume 6, Issue 5, 2023, 459-463, https://www.sciencedirect.com/science/article/pii/S2590332223001987, p. 459.

46 El trabajo de GRASSO y HEEDE habla de billones ingleses (*billions*), es decir, en castellano se trataría de 1,110 billones de dólares.

47 Véase el posicionamiento algo escéptico de WANG, «Adaption to Climate Change...», cit., p. 266.

empezar, aunque esas compañías sobre las que dicho informe pone el foco sean culpables de una parte indudable de las emisiones de GEI, no son las únicas. Puede que constituyan la parte principal, pero aun así existen innumerables otras fuentes de emisión que contribuyen al cambio climático. Que una cementera contamina mucho que un ciudadano de a pie es indiscutible, pero poner el foco tiene el efecto contrario respecto de la zona que queda sumida en la sombra: puede crear la falsa apariencia de que los demás agentes son irrelevantes. Así pues, el resto de los responsables podrían pensar que pueden quedarse de brazos cruzados mientras todos los dardos van contra las *carbon majors*. Aunque sea fundamental que estas asuman su cuota parte de responsabilidad, el enfoque de Heede puede resultar reduccionista. Que respondan los principales causantes de la industria no excluye la responsabilidad de los demás[48].

Al margen de lo anterior, enfoques como el de la ciencia de la atribución tienen el problema de que se basan en un punto de vista científico-natural. En las ciencias naturales es habitual trabajar con estimaciones y con probabilidades. Desde luego, ello también sucede en el Derecho. Pero como se ha visto, la cuestión es si las probabilidades que se predican en los informes científicos son suficientes para el jurista. En el caso del cambio climático, se considera hoy indudable que el ser humano ha contribuido a aquél. Pero la cuestión no es esa, sino cuánto. Por tanto, la duda científica subsiste, y se centra sobre el tema de a partir de qué momento la contribución causal deja de ser mínima para ser relevante (algo que tiene más de valorativo que de fáctico). Lo que está en tela de juicio no es que el ser humano haya causado el cambio climático, sino cuales son las interrelaciones entre las distintas contribuciones y dónde están los umbrales relevantes[49].

3.3. Umbral de certeza

Como se acaba de apuntar, cuestión distinta a la de la atribución es la del umbral de certeza que hace falta alcanzar para considerar probado el nexo causal. Tradicionalmente, los tribunales de justicia han sido muy exigentes al respecto, al menos en lo que se refiere a la causalidad en general. De ese modo, suelen requerir que el nexo causal quede demostrado con un nivel de probabilidad muy alto, casi rayano en la certeza[50]. Ese es el enfoque predo-

48 Parecidamente, SPIER, «From blabla to concrete obligations...», cit., p. 145.

49 En un sentido similar, RUMPF, «Climate change litigation...», cit., p. 461.

50 Entre otros, Oliver C. RUPPEL, «Climate change, responsibility and liability - the legal system, public and private law considerations», en Eva SCHULEV-STEINDL / Monika HINTEREGGER / Gottfried KIRCHENGAST / Lukas H. MEYER / Oliver C. RUPPEL / Gerhard SCHNEDL / Karl W. STEININGER (Eds.), *Climate Change, Responsibility and Liability,* Baden-Baden: Nomos, 2022, 201-278, p. 246.

minante en los ordenamientos de la familia del *civil law*, mientras que en los del *common law* suele bastar que la probabilidad de que exista nexo causal sea más elevada que la probabilidad de que no (*more probable than not*): el estándar que se aplica es el del equilibrio de las probabilidades (*balance of probabilities*), pero la balanza tiene que decantarse a favor de la afirmativa[51].

Que se adopte un criterio exigente, en mayor o menor medida, tampoco puede sorprender, pues si lo que la responsabilidad civil persigue es hacer que una persona responda de un daño, en lugar de dejar que la víctima peche con él, hace falta establecer antes una muy buena razón para atribuírselo al responsable: esa buena razón es la causalidad: dicho de una manera muy elemental, «quien la hace, la paga».

Sin embargo, esa elevada exigencia olvida que, en materia ambiental en general, y climática en particular, la certidumbre, o incluso un alto grado de probabilidad, es difícilmente alcanzable[52]. El alto nivel de exigencia en materia de prueba tiene todo su sentido en materia penal, pues la presunción de inocencia obliga a absolver al reo si existe una mínima duda sobre su culpabilidad. En cambio, las cosas cambian sustancialmente en materia civil, donde no rige dicha presunción.

Ello tal vez explique que algunas legislaciones hayan echado mano de mecanismos de facilitación probatoria en materia causal, cuando de daños ambientales se trata.

El mecanismo estrella a ese respecto es la presunción de causalidad. Como es bien sabido, la presunción permite establecer un hecho (presunto) a partir de otro hecho (base) cuando entre los dos hay un enlace preciso y directo. A este respecto, se van a referir dos ejemplos:

a) En primer lugar, dicha presunción está establecida por la Ley alemana de responsabilidad medioambiental (*Umwelthaftungstesetz*, abreviada *UmweltHG*)[53]. Conforme a la misma (§ 6.1), cuando una instalación, según las circunstancias del caso concreto, es adecuada (*geeignet*) para causar el daño producido, se presume que el daño lo ha causado esa instalación. La adecuación (*Eignung*) se juzga según el funcionamiento de dicha instalación, los equipamientos utilizados, el tipo y concentración de las sustancias empleadas y liberadas, las circunstancias meteorológicas, según el tiempo y el lugar

51 Por todos, Monika Hinteregger, «Climate change and tort law», en Eva Schulev-Steindl / Monika Hinteregger / Gottfried Kirchengast / Lukas H. Meyer / Oliver C. Ruppel / Gerhard Schnedl / Karl W. Steininger (Eds.), *Climate Change, Responsibility and Liability,* Baden-Baden: Nomos, 2022, 383-413, p. 387.

52 Parecidamente, Ruppel, «Climate change...», cit., p. 246.

53 *Umwelthaftungsgesetz vom 10. Dezember 1990* (*Bundesgesetzblatt*, BGBl. I S. 2634), conforme a la última modificación, de 17.7.2017 (Gesetz vom 17. Juli 2017, BGBl. I S. 2421). Disponible en alemán en https://www.gesetze-im-internet.de/umwelthg/BJNR126340990.html.

de la aparición del daño, y según el tipo del mismo, así como según todas las demás circunstancias que hablen a favor o en contra del nexo causal[54]. La presunción no se aplica cuando la instalación funcionó conforme a la normativa aplicable, de modo que se hayan respetado los deberes exigibles y no se haya producido ninguna alteración del funcionamiento (§ 6.2 UmweltHG). Tampoco se aplica la presunción cuando hay varias posibles causas del daño (§ 7 UmweltHG).

Sin embargo, parece que aún está por demostrar la utilidad de la presunción de causalidad alemana. Resulta significativo que la Ley alemana de daños ambientales[55] no haya seguido la estela de su predecesora y haya renunciado a prever una presunción de ese tipo en relación con esa clase de daños. Además, la Ley alemana de responsabilidad ambiental regula daños tradicionales o a intereses privados, causados medioambientalmente; ello incluye los daños por contaminación del aire. No obstante, no está en absoluto claro que se incluyan los daños por el cambio climático[56].

b) A pesar de ello, en el nuevo Derecho de daños chino[57] —segundo ejemplo a considerar—, aprobado con anterioridad al Código Civil, se incluye una regulación que afecta a la materia que aquí se está tratando. Concretamente, contiene un Capítulo (el VII) sobre «Responsabilidad por contaminación medioambiental» (*Environmental Pollution Liability*). Después de que el art. 65 haya establecido que el causante de la contaminación ambiental será responsable[58], el art. 66 dispone que, en las controversias sobre la contaminación del medio ambiente, el causante de la contaminación (*polluter*, en la traducción al inglés al uso) soportará la carga de la prueba de la ausencia de responsabilidad o de una responsabilidad menor y la inexistencia de un nexo

---

54 *Ist eine Anlage nach den Gegebenheiten des Einzelfalles geeignet, den entstandenen Schaden zu verursachen, so wird vermutet, daß der Schaden durch diese Anlage verursacht ist. Die Eignung im Einzelfall beurteilt sich nach dem Betriebsablauf, den verwendeten Einrichtungen, der Art und Konzentration der eingesetzten und freigesetzten Stoffe, den meteorologischen Gegebenheiten, nach Zeit und Ort des Schadenseintritts und nach dem Schadensbild sowie* ALLEN *sonstigen Gegebenheiten, die im Einzelfall für oder gegen die Schadensverursachung sprechen.*

55 *Gesetz vom 10.5.2007 über die Vermeidung und Sanierung von Umweltschäden (Umweltschadensgesetz - USchadG) in der Fassung der Bekanntmachung vom 5. März 2021* (BGBl. I S. 346). Disponible en alemán en: https://www.gesetze-im-internet.de/uschadg/BJNR066610007.html.

56 Véase ENNÖCKL/FITZ, «Climate change litigation...», cit., p. 290 y Alexandros CHATZINERANTZIS / Benjamin HERZ, «Climate Change Litigation - Der Klimawandel im Spiegel des Haftungsrechts», *Neue Juristische Wochenschrift* (NJW), 2010, 910-911, p. 911.

57 *Tort Liability Law of the People's Republic of China,* Order of the President of the People's Republic of China No. 21, December 26, 2009, disponible en: http://www.npc.gov.cn/zgrdw/englishnpc/Law/2011-02/16/content_1620761.htm.

58 *Article 65. For damages caused by pollution of the environment, the polluter shall bear tort liability.*

causal entre sus acciones y el daño[59]. Propiamente hablando no se trata de una norma de presunción, sino de distribución de la carga de la prueba, en el sentido de invertirla en contra del posible causante del daño ambiental.

Con todo, una opinión doctrinal considera que la norma del art. 66 es poco clara, ya que no indica si la parte demandante tiene que probar antes el nexo causal entre la conducta del demandado y el daño, y en qué medida. Por tanto, la norma estaría falta de mejora y haría falta aclarar que se trata realmente de una norma de inversión de la carga de la prueba, de modo que sea el demandado quien tenga que desvirtuar el nexo causal[60].

La falta de claridad respecto de si la presunción de causalidad prevista por esos ordenamientos (alemán y chino) resulta útil en la práctica en ellos no implica que no vaya a serlo en relación con la causalidad en el cambio climático. Precisamente, en este ámbito se da una dificultad consistente en probar que el cambio climático, como fenómeno global, está en la raíz de los acontecimientos singulares o particulares que causan los daños concretos a algunos demandantes, como en el caso peruano-alemán de Lliuya contra RWE —al que luego se hará referencia[61]. La presunción de causalidad podría facilitar que el demandante demostrase que su daño individual está causado por el cambio climático[62]. Si se aplicase una presunción de ese tipo, tendría que ser el demandante el que desvirtuase la prueba por presunciones, mediante la prueba en contrario. Dicha prueba consistiría en que el cambio climático no causó el daño, esto es, la prueba de un hecho negativo, que siempre es más difícil. Tal mecanismo permitiría trasladar la dificultad de la prueba del nexo causal de la parte demandante a la demandada.

También en el contexto de la responsabilidad de los Estados por la contaminación del aire se ha barajado la presunción de causalidad como instrumento. En este sentido, la presunción aparece incluida en la Propuesta de Directiva del Parlamento Europeo y del Consejo relativa a la calidad del aire ambiente y a una atmósfera más limpia en Europa[63], de 2022. Concre-

---

59 *Article 66. For disputes arising from pollution of the environment, the polluter shall bear the burden of proving non-liability or diminished liability in accordance with the provisions of the law and the non-existence of a causal relationship between their actions and the damage.*

60 Véase Li Luo, «Reflection and Reconstruction on the Civil Liability System of Environmental Tort in China», en Jiunn-rong Yeh (ed.), *Climate Change. Liability and Beyond,* Taipei: National Taiwan University Press, 2017, 203-236, p. 220 y 231.

61 Véase abajo, apartado 3.4.

62 En un sentido parecido, François Lafforgue, «L'établissement des responsabilités en matière de santé-environnement devant le juge français et son potentiel pour le contentieux climatique», en Christel Cournil / Leandro Varison, *Les procès climatiques,* Paris: Pedone, 2018, 233-245, p. 242.

63 Versión refundida, COM(2022) 542 final/2, 2022/0347(COD), {SEC(2022) 542}, {SWD(2022) 345, 542, 545}, https://eur-lex.europa.eu/legal-content/ES/TXT/HTML/?uri=-CELEX:52022PC0542.

tamente, contiene una norma sobre «Indemnización por daños a la salud humana» (art. 28), conforme al cual los Estados tienen que velar por dicha salud y evitar los daños. La infracción de la Directiva daría lugar al derecho de las personas físicas afectadas a exigir una indemnización (art. 28.1). También dispone: «Cuando una demanda de indemnización esté respaldada por pruebas que demuestren que la infracción a que se refiere el apartado 1 es la explicación más plausible de que se ha producido el daño de esa persona, se presumirá el nexo causal entre la infracción y el daño.» (art. 28.4 I). La presunción es iuris tantum. Para ello, la parte demandada tendrá que «impugnar la pertinencia de las pruebas en las que se basa la persona física y la verosimilitud de la explicación presentada» (art. 28.4 II). Parte de la doctrina considera que se trata de una solución razonable porque —se dice— intenta alcanzar un equilibrio razonable entre la carga de la prueba de la víctima y la del Estado y, por ende, pretende establecer un derecho efectivo de la víctima a obtener una indemnización por el daño a su salud[64]. Sin embargo, existen otras maneras posibles de distribuir la carga de la prueba y, además, las presunciones de causalidad se pueden articular de muchas formas distintas[65].

Otra posibilidad para allanar el camino de las partes demandantes consistiría en rebajar o relajar el grado de certeza que es requerido para considerar probado el nexo causal. Algunos tribunales regionales han adoptado ya un estándar de ese tipo, consistente en considerar bastante que el nexo causal sea «probable» o incluso «suficientemente establecido»[66]. Algunos autores se decantan también por esa solución. En teoría sería posible que la responsabilidad se hiciese depender del hecho de que alguien haya incrementado el riesgo de que el daño ocurra. Entonces, no sería necesario el nexo causal entre el daño y la conducta, sino que bastaría el incremento del riesgo, aun cuando este fuese de menos del 50 %. Esa solución consiste en sustituir el enfoque del *more probable than not* por uno en el que la causación es simplemente probable[67]. Dicha regla supondría un cambio de paradigma considerable, aunque tiene algún eco en el contexto de la litigación derivada de los daños causados por la exposición al amianto o asbesto[68].

64 Véase Karmen Lutman / Lucija Strojan, «State liability for health damage caused by excessive air pollution: Constitutional and Private Law Aspects», *Journal of Agricultural and Environmental Law,* 2023, n.° 34, 31-52, https://ojs.mtak.hu/index.php/JAEL/article/view/11849/9624, p. 41.

65 Para evitar repeticiones, puede verse sobre ello Ruda, *El daño ecológico puro,* cit., p. 337.

66 Véase Lavorel/Torre-Schaub, *La justice climatique,* cit., p. 201, con más referencias.

67 En un sentido similar, puede verse Luke Elborough, «International Climate Change Litigation: Limitations and Possibilities for International Adjudication and Arbitration in Addressing the ChALLENge of Climate Change», *New Zealand Journal of Environmental Law,* 2017, n.° 21, 89-132, http://www.nzlii.org/nz/journals/NZJlEnvLaw/2017/5.html, p. 99.

68 Puede verse sobre ello el comentario de Derecho español sobre el caso inglés *Fairchild v. Glenhaven Funeral Services Ltd and others, Fox v. Spousal (Midlands) Ltd, Matthews v. Associated Portland Cement Manufacturers (1978) Ltd and others* por Albert Ruda, «Spanish Case Note», *European Review of Private Law*, 2004, n.° 2, 245-258, https://kluwerlawonline.com/journalarticle/European+Review+of+Private+Law/12.2/ERPL2004016.

3.4. ¿Ausencia de nexo causal?

La dificultad de la cuestión causal en el contexto de los daños climáticos se ha suscitado de manera especialmente aguda en la reclamación planteada por Lliuya contra RWE. Aunque este caso aún está *sub judice*, no hace falta ser adivino para aventurar que se convertirá, con el tiempo, en el *leading case* en la materia en el Derecho alemán y en una referencia obligada en todo el Derecho europeo, a la altura del caso Urgenda. Aunque en principio se trata de un juicio del tipo «David contra Goliat», está ya en segunda instancia y cabe suponer que alcanzará en su momento la casación. La sentencia que dicte el Tribunal Supremo Federal alemán (*Bundesgerichtshof*, BGH) proporcionará criterios que o bien cerrarán la puerta a este tipo de reclamaciones, o bien abonarán el camino para una posible avalancha de las mismas.

Pues bien: el principal obstáculo para que triunfe la pretensión en este caso no es otro que la causalidad[69].

El Sr. Saúl Luciano Lliuya es un agricultor y guía de montaña que vive en Huaraz, Perú. En 2015 interpuso una demanda contra RWE[70], la mayor compañía alemana dedicada a la producción de electricidad. Según la página web de esta última, RWE es «¡La mejor compañía de energía que podemos ser!»[71]. La demanda la interpuso el Sr. Lliuya ante un juzgado de distrito en Essen, Alemania, con la ayuda de una organización ecologista llamada Germanwatch[72].

El objeto de la demanda tiene que ver con dos aspectos distintos. Por un lado, la localidad de Huaraz está situada cerca de la laguna de origen glaciar llamada Palcacocha. Ésta está situada dentro de un Parque Nacional (Huascarán), en un lugar elevado por encima de la altitud a la que se encuentra dicho municipio, a unos 4.500 metros sobre el nivel del mar. La laguna proporciona agua a dicha ciudad, pero también amenaza con dañarla. En 1941, un gran pedazo de glaciar se desprendió del resto, cayó en la laguna, rompió el dique natural que la contenía, ocasionó un desbordamiento, destruyó otra laguna (Jiracocha) a su paso, y alcanzó en tan solo 15 minutos la localidad de Huaraz, situada a 20 km del glaciar, donde causó el entierro parcial de la ciudad y la muerte de unas 5.000 personas[73]. Con posterioridad, el glaciar

69 Así también Gerhard Wagner / Arvid Arntz, «Liability for Climate Damage under the German Law of Torts», SSRN, 2021, https://ssrn.com/abstract=3792048, p. 12.

70 Puede verse su página en Internet. https://www.rwe.com/en/.

71 *The best energy company we can be.* Página consultada el 1.12.2023 (véase la nota anterior).

72 Puede verse su página en Internet: https://www.germanwatch.org/en.

73 El episodio lo narra Mark Carey, *Glaciares, cambio climático y desastres naturales. Ciencia y sociedad en el Perú,* Lima: Institut français d'études andines, 2014, http://books.openedition.org/ifea/11349, concretamente en su capítulo 1, titulado «El deshielo destruye una ciudad: Huaraz, 1941» (p. 49-80). Según el autor, un muro de entre 15 y 30 metros de altura, compuesto de una mezcla de agua, fango, hielo, árboles, casas, etc., arrasó una

ha provocado otros sustos, como en el año 2003, en que una alerta de una nueva fisura en el glaciar causó el pánico de la población[74], con el consiguiente daño al sector turístico[75]. Según las mediciones, el volumen de agua del glaciar no ha dejado de crecer desde 1970, y se han llevado a cabo algunas iniciativas para hacerlo bajar artificialmente.

El retroceso del glaciar, que se ha documentado ampliamente por los científicos, se atribuye al cambio climático[76]. Ese retroceso, se añade, incrementa el riesgo de que se produzca el fenómeno llamado GLOF, por sus siglas en inglés, esto es, un *Glacial Lake Outburst Flood* o inundación por desborde violento de lago glaciar. No solo es más probable que se produzca el desbordamiento, sino que, por la degradación del permafrost, el riesgo de precipitación de rocas y de aludes es mayor. El desastre parece pender, cual espada de Damocles, sobre las cabezas de los residentes de Huaraz[77].

Dada esa situación, los expertos han recomendado que se adopten medidas para paliar la vulnerabilidad de la ciudad. Ello incluye la reubicación de la población que vive en las cercanías del cauce de un río próximo (Quilcay), y la prohibición de la construcción de viviendas en las zonas más expuestas al riesgo[78].

---

tercera parte de la ciudad. El torrente que bajó desde el glacial era de unos 8 millones de metros cúbicos. Véase también Steven A. WEGNER, *Lo que el agua se llevó. Consecuencias y lecciones del Aluvión de Huaraz de 1941,* Colección Nota Técnica 7, Lima: Ministerio del Medio Ambiente, 2014 https://issuu.com/cultura-ancash/docs/lo_que_el_agua_se_llevo_-_steven_we/83, p. 15.

74 La avalancha de detritos obligó a cerrar la planta de tratamiento de agua potable de la ciudad, y el suministro quedó cortado durante una semana. Véase Patricio Alonso VALDERRAMA MURILLO / Walter PARI PINTO / Raquel Carolina SILVA ESPEJO / Lionel FIDEL SMOLL, «Evaluación ingeniero-geológico: Laguna de Palcacocha y su influencia en la ciudad de Huaraz Cordillera Blanca. Región Ancash», 2013, Informe Técnico n.° A6631, Lima: Ministerio de Energía y Minas, https://repositorio.ingemmet.gob.pe/handle/20.500.12544/1497, p. 5.

75 Existen simulaciones de posibles efectos de un nuevo desbordamiento, basadas lógicamente en los datos del anterior. Un ejemplo es Martin MERGILI / Holger FREY / Adam EMMER / Jan-Thomas FISCHER / Alejo COCHACHIN / Shiva P. PUDASAINI, «Revisiting the catastrophic 1941 outburst flood of Lake Palcacocha (Cordillera Blanca, Peru)», 20th EGU General Assembly, EGU2018, Proceedings from the conference held 4-13 April, 2018 in Vienna, Austria, p. 7569 https://ui.adsabs.harvard.edu/abs/2018EGUGA..20.7569M/abstract.

76 Puede verse R.F. STUART-SMITH / G.H. ROE / S. LI / M.R. ALLEN, «Increased outburst flood hazard from Lake Palcacocha due to human-induced glacier retreat», *Nature Geoscience*, 2021, vol. 14, 85-90, https://www.nature.com/articles/s41561-021-00686-4. Según los mismos, tras comparar la evolución de éste con otros glaciares, dicho retroceso no podría haberse producido sin el cambio climático de origen antropogénico.

77 Puede verse, desde un punto de vista más divulgativo, Philip KIEFER, «A looming climate disaster threatens the lives of 6,000 Peruvians», *Popular Science,* 2021, https://www.popsci.com/story/environment/climate-chane-lake-palcacocha-peru/. Según este autor, el informe citado en la nota anterior puede ser decisivo en el juicio pendiente.

78 Véase VALDERRAMA/PARI/SILVA/SMOLL, «Evaluación ingeniero-geológico...», cit., p. 79.

Ese contexto permite entender cuál es el escenario en el que se insiere la demanda del Sr. Lliuya[79]. Éste solicita que la compañía demandada se haga cargo de las medidas de protección necesarias frente al riesgo de una nueva inundación. La reclamación se hace sobre la base de que las emisiones que supuestamente contribuyen al daño proceden de una compañía alemana, mientras que Perú es un país en vías de desarrollo, el cual, precisamente por esta razón, no puede haber contribuido significativamente al cambio climático. Así pues, se trata de un país que está peor preparado para hacer frente al cambio climático que Alemania, por ejemplo[80].

La demanda se basa en un artículo del Código Civil alemán (*Bürgerliches Gesetzbuch*, BGB)[81], concretamente el parágrafo 1004. Como es sabido, esa norma se aplica habitualmente para resolver conflictos en el contexto de las relaciones de vecindad[82]. Concretamente, prevé las pretensiones de cesación y de abstención *(Beseitigungs— und Unterlassungsanspruch)*. Presupuesto de aplicación de la norma es que el derecho de propiedad *(Eigentum)* se haya visto perjudicado de una manera que no consista en una privación o retención de la posesión. El propietario tendrá entonces la pretensión de cesación (§ 1004.1 1.ª parte BGB) y, si las interferencias *(Beeinträchtigungen)* son de carácter recurrente, también la de abstención para impedir que se puedan repetir (§ 1004.1 2.ª parte BGB). La pretensión queda excluida si el propietario está obligado a tolerar la interferencia (§ 1004.2 BGB).

Evidentemente, el Sr. Lliuya no es vecino de la compañía con sede en Alemania. Sin embargo, la demanda se fundamenta en la supuesta vulneración del derecho de propiedad del demandante. La organización ecologista que está detrás de la reclamación sostiene que el cambio climático conduce a una relación de vecindad global, en el sentido de que los efectos de las acti-

---

79 Un resumen de la reclamación puede encontrarse, en inglés, en Sabin Center for Climate Change Law, «Global Climate Change Litigation Database: Luciano LLIUYA v. RWE AG», 2023, https://climatecasechart.com/non-us-case/LLIUYA-v-rwe-ag/. Esa base de datos contiene una lista de las reclamaciones por litigación climática en todo el mundo y está mantenida por un centro de investigación de la Universidad de Columbia (EE.UU.).

80 Incide en este aspecto una de las páginas web que la organización ecologista dedica al caso. Véase Germanwatch, «8 years of climate lawsuit against RWE», 24.11.2023, https://www.germanwatch.org/en/node/89817.

81 Puede verse la versión en Internet publicada por el Ministerio federal de Justicia: https://www.gesetze-im-internet.de/bgb/. Existe traducción al castellano por Albert LAMARCA MARQUÉS, *Código civil alemán - Bürgerliches Gesetzbuch*, Barcelona: Marcial Pons, 2014.

82 Una cuestión que no se examinará en este trabajo, pero que tiene interés, es la de los requisitos para establecer la responsabilidad por una interferencia ambiental o *nuisance* en el *common law*, concretamente en el caso del *tort* denomindo *public nuisance.* Puede verse sobre ello PRESTON, «Climate Change Litigation (Part 1)», cit., p. 4; SPITZER/BURTSCHER, «Liability for Climate Change...», cit., p. 144, y Giedré KAMINSKAITÉ-SALTERS, *Constructing a Private Climate Change Lawsuit under English Law: A Comparative Perspective*, Alphen aan den Rijn: Kluwer Law International, 2010, p. 136, con más referencias.

vidades llevadas en un inmueble se dejan sentir en cualquier otro lugar del planeta[83]. En realidad, esto es una valoración discutible. El precepto se aplica habitualmente en conflictos vecinales, y suele considerarse, por la doctrina alemana, como una norma del Derecho de la vecindad, en efecto[84], pero no presupone ninguna relación de proximidad física entre quien causa la perturbación o interferencia y quien la sufre. La norma solo requiere la interferencia *(Beeinträchtigung)* con la propiedad.

En cualquier caso, el problema en este caso consiste, entre otros, en demostrar que la compañía demandada ha causado el daño alegado por el Sr. Lliuya. El daño es de tipo patrimonial. El demandante alega que tanto él mismo como la ciudad van a tener que adoptar una serie de medidas de prevención en vista del riesgo de una nueva catástrofe como las arriba referidas. Dado que instalar medidas de protección de su finca tiene un coste económico, Lliuya pretende que la demandante le abone una parte del coste correspondiente, en proporción a la contribución causal de dicha demandante al cambio climático. Esa contribución la estima el demandante en un 0,47 % del coste total, esto es, la contribución de RWE como carbon major, en el sentido de ser una de las principales responsables por emitir GEI a la atmósfera desde el principio de la industrialización (desde 1751 en adelante)[85].

El juzgado de primera instancia (Tribunal de distrito de Essen, como se ha dicho) desestimó la demanda, por ausencia de nexo causal. Según la sentencia, dictada el 15 de diciembre de 2016[86], el nexo causal no existe simplemente porque el daño se produciría de todos modos, aunque RWE, como parte demandada, hubiese dejado de emitir GEI.

Esto es así porque el tribunal aplica el criterio de la equivalencia de las condiciones o *conditio sine qua non* (csqn). De acuerdo con ese test, como es bien sabido, existe el nexo causal cuando la supresión mental del supuesto factor causal provoca que el daño desaparezca. En cambio, el tribunal afirma que las emisiones de RWE son sólo una fracción del conjunto formado por innumerables otros emisores o contaminantes. Cualquier persona viva, añade, es, en cierta medida, un emisor de GEI. En el caso de la causalidad cumulativa solo la contribución causal de todos los emisores puede causar el

83 Véase la nota 80, arriba.

84 Por todos, RUMPF, «Climate change litigation...», cit., p. 462, con más referencias.

85 En realidad, la compañía RWE fue constituida como sociedad (Rheinisch-Westfälisches Elektrizitätswerk AG) en el año 1898, para dar suministro eléctrico a la ciudad alemana de Essen, según consta en su página web: RWE, «Die RWE-Unternehmensgeschichte», https://www.rwe.com/der-konzern/historie/?startDateYear=1881&endDateYear=2040. Pero el demandante tiene en cuenta el conjunto de las emisiones de GEI desde la fecha en que se entiende iniciada la industrialización y el porcentaje que RWE representa sobre ese total.

86 Una traducción no oficial se encuentra en https://climatecasechart.com/wp-content/uploads/non-us-case-documents/2016/20161215_Case-No.-2-O-28515-Essen-Regional-Court_decision.pdf.

supuesto riesgo de desbordamiento. Pero si se elimina mentalmente la contribución de RWE, el supuesto daño no desaparece, porque dicha contribución «no es tan significativa» a la vista de los millones y millones de emisores en todo el planeta.

El tribunal concede que el demandante ha aportado informes técnicos que afirman que el cambio climático tiene origen antropogénico y que es el cambio climático la causa probable del deshielo del glacial y el riesgo subsiguiente. Pero, concluye la sentencia, eso no nos dice nada sobre la atribución jurídica del cambio climático a emisores individuales.

Además, no existiría una relación causal de tipo lineal entre los distintos elementos complejos de la causalidad entre emisiones particulares de GEI e impactos individuales del cambio climático. Por estas y otras razones, que ahora no cabe analizar[87], el tribunal consideró que la demanda era parcialmente carente de fundamento e ilegítima.

El demandante recurrió dicha sentencia en apelación, donde se encuentra en el momento de elaborar este capítulo. El Tribunal Superior regional de Hamm, ante el que se ha presentado el recurso, podrá reexaminar la cuestión de la causalidad.

El razonamiento de la sentencia de primera instancia es muy interesante por varias razones:

Primera, porque señala diversos argumentos en el sentido de excluir que exista un nexo causal entre la conducta de la compañía RWE y el daño alegado por el demandante. Esto es, el tribunal no excluye que RWE haya causado el cambio climático, sino que la causalidad del cambio climático y la del daño sufrido por el demandante son dos cosas distintas. Ello es así porque lo que el tribunal pone en cuestión es la atribución jurídica a nivel individual a la parte demandada. Lógicamente, este razonamiento tiene un problema, ya que no parece posible entender que alguien ha causado el cambio climático, pero no las consecuencias que se derivan del mismo. Es decir, si el cambio climático causa el deshielo de los glaciares, y el demandante se ve afectado por dicho deshielo, parece imposible desvincular la causación del cambio climático de la del daño concreto alegado por el demandante. Dado que todas las causas son equivalentes, la causa de la causa también es causa: como suele decirse, «la causa de la causa es causa del mal causado» (*causa causae est causa causati*). Ciertamente, esto produce el problema, bien conocido, del regreso infinito (*regressum ad infinitum*), pero esto es una consecuencia lógica de la adopción de la teoría de la equivalencia de las condiciones, no una razón para excluir una causa en concreto o para inaplicar ese test una vez que lo adopta el tribunal. Desde este punto de vista, si el tribunal acepta

87 Entre otros, la demanda incurrió en un error flagrante consistente en solicitar también una indemnización para una asociación de autoridades municipales, llamada Waraq, que según la sentencia no existe y que no se puede determinar quién es en realidad.

que RWE ha causado el cambio climático[88], no puede luego excluir que haya causado también, aunque sea en parte, daños del tipo de los alegados por el demandante[89].

Hay que tener en cuenta, pues, que el tribunal parte de la llamada teoría de la equivalencia de las condiciones, a la que ya se ha hecho referencia. Dado que todas las condiciones son equivalentes, tan causa es la contribución de RWE como la de los demás potenciales autores. Sin embargo, el problema de esta teoría es, como todo el mundo conoce, que en ciertas situaciones no funciona de modo satisfactorio, o conduce a resultados que repugnan al sentimiento de justicia, que parecen intrínsecamente injustas. En efecto, el tribunal entiende que RWE no es causante del daño porque si se elimina la contribución de dicha compañía el daño no desaparece. Dicho de otro modo, la contribución de RWE no es causa porque no es una condición indispensable o *sine qua non* del daño. Esto conduce a un resultado absurdo, porque el daño por el cambio climático resulta de la suma de todas las contribuciones causales, consistentes en emisiones de GEI, pero si se considera cada una de ellas de modo aislado, resulta que no son causa.

El problema, pues, reside en el hecho de que, al parecer, para el tribunal alemán la producción del daño está sobredeterminada: hay un exceso de causas. Esto es así porque, según el mismo tribunal, aunque se suprimiese la supuesta contribución causal de RWE, el daño se produciría igualmente. Pero esta manera de enfocar el asunto es claramente distinta de la sostenida por la parte demandante. Para ésta, es posible repartir, distribuir, segmentar, las contribuciones causales de cada compañía. Tomando como referencia a las antes citadas *carbon majors*, se apoya en estudios científicos que fijan los porcentajes en los que cada compañía se estima que ha causado el cambio climático. Frente a ello, el tribunal simplemente entiende que el daño se habría producido igual. Pero para entender que el daño se habría producido igual, habría que suponer que la suma de los distintos causantes es más del 100 % del daño. Además, no parece que exista una base científica para sostener la conclusión del tribunal. La sentencia no cita informes en el sentido contrario a los del demandante, que sostengan que el daño, en efecto, estaba sobredeterminado.

Así pues, cabe sugerir que el razonamiento de la sentencia que se está analizando es errado. Cabría replicar a dicha sentencia que el test de la csqn o equivalencia de las condiciones sí se cumple, porque el cambio climático lo produce la emisión de GEI, y cada emisión de GEI contribuye e incre-

---

88 La clave en este punto es que el tribunal excluye que el daño sea atribuible a título individual, de modo que parece diferenciar entre una causación del cambio climático en general y la del daño individual sufrido por la víctima.

89 Por ahora se va a dejar de lado el aspecto de que se trata de daños por medidas preventivas, por tanto, aún no adoptadas. La resarcibilidad del coste de las medidas preventivas es discutida en varios ordenamientos, pero ello no fue un problema para el tribunal alemán.

menta la proporción de GEI en la atmósfera. Una determinada emisión comporta directamente un incremento determinado del aumento del volumen de dichos gases. Sin la emisión concreta de que se trate, se habría reducido la proporción de GEI en la atmósfera. Cada emisión de GEI es una csqn del cambio climático. La equivalencia se cumple[90].

La sentencia que se está analizando lleva a un callejón sin salida, pues concluye que como el daño se habría producido igualmente, incluso una contribución tan significativa como puede ser la de una *carbon major* es irrelevante. Esto es, no importa si se ha contaminado el medio ambiente y se ha contribuido al cambio climático, porque este estaba ya sobredeterminado por el resto de los millones de contribuciones individuales, incluso de las personas de a pie. Este razonamiento pone al mismo nivel al ciudadano normal y corriente que de modo inevitable contribuye al cambio climático, por ejemplo, al conducir su vehículo a motor cada día para desplazarse a su lugar de trabajo, y a la gran corporación mercantil que emite cantidades astronómicas de GEI. La lógica del razonamiento de la sentencia es incontestable, una vez que se ha optado por la teoría de la csqn, pero resulta sumamente adecuada, pues genera una situación de impunidad de quien más contamina, y en cambio responsabiliza a todos los demás. O peor aún, conduce a una situación absurda, en la que nadie resulta haber causado el cambio climático. Pareciera que, parafraseando el dicho popular, al clima, entre todos lo mataron, y él solo se murió. El tribunal parece olvidar o desconocer que, según la ciencia de la atribución, la mayoría de los grandes acontecimientos catastróficos relacionados con el clima, como grandes huracanes y demás, de manera casi segura no se habrían producido sin el cambio climático de origen antrópico[91].

Así pues, el enfoque del juez alemán parece discutible, porque acaso confunde dos problemas distintos: una cosa es que el daño esté sobredeterminado, y por tanto no se cumple el test de la csqn, ya que el daño se habría producido igualmente; esto es un problema típico del test en cuestión. Cuestión distinta es que el daño sea cumulativo, fruto de muchas contribuciones distintas. Pero esto último no significa que el daño esté sobredeterminado: que el daño resulte de la suma de aportaciones causales significa que todas ellas son causa. Uno sigue siendo responsable, aunque otros hayan contribuido al daño total[92].

---

90 Véase Peter Herzog, «Die Verantwortung von Unternehmen für ihre Umweltbelastungen in Nicht-EU-Ländern», *Bayreuther Zeitschrift für Rechtswissenschaft,* 2022, n.° 3, 48-56 https://ojs.uni-bayreuth.de/index.php/bayzr/article/view/282, p. 51. Sin embargo, el autor también entiende que la causalidad jurídica queda excluida por el argumento de que las emisiones no son causa necesaria del daño, que se habría producido igualmente debido a la existencia de innumerables otras fuentes de emisión. Con todo, el autor parece que confunde equivalencia (que es una cuestión de causalidad fáctica) con imputación o causalidad jurídica.

91 Véase Steiner/Engdaw, «Climate change...», cit., p. 21 y 24.

92 Parecidamente, Semmelmayer, «Climate Change...», cit., p. 1576.

En todo caso, la sentencia parece que recoge de manera bastante fiel los argumentos presentados por la defensa de la parte demandada. Esta encargó un dictamen o informe a un profesor alemán de Derecho, el Dr. Gerhard Wagner, catedrático de Derecho civil, Derecho de la economía (*Wirtschaftsrecht*) y Economia (*Ökonomik*) en la Universidad Humboldt de Berlin[93]. Wagner es un reputado especialista del Derecho de la responsabilidad civil, tema sobre el cual es continuador o sucesor (*Nachfolger*) del manual sobre dicha materia (*Deliktsrecht*) iniciado por el Prof. Hein Kötz, que actualmente edita Wagner ya en solitario[94]. El manual es considerado con razón como un texto de referencia o canónico (*Standardwerk*) de la disciplina en Alemania.

Fruto del dictamen en cuestión es la publicación por dicho autor de un trabajo titulado «La responsabilidad climática ante los tribunales»[95]. El autor deja muy claro desde el principio que el estudio lo ha llevado a cabo por encargo de RWE. Igualmente, manifiesta sus dudas sobre la cuestión de si, más allá de la demanda concreta contra dicha compañía, es pertinente la judicialización de una cuestión, a juicio del autor, política, como es la del cambio climático. En ese sentido, se pregunta si realmente se saca algo en claro o se obtiene algún beneficio desde el punto de vista ambiental cuando se pretende hacer responder a compañías concretas por las consecuencias del cambio climático; o si el activismo judicial es reconciliable con el sistema de separación de poderes y el Estado democrático de Derecho[96]. Dichas dudas ya permiten anticipar cual va a ser la conclusión del autor, que es lógicamente contraria a la responsabilidad en el supuesto aquí examinado: a su juicio, las demandas individuales para proteger el clima no son el instrumento adecuado para resolver los riesgos derivados del fenómeno global del cambio climático[97].

Según sostiene, en conclusión, en el Estado democrático de Derecho, los tribunales civiles no son la instancia correcta para que se decida sobre la limitación de las emisiones de los GEI y sobre la prevención de los daños climáticos; tales cuestiones requieren decisiones complejas sobre la distribución de los costes, y por ello deberían resolverse políticamente. Además, se trata de un asunto de dimensiones globales, que exige por ello un enfoque internacional. Tal enfoque no es posible en la escala del juicio individual entre las partes demandante y demandada en el caso de referencia, sostiene[98].

---

93 Puede verse su perfil en la página web de dicha Universidad: https://www.rewi.hu-berlin.de/de/lf/ls/wgn/wagner.

94 Gerhard WAGNER, *Deliktsrecht,* 14. Auf., Baden-Baden: Vahlen, 2021.

95 Gerhard WAGNER, *Klimahaftung vor Gericht,* München: C. H. Beck, 2020.

96 Véase WAGNER, *Klimahaftung vor Gericht,* cit., p. 6.

97 Véase WAGNER, *Klimahaftung vor Gericht,* cit., p. 132.

98 Nuevamente, WAGNER, *Klimahaftung vor Gericht,* cit., p. 133.

Respecto de la imputación (*Zurechnung*) a la parte demandada del daño alegado, Wagner es igual de tajante. Una cosa es que se demuestre que el aumento de las temperaturas medias en el planeta sea atribuible a las emisiones de GEI, y otra muy distinta la prueba del nexo causal individual con respecto a escenarios de daños concretos, afirma. Para el autor, la prueba de la causalidad de los daños climáticos no se sigue del mero hecho de que se produzcan sequías, inundaciones, tormentas, etc., porque se trata de fenómenos muy complejos, y porque no puede explicarse a partir de qué umbral de concentración de CO2 se producen esos fenómenos atmosféricos, sostiene Wagner[99].

En ese sentido, se considera que no basta con que exista un enlace o relación entre las emisiones de GEI y el cambio climático, sino que lo que tendría que establecerse es si, y en qué manera, las emisiones específicas de la parte demandada han contribuido (porcentualmente) al deshielo del glaciar en cuestión[100]. En esa misma línea, se distingue entre dos niveles de causalidad, la general y la específica, y se concluye que es en este segundo nivel, el de la causalidad específica, donde la prueba está condenada al fracaso[101].

Ello es así porque, como es obvio, huracanes, tormentas, y demás, se producen desde mucho antes de que se hablase incluso de cambio climático. Así pues, la causalidad general relativa al cambio climático no necesariamente va de la mano de la causalidad particular de ese huracán, esa tormenta, etc. Se trata de acontecimientos que se habrían producido igualmente, aun sin cambio climático[102]. Con todo, se está dando por supuesto que se trata de sucesos que, en efecto, se producirían igual; pero ello no resuelve qué sucede cuando se puede establecer científicamente que ese suceso concreto no se habría producido sin el cambio climático. Los estudios científicos parece que van en la línea de señalar que la contribución humana al cambio climático ha aumentado considerablemente el riesgo de daños derivados del deshielo de los glaciares[103]. Además, el deshielo de un glaciar es distinto de, pongamos, un huracán, e incluso entre huracanes se podrían establecer diferencias. Concretamente, puede producirse una bajada de temperaturas en una región a pesar del calentamiento global. Ello podría hacer muy difícil, si no imposible, que se estableciese una relación causal con las emisiones de GEI[104].

---

99 WAGNER, *Klimahaftung vor Gericht,* cit., p. 49.

100 Nuevamente, WAGNER, *Klimahaftung vor Gericht,* cit., p. 49.

101 Así, SPITZER/BURTSCHER, «Liability for Climate Change...», cit., p. 167.

102 Este argumento se encuentra también en WAGNER/ARNTZ, «Liability for Climate Damage...», cit., p. 14.

103 Puede verse WEIGELT, *Haftung Privater...,* cit., p. 127.

104 Nuevamente, WAGNER/ARNTZ, «Liability for Climate Damage...», cit., p. 14. Parecidamente, LUTMAN/STROJAN, «State liability...», cit., p. 40.

Como fuere, Wagner utiliza también el argumento de la causalidad mínima (*minimale Kausalität, minimal causation*). Es el argumento que se podría llamar «de la gota en un océano» (*drop in the ocean*)[105]. A este respecto, sostiene el profesor alemán que las contribuciones de la parte demandada son en todo caso demasiado pequeñas para haber causado el cambio climático. Dada la pequeña dimensión relativa de las emisiones de la parte demandada, de modo que son marginales en el conjunto de las emisiones de GEI a lo largo de la época industrial, aduce, resulta imposible determinar en qué medida emisiones concretas han contribuido al aumento de la temperatura en un punto particular del planeta[106]. Así pues, la demanda tendría que decaer, por ausencia de un nexo causal individual[107]. Como señala otra opinión doctrinal, la teoría de la equivalencia de las condiciones no funciona, no sirve, en los casos de causalidad mínima[108].

El autor añade a lo anterior el análisis de la causalidad adecuada, aunque desde el punto de vista del Derecho español esta cuestión podría considerarse de imputación objetiva (o causalidad jurídica) y no de causalidad fáctica (mientras que en el Derecho alemán es el criterio usual en materia de causalidad). En todo caso, Wagner concluye, como cabía esperar, que tampoco se cumple el presupuesto de la responsabilidad. No existe adecuación (*Adäquanz*), entre otras razones, porque el daño no era previsible. De manera muy simplificada, el autor sostiene que durante largo tiempo las emisiones contaminantes se produjeron sin que se fuese consciente del cambio climático, que es un fenómeno sobre el que se ha alertado de manera solo reciente. Suponer que las emisiones de CO2 podían ser nocivas para el clima supone un escenario, dice, cuanto menos extravagante, al menos durante la mayor parte del siglo XX[109]. A ello se añade la circunstancia de que la parte demandada estaba llevando a cabo una actividad no solo socialmente útil, sino indispensable y conforme a la ley, como era suministrar energía a la población[110]. Es decir, que tampoco habría causalidad adecuada por la mera razón de que la actividad que se pretende afear a la demandada era socialmente adecuada (*sozialadäquat*)[111].

---

105 Parecidamente, Omuko-Jung, «A rights-basis...», cit., p. 187 y Omuko-Jung, «Applying the Precautionary Principle...», cit., p. 57.

106 Véase Wagner, *Klimahaftung vor Gericht,* cit., p. 50.

107 Wagner, *Klimahaftung vor Gericht,* cit., p. 54.

108 Véase Hinteregger, «Climate change and tort law», cit., p. 397 y 404.

109 Wagner, *Klimahaftung vor Gericht,* cit., p. 59. Un razonamiento similar se encuentra en Herzog, «Die Verantwortung von Unternehmen...», cit., p. 51.

110 Nuevamente, Wagner, *Klimahaftung vor Gericht,* cit., p. 63.

111 Wagner, *Klimahaftung vor Gericht,* cit., p. 63 y Wagner/Arntz, «Liability for Climate Damage...», cit., p. 20.

Para acabar de empeorar las cosas, Wagner añade aún un último argumento. A su juicio, no se puede atribuir el daño alegado a la parte demandada por la sencilla razón de que el riesgo de desbordamiento del glaciar ya existía antes del cambio climático. En efecto, como antes se ha puesto de relieve y el autor alemán también recoge, el principal suceso en ese sentido se produjo en 1941, mucho tiempo antes de que nadie hablase del cambio climático[112]. Así pues, corresponde al propietario de la finca amenazada adoptar las medidas de protección que sean, pero dichas medidas no se pueden imponer sobre las espaldas de la parte demandada, porque el riesgo no lo ha creado ella, sino que era preexistente.

Sin embargo, este último argumento resulta algo problemático, pues también el demandante reconoce que el riesgo era anterior, y de lo que se queja de es que ese riesgo se haya visto agravado por la conducta de la compañía demandada. También los estudios científicos citados en apoyo de la demanda inciden en el aumento del riesgo. Que la parte demandada no haya creado el riesgo en sí no quiere decir que no haya contribuido a aumentarlo. Pero en realidad Wagner ya ha descartado la supuesta causalidad por otros argumentos.

Cuestión distinta es si el argumento que ahora se expone se sostiene por otra razón, concretamente, por tratarse, al menos de manera implícita, de una aplicación de la teoría germánica de la conducta alternativa conforme a Derecho (*rechtmäßiges alternativverhalten*). En efecto, esa teoría viene a sostener que no existe responsabilidad cuando el daño se habría producido igualmente. Ello es una consecuencia de la teoría de la csqn: si la parte demandada hubiese actuado de manera conforme a Derecho (y no hubiese emitido GEI, supuesto que ello sea posible en una actividad como la suya) el daño existiría igualmente. Por tanto, la emisión de GEI no es una csqn del daño y no hay causalidad. Aunque las emisiones de GEI de la parte demandada se pudiesen suprimir, el daño existiría igual[113]. Sin embargo, si la parte demandada alega que el riesgo existiría igualmente, tendría que demostrarlo. Que en 1941 se haya producido un deshielo no quiere decir que se vuelva a producir otro igual. Además, el argumento de la conducta alternativa no es manejado en todos los ordenamientos, especialmente no en los de corte latino como el francés o el español. Pero la cuestión es demasiado compleja para examinarla aquí y ahora.

En cualquier caso, ha quedado expuesto cómo existen argumentos de cierto peso para excluir la existencia de un nexo causal, cuales son, en resumen: que la contribución de la parte demandada es demasiado pequeña; que la causalidad del cambio climático es demasiado compleja; que no se ha pro-

---

112 Véase Wagner, *Klimahaftung vor Gericht,* cit., p. 64.

113 Como subraya Omuko-Jung, «A rights-basis...», cit., p. 188, es uno de los argumentos acogidos en la sentencia Alemana de instancia.

bado el nexo individual con respecto a la contribución de la parte demandada al escenario dañoso particular del demandante; que el riesgo preexistía y por tanto no lo ha creado la parte demandada, etc.

Tampoco es posible desgranar uno por uno todos esos argumentos, que son cuestiones que tendrá que combatir la parte demandante en apelación. No obstante, podría argumentarse en sentido contrario que: aun pequeña, la parte demandada ha contribuido al cambio climático, pues este resulta del conjunto de las emisiones, y cada una de ellas cuenta, e incluso puede determinarse conforme a la nueva ciencia de la atribución. El argumento de la causalidad mínima no es de recibo, simplemente porque la ley no distingue: no existe un umbral legal a partir del cual las contribuciones causales sean irrelevantes. La ley no afirma «El que causare un daño a otro a partir de cierto nivel...». Todos los causantes son responsables si se cumplen los otros requisitos de la responsabilidad civil. La causalidad mínima no es un argumento para excluir en teoría la responsabilidad. El caso Urgenda, al que ya se ha hecho referencia, es buena muestra de ello. No importa si la contribución de Holanda al cambio climático es pequeña: pequeña o grande, existe, y por tanto es responsable. Con todo, la afirmación no tiene relevancia práctica en términos de responsabilidad civil. Resulta imposible llevar a juicio a todos aquellos cuya contribución causal es mínima, simplemente porque son demasiados, su cuota de responsabilidad sería demasiado pequeña, no hay incentivos económicos para hacerlo, y el proceso civil no está hecho para eso. Teoría y práctica no van en este caso de la mano. Que se proclame la responsabilidad del autor «mínimo» es coherente con el sistema, pero no aporta nada en términos prácticos[114].

Con independencia de lo anterior, también cabría oponer al razonamiento de la sentencia y de Wagner que no es cierto que la causalidad sea compleja, pues esa misma nueva ciencia a la que ya se ha ido haciendo referencia permite distinguir entre aportaciones individuales y distribuir o establecer porcentajes entre ellas; que el escenario individual del demandante no es más que una manifestación del daño colectivo o macro consistente en el cambio climático, y que demostrada la contribución de la parte demandada al mismo, ya no hace falta exigir un nexo individual; que el riesgo era preexistente pero el riesgo también cambia porque lo hace el glacial y lo hace el daño subsiguiente en potencia; que los principios ambientales (incluida la sostenibilidad) pueden obligar a replantear los esquemas tradicionales de la responsabilidad civil, de modo que, por ejemplo, el principio de precaución lleve a convertir en innecesaria la prueba de la causalidad[115], etc. Así pues, no es por el riesgo por lo que respondería la parte demandada, sino por el

114 Parecidamente, Jaap Spier, «The "Strongest" Climate Ruling Yet: The Dutch Supreme Court's Urgenda Judgment», *Netherlands International Law Review,* 2020, vol. 67, 319-391, https://link.springer.com/article/10.1007/s40802-020-00172-5, p. 328.

115 En esa línea, Omuko-Jung, «A rights-basis...», cit., p. 196.

agravamiento del mismo[116]. En el fondo, para que haya sostenibilidad tiene que haber justicia, que es lo que falta si quien contamina no paga.

En particular, hay que subrayar que sucesos como el desbordamiento derivado del deshielo de un glaciar, huracanes como el Katrina, etc., son extraordinarios o excepcionales. La contribución del cambio climático a los mismos es indudablemente compleja, pues requiere que se estime en qué parte el suceso es atribuible a la acción humana. Pero ello no significa que sea del todo imposible, sino que los científicos han desarrollado instrumentos para hacerlo. Concretamente, se toman como referencia estudios observacionales a largo plazo, de un lado, y del otro, se llevan a cabo simulaciones en un mundo hipotético o alternativo, en el cual no habría cambio climático, para intentar determinar si ese mismo suceso (el huracán, etc.) se habría producido igualmente o no[117].

No hay duda de que estos estudios científicos y su instrumentario son tal vez imperfectos y existe cierto riesgo de error, como en cualquier obra humana. Sin embargo, que haya un riesgo de error no significa que esa puerta quede automáticamente cerrada. Lo que es necesario es que se valore si esa incertidumbre, propia de cualquier obrar humano, tiene que perjudicar al clima o a los posibles responsables de su cambio. En el fondo, la distribución de la carga de la prueba en un entorno de incertidumbre no es nada nuevo para el ordenamiento. Este dispone de reglas que distribuyen la carga entre las partes y que permiten modularla en determinadas circunstancias (v. gr. art. 217 LEC, antes citado).

Finalmente, antes de examinar otra posible solución a considerar, cabe preguntarse si el test de la cs qn es el adecuado para resolver estos casos. Desde luego, se trata del test causal comúnmente admitido. Sin embargo, no está exento de problemas en sí mismo. Por ello, cabría plantearse si existen alternativas al mismo. Dicha problemática excede del alcance y objeto de este trabajo, pero conviene no olvidar que es el test en sí el que conduce a un resultado inadecuado, cuando en la doctrina existen propuestas distintas sobre cómo determinar la causalidad[118].

116 Como se ha dicho antes, se deja de lado ahora el aspecto de que se trata de medidas preventivas.

117 Véase Steiner/Engdaw, «Climate change...», cit., p. 27.

118 Puede verse Kaminskaité-Salters, *Constructing a Private Climate Change Lawsuit...*, cit., p. 161, con más referencias. En general, sobre lo insatisfactorio de la teoría de la equivalencia de las condiciones, y posibles alternativas, véase Ingeborg Puppe / Richard W. Wright, «Causation in the Law: Philosophy, Doctrine and Practice», en Marta Infantino / Eleni Zervogianni (eds.), *Causation in European Tort Law,* New York (etc.): Cambridge University Press, 2017, 17-59, p. 35 ss., también con más referencias.

3.5. Responsabilidad por cuota de mercado

Ante las dificultades de todo tipo que en parte han quedado expuestas, la doctrina ha ido señalando que es necesario encontrar soluciones originales, novedosas o alternativas[119]. Esas soluciones son importantes porque, si no se encuentra un camino, naturalmente las reclamaciones estarán abocadas al fracaso. Ello dejaría a las víctimas sin indemnización, algo que seguramente convenga evitar. En esta línea, la Propuesta de Directiva antes citada establece que: «5. Los Estados miembros se asegurarán de que las normas y procedimientos nacionales relativos a las reclamaciones de indemnización, también en lo que concierne a la carga de la prueba, se conciban y apliquen de manera que no hagan imposible o excesivamente difícil el ejercicio del derecho a indemnización por los daños con arreglo al apartado 1.» (art. 28.6)[120]. Aunque dicha Propuesta opta por una presunción de causalidad, existen otras posibilidades a considerar para facilitar la tarea probatoria en los litigios por daños al clima.

Una de ellas consiste simplemente en prescindir de la prueba del nexo causal. Es decir, cabría imaginar una responsabilidad sin causalidad, lo que se denomina una responsabilidad absoluta. Naturalmente, se trata de una solución extrema, pues la responsabilidad civil presupone el nexo causal. En cierto sentido, se estaría entonces abandonando el territorio del Derecho de la responsabilidad civil y entrando en otro distinto. Aunque parezca algo descabellado, esa solución tiene cierta aceptación en el caso célebre Urgenda, antes referido, así como en el Derecho internacional público:

a) En lo referente a este último, cuando se alega el incumplimiento de un deber de diligencia (*due diligence*) del Estado, la prueba se facilita, de modo que no haya que probar el riesgo, sino que el Estado no hizo todo lo que estaba en su mano para evitar que el aquél se materialice[121].

b) En cuanto a Urgenda, el caso ha sido considerado como el más «potente» de la litigación climática hasta la fecha[122]. En tal litigio,

119 Entre otros, PLEIEL/SCHMALENBACH, «Climate change...», cit., p. 126 y Christel COURNIL / Leandro VARISON, «Introduction», en Christel COURNIL / Leandro VARISON, *Les procès climatiques,* Paris: Pedone, 2018, 19-27, p. 25. Cuestión distinta es si puede aplicarse en este contexto la teoría de la causalidad alternativa, conforme a la cual responde el miembro indeterminado del grupo, uno de cuyos integrantes se sabe que causó el daño (pero no cuál). En el caso del daño climático, ninguno de los miembros de ese «grupo» —si es que puede hablarse de tal cosa— puede haber causado *todo* el daño. Parecidamente, CANALI, «Les contentieux climatiques...», cit., p. 74.

120 Véase arriba, nota 63 y texto que la acompaña.

121 Véase Sandrine MALJEAN-DUBOIS, «La responsabilité internationale de l'État pour les dommages climatiques», en Christel COURNIL / Leandro VARISON, *Les procès climatiques,* Paris: Pedone, 2018, 197-216, p. 209.

122 Puede verse SPIER, «The "Strongest" Climate Ruling Yet», cit., p. 319.

una ONG demandó al Estado holandés por no haber hecho lo suficiente para combatir el cambio climático. Los demandantes (cientos de ciudadanos se adhirieron a la demanda de la organización ecologista) no tuvieron que probar que la relativa pasividad por parte del Estado les había causado el daño —algo que era posiblemente imposible de establecer—. Las víctimas no necesitaron determinar que el pobre rendimiento por el Estado les había puesto, ni que fuese, en peligro: dejar de reducir las emisiones de GEI en el porcentaje acordado internacionalmente solo habría incrementado las temperaturas planetarias en un porcentaje ridículamente nimio (equivalente a 0,000045.° C, lo que difícilmente cabe afirmar que habría reducido el riesgo de inundaciones, huracanes y demás. Por ello, el Tribunal consideró que el nexo causal no necesitaba probarse. Ahora bien, esa sorprendente y aparente desviación de los paradigmas del Derecho de la responsabilidad civil se puede explicar por la especialidad del procedimiento escogido por las partes, procedimiento que no estaba dirigido a conseguir una condena al Estado para que indemnizase a los demandantes, sino para que el mismo se condujese de una determinada manera. Ese tipo de reclamaciones no exigen, en el Derecho holandés, que se pruebe el nexo causal como sí se haría en un juicio de responsabilidad civil típico, sino que basta que se establezca el incumplimiento del deber por parte del Estado[123]. Ello explica que el caso parezca mucho más espectacular de lo que realmente fue: aunque se articulase mediante el instrumento de la responsabilidad civil (la culpa fue el tema principal de debate), no estaba en juego indemnización alguna. Ello constituye, además, la razón por la cual Urgenda difícilmente puede ser un modelo exportable a otros países donde la regulación procedimental es distinta. Aunque de hecho sí que ha funcionado como un acicate para que otros demandantes se animen a llevar a sus respectivos Gobiernos a los tribunales, dando así una imagen de un supuesto «potencial»[124], la realidad es distinta (como lo son también los procedimientos y las regulaciones respectivas). El caso español, en el que la demanda ha fracasado estrepitosamente, así lo sugiere[125]. Conviene, pues, buscar otras posibilidades.

123 Véase Chris W. Backes / Gerrit A. Van der Veen, «Urgenda: The Final Judgment of the Dutch Supreme Court», Journal for European Environmental & Planning Law, 2020, n.° 17, 307-321, https://brill.com/downloadpdf/view/journals/jeep/17/3/article-p307_307.pdf, p. 310.

124 Cf. Emma Petrinko, «De la decisión d'Urgenda aux perspectives d'un nouveau contentieux climatique», en Christel Cournil / Leandro Varison, *Les procès climatiques,* Paris: Pedone, 2018, 113-128, p. 122.

125 En la nota publicada por la entidad demandante, uno de sus abogados se lamentaba de que el Tribunal Supremo «se haya apartado de la senda que han seguido sus homólogos europeos en casos análogos». Véase Greenpeace, «El Tribunal Supremo ignora a la cien-

Una solución que se está manejando en ese sentido como un posible instrumento para allanar el camino de los reclamantes climáticos es el de la responsabilidad por cuota de mercado o *market share liability*[126]. Como es sabido, consiste en que la responsabilidad de los distintos causantes posibles de un daño se determine sobre la base de su cuota en el mercado de que se trate. Por tanto, a diferencia de la responsabilidad solidaria, en la que cada responsable responde por el todo, se trata de una regla de responsabilidad parciaria, en la que cada demandado responde solo de una parte, y de responsabilidad proporcional, ya que la cuota-parte por la que se responde se determina en proporción a la cuota de mercado respectiva[127].

La regla tiene origen doctrinal, fue parcialmente[128] aceptada en algunos Estados de los EE.UU., y ha atraído mucho interés también fuera de aquel país, por parte de autores que ven en dicha regla una posible solución ante el problema de la incertidumbre causal. Como mecanismo, en principio está pensado para casos de daños por productos defectuosos, en concreto medicamentos, aunque se ha debatido su aplicación en otros escenarios, también de productos. En relación con el medio ambiente, se maneja una variación de la teoría referida, denominada «responsabilidad por cuota de emisión» (*pollution share liability*)[129].

La responsabilidad por cuota de mercado (o de emisión) se ve como una solución adecuada para el problema al que nos enfrentamos. En ese sentido, parte de la doctrina pone de relieve que la responsabilidad por el cambio climático no dispone aún de una solución, a pesar de su gran importancia.

---

cia y los acuerdos internacionales y deja desprotegida a la ciudadanía», 2023, https://es.greenpeace.org/es/sala-de-prensa/comunicados/el-tribunal-supremo-ignora-a-la-ciencia-y-los-acuerdos-internacionales-y-deja-desprotegida-a-la-ciudadania/.

126 Se hace eco de ello Torre-Schaub, *Justice climatique,* cit., p. 52.

127 A favor de la responsabilidad proporcional, en general, y de la responsabilidad por cuota de mercado en particular, puede verse también Wang, «Adaption to Climate Change...», cit., p. 265 y 267. También Hinteregger, «Climate change and tort law», cit., p. 404, para quien, ante el escenario de causalidad mínima antes descrito, propio de la causalidad climática, habría que estimar la contribución de cada autor del daño conforme al total de sus emisiones de GEI en el pasado. Excluye como autor a los autores de emisiones como las derivadas de la respiración humana, pero también la conducción de un vehículo a motor, o la calefacción doméstica. Como bien señala la autora, hacer responder por contribuciones tan pequeñas desbordaría el sistema. Con todo, cabe añadir, no se puede atribuir todo el daño a las *carbon majors* si se sabe que hay muchas otras contribuciones que, aunque pequeñas aisladamente, también suman en su conjunto un porcentaje significativo del total.

128 Este matiz se olvida a menudo. No es una solución general, sino que solo en una minoría de Estados ha encontrado aplicación y, aun así, muy limitadamente. Entre otros, véase Hinteregger, «Climate change and tort law», cit., p. 399.

129 Sobre ambas figuras, para no repetir lo que ya está escrito, puede verse Albert Ruda González, «La responsabilidad por cuota de mercado a juicio», *InDret*, 2003, n.º 3, 1-33 https://raco.cat/index.php/InDret/article/view/82562 y https://indret.com/la-responsabilidad-por-cuota-de-mercado-a-juicio/.

Desde el punto de vista del Derecho internacional público, es obvio que el proceso de codificación de sus reglas toma mucho tiempo, y esto es algo de lo que por desgracia no disponemos en relación con el cambio climático[130].

Dicha opinión reconoce que el cambio climático es un asunto de unas dimensiones nunca vistas antes, con unas causas demasiado remotas para ser establecidas e impactos demasiado inciertos como para ser previstos[131]. Sin embargo la importancia del problema de fondo, y el imperativo de la sostenibilidad, son tales que no cabe aplazar una solución. Por ello, se sostiene, es necesario que se re-piense el instrumentario tradicional del Derecho de la responsabilidad civil. Conceptos como legitimación, derechos, causalidad, responsabilidad, o indemnización, se entiende que deberían ser modificados para que sean capaces de dar una respuesta al cambio climático[132]. Según esta manera de ver las cosas, el Derecho de la responsabilidad civil ha quedado obsoleto ante el reto de la responsabilidad por el cambio climático[133].

Por ello, hace falta una solución urgentemente. Con este fin, se propone que se utilice la antes citada doctrina de la responsabilidad por cuota de mercado. El caso de referencia de *Sindell v. Abbott Laboratories*[134], un litigio en el que las víctimas de un medicamento defectuoso llevaron a los fabricantes de la mayoría de los medicamentos en cuestión a juicio. En un giro inesperado de los acontecimientos, el Tribunal de California que tenía que resolver estimó la demanda y condenó a las compañías demandadas a indemnizar a las víctimas en proporción a la cuota de mercado de cada una de aquellas. El fallo se fundamenta en una consideración de justicia intrínseca, cual es que es injusto que el responsable de un daño escape a su responsabilidad simplemente porque no se puede establecer a qué víctima concreta dañó. Se da la circunstancia de que el medicamento era homogéneo en su formulación y por tanto fungible, de modo que, a diferencia de lo que pasa habitualmente, podía establecerse que todos los fabricantes habían dañado a víctimas, pero no a cuáles. Había, pues, una relación lineal entre la cuota de mercado de cada una y el daño causado.

Basándose en esa solución, cabe proponer que el cambio climático también se resuelva mediante una aplicación de la misma teoría:

a) A tal efecto, podría establecerse un fondo de compensación, que sirviese de base para la indemnización de las víctimas del cambio climá-

---

130 Puede verse Jiunn-rong YEH, «Climate Change and Reconfiguration of Environmental Liability Regime: Towards a Global Regulatory Approach», en Jiunn-rong YEH (ed.), *Climate Change. Liability and Beyond,* Taipei: National Taiwan University Press, 2017, 79-100, p. 81.

131 Nuevamente, YEH, «Climate Change and...», cit., p. 82.

132 Véase YEH, «Climate Change and...», cit., p. 88.

133 Véase YEH, «Climate Change and...», cit., p. 89.

134 26 Cal. 3d 588 (1980).

tico. Cada Estado tendría que contribuir al fondo en proporción a su contribución histórica a la emisión de GEI[135].

b) Incluso más allá de un fondo de compensación, cabría pensar en la posible aplicación de la responsabilidad por cuota de emisión de GEI en juicios individuales como el ya expuesto de Lliuya contra RWE. Para ello se podría echar mano del desarrollo aportado por la antes citada ciencia de la atribución.

Antes de examinar este aspecto, conviene preguntarse si puede optarse directamente por una solución de ese tipo en la situación actual.

A diferencia de algunos ordenamientos jurídicos, que se caracterizan por una gran creatividad judicial, como los del *common law*, en los sistemas continentales generalmente los jueces se encuentran muy condicionados por el marco legal. El principio de igualdad implica que no puede aplicarse a unos daños una teoría de causalidad distinta de la que se aplica a los demás. Para articular, digamos, una especie de «causalidad ecológica», distinta de la causalidad general, haría falta seguramente una base legal que así lo estableciese[136]. Con todo, el principio de igualdad no impide que se resuelvan de modo diferente situaciones distintas. E incluso, como es obvio, cabe decir en este punto que no impide que se resuelvan igual situaciones iguales. En ese sentido, habría que examinar si la solución aparentemente creativa no supone más que una aplicación de presupuestos que ya están en el sistema, aun de manera implícita, de modo que no altere o subvierta el marco general.

En cualquier caso, conviene ser cautos, pues incluso en un ordenamiento del *common law* como es el de los EE.UU. (o en el conjunto de ordenamientos que en dicho país coexisten) los tribunales se han mostrado mayoritariamente contarios a cambiar el enfoque tradicional en materia de causalidad a favor de otros criterios más flexibles o «liberales». De hecho, como en parte ya se ha apuntado, no solo la mayoría de reclamaciones han fracasado, sino que cuando han triunfado, los jueces no han dejado de expresar sus reservas a ese respecto[137].

Sea como fuere, uno de los problemas de la responsabilidad por cuota de emisión en general es que en el caso de daños ambientales considerados en abstracto el daño depende de muchos factores, y no solo de la cantidad de gas emitido: importa el tipo de gas, el lugar, el tiempo o momento en que se produce la emisión, etc. En cambio, en el caso de los GEI estamos hablando de un tipo de daño muy concreto, en el que parece que la cantidad de gas emitido es el factor más importante, si no el único; por ello, es posible que quepa establecer esa relación lineal entre el volumen de gas emitido y la cuota de responsabilidad[138].

---

135 Véase YEH, «Climate Change and...», cit., p. 96.

136 Parecidamente, HERZOG, «Die Verantwortung von Unternehmen...», cit., p. 53.

137 Puede verse OMUKO-JUNG, «Applying the Precautionary Principle...», cit., p. 60.

138 Para más detalles, puede verse Albert RUDA GONZÁLEZ, «Uncertain causation in climate

A diferencia de lo que sucede con otros tipos de emisiones, como las que causan el daño de los bosques por la llamada lluvia ácida, emisiones que tienen efecto localmente, y que por tanto no se puede saber si afectan a este o a ese recurso natural (bosque), en el caso de los GEI el bien natural dañado es uno solo: el clima. Por ende, el daño climático tiene siempre una dimensión global, aunque pueda tener manifestaciones locales o regionales. El bien afectado es solo uno. Por ello, cada persona que emite GEI a la atmósfera está causando el daño, sin importar dónde tuvo lugar la emisión. Las emisiones de GEI tienen efecto globalmente[139].

En ese sentido, no cabe argumentar que la responsabilidad por cuota de mercado implica, si se aplica a los daños climáticos, el peligro de que pueda estar respondiendo quien no causó el daño. Por pura lógica, si la emisión de GEI supone la causación del cambio climático, y este es un fenómeno global, las manifestaciones locales de ese fenómeno global también las ha causado quien causó el cambio climático. Por ello, no se puede afirmar al mismo tiempo que toda emisión de GEI contribuye al cambio climático pero que si se hace responder a alguien por su cuota de emisión tal vez estará respondiendo de un daño que no causó esa persona sino otra[140].

Ahora bien, en el caso de emisiones contaminantes que contribuyen al cambio climático, existe otra fuente de dificultad, como es que resulta imposible llevar a juicio a todas las personas que contribuyen en tal sentido y, por tanto, que constituyen el 100 % de las cuotas de mercado[141].

Incluso aunque se reconozca que parte del cambio climático puede que se produzca por causas puramente naturales, hablando estrictamente de las causas antropogénicas, son tantas que resulta impracticable sentarlas en el banquillo de los demandados. Por ende, si se aplica la regla de responsabilidad proporcional que es propia de la responsabilidad por cuota de mercado (o emisión), nunca el demandante conseguirá la indemnización íntegra del daño.

Esto se hace palpable en el caso Lliuya contra RWE, donde la indemnización pedida por el demandante ni siquiera alcanza el 1 % del total del daño alegado. La mera distribución interna de los porcentajes correspondientes entre todos los posibles demandados supondría una tarea hercúlea.

---

change litigation», en Endrius Cocciolo / Jordi Jaria-Manzano / Aitana De la Varga Pastor / Maria Marques-Banque (eds.), *Rethinking Environmental Law: Connectivity, Intersections and Conflicts in the Global Environmental Crisis,* Intersentia (en prensa).

139 Véase Herzog, «Die Verantwortung von Unternehmen…», cit., p. 51. En contra, Wagner/ Arntz, «Liability for Climate Damage…», cit., p. 16.

140 Sin embargo, esto es justamente lo que Herzog, «Die Verantwortung von Unternehmen…», cit., p. 52.

141 Véase Wang, «Adaption to Climate Change…», cit., p. 269-270 y Canali, «Les contentieux climatiques…», cit., p. 76.

Por ello, cabría criticar que la responsabilidad por cuota de mercado quiebra con el principio de reparación integral[142]. Con todo, lo mismo cabría afirmar de cualquier otra regla de responsabilidad parciaria, esto es, no solidaria. Que la víctima acabe recibiendo el total de la indemnización es culpa también del tipo de distribución de la causalidad que se produce en relación con las emisiones de GEI. Tan inadecuado sería que un emitente respondiese por el total, como que no respondiese por su cuota parte.

Sin embargo, el hecho de que no sea posible llevar a juicio a todos los que tienen una cuota en la causación del daño, además de dejar a la víctima con las manos vacías en parte, implica lógicamente que una parte de los autores del daño tampoco estarán respondiendo. Al ponerlos al abrigo de las reclamaciones, la responsabilidad por cuota de emisión puede hacer pensar a esos teóricos responsables (pero en la práctica irresponsables) que disfrutan de inmunidad[143].

4. Conclusión

El nexo causal es la piedra en el zapato de la responsabilidad ambiental. En el contexto de la litigación climática, nuevamente supone una barrera difícil de superar. Casi todos los problemas propios de la causalidad fáctica (interacción sinérgica, causalidad mínima, causalidad cumulativa, interferencias de otros factores, confusión con la causalidad natural, incertidumbre causal, causalidad alternativa, conducta alternativa conforme a Derecho, excesividad de la responsabilidad solidaria por aportaciones causales pequeñas, causalidad histórica, indirecta, etc.) están presentes en la litigación climática. En algunos casos, la dificultad ya se ha hecho palpable, al conducir a la reclamación al fracaso (caso Lliuya en primera instancia; caso neozelandés). En otros, el análisis causal no ha estado exento de críticas (Urgenda).

Aunque se barajan alternativas, como la responsabilidad por cuota de mercado (o emisión), o más generalmente la responsabilidad proporcional, son remedios imperfectos, que tienen sus propias dificultades. Si bien la especificidad de la litigación climática y el principio de sostenibilidad invitan a repensar las reglas tradicionales, y evitar la traslación acrítica de las soluciones tradicionales —pensadas para escenarios muy distintos—, la responsabilidad civil parece que solo puede ser un parche muy limitado para un problema mucho mayor. Cuando se discute en juicio la responsabilidad por el cambio climático, lógicamente los demandantes silencian ese pequeño detalle; pero es evidente que, dado el número de víctimas, que en potencia somos todos los habitantes del planeta (y para algunos, también las generaciones venideras), resulta ilusorio pensar que la responsabilidad civil pueda

142 Véase Herzog, «Die Verantwortung von Unternehmen...», cit., p. 53.

143 Parecidamente, Canali, «Les contentieux climatiques...», cit., p. 76.

ser la solución, o incluso, una solución. Por no hablar de otra realidad, como es que tampoco es un remedio barato ni rápido: la duración de los procesos judiciales que ya han tenido lugar es la mejor prueba de ello. Ese aspecto temporal es especialmente importante en conexión con un problema para el que, como suele decirse, llegamos ya demasiado tarde.

Parece difícil que el cambio climático pueda resolverse sin un cambio sistemático mucho mayor que el que puede conseguirse retorciendo, tuneando, o contorsionando el actual Derecho de daños. Mientras ello no suceda, retorcer las reglas tradicionales de la responsabilidad civil puede introducir a su vez una nueva fuente de incertidumbre y, con ello, más litigación, mientras el problema de fondo sigue sin resolverse e incluso va a peor.

5. Agradecimientos

Este estudio se ha realizado en el marco del trabajo desarrollado en el European Law Institute Spanish Hub, del que el autor es uno de los dos coordinadores o «Chairs». Asimismo, ha sido posible gracias a una ayuda del Consell Social de la UdG y otra del rectorado de la misma Universidad en el marco del programa «UdG Segle XXI».

6. Referencias

Backes, C. W. y **Van Der Veen, G. A.**: «Urgenda: The Final Judgment of the Dutch Supreme Court», *Journal for European Environmental & Planning Law, 2020*, n.º 17, 307-321, https://brill.com/downloadpdf/view/journals/jeep/17/3/article-p307_307.pdf

Canali, L.: «Les contentieux climatiques contre les entreprises: bilan et perspectives», en Cournil, C. y Varison, L., *Les procès climatiques,* Paris: Pedone, 2018, 67-84.

Carey, M.: *Glaciares, cambio climático y desastres naturales. Ciencia y sociedad en el Perú,* Lima: Institut français d'études andines, 2014, http://books.openedition.org/ifea/11349

Chatzinerantzis, A. y **Herz, B.**: «Climate Change Litigation - Der Klimawandel im Spiegel des Haftungsrechts», *Neue Juristische Wochenschrift (NJW),* 2010, 910-911.

Corrigan, D. P. y **Oksanen, M.**: (eds.), *Rights of Nature. A Re-Examination,* London/New York: Routledge, 2021.

Cournil, C. y **Varison, L.**: «Introduction», en Cournil, C. y Varison, L., *Les procès climatiques,* Paris: Pedone, 2018, 19-27.

Elborough, L.: «International Climate Change Litigation: Limitations and Possibilities for International Adjudication and Arbitration in Addressing the Challenge of Climate Change», *New Zealand Journal of Environmental Law,* 2017, n.° 21, 89-132, http://www.nzlii.org/nz/journals/NZJIEnvLaw/2017/5.html

Ennöckl, D. y **Fitz, J.**: «Climate change litigation in Germany and Austria — an overview», en Eva Schulev-Steindl / Monika Hinteregger / Gottfried Kirchengast / Lukas H. Meyer / Oliver C. Ruppel / Gerhard Schnedl / Karl W. Steininger (Eds.), *Climate Change, Responsibility and Liability,* Baden-Baden: Nomos, 2022, 281-298

Grasso, M. y **Heede, R.**, «Time to pay the piper: Fossil fuel companies' reparations for climate damages,» *One Earth,* Volume 6, Issue 5, 2023, 459-463, https://www.sciencedirect.com/science/article/pii/S2590332223001987

Griffin, P.: *Carbon Majors Database,* CDP Carbon Majors Report 2017 https://cdn.cdp.net/cdp-production/cms/reports/documents/000/002/327/original/Carbon-Majors-Report-2017.pdf.

Heede, R.: «Carbon Majors: Accounting for carbon and methane emissions», 2014 https://www.greenpeace.org/static/planet4-philippines-stateless/2020/06/16f918f3-exhibit-d-2-carbon-majors-accounting-for-carbon-and-methane-emissions-1854-2010-methods-and-results-report.pdf

Herzog, P.: «Die Verantwortung von Unternehmen für ihre Umweltbelastungen in Nicht-EU-Ländern», *Bayreuther Zeitschrift für Rechtswissenschaft,* 2022, n.° 3, 48-56 https://ojs.uni-bayreuth.de/index.php/bayzr/article/view/282

Hinteregger, M.: «Climate change and tort law», en Eva Schulev-Steindl / Monika Hinteregger / Gottfried Kirchengast / Lukas H. Meyer / Oliver C. Ruppel / Gerhard Schnedl / Karl W. Steininger (Eds.), *Climate Change, Responsibility and Liability,* Baden-Baden: Nomos, 2022, 383-413.

Kaminskaité-Salters, G.: *Constructing a Private Climate Change Lawsuit under English Law: A Comparative Perspective*, Alphen aan den Rijn: Kluwer Law International, 2010.

Kebrat, Y.: «State Reponsibility and Liability for Climate Change Induced Environmental Damages», en Yeh, J-R. (ed.), *Climate Change. Liability and Beyond,* Taipei: National Taiwan University Press, 2017, 61-77.

Kiefer, P.: «A looming climate disaster threatens the lives of 6,000 Peruvians», *Popular Science,* 2021, https://www.popsci.com/story/environment/climate-chane-lake-palcacocha-peru/

Lafforgue, F.: «L'établissement des responsabilités en matière de santé-environnement devant le juge français et son potentiel pour le contentieux climatique», en Christel Cournil / Leandro Varison, *Les procès climatiques,* Paris: Pedone, 2018, 233-245.

Lavorel, S. y **Torre-Schaub, M.**, *La justice climatique. Prévenir, surmonter et réparer les inegalités liées au changement climatique,* Paris: Charles Léopold Mayer, 2023.

Lutman, K. y **Strojan, L.**: «State liability for health damage caused by excessive air pollution: Constiotutinal and Private Law Aspects», *Journal of Agricultural and Environmental Law,* 2023, n.º 34, 31-52, https://ojs.mtak.hu/index.php/JAEL/article/view/11849/9624

Mergili, M.; Frey, H.; Emmer, A.; Fischer, J. T.; Cochachin, A. y **Pudasaini, S. P.**: «Revisiting the catastrophic 1941 outburst flood of Lake Palcacocha (Cordillera Blanca, Peru)», 20th EGU General Assembly, EGU2018, Proceedings from the conference held 4-13 April, 2018 in Vienna, Austria, p. 7569 https://ui.adsabs.harvard.edu/abs/2018EGUGA..20.7569M/abstract

Omuko-Jung, L. A.: «Applying the Precautionary Principle to Address the "Proof Problem" in Climate Change Litigation», *Tilburg Law Review,* 2016, n.º 1, 52-71, https://tilburglawreview.com/articles/10.1163/2211 2596-02101003

— «A rights-basis for climate compensatory claims in Kenya», en Schulev-Steindl, E.; Hinteregger, M.; Kirchengast, G.; Meyer, Lukas H.; Ruppel, Oliver C.; Schnedl, G. y Steininger, Karl W. (Eds.), *Climate Change, Responsibility and Liability,* Baden-Baden: Nomos, 2022, 179-200.

Petrinko, E.: «De la decisión d'Urgenda aux perspectives d'un nouveau contentieux climatique», en Christel Cournil / Leandro Varison, *Les procès climatiques,* Paris: Pedone, 2018, 113-128.

Pleiel, J. y **Schmalenbach, K.**: «Climate change responsibility and liability in international law», en Schulev-Steindl, E.; Hinteregger, M.; Kirchengast, G.; Meyer, Lukas H.; Ruppel, Oliver C.; Schnedl, G. y Steininger, Karl W. (Eds.), *Climate Change, Responsibility and Liability,* Baden-Baden: Nomos, 2022, 105-131.

Preston, B.: «Climate Change Litigation (Part 1)», *Carbon & Climate Law Review,* 2011, Vol. 5, n.º 1, 3-14, https://cclr.lexxion.eu/article/CCLR/2011/1/156 y https://www.jstor.org/stable/24324006

Puppe, I. y **Wright, R. W.**: «Causation in the Law: Philosophy, Doctrine and Practice», en Marta Infantino / Eleni Zervogianni (eds.), *Causation in European Tort Law,* New York (etc.): Cambridge University Press, 2017, 17-59.

Rowlands, M.: *The Environmental Crisis. Understanding the Value of Nature,* Houndmills (etc.): MacMillan Press, 2000.

Ruda González, A.: *El daño ecológico puro,* Cizur menor: Thomson Reuters Aranzadi, 2008

— «La responsabilidad por cuota de mercado a juicio», *InDret*, 2003, n.° 3, 1-33 https://raco.cat/index.php/InDret/article/view/82562 y https://indret.com/la-responsabilidad-por-cuota-de-mercado-a-juicio/.

— «Spain», en Ernst Karner / Barbara C. Steininger (eds.), *European Tort Law 2023*, Wien/New York: De Gruyter (en prensa).

— «*Fairchild v. Glenhaven Funeral Services Ltd and others, Fox v. Spousal (Midlands) Ltd, Matthews v. Associated Portland Cement Manufacturers (1978) Ltd and others*. Spanish Case Note», *European Review of Private Law*, 2004, n.° 2, 245-258, https://kluwerlawonline.com/journalarticle/European+Review+of+Private+Law/12.2/ERPL2004016

— «Uncertain causation in climate change litigation», en Endrius Cocciolo / Jordi Jaria-Manzano / Aitana De la Varga Pastor / Maria Marques-Banque (eds.), *Rethinking Environmental Law: Connectivity, Intersections and Conflicts in the Global Environmental Crisis,* Intersentia (en prensa)

Rumpf, M.: «Climate change litigation and the private sector», en Schulev-Steindl, E.; Hinteregger, M.; Kirchengast, G.; Meyer, Lukas H.; Ruppel, Oliver C.; Schnedl, G. y Steininger, Karl W.(Eds.), *Climate Change, Responsibility and Liability,* Baden-Baden: Nomos, 2022, 441-490.

Ruppel, O. C.: «Climate change, responsibility and liability — the legal system, public and private law considerations», en Schulev-Steindl, E.; Hinteregger, M.; Kirchengast, G.; Meyer, Lukas H.; Ruppel, Oliver C.; Schnedl, G. y Steininger, Karl W. (Eds.), *Climate Change, Responsibility and Liability,* Baden-Baden: Nomos, 2022, 201-278.

Semmelmayer, P.: «Climate Change and the German Law of Torts», *German Law Journal*, 2021, n.° 22, 1569-1582 https://www.cambridge.org/core/journals/german-law-journal/article/climate-change-and-the-german-law-of-torts/6B269BB58B46B7CFB62BA1353B56DFC8

Skehan, R. y **Büttner Held, B.:** The science behind climate litigation», *Renewable Energy Law and Policy Review*, Vol. 9, No. 4 (March 2020), 5-8, https://www.jstor.org/stable/26912433.

Spier, J.: «From blabla to concrete obligations: The Oslo Principles and the Principles on Climate Obligations of Enterprises», en Schulev-Steindl, E.; Hinteregger, M.; Kirchengast, G.; Meyer, Lukas H.; Ruppel, Oliver C.; Schnedl, G. y Steininger, Karl W. (Eds.), *Climate Change, Responsibility and Liability,* Baden-Baden: Nomos, 2022, 133-159.

— «The "Strongest" Climate Ruling Yet: The Dutch Supreme Court's Urgenda Judgment», *Netherlands International Law Review,* 2020, vol. 67, 319-391, https://link.springer.com/article/10.1007/s40802-020-00172-5.

Spitzer, M y **Burtscher, B.:** «Liability for Climate Change: Cases, Challenges and Concepts», *Journal of European Tort Law,* 2017, n.º 2, 137-176, https://www.wu.ac.at/fileadmin/wu/d/i/privatrecht/Spitzer/Publikationen/burtscher_spitzer__JETL_2017.pdf

Steiner, A. K. y **Mastawesha M. Engdaw:** «Climate change, its impacts, and attribution of causes: Current status and challenges», en Schulev-Steindl, E.; Hinteregger, M.; Kirchengast, G.; Meyer, Lukas H.; Ruppel, Oliver C.; Schnedl, G. y Steininger, Karl W. (Eds.), *Climate Change, Responsibility and Liability,* Baden-Baden: Nomos, 2022, 21-40.

Stuart-Smith, R. F.; G. H. Roe; S. Li y **M. R. Allen:** «Increased outburst flood hazard from Lake Palcacocha due to human-induced glacier retreat», *Nature Geoscience*, 2021, vol. 14, 85-90, https://www.nature.com/articles/s41561-021-00686-4.

Torre-Schaub, M.: *Justice climatique. Procès et actions,* Paris: CNRS Éditions, 2023.

Valderrama, A; Murillo, P.; Pari Pinto, W.; Carolina Silva Espejo, R. y **Fidel Smoll, L.:** «Evaluación ingeniero-geológico: Laguna de Palcacocha y su influencia en la ciudad de Huaraz Cordillera Blanca. Región Ancash», 2013, Informe Técnico n.º A6631, Lima: Instituto Geológico Minero y Metalúrgico (Ministerio de Energía y Minas), https://repositorio.ingemmet.gob.pe/handle/20.500.12544/1497

Vílchez Moragues, P.: «The Paris Agreement: A Significant New Thread in the Legal Tapestry of Climate Change Domestic Litigation», en Cournil, C. y Varison, L., *Les procès climatiques,* Paris: Pedone, 2018, 47-65.

Wagner, G.: *Deliktsrecht,* 14. Auf., Baden-Baden: Vahlen, 2021.

— *Klimahaftung vor Gericht,* München: C. H. Beck, 2020

Wagner, G. y **Arntz, A.:** «Liability for Climate Damage under the German Law of Torts», SSRN, 2021, https://ssrn.com/abstract=3792048

WALLNER, J.: «The first Austrian climate lawsuit», en SCHULEV-STEINDL, E.; HINTEREGGER, M.; KIRCHENGAST, G.; MEYER, LUKAS H.; RUPPEL, OLIVER C.; SCHNEDL, G. y STEININGER, KARL W. (Eds.), *Climate Change, Responsibility and Liability,* Baden-Baden: Nomos, 2022, 361-380.

WANG, H-CH.: «Adaption to Climate Change and Insurance Mechanism: A Feasible Proposal Based on a Catastrophe Insurance Model», en JIUNN-RONG YEH (ed.), *Climate Change. Liability and Beyond,* Taipei: National Taiwan University Press, 2017, 259-277.

WEGNER, S. A.: *Lo que el agua se llevó. Consecuencias y lecciones del Aluvión de Huaraz de 1941,* Colección Nota Técnica 7, Lima: Ministerio del Medio Ambiente, 2014 https://issuu.com/cultura-ancash/docs/lo_que_el_agua_se_llevo_-_steven_we/83

WEIGELT, K.: *Haftung Privater für Beiträge zum Klimawandel,* Baden-Baden: Nomos, 2022.

YEH, J-R.: «Climate Change and Reconfiguration of Environmental Liability Regime: Towards a Global Regulatory Approach», en YEH, J-R. (ed.), *Climate Change. Liability and Beyond,* Taipei: National Taiwan University Press, 2017, 79-100.

— «Climate Change: From Mitigation, to Adaptation, and to Liability and Beyond», en YEH, J-R. (ed.), *Climate Change. Liability and Beyond,* Taipei: National Taiwan University Press, 2017, 13-24.

DUE DILIGENCE ED EMISSION TRADING SYSTEM: VINCITORI E VINTI, MA A QUALI CONDIZIONI?

Milena Marinai
Estudiante de doctorado en Derecho privado
Departamento de Derecho, Università di Pisa

Resumen: En el vasto panorama de los litigios sobre el cambio climático, los jueces —incluso en Europa— parecen acoger con satisfacción la creciente demanda de condena de empresas, proporcionando la obligación genérica y no especificada de diligencia debida con contenidos precisos. Esta nueva temporada de litigios fue inaugurada por la sentencia Milieudefensie y otros contra Royal Dutch Shell Plc que, sin embargo, inevitablemente ignora la existencia de la normativa actualmente vigente sobre externalidades negativas (ETS), provocando dudas y perplejidades entre los intérpretes. A la difícil coexistencia de dos paradigmas opuestos se suma la importancia de una base jurídica (la de la diligencia debida) desprovista de certeza y especificidad, que no parece legitimar tales condenas y que, examinada más de cerca, ni siquiera parece remediada por la reciente intervención del legislador con la nueva propuesta de directiva europea (CSDD).

Palabras clave: Litigios sobre cambio climático, litigios, responsabilidad civil, debida diligencia, Sistema de Comercio de Emisiones (ETS)

Sommario: Nel vasto panorama della Climate Change Litigation i giudici — anche in Europa — sembrano accogliere la crescente domanda di condanna delle imprese dotando il generico ed imprecisato obbligo di due diligence di precisi contenuti. Ad inaugurare tale nuova stagione di contenzioso è la sentenza Milieudefensie and others v Royal Dutch Shell Plc che tuttavia, inevitabilmente, trascura l'esistenza della attualmente vigente regolamentazione delle esternalità negative (ETS) determinando in capo agli interpreti dubbi e perplessità. Alla difficile convivenza di due opposti paradigmi si aggiunge poi la criticità di una base giuridica (quella della due diligence) priva di certezza e determinatezza che non sembra valere a legittimare tali condanne e che, a ben vedere, non sembra neppure essere sanata dal recente intervento del Legislatore con la nuova proposta di direttiva europea (CSDD).

Parole chiave: Climate change litigation, contenzioso, responsabilità civile, due diligence, Emission Trading System (ETS)

Abstract: *In the vast panorama of climate change litigation, judges – also in Europe – seem to be accepting the growing demand for condemnation of companies by giving precise content to the general and unspecified due diligence obligation. Milieudefensie and Others v Royal Dutch Shell Plc heralds this new season of litigation, but inevitably overlooks the existence of a current regulation on negative externalities (ETS), leading to doubts and confusion among interpreters. In addition to the difficult coexistence of two opposing paradigms, there is also the criticality of a legal basis (that of due diligence) that lacks certainty and determinacy, which does not seem to be able to legitimise these convictions and which, on closer examination does not seem to be remedied even by the recent intervention of the legislator with the new proposal for a European directive (CSDD).*

Keywords: *Climate change litigation, litigation, civil liability, due diligence, Emission Trading System (ETS)*

1. Il personaggio tra la folla: il contenzioso contro le imprese nel quadro della Climate Change Litigation

La esponenziale produzione dei gas ad effetto serra, nonché il consequenziale riscaldamento globale originano quel tanto famigerato contenzioso noto, tra gli studiosi del diritto, come *Climate Change Litigation* che il presente contributo si propone non solo di indagare ma anche di criticare. La vastità e soprattutto la potenzialità espansiva che si dipana davanti agli occhi del giurista che si affaccia sul panorama del contenzioso climatico impone allo stesso, colto da un comprensibile sgomento, tanto un recap cognitivo degli strumenti utilizzabili, quanto un restringimento di prospettiva. Tale inevitabile restringimento è volto ad eleggere tra gli innumerevoli protagonisti di tale contenzioso, un soggetto principe. In altre parole, la prospettiva è quella di uno scenografo che fedelmente segue, in mezzo ad una folla di individui, i movimenti del soggetto designato indirizzando verso quest'ultimo il fascio di luce di cui dispone.

Si tratterà dunque, da prima, di individuare la folla in cui tale soggetto viene a trovarsi per studiarne la genesi, la conformazione, le attitudini interrelazionali e, di poi, di porre il focus sull'agente prescelto per evidenziarne gesti e caratteristiche con l'auspicio di prevederne movimenti ed evoluzioni.

Fuor di metafora si tratterà allora di inquadrare — seppur brevemente — la affollata (o, *melius*, caotica) materia del contenzioso climatico nel suo intrinseco dinamismo per poi soffermarci — più diffusamente — su quelle che sono sorprendentemente divenute (anche) a livello europeo le più indiscusse protagoniste del citato panorama, ovvero le imprese.

Procedendo con ordine l'espressione *Climate Change Litigation* allude a quel complesso di domande di tutela, azioni risarcitorie e azioni inibitorie che pongono al centro il tema del cambiamento climatico o i cui esiti abbiano implicazioni pratiche significative in materia. Del resto, la minaccia alle situazioni soggettive dei singoli e agli interessi di intere collettività (anche nazionali) ha originato quell'esigenza — che il contenzioso climatico aspira a soddisfare — di offrire tutela tanto sul piano del diritto sostanziale[1] quanto su quello del diritto processuale[2].

Se sul primo piano il giurista si è così trovato a fare i conti con gli strumenti esistenti e — soprattutto — ad immaginarne di nuovi, sul secondo si è invece trovato a spingersi nella disperata ricerca di soluzioni alla crescente domanda di accesso alla giustizia climatica[3].

Al di là della possibilità di categorizzare le singole cause[4] che presenta indubbiamente il pregio di cui questo stesso contributo si avvale, ovvero quello di consentire una comoda e rapida selezione dell'occasionale oggetto di interesse[5], non si potrà in questa sede omettere di fornire i singolari dati del panorama globale di insieme che conta, secondo i dati raccolti dal Sabin Center for Climate Change Law della Columbia Law School, nonché della Plataforma del litigio climatico para America Latina y el Caribe dell'Asociacion Interamericana para la Defensa del Ambiente[6], quasi tremila contenziosi.

Se poi fino ad oggi la *supra* citata categorizzazione ha evidenziato una marcata differenza di rilievo — ben riscontrabile, quanto meno in Europa, anche solo in termini numerici — tra le cause intentate nei confronti delle istituzioni pubbliche (innumerevoli) e quelle contro le imprese private (residuali per non dire inesistenti), negli ultimi anni il descritto *trend* ha subito una sorprendente inversione di rotta.

---

1 Già nel suo *Report of the Office of the United Nations High Commissioner for Human Rights on the Relationship between Climate Change and Human Rights*, UN doc. A/HRC/10/61 del 2009 lo *Human Rights Counsel*, dimostrava la relazione tra i diritti umani ed il cambiamento climatico.

2 Il riferimento deve intendersi alle *vexatae quaestiones* in punto di interesse ad agire, legittimazione ad agire, nesso di causalità. Infatti, si è giunti perfino a riconoscere l'interesse e la legittimazione dei ricorrenti a tutelare i diritti fondamentali delle generazioni future, *cfr. Neubauer et al. v. Germany*, 2021, in *http://climatecasechart.com/non-us-case/neubauer-et-al-v-germany/*.

3 *Cfr.* G. Ghinelli, *Le condizioni dell'azione nel contenzioso climatico: c'è un giudice per il clima?*, in *Riv. trim.dir.proc.civ.*, 4, 2021, pp. 1273 e ss.

4 Sulla base dei diversi criteri del *petitum*, della *causa petendi*, piuttosto che dell'identità dell'attore, o dell'identità del convenuto.

5 Ovvero, nel caso di specie, delle cause intentate contro le imprese.

6 Liberamente consultabili, rispettivamente, alle pagine web *http://climatecasechart.com/* e *https://litigio-climatico.com/es/fichas-de-litigio*.

Ed è proprio dell'iter evolutivo (o forse *melius* involutivo) del contenzioso contro le imprese private, nonché delle ragioni alla base del sensibile aumento di numero di liti intentate contro le stesse, nonché — e tuttavia — della scarsa solidità delle basi giuridiche brandite dai querelanti e, conseguentemente, delle perplessità scaturenti che questo contributo intende trattare, nell'auspicio di colorare il panorama esistente con pennellate di sana e ragionevole critica.

2. Il contenzioso climatico contro le imprese: un passo indietro

Sebbene i dati raccolti rendano manifeste le difficoltà di promuovere, quanto meno in Europa, azioni giudiziarie nei confronti delle società considerate corresponsabili del fenomeno del cambiamento climatico antropogenico e sebbene la causa di dette difficoltà sia facilmente individuabile nella vigente regolazione ETS[7], non si potrà tuttavia omettere la sussistenza — accanto alla attuale — di una precedente fase di contenzioso avverso le imprese, seppur principalmente — ma, come vedremo, non esclusivamente — negli Stati Uniti.

In altre parole, il sentiero intrapreso dagli odierni ricorrenti volto sia a ritenere le imprese legalmente responsabili degli impatti del cambiamento climatico, sia a risarcire le vittime attraverso le azioni di diritto comune in materia di illecito civile era già stato percorso. Negli Stati Uniti è la mancata ratifica del Protocollo di Kyoto[8] ad aver ingenerato una vera e propria reazione da parte tanto dei cittadini statunitensi quanto — e sopratutto — delle istituzioni pubbliche che dal 2005 al 2015 si rendevano le protagoniste indiscusse di un verace assalto alle compagnie petrolifere, del gas e dell'elettricità[9].

In Europa, viceversa, le vicende politiche si sono sempre caratterizzate per una grande attenzione al dibattito climatico che ha comportato, da prima, un indiscusso ruolo dell'Unione quale promotrice dello sviluppo sostenibile (Trattato di Maastricht del 1992, Trattato di Amsterdam del 1997) e, di poi, un ruolo di primaria importanza della stessa nello sviluppo e supporto del Protocollo di Kyoto sul cambiamento climatico del 1997. D'altronde i suddetti

---

7 *Cfr. amplius* par. 3.

8 Il riferimento deve intendersi al celebre trattato internazionale in materia ambientale riguardante il surriscaldamento globale e meglio noto come Protocollo di Kyoto pubblicato l'11 dicembre 1997 nella città giapponese di Kyoto in occasione della Conferenza delle parti «*COP 3*» della Convenzione quadro delle Nazioni Unite sui cambiamenti climatici (UNFCCC).

9 *Cfr.* B. Pozzo, *Climate Change Litigation in a Comparative Law Perspective*, in F. Sindico, M. Mbengue (a cura di) *Comparative Climate Change Litigation: Beyond the Usual Suspects*, 2021, pp. 593-619.

e i successivi impegni[10] sono valsi a colorare la sua posizione di leader, degli aggettivi *«legitimate, credible and effective*[11]*»*.

Tale difformità di approccio spiega dunque il mancato sviluppo, almeno in tale prima fase, di quell'acceso contenzioso che, viceversa, ha imperversato l'America.

Tuttavia ad accomunare tale primo gruppo di cause di matrice tendenzialmente extraeuropea è l'esito negativo delle stesse che si caratterizza per lasciare inevaso il pur lodevole intento dei ricorrenti, accompagnato da fragili motivazioni quando in punto di rito quando di merito[12].

Se al vigore argomentativo dei ricorrenti si contrapponevano le sorde orecchie d'oltreoceano, ciò non impediva — più consapevolmente di quanto si pensi — a tale frastuono di preparare il terreno alla discesa in campo del fenomeno del contenzioso civile transnazionale sulla corporate accountability proprio dei nostri giorni.

Del resto sembra essere proprio questo il *modus operandi*, nonché — a ben vedere — il fine ultimo di dette liti che valevano — e valgono — a rendere giustizia allo stesso appellativo con cui sono note (ovvero quello di liti strategiche[13]) e che determina quel ricercato progressivo arricchimento all'interno di una interpretazione evolutiva volta al recepimento di nuove istanze sociali.

Infine — e a mero titolo esemplificativo — si intenderà richiamare quella che si ritiene essere un'illustrazione emblematica di quanto *supra* rappresentato, nonché — e per certi versi — una visione del filo rosso che inscindibilmente unisce il contenzioso in materia. Il riferimento deve intendersi infatti,

---

10 Basti pensare *ex multis* all'adozione da parte dell'Unione Europa della *Emissions Trading Directive* (2003/87/EC) o della *Directive* 2004/101/EC o dell' «*energy-climate change package*» del 2007, del «*20-20-20 by 2020*» package o, ancora, del Trattato di Lisbona del 1 dicembre 2009.

11 J. Gupta, M. Grubb, *Climate change and European Leadership*, 2000, p.4.

12 Si vedano *ex multis Massachusetts v Environmental Protection Agency*, 2007, in *http://climatecasechart.com/case/massachusetts-v-epa/*; *California v General Motors Corp*, 2007, in *http://climatecasechart.com/case/california-v-gm-corp/*; *American Electric Power Co Inc v Connecticut*, 2011, in *http://climatecasechart.com/case/american-electric-power-co-v-connecticut/*;*Comer v Murphy Oil*, in *http://climatecasechart.com/case/comer-v-murphy-oil-usa-inc/*; *Juliana v Usa*, 2023, in *http://climatecasechart.com/case/juliana-v-united-states/*.

13 La definizione di lite strategica che si è sviluppata nei sistemi anglosassoni viene ricostruita non in ragione di peculiarità strutturali del processo, ma, al contrario, in senso funzionale, ovvero in ragione dello scopo per cui la causa viene promossa, *cfr.* A. Coomber, *Strategically litigation equality - reflections on a changing jurisprudence*, in *European Anti-Discrimination Law Review*, 2012, 11 secondo cui «*Strategic litigation (or impact or test litigation) is a form of public interest litigation where a case is pursued on behalf of an applicant or group of applicants, with a view to achieving a law reform goal beyond the individual case. While legal ethics dictate that the clients'interests are paramount in litigation, strategic litigation seeks an additional social or political impact beyond the remedy sought by the individual [...]*».

tra gli altri, al celebre caso Kivalina v Exxon Mobil *et al.*[14] in cui la popolazione di Kivalina (in Alaska) citava in giudizio Exxon Mobil e altre ventitré compagnie di combustibili fossili per i danni causati alla loro comunità dai cambiamenti climatici, in particolare chiedendo il risarcimento del danno subito a causa della necessità di affrontare i costi infrastrutturali per trasferire la città.

Infatti è proprio questo il filo rosso di cui *supra* che unisce, anche aggirando i consistenti ostacoli di cui *sub*, il contenzioso sulla responsabilità delle imprese per il clima: la costante ricerca di ascrivere alle imprese la responsabilità degli impatti del cambiamento climatico, nonché l'imputazione in capo alle stesse di un obbligo di risarcire le vittime utilizzando le azioni di diritto comune in materia di illecito civile[15].

3. Corsa ad ostacoli: l'ascrizione di una responsabilità in materia ambientale alle imprese

Se la già anticipata — e d'altronde ben nota — sussistenza di una seconda fase del contenzioso contro le imprese mal si concilia con le consistenti problematiche che ostano allo sviluppo di tali liti, il paradosso della coesistenza di un assunto e del suo opposto risulta il dato fattuale che la realtà offre e da cui partire per incentrare un'analisi accurata che interessi tanto l'ostacolo quanto il suo «vincitore».

Procedendo con ordine si tratterà da prima di inquadrare tale barriera che in Europa si frappone al regolare procedere di un contenzioso che al contrario e storicamente, nella totalità delle altre categorizzazioni[16], corre libero, per individuarne consistenza e caratteristiche e, di poi, di dare libero spazio alla curiosa indagine di chi tale barriera riesce a valicarla, pure agilmente.

---

14 *Cfr. Native Village of Kivalina et al v. ExxonMobil et al.*, 2012, in *https://climatecasechart.com/case/native-village-of-kivalina-v-exxonmobil-corp/* in cui la città di Kivalina (un comune di circa quattrocento residenti eschimesi Inupiat) sosteneva che le emissioni di gas serra da parte delle imprese convenute (tutte c.d. *Carbon Majors*) avessero contribuito causalmente ad accelerare lo scioglimento del ghiaccio marino artico, comportando così la necessità di trasferire la città.

15 *Cfr.* anche R. M. Fernandez Egea, S. Simou, A. Ruda, *Climate Change Litigation in Spain*, in F. Sindico, M. M. Mbengue (a cura di), *Comparative Climate Change Litigation: Beyond the Usual Suspects*, 2021, pp. 569-573; A. Ruda González, *Responsabilidad civil por daños climáticos: ¿mucho ruido y pocas nueces?*, in *Anuario de la Facultad de Derecho de la Universidad Autónoma de Madrid*, ISSN 1575-8427, 26, 2022, pp. 321-345.

16 Il riferimento deve intendersi al contenzioso contro gli Stati, l'Unione Europea e le altre istituzioni pubbliche, che costituiscono di fatto categorie artificiali create dagli studiosi del tema quali bussole orientative per muoversi nella fitta giunga del contenzioso climatico.

La sussistenza di ostacoli all'ascrizione di una responsabilità in capo alle aziende del resto risulta la diretta conseguenza del già menzionato grande attivismo e della crescente attenzione alle problematiche ambientali che, da sempre[17], ha caratterizzato l'Europa (contrariamente ai cugini di oltreoceano[18]) e che di fatto le ha permesso di dotarsi di precise regole e prescrizioni.

Il riferimento deve infatti intendersi al c.d. Emission Trading System (di seguito ETS), ovvero alla creazione di un mercato unico del carbonio comprensivo dei mercati geografici dei Paesi dell'UE, dell'Islanda, del Leichtensein e della Norvegia che fonda il suo funzionamento sulla previsione di una soglia massima di quantità totali di gas ad effetto serra che possono essere emessi dalle imprese coperte dal sistema e che viene progressivamente ridotta nel tempo in modo da far diminuire, sempre progressivamente, le emissioni totali[19]. Inoltre l'ammontare complessivo costituente il c.d. tetto massimo viene poi ripartito in quote, ovvero autorizzazioni ad emettere una tonnellata di emissioni che vengono distribuiti tra i vari Paesi membri. Sarà poi il singolo Stato a procedere alla distribuzione, in parte gratuita in parte tramite asta, delle quote degli impianti produttori. L'esito è quindi quello per cui alla fine di ogni anno ogni impianto sarà chiamato a restituire una quota per ogni tonnellata di gas serra che abbia effettivamente emesso con la conseguenza che lo stesso, qualora abbia emesso meno tonnellate rispetto a quelle che era autorizzato ad emettere, potrà tanto utilizzarle nell'anno successivo quanto decidere di venderle a quelle imprese che, viceversa, hanno emesso più di quanto avrebbero dovuto e che, altrimenti, si vedrebbero esposte a sanzioni pecuniarie molto gravose.

L'ordinamento giuridico europeo ha quindi scelto di allocare i costi rappresentati dalle emissioni in alcuni settori fondamentali del mercato europeo, facendo del diritto ad inquinare un bene liberamente scambiabile nel mercato[20].

In altre parole l'Unione Europea ha scelto quindi di adottare un sistema cap and trade, la cui efficienza potrebbe così risultare compromessa se, come implicitamente sotteso alle rivendicazioni avanzate dai ricorrenti nelle nuove liti intentate contro le c.d. Carbon Majors[21], le emissioni potessero in ogni caso essere considerate fatti illeciti produttivi di obbligazione risarcitoria.

---

17 E più precisamente dal Trattato di Maastricht del 1992.

18 Il riferimento deve intendersi alla — quanto meno iniziale — scarsa attenzione alle problematiche ambientale da parte degli Stati Uniti d'America, *Cfr. amplius* par. 2.

19 *Cfr.* G. Puleio, *Rimedi civilistici e cambiamento climatico antropogenico*, in *Pers. merc.*, 2021, pp. 469 ss.

20 *Cfr.* G. Puleio, *op. cit.*

21 Si intendono le grandi imprese produttrici di anidride carbonica, così R. Heede, *Tracing Anthropogenic Carbon Dioxide and Methan Emissions to Fossil Fuel and Cement Producers*, in *Climate Change*, 2014, 122, p. 229-241, che ha creato anche il c.d. *Carbon Majors Database*.

Infatti l'obiettivo perseguito dagli odierni ricorrenti avrebbe, laddove raggiunto, al di là della ontologica contraddittorietà insita nella coesistenza con una tuttora attualmente vigente regolamentazione di suddette emissioni, tanto l'effetto di far svanire nel niente la finora efficiente[22] strategia politica volta ad ottenere gli incentivi giusti inducendo le imprese che emettono gas serra a computare tra i costi e i benefici anche quelli rappresentati dalle emissioni inquinanti, quanto quello di aggravare le strategie imprenditoriali delle singole aziende che si troverebbero di fronte ad una totale incertezza circa il confine delimitativo tra lecito ed illecito.

È pur vero tuttavia che quanto sopra merita una precisazione che, per onere di completezza, non si potrà omettere: è infatti opinione diffusa quella per cui il prossimo decennio segnerà la fine del sistema ETS[23] poiché il progressivo avvicinamento dell'offerta allo zero (all'interno del meccanismo supra descritto) determinerà un radicale cambiamento del mercato.

Se, senza dubbio, un contesto come quello appena pronosticato, imporrebbe una radicale rivisitazione del presente contributo venendo meno il sistema frenante di un ingranaggio che astrattamente risulterebbe — più o meno — funzionante[24], è altresì vero che l'attualità in cui questo contributo si colloca vede il sistema ETS, pur con le recenti modifiche[25], il contesto politico-giuridico attualmente in vigore.

---

22 Numerosi studi hanno evidenziato che il sistema europeo delle quote di emissione ha consentito una riduzione delle emissioni del 3,8% a livello europeo, con punte del 20% o 30% per alcuni Paesi, come la Danimarca. *Cfr.* sul punto R. Martin, M. Muûls, U. Wagner, *An Evidence Review of the EU Emissions Trading System, focussing on Effectiveness of the System in driving Industrial Abatement*, in *https://assets.publishing.service.gov.uk/government/uploads/sys*tem/uploads/attachment_data/file/48449/5725-an-evidencereview-of-the-eu-emissions-trading-sys.pdf, 2012; T. Laing, M. Sato, M. Grubb, C. Comberti, *Assessing the Effectiveness of the EU Emissions Trading System, Centre for Climate Change Economics and Policy, Grantham Research Institute on Climate Change and the Environment*, Working Paper No. 106, 2013, in *https://www.lse.ac.uk/GranthamInstitute/wpcontent/uploads/2014/02/WP106-effectiveness-eu-emissionstrading-system.pdf*; P. Bayera, M. Aklin, *The European Union Emissions Trading System reduced CO2 emissions despite low prices*, 2020, in *https://www.pnas.org/content/117/16/8804*.

23 Ma non unanime, per una più diffusa trattazione *cfr.* M. Pahle, C. Gunther, S. Osorio, S. Quemin, *The Emerging Endgame: The EU ETS on the Road Towards Climate Neutrality*, 2023, in *https://ssrn.com/abstract=4373443*.

24 *Cfr. amplius* par. 8.

25 Il riferimento è al processo di riforma avviato nell'estate 2021 con la pubblicazione del cosiddetto pacchetto *Fit-for-55* da parte della Commissione europea a cui è seguita la proposizione di emendamenti da parte del Parlamento europeo e del Consiglio. In particolare nel dicembre 2022 è stato raggiunto un accordo provvisorio per rafforzare sostanzialmente il limite di emissioni del sistema ETS in modo che entro il 2040 la fornitura di quote sia pari a zero. Tale accordo prevede altresì un aumento dall'attuale 2,2% al 4,4% dal 2028 in poi del fattore di riduzione lineare annuale (LRF) dell'offerta espresso in percentuale del livello di emissione del 2005, una riforma del *Market Stability Reserve* (MSR), nonché la creazione di un secondo ETS (ETS2) per i combustibili fossili non regolamentati

4. La spinta alla nascita di un nuovo contenzioso: l'identificazione delle c.d. Carbon Majors

Protagonista indiscussa del panorama del contenzioso climatico, nonché scintilla scatenante l'acceso dibattito in cui il presente contributo aspira a collocarsi, è la nuova e cospicua *tranche* di cause intentate dai vari ricorrenti avverso le imprese avanti le giurisdizioni europee.

Se a lungo si è creduto che la citata regolamentazione delle esternalità negative (ETS) ponesse al riparo le imprese europee dai colpi di spada inferti dai cittadini, dalle associazioni e anche dagli stessi Stati avverso le istituzioni pubbliche e se tale convinzione del resto veniva suffragata dalla totale assenza di una casistica europea, i recenti sviluppi caratterizzati non solo dal sorgere, ma anche dal progressivo aumentare, del numero di cause di responsabilità civile per cambiamento climatico intentate contro le imprese, impongono l'apertura di un nuovo, tormentato, controverso, nonché — a tratti — paradossale capitolo di analisi[26].

Del resto il principio dello sviluppo sostenibile è non solo accattivante ma anche nobile («uno sviluppo che soddisfi i bisogni del presente senza compromettere la possibilità delle generazioni future di soddisfare i propri»[27]) ed è questo ad aver determinato il progressivo ampliamento della platea dei destinatari di numerosi documenti internazionali fino ad includere anche le imprese. Infatti se i documenti iniziali si presentavano esclusivamente nella veste di accordi tra Stati (o di proposte di accordi), la prospettiva si è progressivamente ampliata fino a ricomprendere come destinatari anche le imprese[28].

Se dunque sulla forzata convivenza del contenzioso contro le imprese con il sistema regolativo delle emissioni ci siamo già soffermati e se le implicazioni della stessa verranno meglio analizzate sub[29], si tratterà allora di indagare quelle premesse che hanno portato al quadro attuale, nonché la concreta consistenza della sorprendente ondata di liti.

---

nell'ambito del sistema ETS, accompagnato da un Fondo Sociale per il Clima (SCF) e un *Carbon Border Adjustment Mechanism* (CBAM) per affrontare i problemi di rilocalizzazione del carbonio.

26 *Cfr.* anche M. Marinai, *Il contenzioso e la legislazione climatica: un interminabile valzer sulle note della due diligence*, in *Resp. civ. e prev.*, 4, 2023, pp. 1327-1343.

27 La definizione risale alla relazione ONU *Our Common Future*, c.d. rapporto *Brundtland*, pubblicato nel 1987 dalla Commissione mondiale sull'ambiente e lo sviluppo (WCED) in cui, per la prima volta, viene introdotto il concetto di sviluppo sostenibile.

28 *Cfr.* G. Alpa, *Responsabilità degli amministratori di società e principio di «sostenibilità»*, in *Contratto e impresa*,1, 2023, p. 54.

29 *Cfr. amplius* par. 5, 6, 7, 8.

Procedendo con ordine è un dato certamente innegabile quello per cui gli importanti sviluppi della scienza del clima[30] hanno offerto ai ricorrenti una solida analisi storica delle emissioni di carbonio di determinate aziende riuscendo perfino nel difficile intento di identificare il contributo proporzionale delle maggiori società produttrici di combustibili fossili (le c.d. Carbon Majors) al riscaldamento globale[31]. Da ciò è originata quella diffusa consapevolezza per cui più della metà di dette emissioni da parte delle Carbon Majors siano state rilasciate negli ultimi quattro decenni che ha permesso di scorgere un collegamento spazio-temporale tra la singola emissione dell'impresa convenuta e la somma dell'insieme delle cause che hanno contribuito al cambiamento climatico antropogenico. È proprio quanto appena descritto che ha permesso ai ricorrenti di calcolare, secondo i criteri richiesti dai sistemi di responsabilità civile, la «responsabilità storica»[32] delle attuali concentrazioni di gas serra[33] nonché, sotto il profilo spaziale, la precisa attribuzione causale in un quadro popolato da un enorme numero di soggetti che emettono gas ad effetto serra.

Una prima iniziativa in tal senso infatti si registra nel giugno 2015, quando, seppur nell'area del Pacifico e quindi in contesto extraeuropeo, i rappresentanti di sei paesi (Filippine, Figi, Vanuatu, Kiribati, Tuvalu e Isole Salomone) sottoscrivevano la c.d. People's Declaration for Climate Justice[34] annunciando l'intenzione di proporre un'azione legale contro le principali società petrolifere che, secondo i rappresentanti di detti Stati, avrebbero messo a rischio la loro sopravvivenza. In particolare prestigiosi giuristi di suddetti Paesi individuavano la base giuridica fondante l'azione legale in quel principio di precauzione più volte richiamato dagli Oslo Principles on Global Climate Change Obligation che di fatto obbligherebbe le imprese a verificare *ex ante* gli impatti della propria attività produttiva sull'ambiente[35].

---

30 *Cfr.* R. Heede, *op. cit.*, p. 229-241; e i numerosi rapporti di valutazione dell'IPCC pubblicati ogni sei-otto anni dal Gruppo intergovernativo di esperti sul cambiamento climatico delle Nazioni Unite, in *https://ipccitalia.cmcc.it/reports/*.

31 *Cfr.* A. Foerster, *Climate Justice and Corporations*, in *King's Law Journal*, 2019, 30 (2), pp. 1-18.

32 *Cfr.* G. Puleio, *op. cit.*

33 *Cfr.* P. Maddalena, *L'ambiente e le sue componenti come beni comuni in proprietà collettiva della presente e delle future generazioni*, in *Federalismi.it*, 2011.

34 Il riferimento è alla *Dichiarazione per la giustizia climatica* adottata poi in occasione della Conferenza delle Nazioni Unite sui cambiamenti climatici a Parigi nel dicembre 2015 (COP 21).

35 *Cfr.* in particolare gli artt. 28, 29 e 30 degli *Oslo Principles on Global Climate Change Obligations* che imporrebbero alle imprese esercenti attività di produzione di combustibili fossili di valutare sia l'impatto che eventuali futuri limiti all'uso o all'estrazione di combustibili fossili potrebbero comportare per la loro situazione finanziaria sia l'impatto ambientale dei loro progetti, nonché gli effetti, anche in termini di emissioni di gas serra.

Innumerevoli sono poi le iniziative che, a questa, hanno fatto seguito tra cui *ex multis* si possono ricordare le azioni coordinate intraprese nel luglio 2017 di fronte alla Corte nazionale californiana da tre governi locali avverso ben trentacinque aziende energetiche[36], dirette a sostenere che le società convenute — per mezzo della loro attività — avessero creato le condizioni per l'innalzamento del livello del mare pur essendo perfettamente consapevoli, già dagli anni 60 del Novecento degli effetti negativi prodotti sull'ambiente[37], nonché la decisione del giugno 2018 assunta dalla Corte distrettuale della California rispetto ad una azione di *public nuisance* promossa dalla città di Oakland avverso cinque società petrolifere[38].

Come si intuirà ad interessare è soprattutto — proprio in virtù del descritto paradosso venutosi a creare — l'approdo del contenzioso in Europa che stimola, prima ancora che un'analisi critica, una considerazione circa i soggetti coinvolti, le rivendicazioni e le difese dedotte.

In questo senso si possono richiamare alcune delle cause pendenti davanti ai disorientati tribunali europei che hanno costituito le apripista della Causa (con la C maiuscola) che ci apprestiamo a meglio analizzare *infra* par.5 e che costituisce senza dubbio alcuno il cuore pulsante della analisi critica proposta, nonché alcune delle liti che ad essa sono seguite.

Merita quindi senz'altro specifica menzione tanto il caso Luciano Liiuya (in cui un agricoltore peruviano citava in giudizio in Germania un'importante società di servizi tedesca per le perdite ed i danni causati alla sua proprietà dai cambiamenti climatici)[39], quanto la recente causa intentata in Italia da dodici cittadini italiani (provenienti da aree come le Dolomiti, la Pianura Padana e le zone costiere) e da associazioni ambientaliste contro la società di energia elettrica Eni S.p.a. della quale si attende, ormai tra pochi mesi, la prima udienza[40], quanto ancora la recentissima azione intentata dallo Stato

---

36 *Cfr. County of Marin et al v Chevron, ExxonMobil, BP, Shell, Citigo Petroleum, ConocoPhillips, Peabody Energy, Arch Coal, Total, Eni, Rio Tinto, Statoil, Anadarko Petroleum, Occidental Petroleum, Repsol, Marathon Oil, Hess Corporation, Devon Energy, Encana Corp, Apache Corp and Does 1-100*, Case No. CIV1702586, 2017, in *https://docs.justia.com/cases/federal/districtcourts/california/candce/3:2017cv04935/316153/309*

37 Nel caso di specie le autorità pubbliche, al fine di dimostrare come le società convenute fossero pienamente consapevoli dell'impatto della loro condotta sull'ambiente, richiamavano una serie di documenti diffusi principalmente da comitati scientifici, come ad es. *ex multis* il paper «*Restoring the quality of our environment*» redatto nel 1965 dall'allora presidente del *Science Advisory Committee,* Lyndon Johnson.

38 *Cfr. U.S. District Court for the Northern District of California City of Oakland, et al v BP P.L.C.* (2018) C 17-06011 WHA, in *http://climatecasechart.com/case/people-state-california-vbp-plc-oakland/.*

39 *Cfr. Luciano* Lliuya *v. RWE AG*, in *https://climatecasechart.com/non-us-case/*lliuya-*v-rwe-ag/.*

40 Il riferimento è al caso *Greenpeace Italy et al. v Eni S.p.a., the Italian Ministry of Economy and Finance and Cassa Depositi e Prestiti S.p.a.*, 2023. Si tratta di una recentissima azione

della California contro ben cinque Carbon Majors del petrolio (Exxon Mobil, Shell, Chevron, ConocoPhillips, BP)[41].

In punto di rivendicazioni occorre ricordare come gli attori sostengano tanto una non curanza delle aziende convenute rispetto ai potenziali danni causati dalla loro attività, quanto il perseguimento da parte delle stesse di campagne di lobbying politico volte ad ostacolare lo sviluppo di leggi e politiche per far fronte al cambiamento climatico, quanto ancora la violazione di un generale obbligo di dovuta diligenza.

È proprio quest'ultima tesi, ovvero l'ascrizione di una responsabilità per violazione di un generale obbligo di dovuta diligenza, ad essere ripresa, sviluppata e sostenuta con forza anche dalla Causa che ci apprestiamo ad analizzare che sembra appunto uscire vincitrice — se non indenne — dallo scontro con il sistema regolativo delle emissioni attualmente vigente (ETS) e che costituisce — o melius, la si vorrebbe far costituire — la chiave di volta dell'intero paradossale sistema.

5. La sentenza Shell: il tentativo di spianare la strada per la condanna delle imprese

Il raggiungimento del *punctum pruriens* della presente trattazione impone la presentazione della pluricitata vicenda processuale il cui epilogo con le relative statuizioni è valso a renderne la fama ed il seguito.

Il riferimento è alla sentenza del 26 maggio 2021 con cui il Tribunale distrettuale de L'Aia, sezione Commercio ed Imprese, ha ritenuto che l'azienda Royal Dutch Shell (azienda operante nel settore energy) violasse l'obbligo di dovuta diligenza che la stessa avrebbe dovuto ricavare da standard non scritti derivanti da accordi internazionali, rischiando così di provocare un imminente possibile

legale intentata in Italia il 9 maggio scorso davanti al Tribunale di Roma dalle associazioni *Greenpeace* e *ReCommon* e da dodici cittadini italiani contro la società Eni e contro il Ministero dell'Economia e delle Finanze e Cassa Depositi e Prestiti (in qualità di azionisti che esercitano un controllo dominante sulla società) in cui i ricorrenti, sulla scia della storica sentenza *Shell*, rivendicano, per la prima volta anche in Italia, una responsabilità dell'impresa per i «*danni subiti e futuri, in sede patrimoniale e non, derivanti dai cambiamenti climatici a cui Eni ha significativamente contribuito con la sua condotta negli ultimi decenni, pur essendone consapevole*» e chiedono «*l'accertamento del danno e della violazione dei loro diritti umani alla vita, alla salute e a una vita familiare indisturbata*», nonché una riduzione delle emissioni di almeno il 45% entro il 2030 rispetto ai livelli del 2020, ritenendo che «*l'attuale strategia di decarbonizzazione di Eni sia palesemente in violazione degli impegni presi in sede internazionale dal governo italiano e dalla stessa società*».

41 Il riferimento deve intendersi all'atto di accusa presentato il 15 settembre 2023 dal governo della California di fronte alla Corte Superiore di San Francisco avverso cinque delle maggiori aziende produttrici di petrolio per aver taciuto sulle (da loro) conosciute conseguenze degli impatti delle loro attività. La richiesta dell'autorità ricorrente è quella della costituzione di un fondo volto a pagare i danni causati dai disastri climatici.

danno all'ambiente[42]. Di qui la conseguente imposizione da parte del Tribunale al gruppo Shell, entro il 2030, di ridurre le emissioni di CO2 del 45 % rispetto ai livelli del 2019, da attuare attraverso una profonda modifica della politica aziendale.

Più in particolare la causa veniva intentata dall'associazione ambientalistica olandese Milieudefensie (parte della più ampia rete Friends of Earth International) unitamente ad altre sei organizzazioni (tra cui anche Greenpeace Netherland) e 17.379 privati cittadini che, in un'azione collettiva, citavano in giudizio la Royal Dutch Shell sostenendo l'illegittimità della sua politica aziendale che sarebbe risultata violativa di quell'obbligo di diritto privato che impone a tutti i consociati di comportarsi secondo gli standard di cura dovuti e non scritti, per evitare di causare danni ingiusti ad altri.

In altre parole i querelanti eleggevano lo standard di diligenza non scritto (definito anche open norm) di cui al Libro VI Sezione 162 del codice civile olandese a fondamento dell'esistenza di un preciso obbligo in capo alla Royal Dutch Shell di ridurre le emissioni associate alla sua attività di impresa.

A ben vedere tali argomentazioni non costituiscono tuttavia una novità nel panorama della *litigation* in materia ambientale posto che analoghe rivendicazioni si riscontravano, seppur avverso ben diverso soggetto (lo Stato olandese) nelle pretese avanzate dai ricorrenti nel celeberrimo ed antecedente caso Urgenda[43]. Tuttavia, la menzione di tale somiglianza necessita di una subitanea precisazione volta a sottolineare la linea demarcatoria tra due contesti profondamenti diversi, quello del contenzioso contro gli Stati e quello del contenzioso contro le imprese, che vale del resto, come già anticipato, all'inquadramento all'interno di due ben distinte categorie[44].

---

42 *Cfr. Milieudefensie and others v Royal Dutch Shell Plc*, 2021, in *http://climatecasechart.com/non-us-case/milieudefensie-et-al-v-royal-dutch-shell-plc/*.

43 *Cfr. Urgenda v. The Netherlands,* 2019, in *http://climatecasechart.com/non-us-case/urgenda-foundation-v-kingdom-of-the-netherlands/*, in cui lo Stato olandese è stato ritenuto responsabile degli effetti nocivi del cambiamento climatico in quanto i suoi piani di riduzione delle emissioni erano contrari al dovere di diligenza. Per una più diffusa trattazione *cfr. amplius* J. Spier, *«The "Strongest" Climate Ruling Yet: The Dutch Supreme Court's Urgenda Judgment»,* in *Netherlands International Law* Review, 2020, pp. 319-391; J. Lin, *The first successful climate negligence case: A comment on Urgenda foundation v. the state of The Netherlands (Ministry of Infrastructure and the Environment),* in *Climate Law,* 1, 2015, pp. 65-81; K.J. De Graaf, J.H. Jans, *The Urgenda decision: Netherlands Liable for role in causing dangerous global climate change,* in *Journal of Environmental Law,* 3, 2015, pp. 517-527; J. Verschuuren, *The State of the Netherlands v Urgenda Foundation: The Hague Court of Appeal upholds judgment requiring the Netherlands to further reduce its greenhouse gas emissions,* in *Review of European, Comparative & International Environmental Law,* 1, 2019, pp. 94-98; I. Leijten, *Human rights v. Insufficient climate action: The Urgenda case,* in *Netherlands Quarterly of Human Rights,* 2, 2019, pp. 112-118; G. Rodríguez, *Responsabilidad del Estado y Cambio climatic: el caso Urgenda contra Països Bajos, in Revista Catalana de dret ambiental*, n.° 2, vol. 7, in *https://revistes.urv.cat/index.php/rcda/article/view/1703*; A. Ruda González, *Perspectives de la litigació pel canvi climàtic arran del cas Urgenda*, in *Revista catalana de dret ambiental*, 2, vol. 9, 2018.

44 *Cfr. amplius supra* par. 1.

In altre parole si tratta di una presa in prestito di similari argomentazioni che, riferite a soggetti ontologicamente diversi, determina la profonda difformità di esiti ed implicazioni[45].

Più in particolare l'interesse suscitato dal caso Milieudefensie and others v Royal Dutch Shell Plc si concentra sulla motivazione che accompagna la sentenza di accoglimento che individua infatti l'asseritamente violato dovere di diligenza nel riconoscimento della potenziale violazione degli artt. 2 e 8 della CEDU e dei diritti alla vita privata e familiare per i cittadini[46]. Infatti il Tribunale — ricordando come i diritti umani svolgano un ruolo preminente nell'accertare l'esistenza e la sostanza di uno standard di cura tenuto da Royal Dutch Shell nei confronti dei residenti nei Paesi Bassi — osserva l'esistenza di un generale obbligo in capo alla Carbon Major convenuta di intraprendere azioni appropriate per cessare e prevenire l'impatto negativo sui diritti umani causato indirettamente dal cambiamento climatico.

Non si prenderanno qui in considerazione le pur interessanti argomentazioni che il Tribunale offre sui discussi e caldi punti della legittimazione e dell'interesse ad agire[47], nonché della giurisdizione e della legge applicabile[48], in quanto la volontà che muove il presente contributo è quella — quanto meno negli intendimenti — di concentrarsi su quello standard di diligenza

---

45 *Cfr. amplius* par. 8.

46 *Cfr. Milieudefensie and others v Royal Dutch Shell Plc*, 2021, *cit.*

47 Pur ritenendo ammissibile l'azione collettiva il Tribunale decideva infatti di limitarla alla considerazione degli interessi delle generazioni attuali e future dei residenti nei Paesi Bassi e nella regione del Mare di Wadden, stabilendo quindi che le generazioni attuali e future del mondo intero non soddisfacessero i criteri di «*sufficient interest*» ai sensi della Sezione 305a del Libro III del codice civile olandese. In punto di legittimazione attiva la Corte ne nega poi la sussistenza in capo ad una delle ricorrenti, ed in particolare alla *ActionAid*, nonché nega le richieste dei 17.379 ricorrenti privati cittadini che avevano nominato *Milieudefensie* come loro rappresentante *ad litem* non sussistendo un «*sufficiently concrete individual interest*» da ritenersi distinto dall'interesse comune perseguito dall'azione collettiva, *cfr. Milieudefensie and others v. Royal Dutch Shell Plc*, *cit. Cfr.* anche B. Mayer, *The Duty of Care of Fossil-Fuel Producers for Climate Change Mitigation Milieudefensie v. Royal Dutch Shell District Court of The Hague (The Netherlands)*, in *Transnational Environmental Law*, 11:2, 2022, pp. 407-418.

48 La risoluzione del Tribunale in merito alla legge applicabile al caso trae origine dal disaccordo delle parti in merito al luogo in cui si è verificato il c.d. «*event giving rise to the damage*». Infatti per i ricorrenti l'attuazione da parte della *Royal Dutch Shell* della politica aziendale per il Gruppo Shell nei Paesi Bassi è l'evento alla base della richiesta di risarcimento che giustificherebbe l'applicazione della legge olandese. Al contrario la multinazionale individuava i c.d. «*events giving rise to the damage*» nelle singole attività di emissione di gas serra determinando così l'applicabilità di una miriade di sistemi giuridici. In definitiva quindi la statuizione del Tribunale è quella per cui l'art. 7 del Regolamento Roma II consentirebbe di identificare plurimi eventi che danno origine al danno in più Paesi e che quindi l'adozione da parte della Royal Dutch Shell della politica aziendale del gruppo Shell costituisce una causa indipendente del danno «*which may contribute to the environmental damage and imminent environmental damage*», *cfr. Milieudefensie and others v. Royal Dutch Shell Plc*, *cit*.

sopra citato che, già da alcuni, è stato definito come «the crux of the dispute»[49] e la cui semplice menzione vale da sola a spazzare via — come briciole — le precise prescrizioni proprie della regolamentazione ETS[50].

In altre parole se la causa Milieudefensie and others v. Royal Dutch Shell Plc è la vincitrice indiscussa — perfino indenne — nello scontro contro la vigente e vincolante regolamentazione ETS, l'obbligo di dovuta diligenza è l'arma letale dalla stessa brandita.

6. Due diligence: la chimera delle basi giuridiche

Il contenzioso contro le imprese in materia climatica sembra così eleggere l'obbligo di diligenza a strumento giuridico cardine nella lotta alla risoluzione della vulnerabilità radicale derivante da cambiamento climatico.

A ben vedere tale strumento non è nuovo nel panorama internazionale essendo lo stesso diffusamente utilizzato come tecnica di regolamentazione per raggiungere accordi nell'adozione, ad esempio, di trattati internazionali ai fini di regolare e salvaguardare interessi collettivi, beni comuni globali o rispondere a rischi globali[51].

In altre parole la strategia in campo internazionale è sempre stata quella di ovviare alla difficoltà di adottare norme globali attraverso l'applicazione di un concetto giuridico ampio e facilmente versatile.

Tuttavia il contraltare di tale versatilità è l'inevitabile vaghezza e alea di ambiguità che caratterizzano la sua stessa natura e che determinano i dibattiti circa la sua esistenza ed il suo contenuto.

Alcuni studiosi infatti qualificano l'obbligo di dovuta diligenza come norma di comportamento che può operare in vari ambiti del diritto internazionale[52], altri come norma convenzionale, altri ancora come norma di diritto internazionale generale[53]. Viceversa alcuni autori si oppongono all'ascrizione in capo

---

49 Trad. «*il punto cruciale, il nocciolo della controversia*», *Cfr.* P. Paiement, *Remagining the Energy corporation: Milieudefensie and others v Royal Dutch Shell Plc*, 2022, di cui è disponibile un *abstract* in *https://ssrn.com/abstract=4218965*.

50 *Cfr.* M. Marinai, *Il contenzioso e la legislazione climatica: un interminabile valzer sulle note della due diligence*, *cit.*

51 *Cfr.* A. J. Rodrigo, *Due Diligence Obligations as a Tool to Manage Radical Vulnerability from Climate Change*, in M. Campins, R. Benhaou (a cura di), *Understanding Vulnerability in the Context of Climate Change*, Barcelona, 2022, pp. 65-84.

52 *Cfr. Study Group on Due Diligence*, in *International Law, Second Report*, 2016, pp. 2-5 e, in particolare, la Risoluzione n. 8/2016, adottata dall' *International Law Association* alla settantasettesima conferenza tenuta in Johannesburg, 7-11 August 2016, che riconosce «*the importance of due diligence as a relevant standard of conduct in many areas of international law*».

53 *Cfr.* R.P. Barnidge, *The Due Diligence Principle under International Law*, in *International Community Law Review*, 8, 2006, pp. 81-121, S. Besson, *La due diligence en droit interna-*

al menzionato obbligo di uno status giuridico di principio di diritto internazionale generale a causa dell'estrema variabilità del suo ruolo e delle sue funzioni a seconda del regime in cui opera[54] che, inevitabilmente, ne determina una ontologica mancanza di autonomia.

In altre parole, secondo la tesi da ultimo richiamata, si avverte sempre la necessità di collegare l'obbligo di diligenza agli obblighi sostanziali che, di volta in volta, vengono in questione[55].

È proprio quest'ultima tesi che in realtà sembra — quanto meno allo scrivente[56] — essere maggiormente in accordo anche con la stessa definizione fornita dall'Enciclopedia Britannica secondo la quale la c.d. *due diligence* si identificherebbe in uno standard di vigilanza, attenzione e cura che si parametra alle diverse circostanze in cui la stessa viene applicata, con l'aspettativa che venga perseguita con un livello di ragionevolezza e prudenza appropriato alle circostanze particolari[57].

Del resto — e tornando più propriamente all'oggetto della presente analisi — anche la stessa Corte nella sentenza de qua nello statuire che la società Shell «must observe the due care exercised in society» statuisce altresì che tale dovere debba essere interpretato alla luce di «all circumstances of the case»[58].

Se, in altre parole la Corte ha cercato di determinare quale fosse la corretta condotta sociale che l'obbligo di *due diligence* avrebbe imposto in capo al gruppo Shell in materia di mitigazione dei cambiamenti climatici facendo riferimento alle diverse «circumstances», inevitabile sarà allora la considerazione per cui la mancata precisa individuazione di tali circostanze, determina un epilogo caratterizzato da grande incertezza e vaghezza.

---

tional, in *Recueil des cours de l'Académie du droit international de La Haye*, vol. 409, 2020, pp. 153-398. *Cfr.* anche il caso *Pulp Mills on the River Uruguay (Argentina v. Uruguay)*, in *Judgment, I.C.J. Reports*, 2010, p. 14, in cui si descrive l'obbligo di diligenza come una norma di diritto internazionale generale sia in virtù della sua considerazione come diritto consuetudinario che come principio generale del diritto.

54 In altre parole, secondo la tesi rappresentata, il dovere di diligenza si troverebbe a rivestire diverse funzioni a seconda del settore in cui si trova ad essere richiamato, per esempio: diritti umani, ambiente, diritti degli stranieri *etc*, *cfr.* A. Peters, H. Krieger, L. Kreuzer, *Due diligence: the risky risk management tool in International law*», in *Cambridge International Law Journal*, 2020, vol. 9, pp. 121-136.

55 *Cfr.* ancora A. Peters, H. Krieger, L. Kreuzer, *op. cit.*, pp. 132-134, che sostengono che «*due diligence should be seen as an emanation or sibling of other structural principles, such as good neighbour — liness and good faith*».

56 *Cfr.* anche M. Marinai, *Il contenzioso e la legislazione climatica: un interminabile valzer sulle note della due diligence*, *cit.*

57 *Cfr.* R. Sprague, S. Valentine, voce *Due diligence*, in *Enciclopedia britannica*, in *https://www.britannica.com/topic/due-diligence*.

58 *Cfr. Milieudefensie and others v Royal Dutch Shell Plc*, *cit.*

Ecco allora che i *supra* citati dubbi sembrano trovare giustificazione laddove tale obbligo, incerto nella sua stessa esistenza e perfino — anche se ne ammettesse l'esistenza — nel suo stesso contenuto, arrivi a giustificare la condanna di una impresa emittente esternalità negative regolarmente inquadrate all'interno del sistema ETS.

Per di più — ad alimentare gli interrogativi e a gettare fumo sull'analisi di una base giuridica che dovrebbe incarnare i noti requisiti della determinatezza e della certezza — vi è la presa visione delle disposizioni ausiliarie che la Corte sceglie di individuare a fianco della pluricitata e — certamente — non autonoma *due diligence*. La Corte elegge infatti a parametro di riferimento quei «widely accepted soft law instruments»[59] come ad esempio gli United Nations Guiding Principles on Business and Human Rights, l'accordo di Parigi, il Global Compact delle Nazioni Unite, le Linee Guida dell'OCSE per le imprese multinazionali, i rapporti dell'IPCC, nonché — perfino — il rapporto di Oxford.

L'inadeguatezza di tale identificazione tuttavia non tarda a palesarsi se si considera la totale assenza negli individuati trattati di qualsivoglia standard specifico che possa aiutare a determinare il livello richiesto di azione di mitigazione non solo di una impresa ma anche, e addirittura, di uno Stato.

In aggiunta — come non bastasse — occorrerà poi precisare che, da una parte, la sezione 162 del libro VI del codice civile olandese cui la Corte rimanda è uno strumento di soft law, dall'altra, il pluricitato standard of care estrapolato dall'Accordo di Parigi non può certo considerarsi vincolante per le imprese, essendo lo stesso pacificamente indirizzati solo ed esclusivamente agli Stati[60].

L'esito è quindi quello per cui — in assenza di una base giuridica vincolante e di un adeguato parametro di riferimento — la decisione della Corte di condannare l'impresa Shell alla riduzione delle emissioni di anidride carbonica di almeno il 45 % entro il 2030 sembra rivestire carattere di assoluta discrezionalità.

In altre parole la vaghezza e l'incertezza che connotano la due diligence non svaniscono neppure di fronte alla specifica individuazione della condanna statuita dalla Corte ma, al contrario, sembrano, paradossalmente, da questa confermarsi quali persistenti spade di Damocle che valgono a rendere il dovere di diligenza la chimera della responsabilità civile.

---

59 Trad. «*Strumenti di soft law ampiamente accettati*», così si legge infatti in *Milieudefensie and others v Royal Dutch Shell Plc*, *cit*.

60 Non esistono infatti fino ad oggi, a livello mondiale, casi di Governi che abbiano imposto standard ai privati per il rispetto degli Accordi di Parigi. Tuttavia sulla rivendicazione di una asserita violazione dell'Accordo di Parigi da parte delle imprese, *cfr. Milieudefensie and others v Royal Dutch Shell Plc, cit*; *Greenpeace Italy et al. v Eni S.p.a., the Italian Ministry of Economy and Finance and Cassa Depositi e Prestiti S.p.a.*, *cit*.

7. Il Legislatore e la due diligence: la nuova proposta di direttiva europea

Se quello appena descritto è indubbiamente il — lodevole o meno — tentativo intrapreso dalla giurisprudenza di fondare una condanna per responsabilità civile (e in particolare una responsabilità da cambiamento climatico) sull'esistenza di un non ben precisato dovere di diligenza, innumerevoli sono stati poi, sono e — sembra — saranno gli sforzi del legislatore volti a dettare specifiche prescrizioni recanti tale base giuridica.

Infatti, forse proprio a causa del descritto carattere sfuggente che vale a rendere alla plurimenzionata base giuridica la supra proposta qualifica di chimera, svariati sono stati e soprattutto sembrano destinati ad essere gli sguardi attenti e curiosi dei legislatori europei volti ad inquadrare un dovere difficilmente definibile.

Infatti già nel 2017 si riscontrava il primo atto legislativo teso a stabilire il dovere di diligenza, ovvero la legge francese sul dovere di diligenza, nota come *Devoir de vigilance*[61], che stabilisce il dovere di alcune grandi imprese di prevenire i danni ai diritti umani e all'ambiente nell'ambito delle loro operazioni e relazioni commerciali[62].

Tuttavia già l'esistenza di settori non solo estremamente ampi ma addirittura duplici (quello dei diritti umani e quello dell'ambiente) comporta l'inevitabile constatazione — al di là della bontà dell'intervento — di una inevitabile criticità in termini di efficacia[63].

Non diverse sono poi la legge tedesca del 2021 relativa alla vigilanza sulle catene di valore, nota anche come *Lieferkettensorgfaltspflichtengesetz*[64], nonché la legge norvegese nota come *Transparency Act*.

Tali leggi richiedono così alle aziende al di sopra di una certa dimensione — misurata ora sulla base del capitale finanziario ora del numero di dipendenti[65] — di

61 *Cfr. Loi n. 2017-399 du 27 mars 2017 relative au devoir de vigilance des societies mères et des enterprises donneuses d'ordre*, in *Journ. Off.*, n.° 74 del 28 marzo 2017.

62 *Cfr.* I. Alogna, *Environmental Law of France*, in N. A. Robinson, E. Burleson, L. Lye (a cura di.), *Comparative Environmental Law and Regulation*, 2018, 6, nota 122, p. 182.

63 *Cfr.* M. jr Stella Richter, *Corporate Sustainability Due Diligence: noterelle semiserie su problemi serissimi*, in *Riv. delle Società*, 4, 2022, p. 714.

64 Cfr sul punto per una più ampia contestualizzazione, V. G. Spindler, *Verantwortlichkeit und Haftung in Lieferantenketten - das Lieferkettensorgfaltspflichtengesetz aus nationaler und europaischer Perspektive*, in ZHR, 2022, pp. 67 ss; nonché lo studio di A. Heinen, *Deliktische Sorgfaltspflichten in transnationalen Lieferketten - Ansatze einer Haftung fur Mencherechtsbeeintrachtigungen durch Unternehmen*, Baden-Baden, 2022.

65 Tale caratteristica si riscontra anche nella proposta di direttiva del Parlamento Europeo e del Consiglio relativa al dovere di diligenza delle imprese ai fini della sostenibilità (c.d. *Corporate Sustainability Due Diligence*) che modifica la Direttiva UE 2019/1937 e che si

identificare valutare, mitigare e rendere conto dei rischi per i diritti umani associati alle loro operazioni e alla loro catena di valore[66].

Altro rilevante esempio è senz'altro costituito dalla legge olandese sulla *due diligence* del lavoro minorile che adotta un approccio diverso, concentrandosi la stessa su un ambito di applicazione ratione materiae più ristretto, ma con una portata personale più ampia. L'esito tuttavia è quello della delusione in capo a chi aveva sperato di definire una volta per tutte una delle più dibattute e «chiacchierate» basi giuridiche, ed infatti si arriva ad affermare «è solo lavoro minorile e non diritti umani e rischi ambientali nelle catene di approvvigionamento. Quindi è un peccato»[67].

Ecco allora che in un contesto come quello appena rappresentato di eterogeneità ed insufficienza regolamentativa l'Europa cerca l'impresa: perseguire un coordinamento tra tutti gli Stati nazionali attraverso la responsabilità delle imprese, le quali — a ben vedere — si dovrebbero comportare virtuosamente anche in assenza di un obbligo o comunque più virtuosamente di quanto loro imposto da norme imperative[68].

Il riferimento deve più propriamente intendersi alla proposta di direttiva sulla Corporate Sustainability Due Diligence (CSDD) presentata il 22 febbraio 2022 dalla Commissione europea, su raccomandazione del 10 marzo 2021 del Parlamento europeo, che mira all'inclusione della sostenibilità nella corporate governance e nei processi gestionali delle società appartenenti ai vari settori dell'economia, intendendo imporre una maggior responsabilizzazione della loro attività in modo da attenuare gli impatti negativi sui diritti umani e sull'ambiente nelle catene di valore[69].

Tuttavia occorrerà fin da subito rilevare come la proposta di direttiva, sopra citata e approvata il 1 giugno scorso dal Parlamento europeo, fissi un traguardo ben troppo lontano dal punto di partenza prescelto.

Infatti se l'obiettivo viene ambiziosamente individuato nella protezione e tutela dei diritti umani e degli impatti ambientali generati dalle aziende euro-

---

applica infatti alle solo imprese europee sopra i 250 dipendenti e con fatturato superiore ai 40 milioni di euro, e alle società «madri» sopra i 500 dipendenti e con un fatturato sopra i 150 milioni di euro, nonché alle sole società extra UE con un fatturato superiore ai 150 milioni di euro e con almeno 40 milioni di euro di attività nell'UE.

66 *Cfr.* M. Rajavuori, A. Savaresi, H. Van Asselt, *Mandatory due diligence laws and climate change litigation: Bridging the corporate climate accountability gap?*, in *https://ssrn.com/abstract=4112054*.

67 Così si è espressa Gisela ten Kate, coordinatrice della piattaforma MVO che supporta i programmi di responsabilità sociale delle imprese (CSR).

68 Il riferimento è al paradigma della c.d. *Corporate Social Responsability*.

69 La raccomandazione del Parlamento è in larga misura ispirata alla legislazione francese sul *Devoir de vigilance*, *cfr.* G. Racugno, D. Scano, *Il dovere di diligenza delle imprese ai fini della sostenibilità: verso un Green Deal europeo*, in *Riv. delle società*, 4, 2022, p. 726.

pee lungo l'intera catena di valore, lo «start» è ancora una volta identificato nella celeberrima e tormentatissima *due diligence*.

Se — anche in accordo al celebre proverbio italiano per cui «non tutti i mali vengono per nuocere» — tale identificazione avrebbe certamente potuto costituire una importante occasione per definire una volta per tutte il tormentato obbligo al fine di fondare condanne certe, la proposta di direttiva non sembra in realtà fronteggiare le aspettative. Infatti le prescrizioni in essa contenute non sembrano individuare quei necessari ed autonomi obblighi o doveri in relazione ai quali la diligenza (o un particolare grado di diligenza) avrebbe potuto essere chiesta. Piuttosto, la scelta è quella di limitarsi ad evocare il generico dovere di diligenza o, *melius*, una diligenza dovuta o richiesta.

La conclusione sembra allora esaursi nello stesso punto di partenza, non sembrando riuscire neppure la legislazione a superare l'impasse in cui, come visto, staziona la giurisprudenza.

In definitiva, e a discapito di quanto forse sarebbe più efficace sostenere, sembra allora che la non superata estrema genericità dell'obbligo di due diligence, unita alla attualmente vigente regolamentazione ETS osti alla concreta ascrizione di una responsabilità in capo alle imprese tanto da parte delle Corti quanto da parte del Legislatore a meno che non si accetti tanto di fondare condanne su discrezionali statuizioni dei giudici[70], quanto di connotare di illiceità emissioni permesse e specificamente regolamentate[71].

8. Brevi riflessioni e poche conclusioni

A ben vedere sembra essere rimessa in capo alla comunità internazionale la scelta dello strumento di tutela di cui la stessa intende avvalersi per tutelare la propria vulnerabilità e consistente nella alternativa tra obblighi di mezzi e obblighi di risultato[72].

La recente crescente attenzione verso la *due diligence*[73] dimostra il cambio di passo dell'Unione europea che sceglie di preferire agli obblighi di risultato

70 Come sembra fare la pluricitata sentenza della Corte distrettuale de L'Aia laddove del tutto discrezionalmente, nel caso *Milieudefensie and others v Royal Dutch Shell Plc, cit*, statuisce la condanna del gruppo Shell alla riduzione delle emissioni totali di $CO2$ del 45% rispetto ai livelli registrati nel 2019 entro il 2030. In altre parole sembra mancare una precisa base giuridica a fondamento della necessarietà di tale esatta riduzione che quindi si tradurrebbe nella citata percentuale piuttosto che in un'altra.

71 Il riferimento è alla già descritta regolamentazione ETS, *cfr. amplius* par. 3.

72 Infatti le possibili, ed alternative — seppur allo stato paradossalmente coesistenti — strade della regolamentazione ETS e della *due diligence* incarnano perfettamente i noti paradigmi delle obbligazioni di risultato (la prima) e di mezzi (la seconda).

73 Tale attenzione è dimostrata anche — e soprattutto — dalla già citata proposta di Direttiva europea recentemente approvata (CSDD).

propri di quelle logiche di mercato sottese al sistema ETS, quegli obblighi di mezzi consistenti nel citato dovere di agire secondo la dovuta diligenza.

Di qui originano tre brevi riflessioni che non si potrà in questa sede fare a meno di proporre.

La prima — già in parte anticipata — è quella per cui se è vero che la previsione di obblighi di condotta potrebbe giovare alla tutela di una pluralità di interessi e di situazioni conflittuali, ovviando altresì alle difficoltà che sono esistite e che continuano ad esistere nel cercare di adottare regole di risultato, è altrettanto vero che la vaghezza e l'indeterminatezza che li connotano priva il loro contenuto normativo di carattere di prescrittività. Infatti l'indeterminateza degli obblighi di diligenza nell'ambito dei cambiamenti climatici consente sì certamente una differenziazione più raffinata e contestualizzata che può meglio contribuire all'adempimento (offrendo agli Stati una maggior flessibilità negli impegni assunti, consentendo loro di mantenere un certo margine di apprezzamento o discrezionalità nel lavoro collettivo di lotta al cambiamento climatico) ma comporta anche, quale controaltare, l'accettazione dell'indebolimento del contenuto normativo e della riduzione dell'onere prescrittivo.

La seconda riflessione scaturente, inevitabile portato della prima, è quella per cui la mancanza di autonomia dell'obbligo di dovuta diligenza unita all'assenza di definizione dello stesso rende oggi il giudice costretto ad un patologico intervento creativo laddove si trovi a dover decidere, davanti ad una pluralità di emissioni inquinanti, quali siano rispettose di un imprecisato standard richiesto e quali invece non lo siano. L'unica alternativa a quanto prospettato sarebbe certamente quella di dotare lo standard richiesto di precisi confini delimitativi volti a rendere certo e determinato il carattere illecito di una data emissione al superamento della soglia consentita.

L'impressione che ne deriva è allora quella per cui si parte con l'intenzione di sostituire una disdegnata regolazione precisa e definita quale il meccanismo ETS con un tanto bramato ma generico obbligo di condotta, e si finisce per ricercare in tale sostituto le caratteristiche e la determinatezza propria del sostituito.

Infine la terza consiste in una riflessione aperta che origina dalla presa di consapevolezza dell'inevitabile carattere transeunte che questo stesso contributo riveste all'interno di un panorama in continua e rapidissima evoluzione: il giudizio circa l'idoneità di quell'obbligo di dovuta diligenza — tanto sbandierato dalla citata sentenza *Milieudefensie and others v Royal Dutch Shell Plc* e ripreso con forza dalla proposta di direttiva europea CSDD — a fondamento della responsabilità civile delle imprese potrà essere espresso solo sia all'esito della — già da alcuni preannunciata (ma del resto non ancora avvenuta) — effettiva abrogazione del sistema ETS, sia a seguito dello sviluppo giurisprudenziale a venire e quindi delle statuizioni forse interpretative forse creative che ne deriveranno.

Inevitabilmente l'attualità in cui il presente contributo si pone non può che caratterizzare di scetticismo l'analisi proposta che, del resto, finisce per collocarsi in ottima compagnia[74].

9. Ringraziamenti

This research is supported by the Ministry of University and Research (MUR) as part of the PON 2014-2020 «Research and Innovation» resources —Green/Innovation Action— DM MUR1061/2021.

10. Referenze

Alogna, I.: «Environmental Law of France», in Robinson, N. A., Burleson, E. y Lye, L. (a cura di.), *Comparative Environmental Law and Regulation*, 2018, 6, nota 122, p. 182.

Alpa, G.: «Responsabilità degli amministratori di società e principio di "sostenibilità"», in *Contratto e impresa*, fasc.1, 2023, p. 54.

Barnidge, R. P.: «*The Due Diligence Principle under International Law*», in *International Community Law Review*, 8, 2006, pp. 81-121.

Bayera, P. y **Aklin M.**: «The European Union Emissions Trading System reduced CO2 emissions despite low prices», 2020, in https://www.pnas.org/content/117/16/8804.

Besson, S.: *La due diligence en droit international*, in *Recueil des cours de l'Académie du droit international de La Haye*, vol. 409. 2020, pp. 153-398.

Coomber, A.: «Strategically litigation equality - reflections on a changing jurisprudence», in *European Anti-Discrimination Law Review*, 2012, 11.

De Graaf, K. J. , Jans, J. H.: «The Urgenda decision: Netherlands Liable for role in causing dangerous global climate change», in *Journal of Environmental Law,* 3, 2015, pp. 517-527.

Fernandez Egea, R. M. y **Simou, S., Ruda, A.**: «Climate Change Litigation in Spain», in Sindico, F. y Mbengue, M. (a cura di), *Comparative Climate Change Litigation: Beyond the Usual Suspects*, 2021, pp. 569-573.

74 Infatti i giuristi hanno complessivamente manifestato valutazioni perplesse sulla *due diligence* a fondamento di una responsabilità delle imprese in materia climatica che si sono tradotte in altrettante perplessità sulla recente proposta di direttiva europea. *Cfr. ex multis* P. Marchetti, *Il bicchiere mezzo pieno*, in *Riv. delle Società*, 2021, pp. 366 ss. che adotta la fortunata immagine del «*bicchiere mezzo pieno*».

Foerster, A.: «Climate Justice and Corporations», in *King's Law Journal,* 2019, 30 (2), pp. 1-18.

Ghinelli, G.: «Le condizioni dell'azione nel contenzioso climatico: c'è un giudice per il clima?», in *Riv. trim.dir.proc.civ.*, fasc. 4, 2021, pp. 1273 e ss.

Gupta, J. y **Grubb, M.**: *Climate change and European Leadership*, 2000, p.4.

Heede, R.: «Tracing Anthropogenic Carbon Dioxide and Methan Emissions to Fossil Fuel and Cement Producers», in *Climate Change*, 2014, 122, p. 229-241.

Heinen, A.: *Deliktische Sorgfaltspflichten in transnationalen Lieferketten - Ansatze einer Haftung fur Mencherechtsbeeintrachtigungen durch Unternehmen*, Baden-Baden, 2022.

Laing, M. Sato, M. Grubb, C.: «Comberti, Assessing the Effectiveness of the EU Emissions Trading System, Centre for Climate Change Economics and Policy, Grantham Research Institute on Climate Change and the Environment, Working Paper n.° 106, 2013», in https://www.lse.ac.uk/GranthamInstitute/wpcontent/uploads/2014/02/WP106-effectiveness-eu-emissionstrading-system.pdf.

Leijten, I.: «Human rights v. Insufficient climate action: The Urgenda case», in *Netherlands Quarterly of Human Rights*, 2, 2019, pp. 112-118.

Lin, J.: *The first successful climate negligence case: A comment on Urgenda foundation v. the state of The Netherlands (Ministry of Infrastructure and the Environment),* in *Climate Law,* 1, 2015, pp. 65-81.

Maddalena, P.: *L'ambiente e le sue componenti come beni comuni in proprietà collettiva della presente e delle future generazioni*, in *Federalismi.it*, 2011.

Marinai, M.: «Il contenzioso e la legislazione climatica: un interminabile valzer sulle note della due diligence», in *Resp. civ. e prev.*, 4, 2023, pp. 1327-1343.

Marchetti, P.: «Il bicchiere mezzo pieno», in *Riv. delle Società*, 2021, pp. 366 ss. che adotta la fortunata immagine del «*bicchiere mezzo pieno*».

Martin, R., Muûls, M. y **Wagner, U.**: «An Evidence Review of the EU Emissions Trading System, focussing on Effectiveness of the System in driving Industrial Abatement», in https://assets.publishing.service.gov.uk/government/uploads/system/uploads/attachment_data/file/48449/5725-an-evidencereview-of-the-eu-emissions-trading-sys.pdf, 2012.

Mayer, B.: «The Duty of Care of Fossil-Fuel Producers for Climate Change Mitigation Milieudefensie v. Royal Dutch Shell District Court of The Hague (The Netherlands)», in *Transnational Environmental Law*, 11:2, 2022, pp. 407-418.

Pahle, M.; Gunther, C.; Osorio, S. y **Quemin, S.**: «The Emerging Endgame: The EU ETS on the Road Towards Climate Neutrality», 2023, in *https://ssrn.com/abstract=4373443*.

Paiement, P.: *Remagining the Energy corporation: Milieudefensie and others v Royal Dutch Shell Plc*, 2022, di cui è disponibile un *abstract* in *https://ssrn.com/abstract=4218965*.

Peters, A.; Krieger, H. y **Kreuzer, L.**: «Due diligence: the risky risk management tool in International law», in *Cambridge International Law Journal*, 2020, vol. 9, pp. 121-136.

Pozzo, B.: «Climate Change Litigation in a Comparative Law Perspective», in F. Sindico, M. Mbengue (a cura di) *Comparative Climate Change Litigation: Beyond the Usual Suspects*, 2021, pp. 593-619.

Puleio, G.: «Rimedi civilistici e cambiamento climatico antropogenico», in *Pers. merc.*, 2021, 469 ss.

Racugno, G. y **Scano, D.**: «Il dovere di diligenza delle imprese ai fini della sostenibilità: verso un Green Deal europeo», in *Riv. delle società*, 4, 2022, p. 726.

Rajavuori, M; Savaresi, A. y **Van Asselt, H.**: «Mandatory due diligence laws and climate change litigation: Bridging the corporate climate accountability gap?», in *https://ssrn.com/abstract=4112054*.

Rodrigo, A. J.: «Due Diligence Obligations as a Tool to Manage Radical Vulnerability from Climate Change», in Campins, M. y Benhaou, R., *Understanding Vulnerability in the Context of Climate Change*, Barcelona, 2022, pp. 65-84.

Rodriguez, G.: «Responsabilidad del Estado y Cambio climatic: el caso Urgenda contra Pàises Bajos», in *Revista Catalana de dret ambiental*, n.º 2, vol. 7, in *https://revistes.urv.cat/index.php/rcda/article/view/1703.*

Ruda Gonzalez, A.: «Responsabilidad civil por daños climáticos: ¿mucho ruido y pocas nueces?», in *Anuario de la Facultad de Derecho de la Universidad Autónoma de Madrid*, ISSN 1575-8427, 26, 2022, pp. 321-345.

Ruda Gonzalez, A.: «Perspectives de la litigació pel canvi climàtic arran del cas Urgenda», in *Revista catalana de dret ambiental*, 2, vol. 9, 2018.

Sindico, F., Mbengue, M.: (a cura di), *Comparative Climate Change Litigation: Beyond the Usual Suspects*, 2021.

Spier, J.: «The "Strongest" Climate Ruling Yet: The Dutch Supreme Court's Urgenda Judgment», in *Netherlands International Law Review*, 2020, pp. 319-391.

Spindler, G.: *Verantwortlichkeit und Haftung in Lieferantenketten - das Lieferkettensorgfaltspflichtengesetz aus nationaler und europäischer Perspektive*, in ZHR, 2022, pp. 67 ss.

Sprague, R., Valentine, S.: «Voce Due diligence», in *Enciclopedia britannica*, in https://www.britannica.com/topic/due-diligence.

Richter, jr S.: «Corporate Sustainability Due Diligence: noterelle semiserie su problemi serissimi», in *Riv. delle Società*, fasc. 4, 2022, p. 714.

Verschuuren, J.: «The State of the Netherlands v Urgenda Foundation: The Hague Court of Appeal upholds judgment requiring the Netherlands to further reduce its greenhouse gas emissions», in *Review of European, Comparative & International Environmental Law,* 1, 2019, pp. 94-98.

VACACIONES RESPONSABLES EN EL CAMPING *LA BALLENA ALEGRE*

Àlex Trias
Gerente, Camping La Ballena Alegre

Resumen: El camping «La Ballena Alegre» es un establecimiento de la Costa Brava pionero en enfrentarse y dar respuesta a los desafíos que presenta el desarrollo de una actividad turística respetuosa con el medio ambiente y comprometida con la sostenibilidad. En el camping hemos implementado numerosas iniciativas para minimizar nuestro impacto ambiental y promover prácticas sostenibles. A la vez, somos conscientes de la importancia de la comunicación efectiva y la participación de los clientes en la sostenibilidad. Este enfoque que nos ha valido numerosos premios y reconocimientos. En este artículo, explicamos también las últimas iniciativas que estamos abordando: la inversión en energía fotovoltaica y los desafíos legislativos que comporta su distribución, y la compensación de la huella de carbono generada por nuestra actividad.

Palabras clave: Turismo, sostenibilidad, compensación, CO2, fotovoltaica

Abstract: *«La Ballena Alegre» is Costa Brava campsite pioneer in facing and responding to the challenges presented by the development of a tourist activity that is respectful with the environment and committed to sustainability. At our campsite, we have implemented numerous initiatives to minimize our environmental impact and promote sustainable practices. At the same time, we are aware of the importance of effective communication and customer participation in sustainability. This approach has earned us numerous awards and recognitions. In this article, we also explain the latest initiatives that we are addressing: investment in photovoltaic energy and the legislative challenges that its distribution entails, and the compensation for the carbon footprint generated by our activity.*

Keywords: *Tourism, sustainability, compensation, CO2, photovoltaics*

1. Introducción: sostenibilidad en el turismo, un sector clave para la economía catalana

La sostenibilidad se ha convertido en una preocupación global, y su importancia se refleja en todos los sectores económicos, incluido el turismo, una industria estratégica para Cataluña. Para hacernos una idea de la magnitud, dos datos: la industria turística aporta el 12 % del PIB y el 13 % del total de ocupación del país.

En este capítulo, compartimos nuestra experiencia como gestores del camping «La Ballena Alegre», un establecimiento situado en Sant Pere Pescador, en la Costa Brava, y cómo hemos abordado los retos que nos presenta la sostenibilidad a lo largo de los años. Proporcionaremos una visión detallada de las iniciativas y los esfuerzos realizados para minimizar nuestro impacto ambiental y promover prácticas sostenibles, así como el impacto que tiene la legislación en las posibilidades de desarrollo de estas iniciativas y prácticas.

La Ballena Alegre cuenta con 315 bungalows y 835 parcelas. En total, son 1.150 estancias, con capacidad para alrededor de 4.000 personas. Contamos con restaurantes, tiendas, cafeterías, espacios sociales, etc. En los meses en que estamos en pleno funcionamiento, La Ballena Alegre es totalmente equiparable a una pequeña población. Esto nos da una visión única de todas las implicaciones y de todos los procesos vinculados a crear una comunidad o ecosistema que sea sostenible, desde el estudio inicial y las inversiones necesarias, hasta la implicación de nuestros clientes para optimizar el sistema.

Ofreciendo un nivel de servicio que rivaliza con el de muchos hoteles de 4 y 5 estrellas, nos esforzamos por mantener un firme compromiso con el respeto por la naturaleza y la preservación del medio ambiente. Buscamos constantemente formas de controlar y mejorar nuestra gestión ambiental, un aspecto que consideramos crucial en nuestra oferta de hospitalidad de alta calidad.

2. La Ballena Alegre, un camping pionero

El camping La Ballena Alegre se inauguró en 1976, en los años del «boom» turístico de la Costa Brava. Su emplazamiento determinó su carácter. Ubicado frente a la extensa playa de Las Dunas de Sant Pere Pescador, y rodeado de campos de cultivo, la relación con la naturaleza ha marcado el desarrollo de nuestro camping a lo largo de casi cinco décadas.

Desde el inicio, el 70 % de nuestra clientela estaba compuesta por turistas alemanes y holandeses, países en los que empezaron a concienciarse sobre cuestiones ambientales y de reciclaje mucho antes que en España. Esto nos motivó a tomar medidas proactivas en este sentido. Empezamos a separar por fracciones cuando en Cataluña todavía no existía la recogida selectiva. Al principio, esta iniciativa suponía sobre todo un gesto y una declaración de intenciones, porque ni siquiera había empresas que pudieran dar el servicio. Con el transcurrir de los años, la recogida selectiva ya se ha convertido en la norma.

3. Logros y certificaciones

Hemos sido pioneros en implementar iniciativas que contribuyan a la conservación de la naturaleza y el cuidado del medioambiente. Hoy podemos decir que somos un camping líder en este ámbito, como certifican los premios y distinciones que se nos han otorgado.

En el año 2019, reconocimos la necesidad de no solo llevar a cabo prácticas ambientalmente responsables en nuestro camping, sino también de comunicar de manera efectiva nuestros esfuerzos. En colaboración con una empresa de comunicación, desarrollamos el programa de «Vacaciones Responsables,» que ha estado en funcionamiento durante los últimos cuatro años.

Este programa empezó explicando las iniciativas que hemos implementado en el camping para contribuir al medio ambiente y a la comunidad local. Luego, detallamos las acciones de nuestros proveedores, con quienes trabajamos estrechamente, destacando la importancia de colaborar con proveedores locales para minimizar nuestro impacto ambiental y apoyar la economía regional.

En el último año, hemos comenzado a compartir las contribuciones del personal del camping hacia la sostenibilidad y la eficiencia. Para el próximo año, nuestro enfoque será compartir lo que nuestros clientes pueden hacer para contribuir a la sostenibilidad mientras disfrutan de su estancia en el camping y en sus áreas circundantes, con el objetivo de reducir las emisiones de CO2 y promover prácticas responsables.

Este enfoque en la comunicación efectiva y la involucración de nuestros diferentes stakeholders ha sido recompensado con numerosos premios y reconocimientos.

Recientemente, hemos recibido el reconocimiento de los ADAC Camping Awards como mejor camping sostenible y respetuoso con el medio ambiente de Europa. El premio lo concede ADAC, la mayor asociación automovilística alemana. También hemos obtenido el European Solar Price, uno de los premios de sostenibilidad más importantes de Europa.

4. Sistema de mejora medioambiental constante

Estas distinciones son el reconocimiento a una trayectoria que viene de lejos. Ya en el año 2000 obtuvimos la certificación EMAS. Más avanzado que la ISO 14001, el Reglamento europeo EMAS («Eco-Gestión y Esquema de Auditoría» en inglés) establece un sistema de gestión y auditoría ambiental que está disponible para todas las organizaciones a nivel global, sin importar su actividad.

Este Reglamento ofrece una sistemática para que las organizaciones administren y mejoren de forma constante su rendimiento ambiental. EMAS incluye sus propios requisitos que lo convierten en un modelo sobresaliente en la gestión ambiental.

En el marco del EMAS, cada año proponemos acciones alternativas para mejorar nuestro sistema de gestión del medio ambiente. En estos cerca de 25 años, nos ha ayudado a buscar diferentes maneras de evolucionar.

En base a estos principios, en el contexto del camping, hemos implementado medidas ecoamigables. Por ejemplo, hemos instalado lavaplatos que minimizan el consumo de agua y construido piscinas sin el uso de hormigón, utilizando únicamente movimientos de tierra y resinas integradas con materiales naturales para evitar impactos ambientales negativos.

Asimismo, hemos incorporado sistemas de geotermia y aerotermia, y diseñado fachadas de los edificios con ventilación eficiente para reducir la dependencia del aire acondicionado. Además, todas las ventanas y bungalows están equipados con sistemas que desactivan el aire acondicionado automáticamente cuando se abren las ventanas o puertas, optimizando así el consumo energético.

Hemos desarrollado bungalows que alcanzan un impresionante nivel de sostenibilidad, llegando al 90 % de eficiencia energética, y algunos incluso generan un excedente de energía, es decir, producen más de lo que consumen. Sin embargo, para lograr este nivel de eficiencia, es esencial un uso responsable. Los huéspedes deben ajustar sus hábitos y rutinas, con acciones como ventilar los espacios y mantenerlos frescos durante el día, y hacer uso de los electrodomésticos aprovechando las horas en las que se genera energía solar y la electricidad es gratuita.

Para fomentar estas prácticas entre nuestros clientes de temporada alta, hemos implementado un concurso. Durante su estancia en el camping, los diez clientes que logren utilizar de manera más eficiente los recursos del bungalow durante cada semana de la temporada alta participan en un sorteo para ganar unas vacaciones gratuitas para el próximo año.

Este enfoque nos obliga a todos a repensar cómo podemos hacer que nuestra estancia sea más eficiente y a consumir menos energía. Nos lleva a cuestionar el paradigma tradicional de consumo energético y promueve un cambio hacia prácticas más responsables y sostenibles. El beneficio es mutuo: nosotros reducimos nuestro consumo energético y los clientes se involucran activamente en la sostenibilidad.

Estas acciones forman parte de nuestro compromiso con la sostenibilidad ambiental y son ejemplos concretos de nuestra búsqueda de prácticas más responsables en la gestión de recursos y energía en el camping.

5. Energía fotovoltaica y retos legislativos

Últimamente hemos estado realizando inversiones significativas en sistemas de energía fotovoltaica y almacenamiento mediante baterías. Y en este ámbito detectamos que la legislación no sólo no favorece, sino que incluso entorpece el desarrollo de iniciativas orientadas a generar y compartir energía verde, y reducir la huella de carbono.

Ahora contamos con una capacidad instalada de más de un megavatio en paneles solares y casi 600 kilovatios de almacenamiento en baterías. Durante la temporada baja, cuando no utilizamos esta energía, podríamos compartirla y distribuirla a la comunidad circundante.

Sin embargo, hasta la fecha, no hemos obtenido las autorizaciones necesarias ni hemos logrado implementar este sistema de colaboración. Esta situación resalta la importancia de abordar las limitaciones legislativas y crear un marco que permita la participación activa de negocios como el nuestro en la generación y distribución de energía sostenible a nivel local.

En el contexto de nuestra actividad, nos enfrentamos pues a desafíos que requieren la colaboración y la promulgación de leyes que respalden nuestras metas. Querríamos legalizar la instalación de sistemas de generación fotovoltaica y que pudiéramos compartirlo con la comunidad local, con los vecinos, y entre las comunidades energéticas.

Dentro de nuestro proyecto actual, que implica la implementación de paneles solares y baterías, estamos trabajando en la creación de una «virtual power plant» (planta de energía virtual) dentro del camping. En esta comunidad privada, que no está sujeta a prohibiciones legales, hemos instalado baterías en varios puntos del recinto. La idea es distribuir la energía generada entre los puntos de consumo a medida que se solicita y se necesita.

Imaginemos esto con una analogía, como un pueblo donde las viviendas generan electricidad en momentos diferentes y la comparten entre sí según las necesidades y los acuerdos entre los habitantes. Este verano (2023), hemos puesto en práctica este sistema y lo estamos monitorizando. Ya hemos puesto en funcionamiento las baterías en colaboración con Sonnen, una empresa alemana que ha proporcionado el hardware y el software de control. Este sistema ya se ha introducido con éxito en países como Alemania y Australia, y ahora estamos probando su viabilidad en nuestro contexto.

El proceso de legalización de esta instalación, que comprende un megavatio de energía fotovoltaica y baterías, aún no se ha completado. A pesar de haber aumentado nuestra capacidad de generación de energía de 500 kilovatios a un megavatio este año, durante el invierno tuvimos que detener la generación de energía debido a la falta de la legalización del proyecto. Nuestra demanda no es ya recibir pago por la energía generada, sino que buscamos que, al menos, alguien pueda aprovecharla, y darle un uso útil en beneficio de la comunidad.

6. Nuevos retos: la compensación de la huella de carbono

El siguiente paso en nuestra evolución hacia convertirnos en una empresa sostenible es llevar a cabo una auditoría exhaustiva del impacto de la huella de carbono que estamos generando como resultado de nuestras operaciones. El año pasado solicitamos un cálculo detallado de las emisiones de dióxido de carbono (CO2) que nuestra actividad genera, y que hemos estado realizando durante los últimos meses de la mano de Inèdit, una empresa de ecoinnovación estratégica y análisis del ciclo de vida ubicada en Barcelona.

Nuestro objetivo es comprender nuestra posición actual: desde nuestras propias emisiones, hasta las generadas por las adquisiciones de productos para el camping y todos los servicios que ofrecemos, que en conjunto conforman una especie de pequeña comunidad con: supermercado, tiendas, tres restaurantes, dos opciones de comida para llevar, tres bares y más. Queremos evaluar el impacto en la huella de carbono de todas estas actividades.

Una vez que tengamos un panorama claro de nuestras emisiones, buscaremos oportunidades para reducirlas y optimizar nuestras prácticas dentro de nuestro ámbito de actividad, sin comprometer la calidad de los servicios que ofrecemos.

Dado que nuestros clientes provienen de toda Europa y suelen viajar en caravanas y vehículos recreativos, generan emisiones de CO2 que no podemos eliminar por completo sólo con iniciativas internas.

Para explorar otras opciones de compensación de las emisiones de CO2 que generamos con nuestra actividad, colaboraremos con Azolla Projects, empresa especializada en generar créditos de carbono de valor económico para agricultores que podemos adquirir las empresas, y Xarxa Pagesa, una agrupación de agricultores que apuesta por la soberanía alimentaria, con fincas ecológicamente certificadas por el Consell Català de la Producció Agrària Ecològica (CCPAE). Con ellos estamos explorando opciones de compensación de las emisiones de CO2 que generamos con nuestra actividad. Por lo tanto, nuestro enfoque será desarrollar proyectos que tengan un impacto positivo y nos permitan compensar las emisiones de CO2 que generamos.

Este paso representa una transición a unas auténticas «vacaciones conscientes». Comenzamos por reconocer y ser conscientes de todas las emisiones de CO2 que generamos a través de nuestras actividades y servicios. Luego, nos esforzamos por reducir y compensar estas emisiones en la medida de lo posible.

Y respecto a aquellas emisiones que no podamos mitigar... nos plantean interrogantes sobre la sostenibilidad de nuestro mismo modelo de negocio y nos instan a considerar alternativas que nos permitan avanzar hacia un futuro más sostenible. ¿Crecer menos? ¿Limitar el número de personas que pueden desplazarse hasta el cámping? A día de hoy, no sabemos. Pero está claro que, si no somos sostenibles, el cambio climático será el que nos obligará a cerrar el negocio.

Debemos, pues, pensar a largo plazo: o bien nos aseguramos de que exista un equilibrio entre la actividad turística y el respeto medioambiental, o la misma actividad turística puede acabar desapareciendo.

KAVE HOME: SOSTENIBILIDAD Y RESPONSABILIDAD EN EL DISEÑO DE MOBILIARIO

Alba Obiols Sales
Directora de Sostenibilidad y RSC, Kave Home

1. Introducción a la empresa

Kave Home es una empresa líder en el diseño, fabricación y distribución de mobiliario y artículos de decoración para hogar y hostelería. Como organización, tiene una propuesta de valor equilibrada que combina diseño, calidad, sostenibilidad y precios competitivos, respaldada por una experiencia de compra integral y totalmente digitalizada.

La empresa tiene influencia directa en toda la cadena de valor del producto, desde el diseño y prototipaje del mismo en sus oficinas centrales de Sils, pasando por la industrialización y fabricación de estos en sus propios centros de fabricación de Yecla, Murcia o la multitud de fábricas con las que trabajan en Europa y Asia, hasta los canales de distribución que incluyen el comercio en línea, tiendas físicas, franquicias y distribuidores. En la actualidad, el grupo Kave Home vende sus productos a más de 80 países y tiene 120 puntos de venta físicos.

La compañía tiene a su equipo de más de 650 personas repartido en varios centros de trabajo por el mundo. Sus oficinas centrales están en Sils, donde también tienen el área de diseño y prototipaje. Tienen oficina de desarrollo de producto y fábricas de tapicería y mobiliario en Yecla, así como oficinas de desarrollo de producto y control de fabricación en India, China, Vietnam e Indonesia. En 2023 se pone en marcha un nuevo almacén logístico de más de 50.000 m2 situado en Tordera (Barcelona), con una previsión de 40.000 m2 adicionales. El macro complejo logístico incluye un centro de reciclaje y recuperación de mobiliario y un área de I+D, con el 40 % de su actividad operativa automatizada. El edificio destaca por su rendimiento ambiental social y económico, con certificación BREEAM EXCELLENT, aplicando un método internacional desarrollado por la organización BRE Global de Reino Unido, que permite medir el grado de sostenibilidad ambiental en edificaciones.

A lo largo de su historia, la organización ha adoptado un enfoque progresivo hacia la sostenibilidad y la responsabilidad ambiental y social. Se han establecido metas que reflejan el compromiso de reducir el impacto ambiental, promover prácticas éticas en las operaciones y fomentar un entorno laboral justo y seguro. Algunas de los resultados destacados hasta la fecha incluyen:

- En 2012, se lanza la primera colección de muebles fabricados con madera 100 % reciclada, derivada de palés.
- Introducción de la colección «Brenna» de jarrones, que presenta material de vidrio 100 % reciclado. Al utilizar vidrio reciclado, se minimiza el consumo de energía y los residuos asociados con la fabricación de nuevos productos de vidrio.
- En la línea de productos textiles para exteriores, y concretamente en la fabricación de alfombras, se utiliza material de rPET (plástico reciclado), lo que permite ofrecer productos duraderos, atractivos y, asimismo, se reduce la dependencia de material virgen.
- En 2018, se estrenan las oficinas centrales energéticamente eficientes.
- En 2021, la organización obtiene el certificado de Cadena de Custodia FSC® como empresa que utiliza madera de talas controladas, respaldando así la preservación de la biodiversidad y una gestión forestal responsable.
- Compromiso de consumir energía 100 % renovable con garantías de origen certificadas (GdO) en oficinas centrales, almacenes y tiendas propias, reduciendo la huella de carbono de alcance 2 a cero emisiones, y apoyando la transición hacia fuentes de energía más limpias.
- En línea con el compromiso de transparencia y rendición de cuentas, la organización lleva a cabo la verificación de la Huella de carbono generada por su actividad de acuerdo con la norma UNE-EN ISO 14064-1:2019. Esta evaluación exhaustiva ha permitido medir y cuantificar las emisiones de gases de efecto invernadero, identificar áreas de mejora y establecer objetivos claros para reducir el impacto ambiental. La verificación de la Huella de Carbono es un hito significativo en la estrategia de sostenibilidad. Brinda una comprensión precisa de las emisiones de carbono y ayuda a identificar oportunidades para reducir la huella ambiental en todas las etapas de la cadena de valor. Al obtener una visión completa de las emisiones, se toman decisiones informadas para implementar acciones concretas y efectivas que minimicen el impacto climático.

2. Estrategia de Sostenibilidad

2.1. Programa propio de Gestión Ambiental y Social: Kave Cares

La compañía ha implementado un programa de gestión en el que cuantifica sus metas y establece indicadores temporales con objetivos de impacto social y ambiental positivo. Esta estrategia subraya la importancia de la sostenibilidad y la responsabilidad social en sus operaciones. Kave Cares es un proyecto de Sostenibilidad y Responsabilidad Social a través del cual la empresa evidencia su compromiso con las mejores prácticas en este ámbito.

2.2. Entorno Regulatorio y Estándares de Referencia

Para garantizar que sus prácticas estén en línea con las expectativas y requisitos globales, la compañía realiza un análisis exhaustivo del entorno regulatorio, estudia los estándares de referencia, examina las estrategias de otros actores del sector, identifica tendencias e iniciativas clave y se involucra activamente con grupos de interés. Estos elementos actúan como palancas para su estrategia de sostenibilidad.

2.3. Compromiso con el Impacto Ambiental y Social

La empresa aspira a ser una «Empresa Net Zero», es decir, a alcanzar un balance neutro de emisiones de carbono. Además, se esfuerza por cuantificar su impacto y reducir su huella ambiental. Se adhiere al Pacto Mundial de la ONU y a la Agenda 2030, adoptando activamente los Objetivos de Desarrollo Sostenible.

Promueve el eco-diseño, la jerarquía de residuos y una gestión adecuada de los mismos. Impulsa un modelo circular de negocio y fomenta cadenas de suministro éticas.

Cabe destacar aquí el concepto de jerarquía de residuos. Con el ánimo de transformar la Unión Europea en una «sociedad del reciclado» y contribuir a la lucha contra el cambio climático, se aprobó en 2008 la Directiva 2008/98/CE del Parlamento Europeo y del Consejo, de 19 de noviembre de 2008, sobre los residuos y por la que se derogan determinadas Directivas (en adelante, Directiva Marco de residuos). Esta nueva directiva estableció el principio de jerarquía de residuos como instrumento clave que permitía disociar la relación existente entre el crecimiento económico y la producción de residuos. Dicho principio explicita el orden de prioridad en las actuaciones en materia de residuos: prevención de residuos, preparación para la reutilización, reciclado, otros tipos de valorización incluida la energética y, por último, la eliminación de los residuos.

2.4. Productos Sostenibles

La empresa produce artículos utilizando materiales renovables, reciclados, certificados y/o con acabados naturales. Estos incluyen materiales como madera, algodón y fibras naturales, así como materiales reciclados como vidrio reciclado y fibras obtenidas de botellas recicladas. Además, la compañía enfatiza la reciclabilidad de sus productos, y asimismo, uno de sus objetivos clave es aumentar su durabilidad, prolongando su vida útil y reduciendo así el impacto ambiental.

3. Caso Práctico: Aplicación del Derecho en la Economía Circular

3.1. Proyecto Kave Centres para la Recuperación de Muebles

El proyecto Kave Centres para la Recuperación de Muebles ejemplifica el enfoque innovador de la empresa en la economía circular. Con la recogida, preparación para la reutilización y puesta a la venta de muebles, Kave Home busca dar una segunda vida a sus productos. A pesar de su potencial, el proyecto enfrenta desafíos regulatorios, con interpretaciones divergentes de la Ley 7/2022, de 8 de abril, entre diferentes niveles de administración.

Actualmente, la empresa ya recupera devoluciones dañadas de clientes y productos que provienen de muestras, publicidad, shootings, ferias, entre otros. Sin embargo, el objetivo es ampliar esta actividad a los productos que están actualmente en manos de los usuarios, ofreciendo la posibilidad de que, una vez que ya no deseen el producto y antes de que acaben en el punto verde o en un vertedero, puedan devolverlos para su reacondicionamiento y reventa.

3.2. Marco Legal

El proyecto se enmarca en la Ley 7/2022, de 8 de abril, de residuos y suelos contaminados para una economía circular. En esta ley, un «residuo» se define como cualquier sustancia u objeto que su poseedor deseche o tenga la intención o la obligación de desechar. Además, se identifica a un «gestor de residuos» como la persona física o jurídica, pública o privada, registrada mediante autorización o comunicación que realice cualquiera de las operaciones que componen la gestión de los residuos, sea o no el productor de los mismos.

La misma normativa define la Preparación para la Reutilización como la operación de valorización consistente en la comprobación, limpieza o reparación, mediante la cual productos o componentes de productos que se hayan convertido en residuos se preparan para que puedan reutilizarse sin ninguna otra transformación previa y dejen de ser considerados residuos si cumplen las normas de producto aplicables de tipo técnico y de consumo.

Asimismo, se hace referencia a la Ley autonómica 20/2009, de 4 de diciembre, de prevención y control ambiental de las actividades. Esta normativa establece regímenes específicos para actividades como la valorización de residuos no peligrosos y la fabricación de muebles. Por un lado, el anexo III de la ley identifica las actividades sometidas a un régimen de comunicación, y su epígrafe 8.3 hace referencia a la fabricación de muebles; mientras que en su anexo II se identifican las actividades sometidas a un régimen de licencia ambiental, y en su epígrafe 10.7 hace referencia a las instalaciones para la valorización de residuos no peligrosos con una capacidad de hasta 100.000 toneladas por año.

Mientras que la administración estatal y autonómica describen la actividad en el marco de la Ley 7/2022, de 8 de abril, considerando que el producto objeto de la actividad coincide con la definición de residuo, y que por lo tanto se trataría de una operación de gestión de residuos relativa a la preparación para la reutilización, la administración local implicada en los trámites para implementar el proyecto Kave Centres, no reconoció la actividad descrita como parte de las operaciones que componen la gestión de los residuos.

La calificación de la actividad enmarcada en el proyecto de recuperación y reacondicionamiento de muebles es determinante a la hora de definir el proceso y los trámites administrativos obligatorios para regularizar la actividad y llevar a cabo el proyecto cumpliendo con la normativa.

4. Caso Práctico: Aplicación del Soft Law y los Objetivos de Desarrollo Sostenible en la Empresa

4.1. Objetivos de Desarrollo Sostenible (ODS) desde la Empresa

La compañía ha asumido un compromiso firme con la sostenibilidad y el desarrollo, manifestado en su adhesión al Global Compact referente al Pacto Mundial de las Naciones Unidas y su compromiso con la Agenda 2030 y los Objetivos de Desarrollo Sostenible.

4.2. Ley 11/2018, de 28 de diciembre por la que se modifica el Código de Comercio, el texto refundido de la Ley de Sociedades de Capital aprobado por el Real Decreto Legislativo 1/2010, de 2 de julio, y la Ley 22/2015, de 20 de julio, de Auditoría de Cuentas, en materia de información no financiera y diversidad

Esta ley modifica diversos cuerpos legislativos en materia de información no financiera y diversidad. En el preámbulo de la ley, se enfatiza que, al proporcionar información, las empresas deben basarse en marcos nacionales, de la Unión Europea o internacionales. La normativa acude al soft law como marco para cumplir con lo establecido en la ley. En concreto, declara que al facilitar la información, las empresas obligadas deben basarse en marcos internacionales tales como el Pacto Mundial de las Naciones Unidas, los Objetivos de Desarrollo Sostenible de las Naciones Unidas, el Acuerdo de París sobre cambio climático, los Principios Rectores sobre las empresas y los derechos humanos que ponen en práctica el marco de las Naciones Unidas para «proteger, respetar y remediar», las Líneas Directrices de la Organización de Cooperación y Desarrollo Económicos (OCDE) para Empresas Multinacionales, la norma (ISO) 26000 de la Organización Internacional de Normalización, la norma (SA) 8000 de la Responsabilidad Social Internacional, entre otras.

4.3. Aplicación Práctica de los ODS en la Empresa

Se destaca la interconexión e indivisibilidad de la Agenda 2030, subrayando que todos los ODS están interconectados y deben ser abordados en su totalidad. No se trata de una lista de objetivos de la cual las empresas puedan escoger, sino de un conjunto integral de desafíos a enfrentar. Por este motivo, las empresas deben comprometerse con los 17 ODS, que abarcan desde el fin de la pobreza hasta la alianza para los objetivos. Estos objetivos reflejan una amplia gama de desafíos y oportunidades para las empresas, y la compañía busca implementar acciones concretas en línea con cada uno de ellos.

LA DEPURADORA Y POTABILIZADORA EN STEAM. ACTIVIDAD: EL AGUA, UN BIEN ESCASO

Inmaculada Benito Nieto

Profesora de educación secundaria y bachillerato. Biología y Geología1

Cristina Verdaguer i Vidal

Profesora de educación secundaria y bachillerato. Biología y Geología[1]

Resumen: El grupo de trabajo Ciència en STEAM, que pertenece el «Centre de Recursos Pedagògics del Gironès», prepara materiales y actividades con la metodología STEAM para ser utilizadas en la educación secundaria y bachillerato. Uno de los trabajos pretende acercar los problemas asociados al acceso al agua, tales como la gestión sostenible, el saneamiento, la sequía (cambio climático), problemáticas sociales, políticas, históricas y las tecnologías asociadas al reaprovechamiento y potabilización del agua. La propuesta acerca también algunos ODS relacionados con la temática.

Palabras clave: STEAM, STEM, Metodologías, Tecnología, Sostenibilidad, Saneamiento, Justicia social, ODS.

Abstract: *The working group Science in STEAM, which belongs to the Pedagogical Resources Center of Gironès, prepares materials and activities with STEAM methodology to be used in secondary education and high school. One of the activities aims to approach the problems associated with access to water, such as sustainable management, sanitation, drought (climate change), social, political, and historical issues, as well as technologies associated with the reuse and purification of water. The proposal also addresses some SDGs related to the theme.).*

Keywords: *STEAM, STEM, Methodologies, Technology, Sustainability, Sanitation, Social justice. SDGs, Education.*

1 Miembros del Grupo *Ciència en STEAM. Centre de Recursos Pedagògics del Gironès.*

1. Introducción

Las iniciales STEAM, inicialmente STEM, se corresponden a las iniciales en inglés de Ciencia, Tecnología, Ingeniería, Arte y Matemáticas. Desde el mundo pedagógico, se habla de metodología STEAM para referirse a la presentación de actividades que tienen como objetivos enseñar a los participantes a pensar de manera crítica, usando situaciones contextualizadas, enfoques globales y transversales, pidiendo y buscando soluciones creativas y críticas en el alumnado para fomentar las vocaciones científico-tecnológicas y matemáticas, especialmente en mujeres y contextos sociales desfavorecidos[2].

Esta manera de acercarse a los contenidos en la educación secundaria y bachillerato ha provocado una demanda creciente de actividades y materiales por parte del profesorado. Es por eso que, ante la iniciativa del «Centre de Recursos Pedagògics del Gironès» (CRP-Gironès), un grupo de profesoras y profesores de la provincia de Girona decidimos unirnos para pensar, preparar y ofrecer materiales basados en esta metodología. El grupo de trabajo se inició en el curso 2019-2020 y hasta el día de hoy se han publicado tres proyectos: VeSTEAM, Projecte STEAM-Ull y *L'aigua, un bé escàs*[3].

El último proyecto elaborado por el grupo Ciencia en STEAM del CRP-Gironès, pretende ser una buena herramienta de trabajo para favorecer la reflexión individual y colectiva de los alumnos y desarrollar en cada uno de ellos una actitud de responsabilidad ante la problemática de la escasez del agua. El título que se ha dado a esta propuesta es, como se ha dicho, *L'aigua, un bé escàs*.

En septiembre de 2015, la Asamblea General de las Naciones Unidas incluyó los 17 objetivos de desarrollo sostenible (ODS) en la resolución «Agenda 2030: transformar nuestro mundo», que define una hoja de ruta unificada para hacer frente a los retos globales de la humanidad y tiene el objetivo final de promover la prosperidad a la vez que se protege el medio ambiente. La Generalitat de Catalunya inició el proceso para elaborar el Plan nacional para la implementación de la Agenda 2030 en Catalunya, que se aprobó el 25 de septiembre de 2019[4]. Consiguientemente, ya se denominan y se tienen en cuenta en muchas de las actividades y materiales que el profesorado usa en sus clases. Es por eso que, en nuestra actividad, se mencionan y aparecen implícitos los ODS siguientes: ODS 6. Garantizar la disponibilidad y una gestión sostenible del agua y el saneamiento para todas las personas,

2 Programa STEAMcat. (2023) *Checklist STEAM*. https://projectes.xtec.cat/steamcat/marc_pedagogic/check-list-steam/

3 Centre de Recursos Pedagògics del Gironès.(2023) *Grup de treball Ciència en STEAM.* https://sites.google.com/xtec.cat/crp-ciencia-en-steam/p%C3%A0gina-principal

4 Generalitat de Catalunya. *Pla nacional per a la implementació de l'Agenda 2030.* Recuperado en https://cads.gencat.cat/ca/Agenda_2030/pla-nacional/

ODS 3. Garantizar una vida sana y promover el bienestar para todas las personas en todas las edades, ODS 12. Garantizar modalidades de consumo y producción sostenibles y ODS 16. Promover sociedades pacíficas e inclusivas para conseguir un desarrollo sostenible; proporcionar acceso a la justicia para todas las personas, y desarrollar instituciones eficaces, responsables e inclusivas a todos los niveles.

La actividad se enmarca a las asignaturas de Biología y Geología de 1.° de ESO, Física y Química de 2.° de ESO, Cultura científica o Ciencias Aplicadas a la Actividad profesional de 4.° de ESO, Retos Científicos de 1.° de bachillerato y a Geología y Ciencias Ambientales de 2.° de bachillerato. También se pueden asignar algunas de las actividades a la asignatura optativa trimestral ODS de 2.° de bachillerato. Se ha diseñado de forma que sea fácilmente adaptable según la asignatura o el nivel educativo del alumnado[5].

2. Ejes temáticos

Para poder hacer frente a los conceptos y a los retos, se presentan tres ejes temáticos que se tratan a lo largo de toda la actividad. Son los siguientes:

- Agua como un bien común y un derecho de todos los ciudadanos de la Tierra y necesidad de paz para evitar injusticias.
- Escasez de agua. Concienciación de la necesidad de ahorrarla con la consecuente reducción de su consumo.
- Complejidad del proceso de depuración y potabilización del agua. Sensibilización ante la necesidad de no contaminarla.

En resumen, se entiende el agua como un derecho, la concienciación de su escasez, la necesidad de ahorro y como la tecnología nos puede ayudar a la depuración o no contaminación de esta.

3. Desarrollo de las actividades

A continuación, se presenta una relación más detallada de los apartados del proyecto.

3.1. Actividades iniciales

Primeramente, se pide una reflexión sobre la disponibilidad de agua dulce en nuestro planeta; esta aproximación se lleva a cabo a partir de una noticia

5 Generalitat de Catalunya. *Decret 175/2022, de 27 de setembre, d'ordenació dels ensenyaments de l'educació bàsica.* DOGC n.° 8762. (29-09-2022).

reciente sobre las restricciones de agua debidas a la sequía hidrológica en algunas poblaciones (Figura 1) y seguidamente, con un gráfico que representa las proporciones de agua dulce disponible que hay en nuestro planeta, se introducen algunos de los impactos negativos sobre el agua.

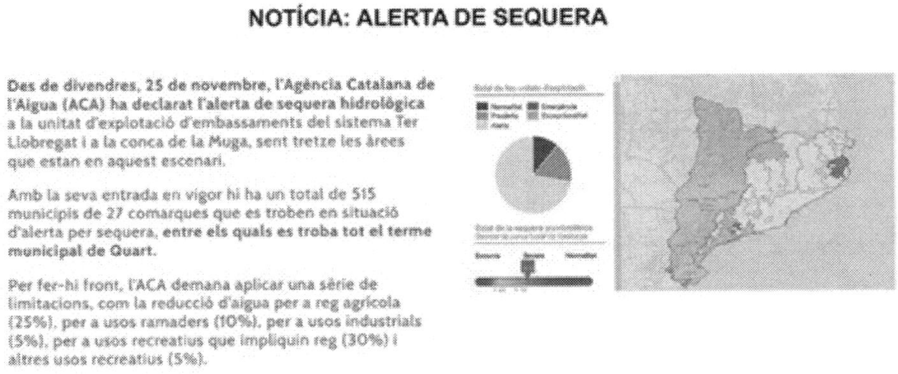

NOTÍCIA: ALERTA DE SEQUERA

Des de divendres, 25 de novembre, l'Agència Catalana de l'Aigua (ACA) ha declarat l'alerta de sequera hidrològica a la unitat d'explotació d'embassaments del sistema Ter Llobregat i a la conca de la Muga, sent tretze les àrees que estan en aquest escenari.

Amb la seva entrada en vigor hi ha un total de 515 municipis de 27 comarques que es troben en situació d'alerta per sequera, **entre els quals es troba tot el terme municipal de Quart.**

Per fer-hi front, l'ACA demana aplicar una sèrie de limitacions, com la reducció d'aigua per a reg agrícola (25%), per a usos ramaders (10%), per a usos industrials (5%), per a usos recreatius que impliquin reg (30%) i altres usos recreatius (5%).

Figura 1. Noticia sobre la alerta de sequía en Catalunya

Normalmente, siempre aparece en primer lugar la contaminación de las aguas de los ríos o la presencia de plásticos en los mares, pero la sobreexplotación de las aguas subterráneas y de aguas superficiales, la salinización de acuíferos, la alteración del régimen de los ríos construyendo embalses que no garantizan el caudal ecológico o la liberación de sedimentos en el mar, son impactos que no son familiares al alumnado; es por este motivo que también se les pide responder a preguntas que servirán al profesorado para tener una idea de los conocimientos previos sobre el tema.

Una manera más directa de obtener esta información consiste en rellenar una tabla con algunos de los posibles contaminantes presentes en las aguas antes de entrar a una depuradora. (Figura 2)

Material	S'eliminarà?	Material	S'eliminarà?	Material	S'eliminarà?
Sorra		Argila		Fertilitzants	
Metalls pesants		Pesticides		Medicaments	
Ampolla de plàstic		Bacteris		Matèria fecal	
Branques i fulles		Fang		Cabells	
Oli		Tovalloletes		Electrodomèstics	

Figura 2. Tabla con posibles contaminantes presentes en el agua

Es muy probable que el alumnado pregunte sobre el origen de alguna de estas sustancias como los medicamentos o los metales pesados y, en ese caso, se les tendrá que dar herramientas para que ellos mismos puedan obtener respuestas.

3.2. Agua y conflictos históricos

Este apartado ya entra de lleno en los conflictos políticos e históricos derivados del control de las cuencas fluviales y en cómo las prioridades en el consumo de agua son diferentes según el lugar donde se viva. Las reflexiones que vienen a continuación tienen por objetivo hacer notar al alumnado las consecuencias de la falta de acceso, rápido y seguro, al agua potable en diferentes lugares del mundo. Se subraya el hecho de que son las mujeres y niños los encargados en la tarea de obtener y transportar el agua hacia los hogares. El ODS trabajado aquí es el número 16, Paz, Justicia e instituciones sólidas.

Para empezar, se propone la visualización de un video[6] donde la idea más importante es que el agua puede ser un elemento de conflicto. Por ejemplo, el Nilo, río que atraviesa once países en total, aunque cuando es nombrado normalmente pensamos solo en Egipto. O el Tigris y el Éufrates, ríos que nacen en Turquía y continúan por Siria e Irak: si Turquía retiene demasiada agua con sus presas, puede causar sequía extrema en Irak y, de hecho, entre Siria y este último ya hubo un conflicto hace más de cuarenta años que casi acaba en guerra. Lo mismo sucede en el Indo, río que nace en territorio del Himalaya —ahora parte de China—, pasa por el norte de India y atraviesa de norte a sur el Pakistán. Pero la diferencia entre este caso y los anteriores reside en el hecho de que, gracias a un tratado del 1960, hay un acuerdo que regula el uso del agua de los dos países. E incluso en un intervalo de guerra se respetó el acceso al agua, demostrando así que, si hay buena voluntad y se respetan los acuerdos internacionales, los países pueden compartir este bien natural sin hacer sufrir a la población. El ODS 16 tiene su sentido y necesidad muy visible en estos casos.

No solo los conflictos entre países afectan a la disponibilidad de agua. Para comprobarlo, se hacen una serie de preguntas para reflexionar sobre el uso del agua y su consumo en diferentes partes del mundo. Una comparativa sobre el gasto en agua en los hogares del alumnado frente a alguna familia del Tercer Mundo, pretende despertar la conciencia social y las desigualdades que todavía están presentes en el planeta. Así, después de calcular tanto el número de viajes y el tiempo que se necesita para obtener una cantidad determinada de agua en Burkina Faso, se pide al alumnado que reflexione y decida qué tendría que cambiar en su vida cotidiana si tuvieran que hacer lo mismo.

6 TV3. (15 de mayo de 2013). Món 324 - L'aigua, una font... de conflictes. [Archivo de Vídeo]. Youtube. https://youtu.be/Pct1EJVjwDU

En resumen, se trabaja en las desigualdades sociales, de género y cómo las prioridades cambian drásticamente según la situación en la disponibilidad de agua.

3.3. Funcionamiento de una EDAR: la depuración de agua

Para entender por qué necesitamos depuradoras y potabilizadoras y cómo funcionan se necesita un apartado más técnico. Aquí queda patente la importancia de la ciencia y la tecnología en el desarrollo de nuestra sociedad, uno de los puntos clave en la metodología STEAM. El alumnado tiene que valorar cómo los gobiernos tienen la responsabilidad de promover leyes para regular desde cómo tiene que ser tratada el agua que sale de nuestros hogares, industrias y otros usos, a cómo tiene que ser la calidad mínima de ésta antes de ser liberada en los ríos u océanos, para evitar el mal uso o una nueva contaminación del agua.

Las reflexiones que se piden al finalizar la actividad están relacionadas con el ODS 6, el cual promueve un acceso universal y equitativo y a un precio asequible del agua potable. Pero, por otro lado, se trata también de mejorar la calidad del agua y aumentar sustancialmente el reciclaje y la reutilización y la depuradora es un muy buen método.

Para que el alumnado entienda el cómo y el qué del funcionamiento de una depuradora de aguas residuales, tendrá que diseñar y construir en el laboratorio una planta depuradora (ver figura 3). En STEAM se habla de modelización: hacer un modelo a escala de lo que sucede en la realidad, es una manera muy efectiva de hacer ver el trabajo y las dificultades a que se enfrentan los técnicos durante el diseño y construcción de cualquier infraestructura. Aparecerá de manera intuitiva la necesidad de equipos interdisciplinarios y se verá cómo partir de las pruebas y de los errores afloran propuestas de mejora y correcciones a lo largo de todo el proceso. Se dan recursos diversos para facilitar la tarea, tales como un video, un esquema del funcionamiento de una EDAR y un protocolo básico para el diseño y construcción del modelo de depuradora.

En la instalación que harán, el agua sucia —que ellos mismos prepararán mezclando varios productos, como restos vegetales, aceite, barro, arena, etc.— será sometida a una combinación de varios tratamientos. Después el alumnado tiene que valorar y proponer mejoras como, por ejemplo, sustituir el sistema de arenas por carbón activo o decidir la dosificación de los productos floculantes. ¿Serán efectivas sus propuestas? ¿Habrá que añadir algún desinfectante? ¿Sabrían escoger alguna acción para contaminar menos el agua utilizada en el hogar o para ahorrar? Este tipo de preguntas servirán para evaluar si su depuradora es un buen método para fomentar el ODS 6.

ANEM AL LABORATORI

ACTIVITAT 4: FEM AIGUA NETA A PARTIR D'AIGUA BRUTA

En el laboratori simulareu la construcció d'una planta depuradora d'aigües residuals. En la instal·lació que construïreu, l'aigua bruta la sotmetreu a una combinació de tractaments físics, tractaments químics i/o biològics, per tal d'eliminar en primer lloc la matèria en suspensió, les substàncies col·loidals i finalment les substàncies dissoltes i fer-la el més neta possible per restituir-la de nou al medi.

Material que necessitareu:

- 3 dipòsits de plàstic rodons
- 1 ampolla de plàstic de litre i mig
- 3 taps de suro foradats
- tub transparent

Figura 3. Propuesta para fabricar un modelo de depuradora

3.4. Funcionamiento de una ETAP: la potabilización del agua

Al igual que en otras actividades anteriores, se introduce el proceso de potabilizar el agua con la lectura de un artículo de periódico sobre la reutilización de agua en BCN[7].

Medi Ambient

SOCIETAT / CANVI CLIMÀTIC | 26/01/2023

Els barcelonins ja beuen aigua reutilitzada: la greu sequera obliga a fer un pas més

L'aigua regenerada, que ja es destinava a l'agricultura, cobrirà el 20% del consum de l'àrea metropolitana

Elena Freixa

Figura 4. Noticia Diari ARA sobre agua reutilizada como agua de bebida en Barcelona

---

7 FREIXA, E. (26 de enero de 2023) «Els barcelonins ja beuen aigua reutilitzada: la greu sequera obliga a fer un pas més». *Diari ARA*. Recuperado en https://drive.google.com/file/d/1hBWN5FBmWKFIDYZOwcy0mH82jH8LI0OX/view?usp=share_link

Pero a continuación se pide una atención especial a un fragmento de la noticia, en concreto éste:

> A diferencia del último episodio crítico del 2008, las desalinizadoras trabajan a pleno rendimiento desde hace meses y evitan que empeoren las consecuencias de la falta de agua que, a partir de ahora, se combate también, y por primera vez, con un nuevo recurso: el agua reutilizada o regenerada. En los últimos meses, parte del agua que sale de la depuradora del Prat de Llobregat y que se vertía en el mar ya se ha estado reaprovechando en el área metropolitana de Barcelona para regar campos próximos en el Llobregat o para alimentar el tramo final del río y garantizar el caudal ecológico. Ahora también ha empezado a llegar a los hogares.

Aparte de hacer una evaluación previa de conceptos como agua regenerada o reutilizada, se necesita realizar una investigación para localizar algún país donde este hecho es ya una práctica normalizada, es decir, que tiene lugar durante todo el año, no solo en verano o en temporadas de posible sequía, como en Japón. Allá y desde hace tiempo, los hogares tienen diferentes grifos según el uso que se quiera dar al agua: una para el agua de bebida o para cocinar y otro para agua de limpieza.

El alumnado con todo lo que sabe ya puede buscar información del proceso de potabilización y hacer una comparativa entre una ETAP y una EDAP. Se ha de tener ya claro el origen y destino de las aguas en cada caso. Para reafirmar estos nuevos conceptos, se propone la lectura de un documento sobre la potabilización[8] y se asocia con un cuadro a llenar por parte del alumnado. A continuación, hay unas imágenes que ayudan a entender la diferencia entre depuradora y potabilizadora y se pide al alumno que rellene una tabla comparativa.

a. Amb la informació de la web anterior i els esquemes de dalt, empleneu aquesta taula amb les diferències bàsiques sobre els tractaments d'aigües.

Característiques	Depuradora	Potabilitzadora
Objectiu: què volem aconseguir		
Procediment: quins tractaments es fan servir		
Tipus d'aigua que hi entra		
Font d'aigua: de quins llocs entra l'aigua		

Figura 5. Cuadro comparativo EDAR i ETAP

8 Fàbregas, J. (26 de febrero de 2017). «El tractament de potabilització». *Aigües.net*. Recuperado en https://www.aigues.net/el-tractament-de-potabilitzacio/

Lo que se quiere conseguir es que las diferencias —y las similitudes— entre depuración y potabilización queden muy definidas. Para comprobarlo, se pregunta el significado de aguas brutas[9], qué tipo de agua sería el de la riera que pasa junto al pueblo y si la beberían. Esta contextualización ayuda al alumnado a entender que lo que acaban de ver y trabajar es real, además de concienciarlos sobre que sus acciones pueden tener consecuencias favorables o no en el mantenimiento de la calidad de las aguas que se necesitan para vivir y para no sufrir enfermedades.

3.4. Productos finales: Cómo reducimos el consumo de agua en el centro educativo y debate sobre un conflicto actual

Unos de los datos que aparecen asociados al ODS 12. Consumo y producción responsables, es que el uso excesivo de agua contribuye a la escasez de agua mundial —y local— y, aunque el agua proviene del medio natural, la infraestructura necesaria para gestionarla, hacerla potable y asequible, es costosa. Es por eso que el ODS 16. Paz, justicia e instituciones sólidas está implicado directamente con el anterior ODS (12). Se necesitan leyes, paz y gobiernos decididos a que el acceso al agua esté garantizado.

Con las dos últimas tareas propuestas, se quiere, por un lado, motivar al alumnado para trabajar de manera significativa, o lo que es lo mismo, que comprueben que lo que han estudiado y trabajado tiene un significado, una aplicación y utilidad real. Por eso se les ofrece la posibilidad de mostrar su trabajo en el centro educativo, a sus familias e incluso a las autoridades de su población.

Por otro lado, también se espera que entiendan cómo todos estos aspectos sobre la importancia de la potabilización y depuración de agua que han ido analizando a lo largo de la actividad, están presentes en nuestra casa. Se pretende también que comprueben cómo afecta la no disponibilidad de agua de bebida a diferentes lugares del mundo y cómo puede cambiar el modus vivendi de las personas. El acceso al agua potable se considera un derecho básico de la humanidad, Derecho humano al agua y al saneamiento, ONU[10], y forma parte de uno de los ODS, en concreto el 6: Garantizar la disponibilidad de agua y su gestión sostenible y el saneamiento para todos, y

---

9 Aguas brutas: son aguas que no han sido tratadas o depuradas y que se encuentran en estado natural y pueden contener contaminantes, como por ejemplo sólidos en suspensión, bacterias, virus, nutrientes y metales pesados entre otras sustancias que pueden ser perjudiciales para la salud humana y para el medio ambiente.

10 Asamblea General de las Naciones Unidas. (28 de julio de 2010). Resolución 64/292. El derecho humano al agua y el saneamiento. https://digitallibrary.un.org/record/687002/files/A_RES_64_292-ES.pdf

conjuntamente del ODS 3: Garantizar una vida sana y promover el bienestar a todas las personas de todas las edades, pero en los lugares con conflictos geopolíticos o armados, estos derechos no son respetados.

3.4.1. Cómo reducimos el consumo de agua en el centro educativo

A fin de hacerles ver cómo nuestras decisiones y nuestra implicación directa puede acabar resultando en unos beneficios rápidos y visibles, se ofrece una primera opción como tarea final. Consiste en reflexionar sobre qué medidas —factibles— se podrían proponer en el centro educativo para disminuir el consumo de agua. Una vez ya han decidido cuáles son estos posibles cambios, tienen que hacerlos visibles para el resto de la comunidad educativa. Una manera muy fácil es preparar un póster donde, tanto la información como la manera de presentarla son importantes. Los mejores se imprimirían y expondrían en el centro. Cuando se revisan los resultados de estos trabajos colaborativos, normalmente se comprueba la imaginación y cuán diferente es la visión del alumnado respecto a nosotros, el profesorado. Si favorecemos la creatividad, los trabajos tienden a mostrar aspectos y propuestas inesperadas e innovadoras.

3.4.2. Debate: Conflicto actual

La segunda opción, muestra un conflicto geopolítico y armado real, todavía sin resolver, sobre los de los pozos de extracción de agua dulce en una frontera[11]. Los recursos para trabajar son la lectura de un artículo periodístico y la búsqueda de información sobre qué es la intrusión salina y sus consecuencias. Un resumen de la situación seria que, en la zona interior de Israel, se han hecho pozos para extraer agua subterránea que comparte acuíferos con la zona de Gaza. Esta sobreexplotación ha hecho que el acuífero en la zona próxima al mar (Gaza) sufra intrusión de agua marina del Mediterráneo y, por lo tanto, no sea potable. A Gaza no llegan ríos y no hay lagos de agua dulce, de modo que la única fuente de agua son los pozos. Además, en tanto que no disponen de métodos de tratamiento de aguas fecales, éstas llegan directamente al acuífero y no tienen manera efectiva de eliminar las bacterias patógenas debido a la falta de recursos económicos; así, es la población de Gaza la que sufre las consecuencias.

En este caso hay un acuerdo como el que tienen Pakistán e India comentado en el punto 3.2., pero no se respeta. Aunque en los acuerdos de Oslo

11 Fayanás, E. (2015, 11 de agost). «SOS por el agua en el conflicto judeo palestino». *Nueva Tribuna.es.* Recuperado en https://www.nuevatribuna.es/articulo/medio-ambiente/sos-agua-conflicto-judeo-palestino/20150811144437118997.html

el 1995 se daba derecho preferente a los palestinos para consumir agua de los acuíferos, Israel controla el sistema hídrico desde que ocupó los altos del Golán en Siria, Cisjordania y el Sinaí, con lo cual, el 60 % del agua que consumen los judíos en Israel, proviene de estos territorios palestinos y deja con una cantidad insuficiente a la población palestina. Este tipo de acciones pueden ser considerados como crímenes de guerra en el caso de conflicto armado declarado o crimen contra la humanidad, tal como indica Zlata Drnas de Clément en uno de sus ensayos:

> El Derecho Internacional Humanitario (DIH), puede ser considerado, en su núcleo duro —el que hace a la supervivencia y dignidad del género humano— un derecho de carácter supranacional, de jus cogens, constituyendo la violación de ciertas normas (tales como el daño grave, deliberado, al medio ambiente en sus condiciones esenciales para la supervivencia humana) crimen internacional (IV)[12].

El hecho más grave es que la comunidad internacional no actúa todavía para evitar o revertir esta injusticia de manera efectiva.

Considerando estos hechos, el alumnado tiene que encontrar información y después hacer una propuesta y reflexión sobre cómo se podría mejorar esta situación para evitar los problemas de salud, alimentación y otros, teniendo en cuenta el ODS 16. Después, se les pide que expongan su opinión sobre si hay un uso justo del agua en esta zona y que valoren los efectos de la extracción masiva de agua en zonas próximas al mar —salinización y contaminación—.

Otra pregunta busca hacer pensar sobre si se podría llegar a una situación parecida en la zona donde vivimos y si son correctas las medidas adoptadas por la administración respecto a la sequía. De hecho, ya existen informes desde hace unos años que alertan de la situación grave en que se encuentran los acuíferos del Ampurdán y la Costa Brava[13]. Con los datos que consigan de diferentes fuentes, tendrán que dar su opinión sobre si los usos permitidos pueden provocar alguna controversia, tal como la no restricción a instalaciones turísticas u hoteleras, el desvío de agua de las depuradoras para el riego del césped de campos de golf, o el no controlar el llenado de piscinas, sobre todo en lugares próximos a playas y otros ejemplos.

---

12 Drnas, Z. (2003) «El daño deliberado y substancial al medio ambiente, como objetivo, medio o método de guerra constituye violación de norma imperativa de derecho internacional general». En Valladares, G. P. (compilador), Abeledo, L. N., *Derecho internacional humanitario y temas de áreas vinculadas, Lecciones y Ensayos n.º. 78*, Buenos Aires, 2003, ps. 265-296. CICR ref. T2003.49/0003. Recuperado en https://www.icrc.org/es/doc/assets/files/other/10_zlata.pdf

13 «El risc de salinització amenaça bona part dels aqüífers de la Costa Brava». (20 de abril de 2009). *Diari de Girona*. Recuperado en https://www.diaridegirona.cat/c. 78 Recuperado en https://www.diaridegirona.cat/comarques/2009/04/20/risc-salinitzacio-amenaca-bona-part-49615471.html omarques/2009/04/20/risc-salinitzacio-amenaca-bona-part-49615471.html

En la conclusión final, el alumnado tiene que valorar los efectos en caso de guerra o conflicto político, y explicar quiénes son los que sufren más las deficiencias que aparecen en estos tipos de situaciones.

En resumen, con la actividad que hemos preparado, queremos que el alumnado desarrolle una actitud crítica y sensible frente las desigualdades, además de entender que la ciencia y la tecnología deberían estar siempre dedicadas a la mejora de las condiciones ambientales y de la vida en nuestro planeta. También que, gracias al trabajo conjunto de personas con diferentes profesiones, se proyectan y construyen instalaciones que mejoran la vida de la población. Conjuntamente, se tiene que entender la paz como el elemento que ayuda siempre al restablecimiento y mantenimiento de los derechos básicos, tal como el derecho al agua y, en consecuencia, la comunidad internacional y sus leyes tienen que estar pensadas para conseguirla.

4. Agradecimientos

Agradecemos el apoyo del Grup de Treball STEAM del Centre de Recursos Pedagògics del Gironès.

5. Referencias

Asamblea General de las Naciones Unidas: (28 de julio de 2010). Resolución 64/292. El derecho humano al agua y el saneamiento. https://digitallibrary.un.org/record/687002/files/A_RES_64_292-ES.pdf

Centre de Recursos Pedagògics del Gironès: (2023) *Grup de treball Ciència en STEAM.* https://sites.google.com/xtec.cat/crp-ciencia-en-steam/p%C3%A0gina-principal

Diputació de Barcelona: (s.f.). «L'Agenda 2030 i els ODS». Recuperado en https://www.diba.cat/web/ods/que-son-els-ods

Drnas, Z.: (2003) «El daño deliberado y substancial al medio ambiente, como objetivo, medio o método de guerra constituye violación de norma imperativa de derecho internacional general», en Valladares, G. P. (compilador), Abeledo, L. N., *Derecho internacional humanitario y temas de áreas vinculadas, Lecciones y Ensayos n.º. 78, Buenos Aires,* 2003, ps. 265-296. CICR ref. T2003.49/0003. Recuperado en https://www.icrc.org/es/doc/assets/files/other/10_zlata.pdf

Diari de Girona: «El risc de salinització amenaça bona part dels aqüífers de la Costa Brava» (2009, 20 de abril). Recuperado en https://www.diaridegirona.cat/comarques/2009/04/20/risc-salinitzacio-amenaca-bona-part-49615471.html

Fàbregas, J.: (26 de febrero de 2017). «El tractament de potabilització. Aigües.net» [Recuperado en https://www.aigues.net/el-tractament-de-potabilitzacio/].

Fayanás, E.: (11 de agosto de 2015). «SOS por el agua en el conflicto judeo palestino. Nueva Tribuna» [Recuperado en https://www.nuevatribuna.es/articulo/medio-ambiente/sos-agua-conflicto-judeo-palestino/20150811144437118997.html].

Freixa, E.: (26 de enero de 2023) «Els barcelonins ja beuen aigua reutilitzada: la greu sequera obliga a fer un pas més». *Diari ARA* [Recuperado en https://drive.google.com/file/d/1hBWN5FBmWKFIDYZOwcy0mH-82jH8LI0OX/view?usp=share_link].

Generalitat de Catalunya: DECRET 171/2022, de 20 de setembre, d'ordenació dels ensenyaments de batxillerat. DOGC n.º 8758. (22-09-2022)

Generalitat de Catalunya: DECRET 175/2022, de 27 de setembre, d'ordenació dels ensenyaments de l'educació bàsica. DOGC n.º 8762. (29-09-2022)

Programa STEAMcat: (2023) *Checklist STEAM.* https://projectes.xtec.cat/steamcat/marc_pedagogic/check-list-steam/

TV3: (15 de mayo de 2015). «Món 324 - L'aigua, una font... de conflictes» [Archivo de Vídeo]. *Youtube.* https://youtu.be/Pct1EJVjwDU

LOS ODS EN EL DERECHO (A MODO DE EPÍLOGO)

Albert Ruda González
Profesor agregado de Derecho civil
Facultad de Derecho, Universitat de Girona

Resumen: Los ODS obligan a una profunda revisión sobre lo que se enseña y lo que se investiga en las Facultades de Derecho. Se explica el proyecto de innovación docente llevado a cabo en la Facultad de Derecho de la UdG. Se resumen a modo de epílogo las contribuciones que componen el presente volumen y se formula una reflexión final.

Palabras clave: Sostenibilidad, desarrollo sostenible, Objetivos de Desarrollo Sostenible (ODS); docencia universitaria; investigación jurídica.

Abstract: *The SDGs require a deep review of what is taught and what is researched in Law Schools. The teaching innovation project carried out in the Faculty of Law of the UdG is briefly presented. The contributions that make up this volume are summarized as an epilogue and a final reflection is formulated.*

Keywords: *Sustainability; sustainable development; Sustainable Development Goals (SDGs); university teaching; legal research.*

1. Introducción

La formulación de los Objetivos del Desarrollo Sostenible (ODS) está suponiendo una auténtica revolución en la forma en que se enfocan muchas disciplinas científicas en los estudios que tradicionalmente se imparten en las Facultades de Derecho. Un ejemplo muy claro es el del derecho privado.

Por razones históricas obvias, la mayoría de los Códigos civiles europeos no hablan del medio ambiente. Además, la sostenibilidad de las propuestas de regulación no se tiene en cuenta ni en el momento de formular las reglas por parte de los legisladores, ni tampoco en el momento de su aplicación. La sostenibilidad no sólo invita, sino que obliga a cuestionar muchas de las reglas en sí mismas. La regulación tradicional de la propiedad privada es una buena muestra, puesto que las reglas que la integran se formularon principalmente en el siglo XIX, cuando —como resulta obvio— las ideas de sostenibilidad y protección del medio ambiente no se habían formulado en su forma actual.

En toda Europa, proliferan ahora los estudios que sujetan principalmente los estudios de Derecho al prisma de la sostenibilidad. ¿Son las reglas sobre herencias, contratos, familia, sociedades, trabajo, etc. compatibles con el desarrollo sostenible? Esta pregunta, aparentemente sencilla, invita a un reto mayúsculo, como ya apuntan algunos estudios pioneros de países de nuestro entorno cultural[1].

¿Es la regulación de la innovación, las subvenciones, el Derecho público duro (el *command and control*) reconciliable con la sostenibilidad? Por ejemplo, la irrupción de las nuevas tecnologías supone la necesidad de replantearse muchos aspectos que la legislación ni siquiera se plantea. En particular, es un caso muy conocido que el blockchain (o cadena de blogs) ofrece innumerables posibilidades. El blockchain podría comportar la supresión de múltiples intermediarios (lo que se ha dado en llamar desintermediación), incluidos los jurídicos (como los Notarios o los Registradores), lo que supondría un verdadero terremoto no sólo en la práctica jurídica sino también en el aspecto docente. Sin embargo, el propio blockchain comporta unos altísimos costes en términos ecológicos, dado que la producción de las cadenas de bloques se basa en una actividad de computación altamente exigente en clave de consumo energético. Así pues, el Derecho debe plantearse un posicionamiento que estimule la innovación disruptiva, pues es imposible poner puertas al campo y oponerse cual descerebrado a una evolución tecnológica que trae consigo numerosas ventajas, pero al mismo tiempo, por puro respeto a los ODS, no hay que perder de vista la sostenibilidad de las soluciones tecnológicas por las que se aboga.

Estos casos son meramente algunos pequeños ejemplos de las profundas implicaciones que la sostenibilidad puede tener sobre los tradicionales currícula.

En este sentido, la UdG ha venido desarrollando un trabajo interdisciplinario en torno a la sostenibilidad, en el seno de una Red de Innovación Docente (de la que es miembro el decano de la Facultad de Derecho y autor de este trabajo, sea dicho de paso). Se trata de la Red de Innovación Docente sobre los ODS en la docencia. Esta publicación es, en sí misma, en parte fruto de ese trabajo.

---

1 *V.gr*. en Holanda el estudio pionero de Bram Akkermans, «Duurzaam Goederenrecht: naar een herijking van on goederenrechtelijk stelsel ?», *Tijdschrift voor Privaatrecht,* 2018, n.° 55(3), 1437-1470; más recientemente, Mathilde Hautereau-Boutonnet, Le code civil: un code pour el environnement, Paris: Dalloz, 2021.

Sobre esa base, el análisis de la sostenibilidad puede tener un impacto a varios niveles:

a) Formulación de las competencias («la sostenibilidad de las soluciones legales»).

b) Definición de los temarios.

c) Manera cómo se enseñan las asignaturas (¿los métodos docentes son sostenibles?).

d) Métodos de evaluación (p.ej. uso del papel, nuevas tecnologías, etc.).

e) Formulación de los contenidos (reglas objeto de estudio y análisis).

Con esas premisas, la Facultad de Derecho de la UdG se embarcó en un proyecto, llamado «Estudios sostenibles», que se propuso poner en relación los numerosos estudios que se están realizando en relación con la sostenibilidad en clave ecológica, el desarrollo sostenible en clave económica, la protección del medio ambiente en clave jurídica, y la docencia de todo ello.

En esta línea, el Programa de Naciones Unidas para el Desarrollo ha formulado el Objetivo del Desarrollo Sostenible n.° 16, que lleva por título «Paz, justicia e instituciones sólidas». El ODS en cuestión debe llevar al profesorado de las Facultades de Derecho a replantear cuál es su papel en tanto que formadores y especialmente de los juristas para conseguir el objetivo de justicia en el sentido a que se refiere el Programa.

Dada la amplitud del ODS en cuestión, que se refiere a conceptos tan amplios como la paz, la justicia y las instituciones, el proyecto implica la revisión de numerosos aspectos del currículo tradicional, desde el marco institucional del Estado, a los aspectos de seguridad, tratamiento de los delitos, políticas de prevención, marco económico para combatir la pobreza, etc. El propio Programa de Naciones Unidas desarrolla el ODS de forma muy amplia.

El proyecto se aleja de una simple idea de enseñar el Derecho, la Criminología o las Ciencias Políticas de forma diferente. Se trata de evaluar a fondo cómo la sostenibilidad impacta de pleno sobre todos los aspectos relativos a la docencia, desde la definición de los grados y másteres en las memorias hasta la evaluación de los estudiantes.

En este sentido, se trata de una propuesta madura (porque se basa en un trabajo previo de la XID); escalable, puesto que puede beneficiar a múltiples grados (y másteres) y centros; alineada con el Plan Estratégico de la propia universidad, ya que se refiere directamente a los ODS; es innovadora, porque tal revisión nunca se ha llevado a cabo en dicha facultad y, uno se atrevería a decir, posiblemente en muy pocas facultades, si hay alguna, que se sepa, en estudios como los de la FD, al menos de nuestro entorno.

En definitiva, es necesaria una revisión profunda de cómo enseñamos en las Facultades de Derecho y cómo los ODS impactan sobre nuestro ámbito, cómo redefinir métodos, enfoques y curricula, así como formular propuestas sobre lo mismo que se estudia.

Con ese objetivo, y en el marco de la reflexión aquí esbozada, un equipo de profesorado, liderado por quien esto escribe, ha llevado a cabo una revisión del diseño y curricular de los estudios. Sin embargo, convenía contrastar los primeros resultados con especialistas de otros centros que están llevando a cabo trabajos, si no del todo coincidentes, al menos parecidos en cuanto a los objetivos. A tal fin, se organizó en la Facultad de Derecho de la UdG una jornada sobre sostenibilidad en la docencia del Derecho, en la que tuviese cabida también la dimensión de la investigación que, en definitiva, acaba trasladándose —por ósmosis o de modo indirecto— a lo que los profesores acabamos enseñando en clase.

2. Perspectivas

Abre el volumen el prof. Josep Calbó Angrill (Vicerector de Proyectos Estratégicos e Internacionalización de la UdG). El Dr. Calbó es físico ambiental, y ha participado en estudios vinculados al IPPC, de modo que es un gran conocedor, desde la perspectiva científico-natural, de la problemática que en este volumen se analiza jurídicamente. Tras señalar cómo la jornada que da pie a este volumen encaja en el marco de actividad más general de la UdG, resalta el significado del desarrollo sostenible como contrapunto al crecimiento, y la sintonía de la misma con algunos objetivos previstos en el Plan de Ambientalización de la propia universidad.

La Prof. Elena Fátima Pérez Carrillo (Universidad de León) firma un capítulo titulado «Sostenibilidad, empresa, justicia, aportaciones para un enfoque innovador del aprendizaje y la docencia». Dada su condición de profesora de Derecho mercantil, seguramente no sorprenda que aborde el estudio de los ODS en clave de responsabilidad social corporativa (RSC).

La autora sintetiza la experiencia de innovación docente llevada a cabo en su Universidad al hilo de los ODS, en el seno del grupo DerMerUle. El trabajo estudiantil pretende introducir al alumnado en la sostenibilidad y acercarles al mundo real, apunta. Ese acercamiento es fundamental, dado que las empresas han ido introduciéndose, a su vez, en la cultura de la sostenibilidad y han ido redactando sus códigos de conducta con ese enfoque.

El objetivo de la actividad era, según afirma Pérez, «aprovechar enseñanzas del Derecho Mercantil de la sostenibilidad, para encontrar soluciones sostenibles en la vida universitaria». Aunque la actividad concluyó con un saldo positivo en términos de consecución de los objetivos propuestos, apunta algunos aspectos a mejorar, que incluyen más participación de alumnos de otros grupos y mayor autoresponsabilidad de los estudiantes,

Alfonso Ortega Giménez (Universidad Miguel Hernández, Elche) es otro de los ponentes de este volumen, con un trabajo sobre «El "ODS 16" y la "necesidad" de alegación y prueba del derecho extranjero en el actual proceso civil con elemento extranjero en España». El autor, profesor de Derecho internacional privado, analiza el régimen de alegación y prueba del Derecho extranjero conforme al ordenamiento jurídico español, en el contexto de la Agenda 2030 y los ODS.

El enfoque se su ponencia, pues, adopta el punto de vista del investigador, que se ocupa de la incidencia de los ODS en un aspecto concreto de su disciplina. El autor parte de la base de que «[l]os retos actuales planteados por la pobreza, el hambre, la disminución de los recursos naturales, la escasez de agua, la desigualdad social, la degradación ambiental, las enfermedades, la corrupción, el racismo y la xenofobia, entre otros factores, suponen un desafío para la paz y generan un terreno fértil para el surgimiento de conflictos.» Por ello resulta fundamental la rendición de cuentas a través del sistema de justicia, y de ahí el reto de alegar y probar el Derecho extranjero, para lo cual conviene evitar que se convierta en un obstáculo al acceso a la justicia.

El autor concluye que España tiene que apostar decididamente por fomentar el acceso a la justicia en procesos civiles internacionales y el cumplimiento del ODS 16; asimismo, en esos procesos el juzgador debe adoptar un papel activo en relación con la alegación y prueba del referido Derecho extranjero.

El tercer capítulo de la obra lo ha elaborado la Prof. Ana FERNÁNDEZ PÉREZ (Universidad de Alcalá de Henares), y versa sobre «La influencia de los ODS en el Derecho internacional privado: una mirada desde la docencia». La autora, igual como en el caso del autor precedente, es especialista en Derecho internacional privado, de modo que examina cómo los ODS impactan en dicha disciplina.

Según pone de relieve, los ODS no mencionan al Derecho privado como tal, pero en aquella tienen influencia en múltiples aspectos. Por ello, señala, hace falta reevaluar el «enfoque tradicionalmente neutral y comercial» de dicha disciplina. La incorporación de los ODS en los estudios de Derecho preparará a los estudiantes para, en su futuro desempeño profesional, afrontar los retos con que se encuentren de una manera «más holística y responsable». La autora explora el previsible impacto de los ODS no solo en el Derecho contractual sino también en el de la responsabilidad civil extracontractual o aquiliana, incluidas las situaciones transfronterizas.

La autora dedica una particular atención al desarrollo del soft law en este ámbito, soft law que, si bien, dada su naturaleza blanda, no genera verdaderas obligaciones jurídicas, sí que incide también en la configuración actual del Derecho internacional privado. Fernández también explora la incidencia de los ODS en la docencia y enumera una serie de formas de incluirlos en la enseñanza de dicha materia. Finalmente, expone la experiencia de la docencia de una asignatura sobre arbitraje y mediación y un proyecto de transferencia del conocimiento llamado «Justos». Concluye que para incluir los ODS efectivamente en la disciplina y potenciar los medios alternativos de solución de controversias hace falta una cultura de la paz y apoyo político adecuado.

Tras las ponencias anteriores, la jornada incluyó una batería de comunicaciones. La jornada se había estructurado en seis ejes temáticos, como se suelen llamar, que son los siguientes: A) La sostenibilidad en la docencia del Derecho y disciplinas afines; B) Revisión de instituciones tradicionales desde la perspectiva de la sostenibilidad; C) Nuevas tecnologías en la docencia, la gestión y la investigación: sostenibilidad e impacto de su utilización; D) Sostenibilidad y cambio climático en el Derecho: retos y oportunidades; E) Sostenibilidad desde la empresa, la Administración pública y la sociedad civil, y F) Perspectivas desde la educación secundaria.

2.1. La sostenibilidad en la docencia del Derecho y disciplinas afines

Abre el primero de dichos ejes una propuesta de Benoît Saïdi (Université de Perpignan Via Domitia), sobre «Docencia universitaria, Derecho y Compliance: impulsores de sostenibilidad». El autor, formado como jurista en Francia, analiza el papel de los ODS en la docencia del Derecho y especialmente su incidencia en la llamada compliance. Tras destacar el papel pionero del Derecho español, incluido el reconocimiento de personalidad jurídica a la laguna del Mar Menor, y resumir el estado del Derecho penal del medio ambiente en el seno de la UE, se centra en la ya referida compliance.

El reto actual consiste, a su juicio, en que las empresas, pero también las universidades, interioricen la cultura de la compliance, con el objetivo de proteger los llamados «objetivos monumentales», en particular, el del desarrollo sostenible. Según el autor, la empresa tiene que ser el motor de los cambios necesarios para que esos objetivos es alcancen, pues en el fondo las empresas son los sujetos principales de ese sector del Derecho; pero ello no significa que no tengan también un papel importante otros agentes, como el regulador (o supervisor), los jueces, o la universidad.

Saïdi concluye que la enseñanza del Derecho de la compliance aún está desarrollándose y le queda mucho camino por recorrer, y sugiere que debe liberarse de la pesada losa de disciplinas mayores que él mismo para poder seguir creciendo.

Dentro de ese mismo eje temático, el prof. Oriol Cremades Chueca(Universitat Rovira Virgili) firma un capítulo sobre «La sostenibilidad, el desarrollo sostenible y los objetivos de desarrollo sostenible (ODS) en la docencia del Derecho del Trabajo y de la Seguridad Social: limitaciones y propuestas docentes aplicativas desde sus 3 pilares (económico, social y ambiental)».

El autor parte de la constatación de una paradoja, cual es el hecho de que si bien los términos de los que se viene hablando (sostenibilidad, desarrollo sostenible, etc.) son difíciles de definir y falta el consenso al respecto, se vienen asociando con características positivas, lo cual ha favorecido su triunfo y popularización. Ello incluye la recepción de esa terminología en la legislación universitaria, en especial en lo referente a los planes de estudios, lo cual convierte la incorporación de sus postulados como un imperativo legal. Es ahí donde incide Cremades, que analiza como la sostenibilidad puede introducirse en la docencia del Derecho del trabajo.

Dicha disciplina es clave, concretamente, en relación con la sostenibilidad social, mientras que la incidencia de la sostenibilidad en un sentido económico tropieza con más limitaciones, aduce. Por su lado, la sostenibilidad en sentido ambiental se encuentra en un estado más incipiente de introducción, expone. Dada la magnitud del reto, el autor plantea una serie de dudas o interrogantes, en particular sobre si los estudios, con su duración actual, permiten al estudiante profundizar en materias tan complejas, o bien se acaba adoptando un enfoque superficial que simplemente permita salir del paso dando la imagen de que la universidad ha hecho lo que se le pedía.

El siguiente trabajo lleva el título de «Una experiencia de aprendizaje basada en el ODS 8 (Trabajo decente y crecimiento económico) en la asignatura de Introducción al Derecho», y su factura corresponde a la prof. Rebeca HERRERO MORANT (Universidad de Zaragoza). Nuevamente se trata de una mercantilista, en este caso, participante para relatar una experiencia de innovación docente en los estudios de Derecho en el grado de Administración y Dirección de Empresas (ADE).

Describe una actividad basada en el método del aprendizaje basado en problemas (ABP), consistente en trabajar sobre la constitución societaria, y al hilo de ello, estudiar el ODS n.º 8 (lograr un trabajo decente). La autora parte de la constatación de que los alumnos se venían quejando de que percibían una disociación entre lo que estudiaban en la asignatura de Introducción al Derecho y lo que entendían como sus futuras necesidades en el mercado laboral. Como es obvio, la docencia de una asignatura de ese tipo tiene la dificultad añadida de que los estudiantes cursan principalmente materias no jurídicas, y por tanto la introducción supone una incursión en un terreno desconocido, que puede muy bien no ser de ningún interés para el alumnado, inconsciente de la importancia del Derecho en su eventual quehacer profesional.

La autora expone en qué consistió la actividad, que incluía la redacción de unos estatutos societarios, así como su carácter voluntario para los estudiantes. Si bien la actividad funcionó de modo correcto en líneas generales, y los resultados académicos de los estudiantes fueron mayoritariamente positivos, Herrero expone sus dudas sobre si el objetivo del ODS antes referido realmente se consigue o no. Finalmente, apunta a una mayor integración del trabajo de las distintas áreas, de modo que la actividad de los estudiantes sea transversal, y, con ello, no se segmente o compartimentalice de modo artificial su trabajo.

La aportación del prof. Albert LLADÓ MARTÍNEZ (UdG) sobre «La docencia del derecho urbanístico para la contribución a una ciudad sostenible» tiene un especial valor, no por el hecho de que sea el coordinador de la jornada, sino porque es una de las pocas que abordan la materia aquí tratada desde la perspectiva del Derecho público. Lladó, que es profesor de Derecho administrativo, se centra concretamente en el Derecho urbanístico, que es una de las especialidades del centro donde desempeña su labor investigadora en Girona, bajo la sabia batuta del prof. Joan Manuel Trayter Jiménez.

Tras acercar a los no especialistas a la realidad del Derecho urbanístico (una disciplina ignorada no solo por el común de los mortales, sino por muchos juristas, que ni siquiera la estudiaron durante la carrera, como es el caso de quien esto escribe), Lladó pone de relieve la conveniencia de que la docencia de dicha disciplina incorpore las distintas dimensiones (ambiental, social, económica) de la sostenibilidad, a que ya se ha hecho referencia. Pero también llama la atención de que ello es sumamente difícil si se dedica al Derecho urbanístico la escasa atención que, como ya se ha apuntado, normalmente recibe en los Grados en Derecho.

En todo caso, Lladó sugiere diversos métodos con los que abordar ese reto, como los proyectos de estudio de casos, los juegos de rol, o los estudios de Derecho comparado, entre otros. Todos ellos deben servir, concluye, para concienciar a los estudiantes en relación con la sostenibilidad.

Cierra este primer bloque de comunicaciones un trabajo firmado por dos autores, a saber, Kumba SAKOLI SAKOLI y Macià SERRA SERRA (ambos, de la Universitat de Girona), cuyo título es «Los ODS en la docencia del grado de Ciencia Política y de la Administración: experiencias y aprendizajes de un caso práctico en la UdG». Los autores parten de la singularidad del grado en CPA de la UdG, cuyo alumnado es fundamentalmente de fuera de Barcelona y, por ello, «algunos debates y realidades no se vinculan tanto a las realidades urbanas propias del área metropolitana de Barcelona, sino de territorios periurbanos, rurales o de ciudades pequeñas y medianas», dicen.

A ello se añade que la mayoría de los estudiantes son hijas (pues son mujeres predominantemente) de familias inmigrantes, que generalmente acceden a la educación superior por vez primera. Pergeñado el contexto de la experiencia que presentan, describen «una metodología para la implementación de la Agenda 2030 en la docencia que se realizó con estudiantes de primero del Grado» en CPA de la UdG.

La metodología consistió en una simulación o juego de rol, en el que se debatió en ocho sesiones, a modo de un parlamento autonómico, pero enfocado sobre temáticas de interés local, al hilo de distintos ODS. Tras haber destacado la importancia de una buena gestión del tiempo, enumeran las múltiples ventajas de un trabajo de ese tipo con los estudiantes, entre ellas, la posibilidad de profundizar más en los temas y de acercarles a la realidad en la que se insertarán profesionalmente el día de mañana.

2.2. Revisión de instituciones tradicionales desde la perspectiva de la sostenibilidad

Solo dos comunicaciones nutren el segundo bloque temático, dedicado a la «Revisión de instituciones tradicionales desde la perspectiva de la sostenibilidad».

La primera de ellas es la de la investigadora postdoctoral Clara ESTEVE JORDÁ (Universitat Rovira i Virgili), la cual escribe el trabajo titulado «Repensando la propiedad en las aulas de derecho constitucional. Perspectivas y desafíos de su función ecosocial en tiempos de emergencia climática».

La autora desafía la visión de la propiedad como una institución de Derecho privado y llama la atención sobre la dimensión «ecosocial» de la misma. La agravación de las desigualdades sociales, resultante del neoloberalismo, hace conveniente una revisión crítica de dicha institución, más incluso en un contexto de emergencia climática como es en el que nos encontramos. Intentar mantener una posición ideológicamente neutra a este respecto sería un enfoque fútil, sugiere, dado que la propiedad es, en sí misma, una institución profundamente política.

Aunque la función social de la propiedad no es en absoluto un tema nuevo, sí que la autora denuncia que parece haber caído en el olvido, y le añade esa vertiente eco a la que se ha aludido. El desafío consiste así en contraponer el paradigma tradicional de la propiedad como derivada de una lógica de apropiación por otra en la que los recursos sociales se gestionen de manera más justa y resiliente. La autora explica una actividad en el aula, en la que, a partir del análisis de noticias de actividad y tras el examen de textos constitucionales comparados, se lleva a cabo la reflexión expuesta, mediante preguntas, debates y una simulación.

La segunda es la de la prof. María Jesús GUTIÉRREZ DEL MORAL (Universitat de Girona), con el título «Una breve aproximación a la contribución de las religiones orientales a la sostenibilidad». La autora, que se ocupa habitualmente de la diversidad del hecho religioso como profesora de Derecho eclesiástico del Estado, pretende aproximarnos a diversas religiones orientales, como el budismo o el hinduismo, en la convicción de que las religiones y confesiones religiosas pueden realizar una aportación decisiva a la sostenibilidad.

Al exponer las diversas religiones, la autora presta especial atención al posicionamiento de cada de ellas en materia de igualdad de género, con respecto a la cual predomina la idea de que la mujer es igual al hombre.

A grandes rasgos, dichas religiones se preocupan de la preservación del planeta, de modo que la sostenibilidad es para ellas un objetivo a conseguir, aunque también es verdad —añade Gutiérrez— que les falta concreción en cuanto al modo preciso de llevarlo a cabo.

2.3. Nuevas tecnologías en la docencia, la gestión y la investigación: sostenibilidad e impacto de su utilización

En el tercer bloque temático (Nuevas tecnologías en la docencia, la gestión y la investigación: sostenibilidad e impacto de su utilización) se encuentra una única comunicación, la de la prof. Judith GIFREU FONT (Universidad Autónoma de Barcelona). Su trabajo versa sobre «La aplicación de metodologías activas (ApS y ABR) en las asignaturas de TFG y prácticas curriculares del Grado de Derecho en el marco del ODS 11 (Ciudades y comunidades sostenibles)».

La autora describe la incorporación de los ODS al Trabajo de Fin de Grado (TFG) y a las Prácticas Curriculares del Grado en Derecho mediante métodos activos de aprendizaje cuales son el Aprendizaje-Servicio (ApS) y el Aprendizaje Basado en Retos (ABR), así como el trabajo en equipo. El ODS de referencia en este caso es el n.º 11, relativo a lograr ciudades y comunidades sostenibles. Se trata, señala, de un objetivo transversal, que engloba aspectos propios de otros objetivos, como la pobreza o la igualdad de género.

Los métodos de aprendizaje antes referidos los cree especialmente indicados para trabajar estas cuestiones, pues combinan el aprendizaje con el compromiso social. Dichos métodos se emplean en el marco de grupos de trabajo interdisciplinar, lo que brinda una mirada más completa a la realidad. En fin, el enfoque adoptado por la autora concede a los estudiantes un rol más activo, promueve el acercamiento a la realidad social, implica al partenariado en el ámbito local, y promueve el trabajo en equipo.

2.4. Sostenibilidad y cambio climático en el Derecho: retos y oportunidades

El cuarto eje temático consistió en la «Sostenibilidad y cambio climático en el Derecho: retos y oportunidades». Al hilo del mismo se presentaron cuatro trabajos. El primero de ellos es el de la prof. Paola RODAS PAREDES (Universidad Antonio de Nebrija) y lleva por título «El empresario sostenible en el programa de Derecho Mercantil». Se trata de una mercantilista más, la cual en este caso explora qué elementos deberían añadirse al programa de la materia en el Grado en Derecho.

La abundancia de contribuciones iusmercantilistas no es seguramente casual ya que, como Rodas pone de manifiesto, es en el ámbito mercantil donde probablemente la conducta del empresario y, por ende, la sostenibilidad, adquieren una mayor importancia: él es, dice, el «sujeto ideal de nuestra sociedad moderna para implementar y respetar los ODS». La autora pone el acento en los deberes de información (deber de contabilidad) y va explicando los cambios normativos que se han ido produciendo durante los últimos años en relación con el estatuto del empresario, que tienen conexión con la sostenibilidad.

Asimismo, analiza las competencias de la titulación que tienen relación con esa materia, y propone la introducción de una competencia específica al respecto. Acaba subrayando la conveniencia de utilizar las TIC y añadir actividades distintas a las habituales para motivar a los alumnos.

El siguiente trabajo es el del prof. Alois Aldridge MUGADZA (University of Groningen). El Dr. Mugadza, que se doctoró con una tesis sobre la protección internacional y comparada de los bosques bajo la supervisión de quien esto escribe, expone los múltiples factores que hacen de Sudáfrica una bomba de relojería desde el punto de vista climático y alimentario.

La ausencia de un marco legal adecuado no contribuye a mejorar la situación. No solo es vulnerable desde el punto de vista alimenticio, sino que el sistema de producción es altamente contaminante. El autor desgrana los cambios que serían necesarios para una transición alimentaria justa. En un país donde no parece que haya nada que funcione adecuadamente, si uno se atiene a la exposición de Mugadza, las reformas a introducir son de muy hondo calado, comenzando por la democratización del sistema de producción alimentaria.

Lógicamente, esa dinámica tropieza con los intereses establecidos y resulta difícil de acometer en el contexto actual de dejación del Estado. Por ello, resulta fundamental un enfoque alternativo, descentralizado y colaborativo, concluye.

Sigue un trabajo de Albert RUDA GONZÁLEZ (Universitat de Girona) sobre «Sostenibilidad en la litigación climática». El autor expone las numerosas dificultades que los litigios climáticos suponen en relación con la causalidad. Como es obvio, el cambio climático no lo causa una persona sola, sino una infinidad de contribuciones causales, muchas de carácter histórico, y además repartidas por todo el planeta. Sin embargo, de entre todos los causantes, parece posible singularizar las contribuciones de algunos de ellos, por su carácter especialmente significativo. Tras exponer los argumentos por los que el nexo causal podría excluirse en estos litigios, como han sugerido algunos autores, Ruda argumenta cómo podrían superarse algunas de dichas dificultades, con ayuda de mecanismos o instrumentos relativamente nuevos.

La sostenibilidad invita a repensar las instituciones y reglas tradicionales, también en sede de responsabilidad civil, sostiene el autor. Esa revisión puede conducir a que se apliquen ideas novedosas como la responsabilidad por cuota de emisión, con el apoyo de la recientemente desarrollada ciencia de la atribución. Con todo, dichas propuestas tampoco suponen, como suele decirse, la panacea, sino que están plagadas de toda una serie de dificultades propias.

Concluye este bloque otro estudio, éste de Milena MARINAI (Università di Pisa), con el título «*Due diligence* ed *Emission Trading System*: vincitori e vinti, ma a quali condizioni?» La autora, que es estudiante de doctorado en la referida universidad italiana, y en el momento de escribir dicho trabajo realizaba una estancia de estudios en la UdG, critica la *ratio decidendi* de la sentencia *Milieudefensie and Others v Royal Dutch Shell Plc*.

Se trata, como es sabido, de uno de los casos estrella de la llamada litigación climática, en el cual la gran multinacional resultó doblegada por una organización ecologista. Fundamento de la condena fue el incumplimiento del deber de diligencia (*due diligence*) de la compañía demandada, algo que la autora somete a crítica como una base demasiado endeble.

Para la autora, el hecho de que las compañías privadas se vean convertidas en diana de las demandas climáticas supone un giro inesperado de acontecimientos. Además, el concepto sobre el que se apoya la condena, como es el ya citado deber de diligencia, lo considera Marinai demasiado impreciso, lo que lo convierte —concluye la autora— en una especie de quimera.

2.5. Sostenibilidad desde la empresa, la Administración pública y la sociedad civil

El quinto eje temático se centró deliberadamente en la perspectiva empresarial. Se reservó este espacio de la jornada a la visión de una parte de la sociedad y, por ende, a una perspectiva extrauniversitaria, con el propósito de acercar las preocupaciones del sector de los negocios a la universidad y de que esta las conociese de primera mano. A tal efecto, a través del Consejo Social (Consell Social) de la UdG (concretamente, de su Presidenta, la Sra. Assumpció Vila i Simon), el director de la jornada contactó con diversas empresas de referencia en materia de sostenibilidad en el entorno geográfico de la universidad. Se trata, por tanto, de comunicaciones encargadas o por invitación, cuyos títulos, tras la sorpresa inicial, esconden aportaciones valiosas en relación con el fondo de lo que en este libro se trata.

Así pues, el eje en cuestión llevaba el título «Sostenibilidad desde la empresa, la Administración pública y la sociedad civil». Fueron dos los trabajos ahí presentados. A sus respectivos autores se les solicitó que expusiesen cómo veían ellos la sostenibilidad, en particular, cómo, en sus ámbitos profesionales de actividad, podían llevar a cabo ese objetivo, así como las dificultades con las que tropezaban, si era al caso, desde un punto de vista legal. Se trataba de exponer en una Facultad de Derecho una parcela del Derecho vivo (*law in action*) para contrastarlo con el discurso más propiamente universitario y de investigación (*law in the books*) y buscar así espacios de confluencia. Se trata de algo que no es habitual en las jornadas que se celebran en las universidades españolas, y que seguramente convendría hacer más.

El primero de dichos trabajos es «Vacaciones responsables en el camping La Ballena Alegre» y está presentado por su gerente, Àlex Trias. La experiencia que narra muestra cómo la empresa ha sido una adelantada a su tiempo, en parte gracias a la elevada concienciación ecológica de la mayoría de su clientela, procedente del norte de Europa y más sensibilizada sobre estas cuestiones.

La trayectoria del camping en cuestión, tal como la narra su gerente y la presentó *in situ* en la UdG, resulta poco menos que modélica, de modo que no sorprenden los muchos e importantes reconocimientos recibidos, a los que hace referencia en el trabajo. El relato de Trias muestra un círculo virtuoso en el que tanto la clientela como la empresa salen ganando: actuar de modo sostenible es un *win-win*, como se suele decir.

Sin embargo, no todos son «flors i violes», como reza el dicho catalán: no se trata en absoluto de un camino de rosas, sino que aparte del ingente trabajo que hay detrás, el autor no tiene inconveniente en denunciar lo inadecuado de la legislación en la materia. Resulta un ejemplo sangrante de cómo la ley no siempre facilita, sino que en ocasiones representa todo lo contrario, en relación con la adopción de medidas más sostenibles. La intervención de Trias concluyó con una ovación de los asistentes, algunos de los cuales, con posterioridad, llegaron a sugerir que la siguiente jornada de este tipo de celebrase, precisamente, en el camping La Ballena Alegre, como lugar que encarna a la maravilla los ideales de los ODS tratados por los participantes.

El segundo trabajo provino también del sector empresarial, pero dedicada al diseño, fabricación y distribución de muebles, aunque en este caso la presentación tuvo un perfil algo más jurídico, al entrar más en detalle en el análisis de normativa concreta. La autora del estudio es Alba Obiols Sales, *Chief Sustainability Officer* de la empresa Kave Home.

La compañía es un referente en materia de sostenibilidad y tiene un local comercial en la ciudad de Girona, pero su presencia, como explica Obiols, se extiende a más de 80 países. La autora explica de modo resumido las múltiples buenas prácticas en clave sostenible adoptadas por Kave Home. Se pueden destacar, entre las muchas cosas que comenta, el empleo de material reciclado o la durabilidad de sus productos, que contribuye a disminuir el impacto ambiental.

La autora pone de manifiesto cómo en ocasiones la dificultad para la compañía no deriva de una mala legislación, sino de la disparidad de opiniones o lecturas de la misma en función de la Administración llamada a aplicarla. Finalmente, la compañía entiende los ODS como una serie de desafíos y oportunidades, de tal modo que para cada uno de ellos se plantea medidas concretas.

2.6. Perspectivas desde la educación secundaria

El último bloque temático lo integra una única comunicación. Se trataba en este caso de abrir la participación a experiencias docentes de fuera del ámbito universitario, partiendo de la premisa de que en ese ámbito puede que se estén desarrollando experiencias interesantes sobre sostenibilidad, que podrían trasladarse o contrastarse con las propias del mundo universitario.

Al no existir docencia jurídica en el ámbito preuniversitario a una escala relevante, esa apuesta implicaba abrir el llamamiento a experiencias no estrictamente jurídicas. Es así como se presentaron en la jornada dos trabajos, refundidos en uno solo a efectos de la publicación.

El trabajo en cuestión es de Inmaculada Benito Nieto y Cristina Verdaguer i Vidal, profesoras de educación secundaria y bachillerato, de las materias Biología y Geología, y lleva por título «La depuradora y potabilizadora en STEAM. Actividad: El agua, un bien escaso». Ambas pertenecen a un grupo de trabajo que prepara actividades con el propósito de fomentar el espíritu crítico y de acercar a los estudiantes a la problemática del agua.

Las autoras describen el proyecto, sus fases y funcionamiento. El profesorado adopta, como no puede ser de otro modo, un enfoque muy técnico, en sintonía con los llamados proyectos STEAM, explicados en la comunicación. Sin embargo, ello no excluye la presencia del Derecho incluso en proyectos de ese tipo. Concretamente, a los estudiantes se les pide que valoren la actuación de «los gobiernos», dadas sus responsabilidades en materia de gestión del agua.

Además, de las actividades más científico-naturales y el debate se deriva una reflexión sobre el derecho humano al agua. Otros aspectos de interés son el tratamiento de las aguas en determinadas partes del mundo, la gestión de la misma en los conflictos internacionales, y otras que estimulan la reflexión crítica de los alumnos.

3. Conclusión

En general todos los trabajos incluidos en el presente volumen encaran el enorme reto de incorporar el desarrollo sostenible y los ODS a la docencia o a las materias sobre las que se investiga en las Facultades de Derecho.

Desde el punto de vista docente, el enfoque mayoritariamente acogido es el de involucrar al alumnado en el trabajo activo, normalmente a partir de noticias de actualidad, problemas o retos, mediante los cuales además se interactúa con el entorno más próximo fuera de la universidad. También es recurrente el empleo del método del juego de rol o simulación, que permite a los estudiantes asumir un papel parecido al que muchos de los mismos ocuparán el día de mañana en su quehacer profesional.

Más dificultosa es la inclusión de los contenidos sobre ODS en las asignaturas en las que, por falta de tiempo y la amplitud de la materia a cubrir, apenas queda espacio para hacer algo más que no sea asomarse a la inmensidad de las implicaciones de los ODS para el Derecho. En ese sentido, se ha puesto de manifiesto que la sostenibilidad es un concepto poliédrico, con múltiples facetas o manifestaciones, que los *curricula* actuales solo incorporan de manera limitada. Además, se desprende de lo anteriormente visto la conveniencia de abordar esta problemática en colaboración con colegas de otras disciplinas y de adoptar un enfoque plural, que permita abarcar el máximo número de dimensiones de la sostenibilidad posibles.

Por desgracia, a menudo dicho desiderátum tropezará con la realidad tan deficiente de nuestras universidades, caracterizadas por la compartimentalización científica y la manera de «trabajar» habitual de muchos universitarios: enfoque individualista y competitivo en lugar de colaborador, falta de trabajo en equipo (o trabajo en equipo mal entendido, donde la negritud o el servilismo se pretenden hacer pasar por aquél), etc.

En cuanto a la investigación, se ha visto cómo buena parte de la misma ya está llevando a cabo incursiones en los ODS, especialmente en el ámbito del Derecho mercantil, dada la entrada de la sostenibilidad en el ámbito societario y el estatuto del empresario, con las consiguientes nuevas obligaciones. Siguiendo en el ámbito jurídico-privado, se ha advertido la necesidad de replantearse los parámetros conforme a los cuales se suele configurar el derecho de propiedad privada, en una relectura de su función social, a la que se añade ahora una vertiente ecológica. En el ámbito jurídico-público, se puede destacar el ejemplo claro del Derecho urbanístico, ese gran desconocido —pero tan importante en la práctica— en el cual la sostenibilidad está llamada a desarrollar un papel clave.

Si las reglas jurídicas tienen que interpretarse de acuerdo con la realidad del momento en que se han de aplicar, parece claro que la lectura que realicemos de muchas normas no puede ser la misma que la tradicional. Las instituciones jurídicas reclaman una nueva mirada en clave ecológica. La consecución de los ODS exige una revisión de los contenidos curriculares y que acometamos entre todos proyectos de investigación en los que se diseñen, ejecuten y evalúen estrategias y métodos de conseguir esos objetivos. Por poner un ejemplo, tal vez una norma como la de la Constitución Española (art. 45), en la que se proclama un supuesto «derecho a un medio ambiente adecuado», norma generalmente entendida como una mera declaración de principios y no como una verdadera atribución de un derecho subjetivo, necesita una nueva comprensión, más conforme con el reconocimiento internacional de dicho derecho y de los ODS en su conjunto. Del mismo modo, instituciones como el contrato, la propiedad, o incluso la familia y la herencia, han de ser vistas a través del nuevo prisma de la sostenibilidad.

Finalmente, de los trabajos aquí expuestos cabe extraer la conclusión de que la sostenibilidad solo puede abordarse en clave interdisciplinar y en un diálogo constante y fluido entre la universidad y el mundo exterior. Esto último comprende no solo el sector profesional, sino también otros ámbitos educativos en los que ya se están llevando a cabo experiencias docentes con un recorrido muy largo y con buenos resultados. Las Facultades de Derecho deben dejar de ser espacios cerrados que dan la espalda al mundo exterior y necesitan entablar un diálogo con su entorno. Solo así se puede aprender de quienes nos llevan la delantera fuera de las mismas.

4. Referencias

Akkermans, B.: «Duurzaam Goederenrecht: naar een herijking van ons goederenrechtelijk stelsel?», *Tijdschrift voor Privaatrecht*, 2018, n.° 55(3), 1437-1470

Hautereau-Boutonnet, M.: *Le code civil: un code pour el environnement*, Paris: Dalloz, 2021

Made in United States
Orlando, FL
04 November 2026

90200393R00223